拉萨达孜年鉴

ལྷ་ས་སྟག་རྩེའི་ལོ་རིམ་མེ་ལོང་།

2023

（总第12卷）

拉萨市达孜区地方志办公室　编

图书在版编目（CIP）数据

拉萨达孜年鉴. 2023 / 拉萨市达孜区地方志办公室编. — 北京：方志出版社, 2023.9

ISBN 978-7-5144-5813-8

Ⅰ. ①拉… Ⅱ. ①拉… Ⅲ. ①区（城市）– 拉萨 – 2023 – 年鉴 Ⅳ. ①Z527.54

中国国家版本馆CIP数据核字（2023）第190423号

责任编辑：王娜
责任校对：张玉霞
责任印制：梅中英
出 版 者：方志出版社
地　　址：北京市朝阳区潘家园东里 9 号（国家方志馆4层）
邮　　编：100021
网　　址：http://www.zgfzcb.cn
发　　行：方志出版社图书营销中心（010-67110500）
印　　刷：河南金宝丽印刷科技有限公司
开　　本：889毫米 × 1194毫米　1/16
印　　张：17.25
字　　数：503千字
版　　次：2023年9月第1版
印　　次：2023年9月第1次印刷
定　　价：350.00元

2022年6月22日，西藏自治区党委常委、党委政法委书记刘江（中）一行到达孜区检查指导基层治理工作

2022年4月6日，西藏自治区党委常委、纪委书记、监委主任王卫东（右一）一行到达孜区调研区委主体责任和纪委监督责任落实情况

2022年5月6日，西藏自治区党委常委、拉萨市委书记普布顿珠（右二）一行到达孜区调研洋河朗热酒村项目

2022年6月27日，江苏省人大常委会副主任马秋林（中）一行到达孜区调研

2022年6月27日，西藏自治区副主席，党委政法委副书记，区公安厅党委书记、厅长张洪波（右三）一行到达孜区检查指导交通安全管理工作

2022年5月7日，西藏自治区政协经济和人口资源环境委员会主任赤列多吉（左七）一行到达孜区围绕“进一步优化营商环境”开展调研

2022年2月17日，西藏自治区生态环境厅党组成员、副厅长扎西顿珠（左三）一行到达孜区检查自治区督察反馈问题整改落实情况

2022年4月28日，西藏自治区科技厅副厅长王俊杰（右三）一行到达孜区产业园区调研农业光伏平台建设项目

2022年8月30日，西藏自治区农业农村厅党组成员、副厅长林木（左三）一行到达孜区塔杰乡塔杰村检查秋收情况

2022年8月5日，镇江—达孜对口支援暨援藏干部慰问座谈会召开

2022年3月17日，拉萨市委常委、常务副市长占堆（右二）一行到达孜区中心小学开展“领导干部下基层大接访办实事”活动

2022年3月18日，拉萨市副市长潘文卿（左二）一行到达孜区塔杰乡塔杰村看望结对户

2022年7月9日，拉萨市副市长、市委政法委副书记、市公安局局长代利刚（中）一行到达孜区公安局检查指导工作

2022年4月6日，拉萨市中级人民法院党组书记、院长李世蓉（左四）一行到达孜区人民法院调研指导工作

2022年4月29日，达孜区委书记索朗次仁（后排左三）参加劳模座谈会后与劳模合影

2022年2月28日，达孜区委副书记、区长刘代红（左二）一行到塔杰乡主西村开展慰问活动

2022年1月18日，达孜区第一届人民代表大会第六次会议召开

2022年5月27日，拉萨市达孜区第二届人民代表大会第一次会议召开

2022年7月5日，达孜区召开推行领导干部常态化“四联四包”工作机制暨“大宣讲大调研大排查大落实”活动动员部署会

2022年5月10日，拉萨市达孜区人民政府与农行拉萨分行西藏财信融资担保有限公司巩固拓展脱贫攻坚成果暨服务乡村振兴战略合作协议签约仪式举行

2022年5月16日，拉萨市2022年流动科技馆巡展暨“区、市、县”三级科协联合科普宣传活动启动仪式在达孜区中心小学举行

2022年5月31日，西藏自治区2022年放心农资下乡进村宣传周活动启动仪式在达孜区德庆镇白纳村举行

2022年6月1日，达孜区中心小学举办庆祝第72个国际儿童节文艺会演

2022年6月22日，达孜区举行欢送江苏省镇江市第九批援藏干部

2022年6月28日，拉萨朗热酒村项目开工仪式暨2022年江苏援藏项目建设推进会举行

2022年7月1日，达孜区举办“振翼逐梦新达孜　感恩喜迎二十大”庆祝中国共产党成立101周年文艺会演

2022年7月18日，2022“苏拉一家亲　共谱山河情”招商引资推介会签约项目仪式举行

2022年12月19日，达孜区麦之穗农业种植农民专业合作社举行分红仪式

2022年3月31日，达孜区委常务副书记、常务副区长罗小兵（前排右二）到“南北山绿化”邦堆2号作业点调研

2022年7月5日，达孜区委常务副书记、常务副区长汤杲（右）看望慰问“光荣在党50年”老党员

2022年11月21日，达孜区委常务副书记、常务副区长汤杲（中）主持召开达孜区非公经济领域学习贯彻中共二十大精神宣讲报告会

2022年8月5日，镇江市党政代表团一行到达孜区调研慰问。图为句容市向章多乡捐赠30万元资助款

疫情防控

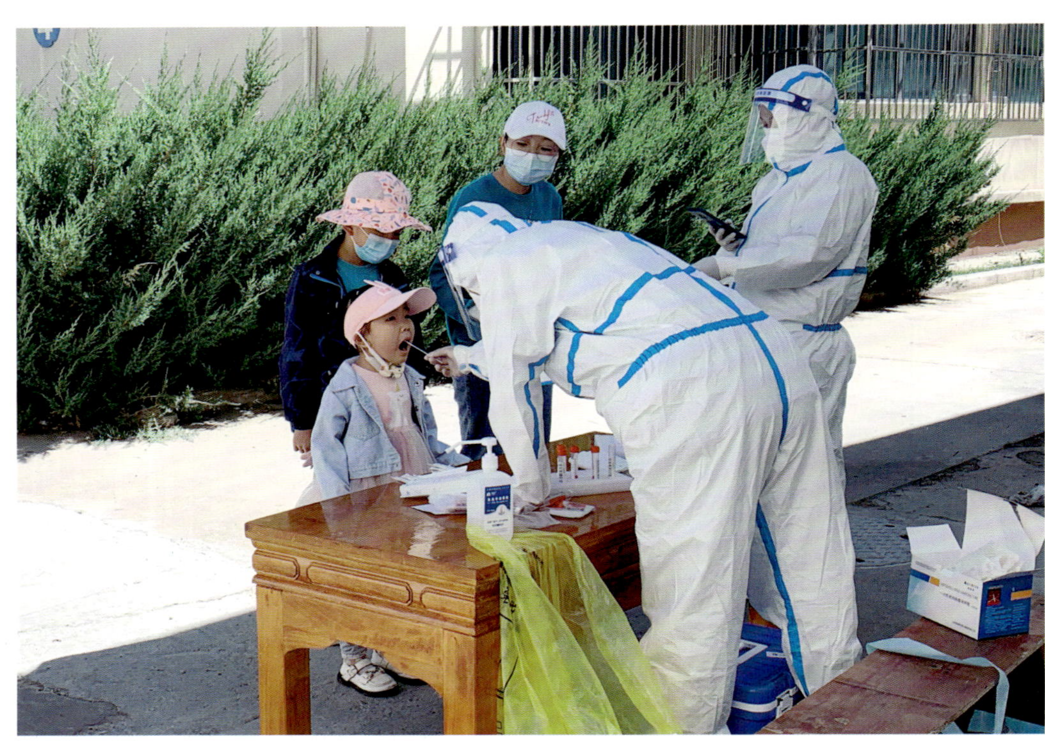

2022年8月16日，达孜区疫情防控志愿者采集核酸

2022年8月18日，达孜区召开新冠疫情防控工作推进会

2022年10月5日，达孜区慰问派驻机场参加疫情防控工作人员

2022年10月14日，达孜区疾控中心工作人员在核酸检测工作中穿脱防护服

达孜区唐嘎乡唐嘎村“藏青3000”种子田

达孜区净土产业投资开发有限公司现代产业农业园——香辣椒

达孜区净土产业投资开发有限公司现代产业农业园——西红柿

达孜区净土产业投资开发有限公司现代产业农业园——菜瓜

达孜区净土产业投资开发有限公司现代产业农业园——辣椒

达孜区净土产业投资开发有限公司现代产业农业园——茄子

达孜区叶巴藏鹤仙子林卡

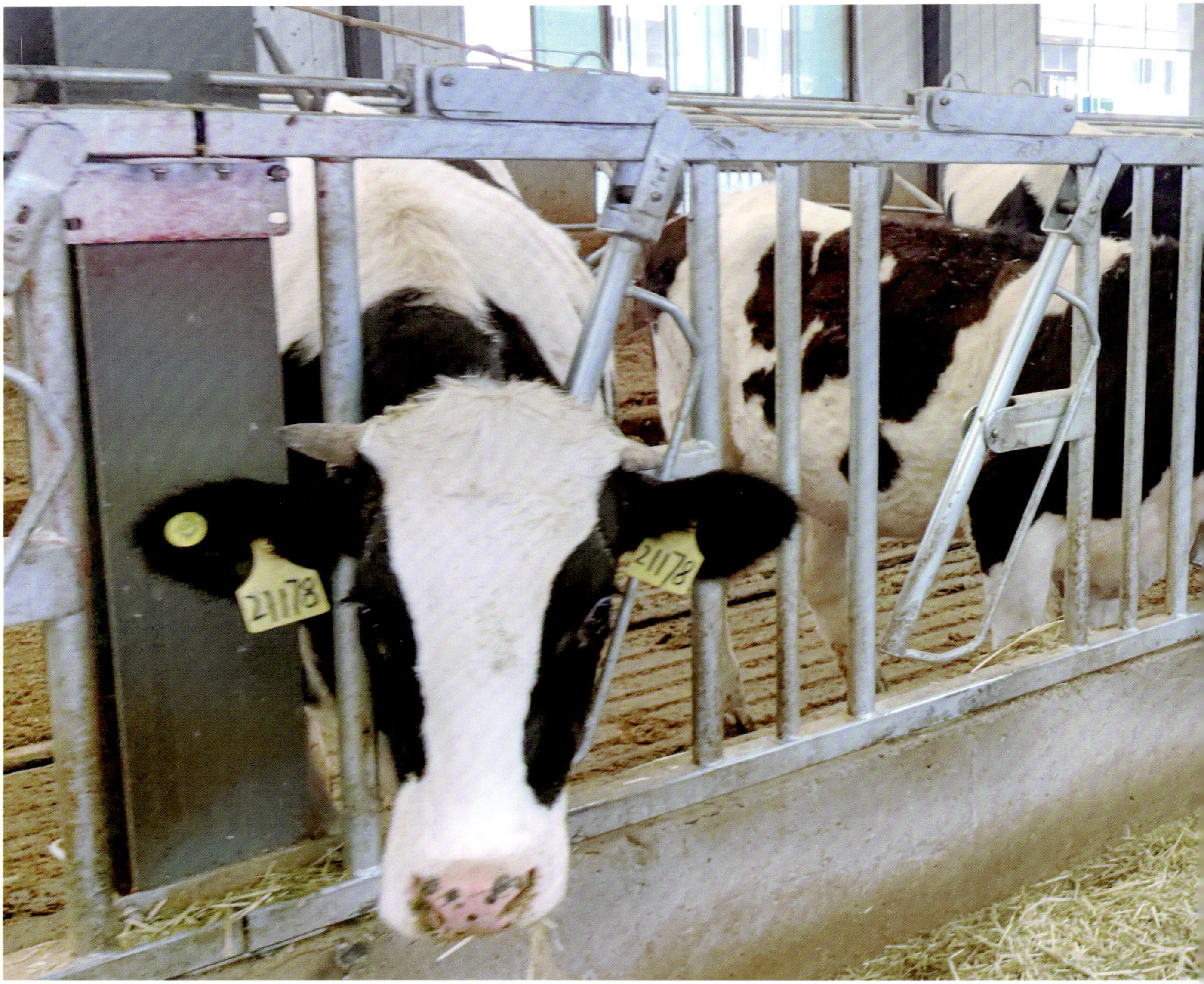

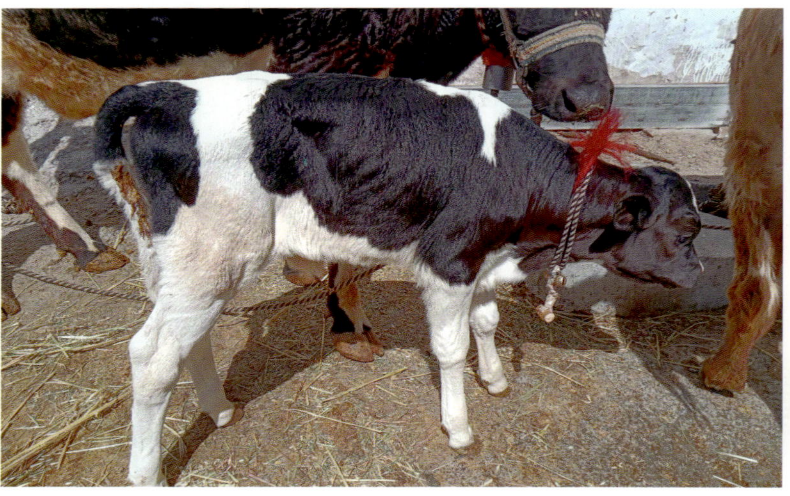

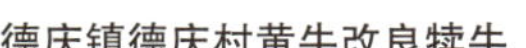

德庆镇德庆村黄牛改良犊牛

达孜区净土产业高标准奶牛养殖中心奶牛

西藏泉峰高标准奶牛养殖发展有限公司饲养的“荷斯坦”奶牛

达孜区净土产业投资开发有限公司唐嘎藏鸡养殖场原种藏鸡

扎叶巴景区

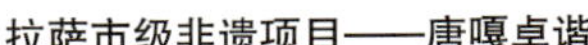

拉萨市级非遗项目——唐嘎卓谐

云上达孜工业旅游景区

白纳沟景区

《拉萨达孜年鉴》编纂委员会

《拉萨达孜年鉴》编辑部

编辑说明

一、《拉萨达孜年鉴》以马克思列宁主义、毛泽东思想、邓小平理论、“三个代表”重要思想、科学发展观、习近平新时代中国特色社会主义思想为指导，坚持辩证唯物主义和历史唯物主义的立场、观点和方法，始终坚持“实事求是、质量第一、存史资政、服务大众”的宗旨，全面、系统、翔实地记述达孜区上一年度政治、经济、文化、社会等各项事业的基本情况，为社会各界人士了解和研究达孜区提供翔实资料。

二、《拉萨达孜年鉴（2023）》正文采取分类编辑法，以类目、分目、条目为主要框架结构，条目为主要记事单元。

三、《拉萨达孜年鉴（2023）》载录达孜区2022年经济社会发展的基本资料，设有特载、大事记、区情概览、中国共产党达孜区委员会、达孜区人民代表大会、达孜区人民政府、中国人民政治协商会议达孜区委员会、纪检・监察、人民团体、军事、法治、经济管理、农业农村、城市建设・环保、社会事业、交通・通信、金融、乡镇、国有企业、附录、索引等内容。

四、《拉萨达孜年鉴（2023）》统计数据使用法定计量单位，价值指标绝对数凡未注明的，均按记载2022年价格计算。计量单位一律以《量和单位》（GB 3100—3102—1993）为准，个别常用成习惯且不便换算的用市制，如农田单位“亩”；简化字以全国文字改革委员会、文化部、教育部公布的《简化字总表》为准；标点符号以2011年发布的《标点符号用法》（GB/T 15834—2011）为准；数字用法以2011年发布的《出版物上数字用法》（GB/T 15835—2011）为准。

五、《拉萨达孜年鉴（2023）》入鉴资料、图片均由各撰稿单位提供，并经主要负责人审核。部分资料由编辑部收集，主要数据和统计资料由统计局提供，部分数据由各相关部门提供。由于统计口径等原因，相关部分的个别数据与统计资料不一致的，以统计资料为准。

目 录

特 载

大事记

区情概览

中国共产党达孜区委员会

综述

办公室工作

援藏工作

组织工作

宣传工作

统一战线

巡察工作

党校

达孜区人民代表大会

综述

办公室工作

达孜区人民政府

综述

办公室工作

应急管理

消防救援

信访工作

藏语言及编译工作

中国人民政治协商会议达孜区委员会

综述

办公室工作

纪检・监察

综述

人民团体

工会

公安

检察

法院

司法行政

经济管理

发展和改革

财政

审计

自然资源管理

统计

经济和信息化

工业园区管理

市场监督管理

医疗保障

文化和旅游（文物）

税务

农业农村

综述

水利

乡村振兴

城市建设·环保

住房和城乡建设

生态环境保护

城市管理和综合执法

社会事业

民政

人力资源和社会保障

卫生健康

达孜区人民医院

退役军人事务

教育(体育)

达孜区中学

交通·通信

交通运输

邮政

电信

移动

唐嘎乡

雪乡

章多乡

国有企业

达孜区旅游发展投资有限公司

达孜区虎峰城市建设投资有限公司

特 载

在达孜区委二届二次全会第一次全体会议上的工作报告

中共拉萨市达孜区委书记 索朗次仁

（2022 年 12 月 22 日）

一、强化理论武装，不断提升班子素质

区委常委会始终注重不断加强学习，在实践中锻炼提高班子的能力素质。常委班子坚持自学和组织学习相结合，始终把学习作为加强党性修养、坚定理想信念、提升精神境界的重要途径，系统研读习近平总书记十九大以来的重要讲话原文、系列读本和当代马克思主义经典著作，深入学习党的十九大及十九届历次全会、二十大及二十届一中全会、第七次西藏工作座谈会、习近平总书记关于西藏工作的重要论述及在西藏视察时的重要讲话和区市第十次党代会、自治区党委十届三次、拉萨市委十届四次全会精神，坚决捍卫“两个确立”、增强“四个意识”、坚定“四个自信”、做到“两个维护”。在不断学习中领悟并践行全面从严治党的新理念、新要求，在学习和实践中不断理清工作思路、完善工作举措，提高统领全局、驾驭工作的政治素质和业务能力。一年来，区委组织理论中心组学习 12 次，班子成员参加上级集中学习、网络学习和专题研讨 158 人次，深入群众、僧尼中宣讲党的二十大精神和法律法规、惠民利民、民族宗教政策 200 余场次。围绕喜迎、学习、贯彻党的二十大主题，强化安排部署，带动全区开展各类宣传宣讲活动 1200 余场次，受众 12 万余人次，多个活动被人民网、《西藏日报》、《拉萨日报》、拉萨融媒等媒体采纳推广。

二、强化统领全局，狠抓各项工作落实

牢固树立大局意识。锚定“四件大事”、聚力“四个创建”，以率先当好“七个排头兵”为目标，牢固树立“一盘棋”思想，自觉从大局看问题，把工作放到大局中去思考和定位，班子成员相互理解，工作中主动协调配合，加强交流沟通，切实提升班子的凝聚力和战斗力，不断提高区委工作科学化水平。团结和带领达孜“四大班子”齐心协力、共克时艰，高效统筹疫情防控和经济社会发展，各项工作取得了显著成果。一年来，召开区委常委会会议 25 次、专题会议 46 次、务虚会议 9 次。全力保持社会稳定。做实民族宗教工作。务实推进经济发展。积极解决各类项目、资金历史遗留问题；组建团队“走出去”招商引资项目 12 个，协议投资 18.58 亿元；投

资近10亿元的洋河朗热酒村项目顺利落地；开展乡村振兴专项调研30余次，整合资源、因地制宜，统筹资金4000万元扶持村集体经济；园区发展、教育医疗、就业帮扶等各项事业稳中有进；美丽乡村、康养小镇、粮食仓库、S5线等各类项目建设稳步推进；扎实推进第三产业，云上达孜工业旅游景区、优敏芭旅游景区被评为国家AAA级景区。前三季度，达孜区实现地区生产总值18.5亿元；农牧民人均可支配收入11459元，同比增长10%。扎实抓好生态建设。认真践行“绿水青山就是金山银山”理念，成立“两违”整治工作专班深入开展入户走访、调查摸底，高标准开展中央环保督察和森林督察反馈问题整改工作，大力实施山水林田湖草生态系统治理工程，南北山造林绿化工程完成80多万株林木种植，县乡村三级“河长”“林长”实现全覆盖。精准做好疫情防控。疫情发生后，迅速启动应急指挥体系，结合实际充实完善了组织架构，成立9个工作专班，县级干部包乡包片开展工作，抽调人员充实疫情办，全区干部职工响应号召积极参与，各项工作有序推进，逐步形成了具有达孜特色的应急体系、组织架构、包保机制和工作措施。坚持人民至上、生命至上，战疫情、保大局、聚人心，3000余名党员就地入格开展工作，460余名干部支援城关一线，达孜区3.7万名群众生产生活得到有力保障。

三、强化主体责任，全面加强党的建设

履行全面从严治党责任。区委常委会严格落实主体责任，压实领导班子成员“一岗双责”，坚持严管厚爱相结合，加强对分管领域和干部的教育、监督和管理。全面贯彻落实新时代党的建设总要求和新时代党的组织路线，一体推进党的建设各项工作，为达孜长治久安和高质量发展提供坚强组织保证。营造风清气正政治环境。区委常委会严肃认真召开春新严重违纪违法案件“以案促改、以案促治”专题民主生活会，深入查找自身和各类历史遗留问题，有针对性地制定整改措施。组织纪委监委、巡察、审计等部门，开展历史遗留问题专项整治，目前各类问题已清仓见底。“问题”清仓、“流毒”肃清、“生态”重塑工作取得明显成效，形成了不敢违、不能违、不愿违的良好局面和氛围，各级党员干部干事创业精气神为之一振。树立正确选人用人导向。圆满完成达孜区县级领导班子和工商联换届工作，整体功能和活力得到增强。坚持新时代好干部标准和民族地区干部“四个特别”政治标准，凭能力用干部、以实绩论英雄。针对“少数人用人、用少数人”、普通干部多年未提拔晋升、领导干部长期不换岗等历史遗留问题，深入调查研究，区委书记带头跑遍所有单位和乡镇开展谈话325人次，广泛听取意见、深入分析研究，大胆使用“85后”“95后”年轻干部，调整3批干部共387人。切实盘活干部队伍“一池活水”，干事创业积极性明显增强、整体精神面貌明显好转。统筹推进党的各项事业。区委常委会始终坚持党的领导、人民当家作主、依法治国有机统一，积极推动各项工作规范化、程序化。支持人大及其常委会依法行使监督权、决定权、任免权，依法任免国家工作人员13人次，区人大听取审议报告21个，开展执法检查和专题调研6项，办理人大代表建议151个。加强协商民主建设，支持和保证区政协依章程开展民主监督，区政协开展专题调研2次、考察学习2次、委员培训2次，办理政协委员提案79件。高度重视和大力支持人民法院、检察院工作，深入开展“八五”普法，全社会法治观念明显增强。巩固发展爱国统一战线，支持做好民营经济统战工作。加强党对工会、共青团、妇联等组织的领导，推动群团组织健康发展。

四、强化两项教育，深入推进作风建设

深入贯彻落实王君正书记在达孜调研时关于改进作风、狠抓落实工作有关指示精神，量身打造并广泛开展“清源正本 忠诚正道”（两正）党员政治忠诚教育和“饮水思源 感恩思进”（两思）群众感恩教育实践活动，进一步改进作风、狠抓落实，进一步团结群众、凝聚共识，干部作风极大好转、群众观念明显转变。以两项教育为抓手，深化党的建设制度改革，修订完善达孜区党委政府议事规则，出台达孜区纪委常委会工作规则，建立《达孜区党委政府决策部署限时落实制度》《区委书记接访制度》《干部住县值守制度》等制度。健全领导干部常态化“四联四包”工作机制，将摸清底数工作拓展至群众思想层面，1342名包联干部处理群众困难诉求

1850个，赢得群众好评。在疫情防控工作中，达孜区广大党员干部响应号召、冲锋在前，广大群众主动配合、积极参与，确保了达孜区疫情防控工作取得了全面胜利，充分体现了达孜作风、达孜团结、达孜力量，真实检验了“两正”“两思”教育的丰硕成果。常委会班子成员始终保持对工作的全面认识和清晰思路，不断增强工作韧劲，用钉钉子精神抓好各项工作。始终牢记身份和职责，严格按照“打铁必须自身硬”要求，带头改进工作作风。带头严守政治纪律和政治规矩，严格执行中央八项规定精神，认真落实个人有关事项报告制度，从自身做起、从小节严起，对自身及亲属严格要求、严格管理、严格监督，做到洁身自好，没有发生廉洁方面的问题。一年来，区委常委会班子成员接访群众900余人次，深入基层一线开展督查、调研600余次，开展谈心谈话800余人次，听取意见建议500余条，安排区委作风办开展作风督查150余次。

这些成绩的取得，根本在于以习近平同志为核心的党中央的掌舵领航，在于习近平新时代中国特色社会主义思想的科学指引，在于习近平总书记关于西藏工作的重要指示和新时代党的治藏方略的精准导航，离不开区市党委、政府的关心支持，离不开全区各族干部群众的团结奋斗。在此，我代表区委常委会，向大家表示衷心感谢，并致以崇高敬意。

拉萨市达孜区人民代表大会常务委员会工作报告

——在拉萨市达孜区第二届人民代表大会第二次会议上

拉萨市达孜区人大常委会主任 米 玛

（2023 年 1 月 4 日）

2022 年工作回顾

2022 年是极不平凡、极富挑战的一年，艰难困苦，玉汝于成。区委带领全区各族人民共克时艰、苦干实干，全力推进各项事业发展进步，疫情防控取得重要成果。一年来，在区委的坚强领导下，在拉萨市人大常委会的有力指导下，区人大常委会坚持以习近平新时代中国特色社会主义思想为指导，全面贯彻党的二十大、十九大、十九届历次全会和中央第七次西藏工作座谈会精神，深入学习宣传贯彻党的二十大精神，全面贯彻中央和区市党委人大工作会议精神，全面贯彻自治区党委十届三次全会、市委十届四次全会及达孜区委二届二次全会精神，锚定“四件大事”，推进“四个创建”，做到“四个走在前列”，不断提高政治判断力、政治领悟力、政治执行力。聚焦完整准确贯彻新时代党的治藏方略，紧跟区市党委和达孜区委工作部署，紧贴人民美好生活需要，紧扣坚持和完善人民代表大会制度的根本要求，深刻领悟“两个确立”的决定性意义，增强“四个意识”、坚定“四个自信”、做到“两个维护”，勠力同心，真抓实干，忠实履行宪法法律赋予的各项职责，为建设社会主义现代化新达孜做出了应有贡献。

一、坚持党的领导有高度，保持一心向党的“人大忠诚”

常委会始终自觉把坚持党的全面领导作为最高政治原则。一是持续强化理论武装。区委高度重视和支持人大工作，召开区委常委会传达学习中央人大工作会议精神，研究部署贯彻落实措施，为人大履职提供有力政治保证。常委会全年召开人大党组会议 10 次、专题研讨 2 次，主任会议 7 次，常委会会议 7 次。二是始终坚持党的领导。充分发挥人大常委会党组把方向、管大局、保落实作用，自觉把党的领导贯穿人大工作始终，严格执行政治要件闭环落实机制，及时就换届选举、工作计划、监督报告等重要事项，向区委请示报告 7 次。三是落实区委决策部署。依法任免国家机关工作人员 13 人，举行宪法宣誓仪式 5 场次，顺利召开达孜区第一届人民代表大会第六次会议及第二届人民代表大会第一次会议（换届会议），各乡（镇）圆满召开第十四届人民代表大会第二次会议。

二、坚持服务大局有精度，彰显奋发有为的“人大担当”

常委会聚焦区委中心工作落实和人民群众期盼，开展正确监督、有效监督、依法监督。一是组织新一届人大常委会委员、各级人大代表，全过程、全链条参与“建设美丽幸福达孜、人大代表在行动”系列监督视察活动，通过听取汇报，查阅台账，实地查看等方式，确保习近平生态文明思想以及《西藏自治区生态文明高地建设条例》的落实取得成效，存在的问题得到整改，其间形成检查报告 2 篇，提出整改意见建议 20 余条，推动了一批突出环境问题得到解决。二是按照区委统一部署，圆满完成达孜区第二届人民代表大会换届选举工作。及时向区委常委会提交《达孜区人民代表大会换届选举工作实施方案》，经过业务培训、摸底调查、宣传发动、选民登记、推荐提名、酝酿协商确定人大代表候选人、投票选举等工作程序，顺利选举产生达孜区第二届人民代表大会代表 133 名，在 5 月 27 召开的达孜区第二届人民代表大会第一次会议上，依法选举产生区人大常委会领导班子 5 名和组成人员 25 名、区政府领导班子 9 名及区监察委员会主任、法院院长、检察院检察长。新当选国家工作人员向宪法庄严宣誓，有力诠释了达孜领导干部孜孜以求、信念坚定和忠诚担当的时代风貌。

三、坚持代表工作有深度，坚守一心为民的“人大情怀”

常委会持续完善人大代表工作机制，创新人大代表活动形式，激发人大代表履职活力，认真落实“双联系”制度。2022 年，共组织本级人大代表 7 批次 14 人次列席常委会会议，各级人大组织开展专题调研、监督视察、执法检查活动 17 次。一是持续加强代表意见建议督办力度，提升办理质量。目前，区一届人大六次会议上人大代表提出的 39 件意见建议中，已经办理完成 8 件，占 21%；正在办理和列入计划办理的 19 件，占 49%；因政策限制，尚无法办理的 12 件，占 30%，办复率 100%，满意率 94%。区二届人大一次会议上人大代表提出的 104 件意见建议中，已经办理完成 39 件，占 38%；正在办理和列入计划办理的 44 件，占 42%；因政策限制，尚无法办理的 21 件，占 20%，办复率 100%，满意率 96%。二是组织人大代表前往山南市隆子县、乃东区、错那县和拉萨市尼木县等兄弟县（区）考察学习，借鉴先进经验做法，开阔眼界、活跃思维，通过参观“桑杰曲巴旧居”纪念馆、民主改革第一村克松村、沙棘林、尼木烈士陵园，代表们深刻感悟“玉麦精神”“沙棘精神”“开拓精神”，对人大代表如何正确履职，奋力开创达孜各项工作新局面有了更加深入的认识和思考。形成《“玉麦精神”开启爱国固边新征程，“沙棘精神”激发开拓进取新斗志，达孜区人大代表赴山南市学习考察报告》，区委书记索朗次仁对专项考察报告作出“他山之石可以攻玉，提炼后印发各乡（镇）借鉴”重要批示。三是 8 月初疫情发生以来，常委会第一时间发出《致全区各级人大代表的抗疫倡议书》，开展“疫情防控、人大代表在行动”系列活动，班子成员率先垂范，各级人大代表主动请缨、积极响应，无条件服从组织安排，义无反顾投入抗疫一线，广大代表积极捐款捐物折合资金共计 25 万余元，全力帮助群众做好秋收工作，为行动不便的群众送医送药送物，帮助解决居家群众的后顾之忧，得到群众一致好评，做到了哪里有需要、哪里就有人大代表的身影，充分彰显出新时代人大代表的为民情怀。涌现出阿旺姆朗、土旦云丹、次杰、旦增罗布、格桑次仁等杰出的人大代表。

四、坚持自身建设有力度，锤炼求真务实的“人大品格”

常委会坚持以党建为引领，认真落实“四个机关”建设，持续完善工作机制，锤炼优良作风，提升依法履职能力和水平。扎实开展“清源正本、忠诚正道”党员教育，积极参与“三个意识”教育，认真履行全面从严治党主体责任，定期开展“三会一课”、主题党日等活动，坚持强化纪律教育，筑牢廉洁自律思想防线，机关党建规范化水平进一步提升。新一届常委会班子成员按分工加强对乡（镇）人大工作的指导，各乡（镇）人大也能够立足实际，夯实阵地、打牢基础，开拓创新、积极履职，组织人大代表开展视察调研、建议督办、工作评议、跟踪推进重点民生工程等活动，基层人大工作走向专业化、规范化、载体化。

各位代表，成绩的取得，是市人大及其常委会有力指导的结果，是区委总揽全局、正确领导的结果，是全体人大代表和常委会组成人员依法履职、勤勉工作的结果，是“一府一委两院”和各乡（镇）人大同心协力、同向共进的结果，是全区人民和社会各界充分信任、大力支持的结果。在此，我代表人大常委会，向所有关心、支持、帮助人大工作的同志和各界朋友，表达崇高的敬意和衷心的感谢！

在总结成绩的同时，也要清醒看到，常委会各项工作与宪法法律赋予的职责、与区委要求和群众期盼还有一定差距。主要是：在服务发展大局上，如何做到切入点找得更准、结合点选得更好、关键点把得更实，还需要认真谋划。在促进民生改善上，如何做到范围更广、力度更大、办法更多，还需要狠下功夫。在发挥人大代表作用上，如何做到机制更优、路径更宽、措施更实，还需要不断完善，这些都需要在今后的工作中高度重视，认真解决。

2023 年工作安排

2023 年是全面贯彻落实党的二十大精神的开局之年，是全党全国各族人民迈上全面建设社会主义现代化国家新征程、向第二个百年奋斗目标进军的第一年，是贯彻落实中央和区、市党委人大工作会议精神的重要一年，是我区经济社会发展疫后重振、提质增效的关键一年。做好今年的工作，意义重大，使命光荣。

一、坚持党的领导，把稳方向之舵

学深悟透弄懂党的二十大精神，是贯彻落实党中央战略部署、做好人大工作的根本政治前提。当前和今后一个时期，区人大常委会将进一步提高政治站位，扎实做好学习宣传贯彻的组织工作，人大常委会组成人员要做到先学一步、学深一层，带动促进全区人大系统学习好、领会好、掌握好党的二十大精神，进而以党的二十大精神统揽全区人大工作全局。区人大还将一如既往地认真贯彻执行请示报告制度，凡是重大问题、重要事项、重点工作，都要第一时间向区委请示报告。

二、围绕中心大局，护航发展之势

围绕区委中心工作和全区重点工作，进一步完善监督方式方法，使人大监督工作进一步向中心聚焦、与发展同步。深谋创新发展之势。听取审议农业现代化示范区建设、工业“脱虚向实”、“全域旅游”完成情况等工作报告，组织人大代表视察叶巴朗热酒村、南北山绿化、S5 线、“美丽乡村、幸福家园”等重大项目，促进区域经济综合实力提升。推动协调发展之势。调研政府债务、文明城市、集约用地情况，视察城乡交通、电网、饮水等基础设施建设情况，听取和审议计划、财政、国土空间利用等工作报告，促进加快城乡融合步伐。保障绿色发展之势。组织开展环境保护领域执法检查，审议年度环境状况和环境保护目标完成情况报告，调研林业发展及水土保持工作，以法律武器治理污染，用法治力量保护环境，全力打造优美生态环境。支持开放发展之势。听取全区招商引资、便民服务情况的报告，适时组织人大代表调研优化营商环境工作，促进深化“放管服”改革。促进共享发展之势。组织人大代表视察乡村振兴、疫情防控等工作，持续关注教育“双减”、不动产登记、医院建设、医保报销、城乡养老等民生问题，不断提升人民群众的幸福感和获得感。

三、锤炼履职本领，发挥代表之力

通过讲座、轮训、研讨等多种形式，系统学习宪法、组织法、代表法、监督法、选举法等法律。一要坚持和发扬全过程人民民主，通过法定程序和有序的途径、渠道、方式，保证人民的知情权、参与权、表达权、监督权落实到人大工作全过程。二要持续完善人大代表之家、代表活动室等履职平台建设运行，使之成为宣传习近平新时代中国特色社会主义思想的，推动基层落实“四件大事”的阵地，加强民族团结、铸牢中华民族共同体意识的基地，反映社情民意、为民办实事好事的平台，边固边、扎根边的载体。三要充分发挥人大代表作用，加强人大代表工作能力建设，深化人大代表对人大常委会检查、监督、视察等工作的参与，合理组织人大代表活动，支持和保障代表依法履职，着力提升代表意见建议质量，创新跟踪督办方式方法，建立代表意见建议办理情况向社会及时公开制度。四要健全人大代表履职评价，落实人大代表向选区选民或原选举单位报告履职情况制度，完善人大代表履职评价体系和激励机制。

四、加强自身建设，大兴实干之风

以政治建设为统领，把人大及其常委会建成“四个机关”，一是发挥好常委会党组、人大办党组和全体党员的战斗堡垒和先锋模范作用，确保中央、区市党委、达孜区委的部署得到不折不扣贯彻落实，努力建设忠诚担当的政治机关；二是修订完善常委会议事规则等工作制度，使常委会的监督、任免、决定等各项工作体现广泛的民主，把民主法治建设融入人大履职的方方面面，促进社会公平正义，努力建设坚强有力的权力机关；三是着手设立三个专门委员会，增强依法履职观念，切实担负起宪法法律赋予的职责，推动达孜经济社会高质量发展，进一步加强对乡（镇）人大工作的指导，确保乡（镇）第十四届人大第三次会议及时圆满召开，努力建设务实高效的工作机关；四是建设预算联网监督系统，实现对财政预算收支的实时有效监督，继续完善人大代表之家、代表活动室建设，密切人大代表与群众的联系，让代表工作有平台、有依托，努力建设亲民为民的代表机关。

跋山涉水不改一往无前，山高路远但见风光无限。让我们更加紧密地团结在以习近平同志为核心的党中央周围，更加自觉地把对习近平总书记的爱戴之情、感恩之心，转化为始终牢记“三个务必”、衷心拥护“两个确立”、忠诚践行“两个维护”的实干之举，持续改进作风、狠抓落实，以区委“两正两思”党员忠诚教育为抓手，踔厉奋发、实干笃行，锚定“四件大事”，推进“四个创建”，做到“四个走在前列”，全方位落实好以“强中心”战略为抓手、“七大行动”为支撑的“1+7”贯彻体系，率先当好“七个排头兵”，为全面建设社会主义现代化新达孜作出新的更大贡献。

名词解释

1.“两个确立”：中国共产党第十九届中央委员会第六次全体会议指出，党确立习近平同志党中央的核心、全党的核心地位，确立习近平新时代中国特色社会主义思想的指导地位，反映了全党全军全国各族人民共同心愿，对新时代党和国家事业发展、对推进中华民族伟大复兴历史进程具有决定性意义。

2.“两个维护”：坚决维护习近平总书记党中央的核心、全党的核心地位，坚决维护党中央权威和集中统一领导。

3.“三个务必”：务必不忘初心、牢记使命，务必谦虚谨慎、艰苦奋斗，务必敢于斗争、善于斗争。

4.“1+7”贯彻体系：“强中心”战略，强看齐、强治理、强团结、强经济、强生态、强后方、强党建七大行动。

5.“双联系”：人大常委会组成人员联系人大代表、人大代表联系群众。

6.“四件大事”：稳定、发展、生态、强边。

7.“四个创建”：着力创建全国民族团结进步模范区、着力创建高原经济高质量发展先行区、着力创建国家生态文明高地、着力创建国家固边富民行动示范区。

8.“四个走在前列”：努力做到民族团结进步走在全国前列、努力做到高原经济高质量发展走在全国前列、努力做到生态文明建设走在全国前列、努力做到固边兴边富民行动走在全国前列。

9. 人大“四个机关”：2021 年 10 月 13 日，习近平总书记在中央人大工作会议上指出，各级人大及其常委会要增强“四个意识”、坚定“四个自信”、做到“两个维护”，不断提高政治判断力、政治领悟力、政治执行力，全面加强自身建设，成为自觉坚持中国共产党领导的政治机关、保证人民当家作主的国家权力机关、全面担负宪法法律赋予的各项职责的工作机关、始终同人民群众保持密切联系的代表机关。

10.“七个排头兵”：要切实提高政治站位，在坚定捍卫“两个确立”、坚决做到“两个维护”上当好排头兵；要坚持警钟长鸣、警惕常在，在维护社会和谐稳定、实现长治久安上当好排头兵；要坚持以铸牢中华民族共同体意识为主线，在着力创建全国民族团结进步模范区上当好排头兵；要坚持“三个赋予一个有利于”，在着力创建高原经济高质量发展先行区上当好排头兵；要坚定不移走生态优先、绿色发展之路，在着力创建国家生态文明高地上当好排头兵；要努力建设强边大后方，在着力创建国家固边兴边富民行动示范区上当好排头兵；要坚决扛起从严治党主体责任，在全面加强党的建设上当好排头兵。

11. 政治要件：指政治面貌、政治素质、政治能力和政治标准。

12. 三个专门委员会：法制司法民族宗教工作委员会、财经农牧城建环保工作委员会、教育科学文化卫生工作委员会。

13.“三个意识”：国家意识、公民意识、法治意识。

拉萨市达孜区人民政府工作报告

——在拉萨市达孜区第二届人民代表大会第二次会议上

拉萨市达孜区人民政府区长 刘代红

（2023 年 1 月 3 日）

一、2022 年工作回顾

过去的一年，在达孜发展历史上极不寻常、极不平凡。这一年，我们共同经历了三件大事：一是勠力同心，胜利迎接盛世大会；二是众心成城，有效取得抗疫大胜；三是踔厉奋发，全力稳住经济社会大局。全年实现地区生产总值 22.74 亿元，一般公共预算收入完成 24345 万元，完成社会消费品零售总额 4.43264 亿元，累计减免各类税费 1.93 亿元，农牧民人均可支配收入达 21529 元。

一年来，我们精准施策，疫情防控取得全面胜利。今年，面对突如其来的疫情，我们主动融入疫情防控大局，第一时间迅速响应、第一时间开展全员核酸检测工作、第一时间暂停群众聚集性活动，为抗击疫情赢得了宝贵时间。在抗击疫情过程中，全区上下万众一心，干部群众主动请战，县级干部率先垂范、吃住在帐篷、包保一片、管住一片，区、乡、村、组四级防控有力有效，累计出动人力 2600 余人次、投入资金 6000 余万元，实现了以最小的代价取得最大的胜利。我们主动服务区市疫情防控大局，向城关区赠送爱心蔬菜 5 万余千克，派遣工作人员 460 余人次。作为全区唯一一个建成治疗新冠病毒全类型医院的县区，圆满完成了自治区第四新冠病毒感染定点医院、拉萨市红码医院、章多方舱医院和传染病房建设、管理、治疗任务，实现了“零死亡”，牢牢守住了疫情防控拉萨“东大门”。

一年来，我们守牢底线，社会大局保持和谐稳定。严格落实国务院“十五条硬措施”，全年组织开展各类安全生产大检查 50 余次，安全生产形势总体平稳，无较大以上生产安全事故发生。积极落实信访案件县级领导包保制度，受理信访事项 50 批（件）62 人次，化解率达 78%，受理双拖欠案件 34 批（件）42 人次，化解率达 74%。深入开展打击非法营运违法行为专项整治行动 47 次，共查获非法营运车辆 25 辆。常态化推进扫黑除恶专项斗争，扎实推进夏季治安打击整治“百日行动”。坚决打赢萨噶达瓦、党的二十大等重大节点维稳安保攻坚战，守住了“三不出”的底线。

一年来，我们用心用情，民生福祉持续有效改善。认真贯彻落实自治区“十大民生工程”。应届高校毕业生就业率达 97.1%，兑现高校毕业生就业创业补贴资金 698.02 万元，创新推行“就业创业连锁超市”，实现农牧民转移就业 10612 人，创收 1.09 亿元。落实“三包”及营养改善经费 1290.81 万元。投资 182.99 万元改扩建幼儿园 1 所，投资 277.2 万元完成 20 所幼儿园校园网络监控系统建设。城乡居民医保参保率为 97%，城镇职工医保参保率为 100%，城镇登记失业率控制在 5% 以内。兑现城乡低保金 225.53 万元、特困人员供养金 171.92 万元、临时救助金 17.47 万元。为有效应对疫情冲击，在充分落实区市纾困扶持稳经济“一揽子”政策措施的基础上，结合我区实际出台含菜农地租补贴等 4 条配套措施，涉及资金 564.05 万元，最大限度降低疫情对经济社会的影响。

一年来，我们攥指成拳，城乡建设品质大幅提升。大力实施幸福社区人居环境提升项目，谋划打造城市宜居小区建设。维修虎峰大道沿线路灯1200个，铺设燃气管网19.4千米，规范施工围挡20余处。聚焦住房安全保障，累计完成4800余户农村住房安全普查和20户危房鉴定改造工作。投入2100万元全力推进洛普灌区续建配套与节水改造工程、拉萨河城区部队段水毁除险加固工程等民生水利项目。累计投资5593.68万元，新建农村道路20.02千米。着力解决偏远自然村网络“信号差、覆盖弱”问题，为群众提供更加优质的通信服务。

一年来，我们拉动内需，项目投资保持稳步推进。全区固投项目开复工52个，开工率59%。实行重点（重大）项目县级领导包保机制，落实重大包保项目28个，召开重点项目推进会6次，申报拉萨市级联审联批4次。投入资金1.75亿元，建设完成圣天源农畜产品牛肉深加工基地扩建、小牛奔奔产研基地和盛世未来城项目建设。有效推进洋河朗热酒村、扎叶巴康养小镇等重点项目建设进程。招商引资项目共13个，项目协议投资75.41亿元，累计到位资金10.17亿元。

一年来，我们靶向发力，产业强区步伐铿锵有力。全年实际播种8.375万亩，落实绿色高质高效创建面积5.6万亩，农业总产值达1.7亿元。良种统供率达100%，肉、奶、蛋产量达25892.79吨。工业园区现有实体性企业55家，规模以上工业企业8家，龙头企业8家，高新技术企业5家。全区旅游接待26.11万人次，旅游收入达827.37万元，带动农牧民增收849人次。云上达孜工业旅游景区入选为国家工业旅游示范基地、叶巴村被评定为三星级西藏地质文化第一村。

一年来，我们多措并举，乡村振兴战略高位实施。健全完善防返贫动态监测和帮扶机制，为“三类人员”73人发放纾困扶持一次性生活补贴8.6万元，消除致贫、返贫风险“三类人员”12户52人。总投资1.70亿元，实施财政衔接推进乡村振兴补助资金项目19个。完成606户农村户用卫生厕所改造、验收、奖补兑现工作，兑现资金121.2万元，受益群众达3000余人。第二批“美丽乡村·幸福家园”建设整村推进试点工作已开工新建住房167户。基础设施持续完善，人居环境不断优化，白纳村入选中国美丽休闲乡村。

一年来，我们提质增效，生态环境质量持续向好。扎实推进达孜段南北山绿化、先造后补和乡村“四旁”植树绿化，完成造林面积2.45万亩。深入开展“绿盾2021”自然保护地强化监督和国家级自然保护区焦点问题实地核查，实现自然保护区内焦点问题数量、面积“双降低”。各级河湖长累计巡河547次，清理河道垃圾390.36吨。全区集中式饮用水水质达到Ⅱ类标准，主要江河湖泊水质均达到或优于Ⅲ类标准，无城市黑臭水体，空气、土壤质量双达标、双安全。严把项目建设环境准入关，登记排污许可证137个。积极创建德庆镇白纳沟“绿水青山就是金山银山”实践创新基地，全面落实第二轮中央环保督察交办件办理和问题整改。蓝天、碧水、净土保卫战成效得到进一步巩固。

各位代表！一年来，我们积极支持工会、共青团、妇联等群团组织工作，审计、统计、国防动员、民族宗教、地方志等工作取得新成效。主动接受人大法律监督、政协民主监督、审计监督和社会监督，办理人大建议、政协提案256件，答复率达100%。办理“12345”工单374件，办结率100%，综合满意率为97.9%。

各位代表！看似寻常最奇崛，成如容易却艰辛。一年来，我们攻坚克难、砥砺奋进，经受住了一系列大事要事考验，交出了一份合格答卷。特别是在此次疫情大考中，广大医务工作者、党员干部和政法干警冲锋在“疫”线、奋战在前沿，和人民群众心连心、肩并肩，为抗疫做出了重要贡献，留下“最美逆行者”的身影。上述成绩的取得，是习近平新时代中国特色社会主义思想科学指引的结果，是党中央、国务院深切关怀的结果，是区市党委政府精心部署的结果，是区委坚强领导的结果，是人大、政协监督支持的结果，是镇江市无私援助的结果，是全区各族干部群众共同奋斗的结果。在此，我代表区人民政府，向达孜各条战线上的干部、职工、群众，向武警官兵、政法干警、消防战士，向离退休老同志和社会各界人士，表示衷心感谢和崇高敬意！

在此也向各位代表说明：今年，疫情发生时，正值投资建设的黄金期和旅游高峰期，致使大部分重大项目不能如期开工建设，消费一度停滞，严重冲击拉动经济的投资、消费两大引擎，导致地区生产总值、固定资产投资等既定指标任务未能如期完成。

同时，我们也清醒地看到，全区经济社会发展中还存在一些短板和不足：一是干部职工学习不足、业务知识能力欠缺、作风漂浮，存在多一事不如少一事的“躺平”思想；遇到困难绕着走的“畏难”思想；习惯于指挥安排、把说了当做了、把做了当做好了的“官老爷”思想。二是新型城镇化建设依然滞后，水、电、气等基础设施、公共服务短板仍然存在。三是缺乏大项目支撑，缺乏有前景、可持续的优势产业项目，招大商、招好商、招高质量商目标还未实现。四是项目前期工作周期长、论证不足，推进比较缓慢，营商环境仍然欠佳。对此，我们一定直面问题，对症下药，积极解决，绝不辜负人民群众的信任和期望。

二、2023 年经济社会发展总体要求

2023 年是全面贯彻落实党的二十大精神开局之年，做好明年工作的总体要求是：坚持以习近平新时代中国特色社会主义思想为指导，深入贯彻落实党的二十大精神及中央第七次西藏工作座谈会精神、习近平总书记关于西藏工作的重要指示和新时代党的治藏方略，贯彻落实自治区第十次党代会和区党委十届三次全会精神，贯彻落实拉萨市第十次党代会和市委十届四次全会精神，贯彻落实达孜区委二届二次全会精神，牢记“三个务必”、捍卫“两个确立”、增强“四个意识”、坚定“四个自信”、做到“两个维护”，统筹推进“五位一体”总体布局，协调推进“四个全面”战略布局，坚持“三个赋予一个有利于”，坚持以人民为中心的发展思想，坚持稳中求进工作总基调，坚持系统观念，立足新发展阶段，完整准确全面贯彻新发展理念，主动服务和融入新发展格局，统筹发展和安全，自觉把达孜工作置于区市党委、政府的整体安排部署中来谋划推动，聚焦“四件大事”，锚定“四个创建、四个走在前列”，围绕当好“七个排头兵”，全面落实以“强中心”战略为抓手、“七大行动”为支撑的“1+7”贯彻体系，以打造“七城一高地”为建设目标，当好长治久安和高质量发展的排头兵，努力建设团结富裕文明和谐美丽的社会主义现代化新达孜。

综合考虑发展各种因素，2023 年全区经济社会发展的主要预期目标是：地区生产总值增长 8.5%；一般公共预算收入保持平稳增长；社会消费品零售总额增长 8%；规模以上工业增加值增长 8.5%；新增城镇就业 1.37 万人次，城镇调查失业率控制在 5.5% 以内；农牧民人均可支配收入增长 13%。完成明年的目标任务，大势所趋、民生所需、时不我待，我们必须提振信心坚持用发展的眼光看问题，要从源头上理思路，以务实的作风抓落实，争取高效完成各项目标任务，给人民群众交上一份满意的答卷。

三、2023 年主要工作

区政府将围绕市委十届四次全会确定的“强中心”战略和“七大行动”方案，围绕市政府工作报告确定的发展方向和工作目标，理清总体思路、抓住年度重点，从凝聚团结互信的强大力量，到筑牢稳定安全的发展环境；从激活高质量的招商引资行动，到拉紧援藏交流合作的共同纽带；从打造共同发展繁荣的强劲引擎，到永葆求真务实的精神品质，在创新统筹中行稳致远。

（一）全面落实强看齐行动，努力展现现代化政府新形象

一是着力建设学习型政府。坚持常态化抓学习、抓培训，在政府系统深入开展习近平新时代中国特色社会主义思想主题教育，围绕习近平总书记关于各行业领域的重要论述和行业法律法规及相关政策，量化学习任务，每周一晚上各乡（镇）、政府系统各单位用 2 个小时开展“学业务、补短板、强本领、铸忠魂”活动，推动学习制度化、常态化。同时，制定实施卫生、教育、财政等重点业务部门跟岗培训制度，加强垂直和横向的学习交流，提升专业素养和业务能力。二是着力建设忠诚型政府。始

终把政治建设摆在首位，坚持党对一切工作的领导，把对党绝对忠诚落实到维护大局上、推动发展上、保障民生上、促进和谐上。依托政府“是什么、干什么、怎么干”学习实践活动和“两正两思”教育实践活动，始终以昂扬奋进的精神状态、务实的工作作风，埋头苦干、奋勇前进，全力扭转干部不按规矩办事，不敢为、不想为、不会为的局面，自觉坚持和捍卫“两个确立”，增强“四个意识”、坚定“四个自信”、做到“两个维护”。三是着力建设高效型政府。大力倡导“马上办”精神，坚决做到事不过夜，要开短会，讲短话，发管用的文，文件质量力求“短实精”，坚持说实话、谋实事、出实招、求实效。完善重要指标、重点工作、重大项目调度机制，加大工作交办督办力度，力戒形式主义、官僚主义，让干部把更多的时间和精力用在抓落实上。发挥好第三方公司作用，以政府采购的方式，增加就业岗位的同时，提升政府行政效率。四是着力建设清廉型政府。坚持把纪律和规矩挺在前面，加强政府系统廉政建设，严格执行中央八项规定及其实施细则精神，加大重点领域监督力度，持续整治群众身边腐败和作风问题。树立“过紧日子”思想，严控“三公”经费和一般性支出，重点保障社会事业和民生支出，提高公共财政资金使用效率，把财政资金真正用在刀刃上。五是着力建设服务型政府。坚持以人民为中心的发展思想，始终把群众是否满意作为唯一标准，问政于民，问需于民，问效于民，切实解决好群众最关心、最直接、最现实的热点、难点问题，及时解决群众诉求。持续推进“放管服”改革，打造政策最优、成本最低、服务最好、办事最快的“四最”营商环境。

（二）全面落实强治理行动，大力营造和谐发展新氛围

一是守牢安全稳定底线。严防生产领域风险，深化安全生产专项整治三年行动，严格落实“三管三必须”要求，防范和坚决遏制重特大事故发生，加快推进安全生产体系建设。深化平安达孜建设，推进立体化、智能化社会治安防控体系建设，坚定不移打击分裂破坏活动。巩固深化扫黑除恶等专项斗争成果。发动群众融入反分裂斗争，常态化开展安全隐患“大排查、大整治、大起底”行动，让群众充分融入到反分裂、反渗透、反暴恐等专项斗争和“断血”、断勾连、“净网”等专项行动，形成反分裂斗争和防范风险隐患的“铜墙铁壁”。二是守好社会和谐底线。加大政务公开力度，积极争取群众的理解、支持，把政府工作转换成群众内心对城市的热爱、期待，把人民的意志和力量转化成支持城市发展的共同力量，最大程度地凝聚人心。坚持警钟长鸣、警惕常在，紧紧依托“7+1”维稳防控模式，切实抓好防风险、保安全、促稳定各项工作。坚持和发展新时代“枫桥经验”，开展信访矛盾减存控增专项行动，切实做到群众密切关注和反映事项“件件有回音、事事有答复”。三是守好依法治理底线。坚持法定职责必须为、法无授权不可为。把依法行政贯穿于政府工作全过程，规范行政执法行为，自觉接受区人大及其常委会依法监督和区政协民主监督，办好人大代表议案、建议和政协提案。深入开展“八五”普法宣传教育，加大关系群众切身利益的重点领域执法力度，强化依法治理，提升基层社会治理体系现代化水平，基本形成全社会办事依法、遇事找法、解决问题用法、化解矛盾靠法的法治环境，提高公检法司业务水平，努力让人民群众在每一个案件中感受到公平正义，推动尊法学法守法用法在全社会蔚然成风。

（三）全面落实强团结行动，聚力打造民族团结新局面

一是高位推进民族团结。大力弘扬新时代爱国主义精神，牢固树立“三个离不开”思想，不断增进“五个认同”，进一步铸牢中华民族共同体意识，广泛开展民族团结进步宣传教育和创建活动，对标创建全国民族团结进步模范区大棋局，着力在堵塞漏洞、弥补薄弱、健全机制上下功夫。2023 年争创民族团结进步模范单位 13 家，模范乡镇 6 个，模范村居 8 个。二是全面落实宗教政策。推进藏传佛教中国化，全面贯彻落实党的宗教工作基本方针，加强党对宗教工作的集中统一领导，依法管理宗教事务，积极引导藏传佛教与社会主义社会相适应，巩固深化“遵行四条标准 争做先进僧尼”教育实践活动成果，稳慎推进寺庙财税监管改革，不断淡化

宗教消极影响，不断增强广大僧尼的国家意识、公民意识、法治意识。三是全力做好“三后”工作。大力支持国防和军队现代化建设，高质量抓好征兵工作，加强军地共建，提升民兵训练水平和实战能力，积极创建全国示范型服务站，筑牢军民同心的国家安全屏障，引导各族群众争做神圣国土守护者、幸福家园建设者。

（四）全面落实强经济行动，着力打造高质量发展新样板

一是实施工业园区提质工程。围绕打造极富创造力的科技之城，以工业园区为核心加快集聚高新技术企业，加速推动“腾笼换鸟”，提高园区“亩产”效益。进一步夯实云上达孜工业旅游景区申报国家AAAA级景区的基础设施和功能配套建设，优化全流程服务，制定出台达孜区产业投资发展奖励相关政策。盘活园区低效土地，加快“腾笼换凤”，定期分批前往区内外考察学习，大力引入和培育壮大龙头企业，助推园区企业做大做优做强，持续推动园区智慧化、信息化，着力打造现代产业新体系。二是实施文旅产业增效工程。紧抓“全域旅游”发展契机，全力创建达孜国家级全域旅游示范区。推进文旅融合发展，大力发展特色乡村旅游，充分发挥群众文艺队作用，编排演绎更多具有民族特色、弘扬时代主旋律的文艺作品，让更多游客在达孜驻足，力争把全区各景点“串珠成链”。持续研发“藏鹤仙子”系列文创产品，创新推出工业旅游伴手礼等一批具有达孜工业特色的文创产品，提升“云上达孜”品牌影响力，持续提高区域游客服务接待能力，打造拉萨近郊文化生态体验旅游目的地。三是实施净土产业品牌工程。进一步推进农业产业园区提质增效，不断延伸净土产业链条、提升产业价值，加快达孜净土健康产业规模化、现代化、品牌化发展，打造拉萨市绿色优质农产品供应基地。强化种业振兴，培育和发展智慧农业，推进传统产业智能化改造，带动传统产业高质量发展，建设青稞小麦良种繁育基地，实施牦牛品种改良试点项目，大力发展优质奶牛、藏鸡、绵羊到户养殖等高质量庭院经济试点项目，建设高标准农田5000亩，全力托底粮食安全。持续提升邦堆果蔬、章多香草、唐嘎藏鸡等乡域产品知名度，有效促进区域特色产业的发展壮大，进一步优化生产性、生活性服务业供给，推动服务业与产业升级，形成独具达孜特色的净土产业链和品牌效应。四是实施乡村振兴共富工程。切实把“三农”工作重心转移到全面推进乡村振兴上来，深化乡村建设、乡村治理、群众增收“三大”行动，预计总投资2.1689亿元实施财政涉农统筹整合资金项目19个，做大做强做优牦牛、奶牛、青稞、农畜产品加工、民族手工业等特色产业，创建统一品牌，丰富当地特色产品供给。进一步发挥以工代赈项目带动群众就业增收作用，促进农牧民就近就便增收致富。加快发展壮大农村集体经济，总投资4000万元发展各村集体经济，促进各村集体产业发展。研究出台达孜区牲畜出栏及种粮、售粮补贴政策，本级财政计划从2023年起，除已经享受区市牲畜出栏补贴的群众以外，每出售一头牛补贴600元、每出售一斤粮补贴0.3元，进一步鼓励群众种粮、售粮及牲畜出栏积极性，切实增加种粮养畜群众收入，此政策以区政府后续出台印发的具体方案为准落实，试行一年，2024年根据实际情况再优化完善补贴方案。加紧推进与堆龙古荣糌粑公司开展定向售粮战略合作计划，多途径解决群众售粮难的问题。

（五）全面落实强生态行动，强力打造生态文明新高地

一是守好生态环境底线。严格落实生态责任，执行最严格生态保护制度，强化环境保护、自然资源管控、节能减排等约束性指标管理。开展环境污染治理专项行动，重拳治理环境突出问题，积极推进达孜污水处理厂改扩提升工程。严格落实“三线一单”管控生态措施制度，确保河湖水质稳定在Ⅲ类以上，集中式生活用水水源地水质达标，城镇空气质量优良率保持在98%以上。严格落实企业主体责任和政府监管责任，严禁“两高”企业落地达孜。严厉打击私挖滥采、乱砍滥伐、破坏草原植被、违法占用林地及乱捕滥采野生动植物等违法犯罪行为。二是推进生态文明工程。深入贯彻落实习近平生态文明思想，以达孜争创“三区一高地”和当好“七个排头兵”为目标，扎实推进项目建设、生态治理，全面提升绿色发展，积极推行“四旁”植树，持续

巩固消除“无树村”成果，完成2.7万亩南北山绿化达孜片区造林任务。以“百里生态绿廊”建设为本底，探索拉萨河达孜段“河变湖”生态绿廊建设工程，加快富有达孜特色的生态花园城市建设步伐，实施城市绿荫行动，推动道路景观化，河岸生态化，村庄优美化，实现城在林中，路在绿中，房在园中，人在景中。

（六）全面落实强支撑行动，全力挖掘高质量发展新动力

一是抓紧推进项目建设。聚焦项目稳增长，着力培育经济发展新动能。紧紧牵住项目建设“牛鼻子”，加强项目谋划与储备，积极争取更多项目列入国家和区市一级的投资计划，提高储备项目质量，壮大项目储备总量，确保投资对经济增长的有效拉动力。依托援藏优势，积极推进总投资10亿元的红星美凯龙产业园项目、总投资6亿元的叶巴秘境文旅项目。加快推进扎叶巴康养小镇、洋河朗热酒村等重点项目建设，以投资稳增长。2023年确定实施市级重点项目5个，总投资达到87.11亿元。二是统筹城乡均衡发展。坚持城乡同治、建管并重，打造魅力达孜和富美乡村。加快推进新型城镇化建设，补齐公共服务设施短板，增加城区和乡镇污水处理设施建设和覆盖范围、管网配套，完善道路、供水、燃气等基础设施建设，加快建设达孜西桥、积极争取国道318线达孜区过境段新改建工程，推动交通提速增效，健全城市基础配套设施，强力推进老旧小区改造，全面推动城市管理科学化、精细化、智能化。深入实施农村人居环境整治三年行动，进一步完善乡村基础设施，提升农村基础设施建设水平。落实市委“五十百”工程，积极开展强特县、强特乡（镇）、强特村（居）创建行动。持续推进“美丽乡村·幸福家园”建设行动整村推进项目，实施农村公路建设项目3个、危桥改造1个，投资3.2亿元实施拉萨河城区达孜段防洪工程项目，投资2亿元实施达玛岗水库工程项目，推动新建达孜新城区垃圾转运站和提升改造城区垃圾转运站项目，梯次推进农村生活污水治理，推动美丽乡村连线成片。把环境建设和产业开发结合起来，打造夏拉沟旅游景区、扎叶巴村藏民宿旅游提升等重点旅游项目，着力发展一批特色产业示范村，实现村庄建设和产业发展齐头并进。三是全面优化营商环境。坚持以改革为主动力、园区为主战场、要素为主保障，提升园区对区内外企业投资吸引力，着力打造营商环境“高地”，形成实体经济集聚“洼地”。加速补齐工业园区基础设施短板，做好水电网等硬件设施保障，加大园区对区内外企业投资吸引力，以更大力度优化营商环境。加快对接建设高端体验免税购物中心，加紧推进与经开区跨境电商的合作，依托电商平台，加强产业链与供应链对接，促进线上线下经营协同发展，努力将达孜创建为极具竞争力的消费型、商业型城市。安排专业团队，定期分批前往区内外考察学习，引进项目，拓宽招商渠道。结合达孜实际，吸取其他省市示范县区经验，推进品牌产品创建工作。进一步完善产业扶持措施，落实减税降费政策，向新兴产业发展倾注更多要素资源，用足、用好、用活企业纾困帮扶政策，制定“全程代办·专班服务”制度，持续加强产业招商、精准招商，加快完成达孜区招商地图制作，进一步完善区域招商制度，加快意向项目签约落地，提高招商项目的履约率和成功率，营造政府服务周到、企业主体满意的投资营商环境。

（七）全面落实强民生行动，倾力满足群众物质文化新需求

一是全力促进就业创业。统筹做好高校毕业生、就业困难人员等重点群体就业工作，确保零就业家庭动态清零，高校毕业生就业率保持在95%以上。用好用活“就业创业连锁超市”和“互联网+新农人”营销模式，充分利用电商企业带动就业促增收，促进外出就业组织化输出，实现求职人员、岗位信息共享。落实好农牧民技能培训工作，加大劳务技能培训力度，精准对接市场需求，不断提高就业率。二是坚持教育优先发展。推进达孜区第二小学建设项目、邦堆乡幼儿园整体搬迁项目和塔杰乡巴嘎雪幼儿园新建项目，加快完善教育基础设施。充分利用国家智慧教育平台等优秀教学资源，大力实施教师能力素质提升工程，提高教育教学质量。深化落实义务教育“双减”课后服务和“五项管理”，大力发展素质教育，促进义务教育优质均衡

发展、学前教育普及普惠发展。义务教育阶段入学率和巩固率保持在100%。做细做实大学生资助，落实好“三包”及营养改善计划资金，促进教育公平。持续创建平安校园，让校园成为设施最齐全、环境最优美、家长最放心的地方。三是推进健康达孜建设。牢固树立“大卫生、大健康”理念，统筹疫情防控和经济社会发展，重点做好60岁以上人群疫苗接种工作，抓好老年人和患基础性疾病群体的防控，加快构建免疫屏障，着力保健康、防重症。对5个卫生院进行业务功能定位，打造1个区域医疗服务中心，逐步实现县乡村分级诊疗，同时，加快推进传染病医院建设，持续推进县域医共体建设，实现医药、医疗、医保联动。推进家庭医生签约服务，合理配置医疗资源，促进基本公共卫生服务均等化。提升乡镇卫生院、村卫生室基础设施和药物储备供应能力，努力实现“小病不出乡、中病不出县”。大力推进区人民医院藏医科建设，提升各乡卫生院开展藏医外治技术水平。四是健全社会保障体系。加大困难群体帮扶救助力度，提升特困人员集中供养中心功能。认真落实优抚安置政策，解决退役军人后顾之忧。关心关爱留守儿童、残疾人等特殊群体。着力破解拖欠农民工工资难题。加大保障性住房建设力度，持续推进农村住房提升改造工程，不断提高和改善困难群众居住环境。全力做好市场供应，切实保障好群众的“米袋子”“菜篮子”和“肉盘子”。五是繁荣文化体育事业。进一步规范县、乡、村三级文化场馆管理运营，发挥好文化综合服务站、农家书屋和村级文艺演出队作用，定期开展各类文化活动。打造特色文化品牌，挖掘传统文化优势，加速振兴传统文化，鼓励更多年轻人传承、保护和合理利用文化遗产。推动“一县一品”文化品牌创建，加大基层公共文化供给，不断满足广大人民群众精神文化需求。积极开展“五下乡”活动，加大文艺演出巡演力度。持续推进白纳沟健走步道等项目，完善公共体育设施，增强群众体魄。

各位代表！初心如磐，使命在肩；任重道远，实干为先。新时代新征程，让我们更加紧密地团结在以习近平同志为核心的党中央周围，在区市党委、政府和区委的坚强领导下，坚持以习近平新时代中国特色社会主义思想为指导，贯彻党的二十大精神，落实区党委十届三次全会、市委十届四次全会和区委二届二次全会部署，聚力“四个创建”“四个走在前列”，实施“强中心”战略、当好“七个排头兵”，为全面建设团结富裕文明和谐美丽的社会主义现代化新达孜而团结奋斗。

名词解释

1.“双拖欠”：是指拖欠农民工工资和拖欠材料款。

2.“高质量发展”：是指党的十九大首次提出的新表述，中国经济由高速增长阶段转向高质量发展阶段。

3.“三个务必”：务必不忘初心、牢记使命，务必谦虚谨慎、艰苦奋斗，务必敢于斗争、善于斗争。

4.“两个确立”：是指确立习近平同志党中央的核心、全党的核心地位，确立习近平新时代中国特色社会主义思想的指导地位。

5.“四个意识”：是指政治意识、大局意识、核心意识、看齐意识。

6.“四个自信”：是指道路自信、理论自信、制度自信、文化自信。

7.“两个维护”：是指坚决维护习近平总书记党中央的核心、全党的核心地位，坚决维护党中央权威和集中统一领导。

8.“三个赋予、一个有利于”：是指所有发展都要赋予民族团结进步的意义，都要赋予维护统一、反对分裂的意义，都要赋予改善民生、凝聚人心的意义，都要有利于提升各族群众获得感、幸福感、安全感。

9.“四件大事”：是指习近平总书记在中央第七次西藏工作座谈会上提出的“稳定、发展、生态、强边”。

10.“四个创建”：是指着力创建全国民族团结进步模范区、着力创建高原经济高质量发展先行区、着力创建国家生态文明高地、着力创建国家固边兴边富民行动示范区。

11.“四个走在前列”：是指做到民族团结进步走在全国前列，努力做到高原经济高质量发展走在全国前列,努力做到生态文明建设走在全国前列,努力做到固边兴边富民行动走在全国前列。

12.“七个排头兵”:要切实提高政治站位,在坚定捍卫“两个确立”、坚决做到“两个维护”上当好排头兵。要坚持警钟长鸣、警惕常在,在维护社会和谐稳定、实现长治久安上当好排头兵。要坚持以铸牢中华民族共同体意识为主线,在着力创建全国民族团结进步模范区上当好排头兵。要坚持“三个赋予一个有利于”,在着力创建高原经济高质量发展先行区上当好排头兵。要坚定不移走生态优先、绿色发展之路,在着力创建国家生态文明高地上当好排头兵。要努力建设强边大后方,在着力创建国家固边兴边富民行动示范区上当好排头兵。要坚决扛起从严治党主体责任,在全面加强党的建设上当好排头兵。

13.“1+7”贯彻体系:“强中心”战略,强看齐、强治理、强团结、强经济、强生态、强后方、强党建七大行动。

14.“三公”经费:是指政府部门人员因公出国(境)经费、公务车购置及运行费、公务招待费。

15.“放管服”:是指简政放权、放管结合、优化服务。

16.“三个离不开”:汉族离不开少数民族,少数民族离不开汉族,各少数民族之间也互相离不开。

17.“五个认同”:是指对伟大祖国、中华民族、中华文化、中国共产党、中国特色社会主义的认同。

18.“三后”:是指部队官兵后路、后院、后代问题。

19.“全域旅游”:是指将一定区域作为完整旅游目的地,以旅游业为优势产业,统一规划布局、优化公共服务、推进产业融合、加强综合管理、实施系统营销,有利于不断提升旅游业现代化、集约化、品质化、国际化水平,更好满足旅游消费需求。

20.“三包”:是指义务教育阶段实行学费、住宿费、生活费全免政策。

21.“七城一高地”:达孜区政府在第二届人民代表大会第一次会议上提出来的着力打造绝对忠诚于党的政治高地、着力打造极富生命力的生态之城、着力打造极富竞争力的商业之城、着力打造极富创造力的科技之城、着力打造极富吸引力的人文之城、着力打造极富活力的体育之城、着力打造极富凝聚力的团结之城、着力打造极富向心力的平安之城的五年奋斗目标。

22.“双减”:减轻义务教育阶段学生作业负担、校外培训负担。

23.“五项管理”:手机管理、睡眠管理、读物管理、作业管理、体质管理。

中国人民政治协商会议拉萨市达孜区委员会常务委员会工作报告

——在政协第二届拉萨市达孜区委员会第二次会议上

拉萨市达孜区政协主席 黄树春

（2023 年 1 月 3 日）

2022 年工作回顾

2022 年，是达孜政协史上极不平凡的一年。一年来，我们共同经历了三件大事：

——顺利完成政协换届工作。2022 年 5 月 28 日，中国人民政治协商会议第二届达孜区委员会第一次会议胜利闭幕。会议选举产生政协主席 1 名，政协副主席 4 名，常务委员 10 名；界别设置优化为 6 个，即中共特邀界、工商经济界、教体文化界、农牧科技界、社保卫生界、民族宗教界。全区政协工作迈入崭新历史阶段。

——喜迎党的二十大胜利召开。政协常委会抓住有利时机，迅速掀起学习宣传党的二十大精神的热潮，推动大会精神入脑入心、见行见效。广大政协委员、各界别群众自觉把共识统一到党的二十大精神上来，自觉把力量汇聚到推动"四个创建""四个走在前列"、努力建设社会现代化新达孜的光辉实践上来，政治判断力、政治领悟力、政治执行力明显提升。

——政协事业发展在艰难中再创新业绩。一年来，受疫情影响，区政协工作步履维艰，但是，我们在区委的坚强领导下，仍然在推进达孜长治久安和高质量发展中作出了令人欣慰的新贡献。主要体现在：

一、强化理论武装，保持正确政治方向

以全区"两正""两思"学习教育为契机，始终用党的最新理论成果武装头脑，保持与党中央同心同德。健全以党组理论学习中心组为引领，主席会议专题学习、常委会会议集体学习、委员培训集中学习相配套的学习制度体系，确保学习时间、内容、成效落实，持续巩固提升党史学习教育、"三更"专题教育成果。突出党的二十大精神、习近平总书记关于加强和改进人民政协工作的重要思想、新时代中央各项治藏方略以及《习近平治国理政》第一、二、三、四卷等学习重点。不断教育引导各族各界委员牢记"三个务必"、树牢"四个意识"、坚定"四个自信"、做到"两个维护"，始终在思想上政治上行动上与党中央保持高度一致。年内，召开政协党组理论学习中心组学习 11 次；召开党组（扩大）会议、主席会议、常委会、全委会学习 13 次；开展委员专题培训学习 3 次；组织党员集中学习活动 10 次。主席班子成员累计开展党的二十大、党的十九届六中全会、全国两会精神基层宣讲活动 10 余场次；机关党员干部、各级政协委员累计撰写心得体会 90 余篇。

以"转变作风，狠抓落实"为契机，始终用党的最新理论成果指导实践，保持与党中央同力同行。及时主动向区委请示汇报工作，努力使党的主张转化为广大政协委员和各界群众的共同意志、自觉行动。

二、积极建言献策，参政议政、协商民主取得新成效

按照常委会年度工作要点安排，发挥职能优

势，以提案、调研、视察和民主监督等为抓手，参政议政、协商民主不断取得新成效。提案工作是政协履行政治协商、民主监督和参政议政职能最直接、最经常、最便捷、最有效的形式之一。一年来，坚持把协商贯穿提案提、立、办、督全过程，强化办前提前协商、办中跟踪协商、办后运用协商；加大主席会议督办重点提案力度，强化带案视察、重点督办和办理评议；2022 年，主席班子成员带队组成 4 个组先后深入提案承办单位开展跟踪督办工作，极大提高了提案办理实效；二届一次全会以来，共收到提案 43 件，立案 36 件，作为意见建议处理 6 条，办复率 100%，委员满意率保持较高水平。为配合做好达孜区迎接第二轮中央环保督察工作，认真组织开展了生态环境保护政协专项民主监督，形成《达孜区生态环境保护专项民主监督工作报告》，供区委决策参考。7 月，围绕"产业振兴，固边强边""树牢三个意识"，组织 18 名委员赴日喀则 4 县开展视察调研，拓宽视野、学习借鉴先进经验，形成《达孜区政协组织委员赴日喀则学习考察"产业振兴 固边强边 强化三个意识教育"情况的报告》。市政协第十二届一次会议期间，我区政协委员积极发挥参政议政作用，聚焦我区热点难点问题提交提案 13 份，其中已经解决或能及时解决或已经采取措施或列入计划的达到 12 份。

三、站稳人民立场，关键时刻显担当

疫情就是命令，防控就是责任。常委会想人民所想、急人民所急，积极响应区委决策部署，勇挑"四联四包"责任，团结带领全区政协机关干部和广大政协委员始终战斗在"疫情防控"最前沿。党组成员、主席班子成员以身作则、身先士卒，深入邦堆乡、雪乡、德庆镇桑珠林村、工业园区、章多乡临时观察点等疫情防控第一线，积极协助基层加强组织领导、优化工作措施、解决急难险重等；机关干部向"疫"而行，积极参与机场、城关区疫情防控志愿服务、幸福社区封控管理等，展示了新时代政协人"敢于斗争，善于斗争"的良好形象。全区政协委员和工商界人士捐款捐物价值 55 万余元，倾力支持疫情防控大局。巩固脱贫攻坚成果助推乡村振兴上，政协党组成员、主席班子成员积极参与高校毕业生就业帮扶，帮助联系企业、分享就业信息、加强政策解读、教育引导等，帮扶对象就业率达到 85%；认真开展党员结对帮扶活动，积极帮助困难群众转变观念、纾难解困、增收致富，共结对帮扶 22 户，累计帮扶资金物资达到 1.14 万元。深入开展"领导干部下基层大接访办实事活动"，大力宣讲党的十九届六中全会精神、区市党委第十次党代会精神、全国两会精神，接访制约基层经济社会发展问题 20 余条（件），帮助协调解决 10 余条（件），开展群众思想"体检" 1 次，建立"一户一档" 80 户，千方百计为基层办实事 30 余件。

四、聚焦重点难点，服务中心大局

领导干部包保制度是区市党委"改进作风，狠抓落实"的重大举措。一年来，常委会积极响应，班子成员严格按照区委印发的县级干部重点项目包保、疑难信访积案包抓、拉萨南北山绿化造林工程达孜片区作业点包联"任务清单"，勇挑工作责任，第一时间深入部门、企业、乡村，找根源、疏情绪、教经验、送政策、出主意，取得良好成效，一大批"疑难杂症"问题得以解决。比如，理顺了白纳村游客服务中心项目用地手续变更事宜；协调解决了塔杰村土地复耕矛盾；帮助解决了"虎峰时代广场"房地产项目"预售证"难办问题等。

五、增进民族团结，画好最大同心圆

始终践行"共同团结奋斗、共同繁荣发展"的民族工作主题，在委员中积极开展民族团结教育、"三个意识"教育、爱国主义教育等，不断增强各族各界"五个认同"意识，凝聚建设社会主义现代化新西藏的磅礴力量。一是开展红色基地教育。3 月 24 日，为深化"两正""两思"主题教育，庆祝西藏百万农奴解放纪念日，组织 30 余名政协委员到西藏军区军史馆和西藏自然科学博物馆参观学习，重温旧西藏残酷落后黑暗历史，重温中国共产党才是百万农奴大救星的硬道理。二是开展委员讲堂。以"吃水不忘挖井人，感恩思进创新业"为主题，邀请 2 名资深政协委员专题授课，激发委员们珍惜今天的美好生活、奋进新时代的强大动力。三是撰写委员故事。积极参加市政协组织的"凝聚共识铸牢中华民族共同体意识委员讲故事"活动，4 篇稿件被采用；四是

加大对外交流。接待区内学习考察团 2 批次；配合区、市政协赴我区调研视察 2 批次。

六、坚持守正创新，全面加强自身建设

政协组织领导能力得以加强。按照《中国共产党政治协商工作条例》《中国人民政治协商会议章程》规定，年初召开政协一届五次全体会议，完成政协主席增补；5 月召开政协二届一次全体会议，圆满完成政协班子换届选举工作；各乡镇明确了分管政协领导，为全区政协事业发展注入新鲜血液。制度建设不断完善。坚持因地制宜、实事求是，研究制定《中共拉萨市达孜区政协党组议事规则》《达孜区政协党员领导干部民主生活会制度》《达孜区政协“三重一大”工作制度》、《达孜区政协 2022 年度协商与监督工作计划》《达孜区政协 2022 年政协讲堂工作计划》等六项工作制度，做到以制度管事、管人、管物。建好委员联络群，畅通各级委员联系渠道；关心关爱委员，建立了“荣誉委员制度”、走访看望委员 35 人；用好用活激励约束机制，加强委员履职档案、常委及委员履职情况考核管理等，真正将“委员既是荣誉，更是责任”要求落到实处。建设“三个表率，一个模范”政协机关，进一步明确班子成员工作分工，压实抓党建、党风廉政工作责任，机关服务效能得以提升。

在肯定成绩的同时，我们也清醒认识到在我们的工作中还有一些不足和短板：一是社情民意信息和民主监督工作力度不够，还需进一步加强；二是协商议政重点不够突出，还需进一步聚焦；三是因疫情影响，一些既定工作任务未能如期完成，还需继续推动落实；四是提案办结率仍不够理想；五是委员履职能力亟待提升。这些都需要我们高度重视，认真加以解决。

2023 年工作思路

2023 年，是全面贯彻落实党的二十大精神开局之年，也是实施第十四个五年规划承上启下的关键一年。做好区政协工作的总体要求是：坚持以习近平新时代中国特色社会主义思想为指导，深入贯彻落实党的二十大精神及中央第七次西藏工作座谈会精神、习近平总书记关于西藏工作的重要指示和新时代党的治藏方略，深入贯彻落实自治区第十次党代会和区党委十届三次全会精神、王君正书记在拉萨市干部大会和在拉萨调研时的讲话精神，贯彻落实拉萨市第十次党代会精神和市委十届四次全会精神，贯彻落实达孜区第二次党代会精神和区委二届二次全会精神，牢记“三个务必”、捍卫“两个确立”、增强“四个意识”、坚定“四个自信”、做到“两个维护”，聚焦“四件大事”，锚定“四个创建、四个走在前列”，围绕当好“七个排头兵”，坚持发扬民主和增进团结相互贯通、建言资政和凝聚共识双向发力，积极投身“强中心”战略和“七大行动”，为建设团结富裕文明和谐美丽的社会主义现代化新达孜作出新的更大贡献。

一、用党的创新理论武装头脑，始终做到同党中央保持高度一致。把捍卫“两个确立”，增强“四个意识”、坚定“四个自信”、做到“两个维护”贯穿政协工作始终，着力提升政治判断力、政治领悟力、政治执行力，使政协更好地成为坚持和加强党对各项工作领导的重要阵地、用党的创新理论团结教育引导各族各界代表人士的重要平台、在共同思想政治基础上化解矛盾和凝聚共识的重要渠道，切实担负起“落实下去，凝聚起来”的政治责任。

二、围绕中心大局，服务高质量发展。聚焦区市第十次党代会及区党委十届三次全会、市委十届四次全会确定的目标任务，坚持区委中心工作推进到哪里、政协履职就跟进到哪里，积极协商议政。落实“四联四包”责任制，强力推进分包重点项目、重点任务顺利完成。高质量开展民主监督，持续加大提案督办力度，继续坚持县级领导领衔督办重点提案制度，强化专项监督，聚焦重点工作、重点项目、重点产业等议题开展专项跟踪监督。围绕落实达孜区第二次党代会部署要求，聚焦城市建设、园区发展、乡村振兴、全域旅游、民族团结、基层治理等重点领域，积极开展委员视察调研活动，借他山之石、功我山之玉。

三、高扬团结大旗，广泛凝聚共识。一是要拓宽沟通渠道。加强与区委统战部、区工商联、人民团体和无党派人士、社会各阶层代表人士的联谊沟通，科学设置高质量议题，共同组织相关活动，不断巩固和扩大社会基础，把党的主张转化为社会各界的共识，画出最大“同心圆”。二是要扩大交流互鉴。主动参与各级政协组织的培训交流活动，加强与区内外县市的交往交流交融，提升达孜美誉度、扩大达孜影响力。三是要服务和谐稳定。引导全体政协委员当好党和政府的宣传员、信息员，主动参与平安达孜建设和基层社会治理，协助做好协调关系、理顺情绪、化解矛盾的工作，畅通社情民意信息渠道，及时准确反映具有苗头性、倾向性的问题，上报并争取得到解决，共同维护和谐稳定社会大局。

四、加强能力建设，提升履职水平。一是要抓基层打基础。按照“九有”要求，规范建设乡镇基层联络室，建实用好基层委员履职平台，架起为民服务的“连心桥”，发挥政协基层组织在政治引领、凝聚共识、建言献策、团结合作等方面的战斗堡垒作用。二是要继续推进专委会建设。推动落实《关于加强和改进新时代市县政协工作的意见》，争取增设必要专委会，进一步充实区政协工作机构人员力量。三是要加强委员履职能力建设。开展学习培训、读书活动，建设“书香政协”，重视委员考察学习交流，拓宽视野思维，全面提升能力素质。四是要强化机关建设。以政治建设为统领，持续改进作风抓落实，着力提高机关组织协调、后勤保障、管理服务水平，着力把政协机关打造成“政治型、学习型、创新型、服务型”机关，真正做好委员贴心人。

各位委员、同志们！建功新时代，扬帆正当时，我们必大有作为。让我们更加紧密团结在以习近平同志为核心的党中央周围，坚持以党的二十大精神为指针，积极贯彻落实自治区党委十届三次全会和市委十届四次全会决策部署，在达孜区委的坚强领导下，聚焦“四件大事”，锚定“四个创建、四个走在前列”，实施“强中心”战略、当好“七个排头兵”，努力建设拉萨东翼新城，为建设富强、民主、文明、和谐、美丽的社会主义现代化新达孜而团结奋斗。

大事记

1月

9日　日喀则市拉孜县政协党组成员、副主席潘申堂一行考察组到达孜区，围绕乡村振兴、产业发展、政协民主监督、乡镇委员联络室建设工作等方面的做法进行考察学习，交流经验。

13日　西藏自治区农业农村厅动物疫病预防疾控中心（畜牧总站）高级畜牧师旦增白姆、数据审核机构专家巴桑一行到达孜区调研畜禽遗传资源普查工作。

14日　拉萨市体育局局长拉珍、市发展和改革委一行到达孜区调研。

18日　达孜区第一届人民代表大会第六次会议召开。

19日　西藏自治区政协副主席、教育厅党组书记杜建功，自治区教育厅基教处处长杨继军，自治区教育厅规划处处长南木加，自治区教育厅教师工作处处长祁晓莉一行到达孜区开展调研指导工作。

同日　拉萨市民政局党组副书记、局长土登一行到达孜区调研民政工作。

20日　拉萨市人社局党组成员、副局长贺能晟一行到达孜区走访慰问基层“三支一扶”工作人员。

21日　西藏自治区总工会党组成员、副主席边巴，拉萨市总工会党组成员、副主席次仁拉姆，达孜区政协党组成员、副主席赵建中，达孜区总工会主席宗吉一行到西藏藏缘青稞有限公司为“拉琼劳模创新创业工作室”授牌，并参观劳模工作室。

26日　拉萨市委政研室主任杨雁祥一行到达孜区调研拉萨市老年人日间照料中心运营情况。

28日　西藏自治区地质矿产勘查开发局科技处副处长泽仁扎西、拉萨市林业和草原局三级调研员何昆峰一行到达孜区实地踏勘拉萨南北山绿化工程前期配套水利基础设施保障情况。

同日　拉萨市委政法委常务副书记达瓦一行到达孜区慰问尊木采村“两委”及驻村工作队。

29日　拉萨市政投建设项目代建管理有限公司一行到达孜区章多乡驻拉木村工作点看望慰问驻村工作队及村“两委”班子成员。

2月

11日　西藏自治区信访局副局长郭顺成、市政府副秘书长、信访局局长格桑卓嘎一行到达孜区信访局调研。

同日　达孜区委副书记、区长刘代红到章多乡调研。

15日　拉萨市旅游发展局党组副书记、局长高建红一行到达孜区甘丹寺调研指导A级旅游景区创建工作。

同日　拉萨市畜牧兽医总站专家旦增普布一行到达孜区检查畜禽遗传资源普查工作整改进度情况。

16日　拉萨市交通运输局局长索朗多吉、副局长布穷及养护处处长达瓦次珠一行到达孜区交通运输局调研指导工作。

同日　达孜区市场监督管理局在拉萨市市场监督管理局现场指导下对全区医院、零售药店等单位开展药品、医疗器械、疫苗经营使用安全管理情况专项监督检查。

17日　西藏自治区生态环境厅党组成员、副厅长扎西顿珠一行到达孜区检查自治区督察反馈问题整改落实情况。

18日　拉萨市民委二级调研员李章辉一行到达孜区开展关于做好新时代民族工作调研。

24日　西藏自治区林业和草原局副局长胡志广一行到达孜区南北山承包造林片区现场督导造林任务落实工作，自治区林规院工作人员现场介绍承包造林片区范围及作业设计内容。

同日　西藏自治区文物局督察处处长郑江涛带队，联合拉萨市文物局、宗教局、消防支队和文化执法队工作人员一行到达孜区开展藏历新年前文物安全联合检查。

同日　林芝市民政局副局长邹文武一行到达孜区参观学习，林芝市各县区民政局负责人及业务骨干参加。

25日　西藏自治区民政厅党组成员、副厅长丹巴一行到达孜区特困人员集中供养服务中心调研。

同日　拉萨市委常委、警备区政委杨庆利到达孜区雪乡走访慰问结对帮扶户。

26日　拉萨市委副秘书长陈礼、市疫情防控指挥部等相关部门一行到达孜区德庆镇、邦堆乡调研疫情防控工作开展情况。

3月

1日　西藏自治区民政厅养老处一行到达孜区民政局检查指导全国未成年人保护示范区创建工作。

同日　拉萨市人大常委会党组成员、副主任次仁顿珠一行到达孜区章多乡开展大接访办实事活动。

同日　拉萨市宗教局党组书记、副局长、一级调研员达瓦一行到达孜区塔杰乡开展“下基层大接访”活动。

同日　拉萨市审计局党组书记、副局长德庆央吉，党组副书记、局长任玉萍一行到达孜区邦堆乡开展“领导干部下基层大接访办实事”活动前期摸底调研。

4日　拉萨市委巡察办二级巡视员仁增卓玛，市委巡察办主任平措旺堆一行到达孜区德庆镇开展“领导干部下基层大接访办实事”调研活动。

5日　拉萨市工商联党组成员、一级调研员陈小兵到达孜区德庆镇德庆村开展“领导干部下基层大接访办实事”活动。

6日　拉萨市妇联党组书记、副主席叶海缨到达孜区唐嘎乡穷达村开展“领导干部下基层大接访办实事”入户调研走访活动。

7日　拉萨市委政法委副书记曾四红到尊木采寺、祁连山水泥厂开展“领导干部下基层大接访办实事”活动。

同日　拉萨市审计局党组书记、副局长德庆央吉到达孜区邦堆乡开展“领导干部下基层大接访办实事”活动。

10日　拉萨市交通运输局副局长徐海波带队，联合拉萨市财政局、市公安局、市发展和改革委员会、市应急管理局一行到达孜区，对达孜区2021年农村客运运营服务情况进行综合考核。

同日　拉萨市审计局党组书记、副局长德庆央吉到达孜区邦堆乡开展安全隐患督查和疫情防控检查工作。

11日　拉萨市司法局社区矫正科科长米玛次仁一行到达孜区邦堆乡检查社区矫正暨安置帮教人员管控工作。

14日　西藏自治区经信厅节能环保处副处长原庆华一行到达孜区开展环保督察检查工作。

同日　拉萨市委政法委常务副书记达瓦一行到拉萨市城投祁连山水泥厂开展“领导干部下基层大接访办实事”活动，同时协调组织召开村企对接协调会。

同日　拉萨市妇联党组副书记、主席达珍及拉萨市恒大医院医生一行到达孜区唐嘎乡开展“下基层办实事送健康”活动。

16日 生态环境部西南督察局四级调研员沃原一行到达孜工业园区开展督察调研工作。

17日 西藏自治区南北山绿化工程指挥部、市林草局、市水利局一行到达孜区协调拉萨南北山绿化工程水利基础设施地块。

同日 国家统计局拉萨调查队一行到西藏春光食品有限公司、西藏藏缘青稞科技有限公司和西藏吉顺生物科技有限公司调研。

同日 拉萨市委常委、常务副市长占堆到达孜区中学、区中心小学、区中心藏语和汉语幼儿园开展“领导干部下基层大接访办实事”活动。

同日 拉萨市委政法委常务副书记达瓦到达孜区章多乡尊木采村开展“领导干部下基层大接访办实事”入户调研活动。

同日 拉萨市教育局第十督导组一行到达孜区幼儿园调研指导疫情防控工作。

18日 拉萨市人大常委会党组成员、副主任次仁顿珠一行到达孜区章多乡开展“弘扬老西藏精神、传承红色基因,扎根基层、锻造自我”宣讲活动。

同日 拉萨市副市长潘文卿一行到达孜区塔杰乡开展“下基层大接访办实事”活动。

同日 阿里地区农业农村局副局长白玛旺扎,阿里地区农业综合行政执法队负责人罗新闻一行到达孜区开展农业综合行政执法交叉考核工作。

22日 西藏自治区旅发厅副厅长顿珠,拉萨市旅发局四级调研员阿旺赤列等一行到达孜区考察甘丹寺创建国家AAAA级旅游景区工作。

同日 拉萨市委常委、常务副市长占堆到达孜区信访局开展领导干部“下基层大接访办实事”工作。

同日 拉萨市副市长潘文卿到达孜区雪乡调研指导工作。

24日 华电金沙江上游水电开发有限公司拉萨南北山绿化工程开工仪式在达孜区邦堆乡项目7号片区举行。

25日 中国南方电网公司2022年拉萨南北山绿化工程承包造林项目启动仪式在达孜区邦堆乡叶巴村举行。

同日 拉萨市副市长潘文卿到达孜区章多乡开展“下基层大接访办实事”活动。

同日 西藏自治区党委宣传部二级巡视员普布次仁、西藏广播电视台法制栏目负责人索朗、区委宣传部宣教处一级主任科员谢科科组成的调研组先后到达孜区邦堆乡新时代文明实践活动所、广播电视台、新时代文明实践活动中心开展精准普法实地调研活动。

同日 拉萨市工商联牵头组织拉萨爱心企业拉萨市城关区地毯厂到达孜区德庆镇德庆村开展慰问活动,共慰问20户困难群众家庭,共计送去2万元慰问金。拉萨市委统战部副部长、市工商联党组书记公保太,市工商联党组成员、一级调研员陈小兵,城关区地毯厂党支部书记、总经理索朗德吉以及驻村工作队和村委会工作人员参加慰问活动。

同日 拉萨市委联合调研组、市委组织部组织一科科长尼玛次仁一行到达孜区邦堆乡就村“两委”班子工作开展和运行情况进行调研。

28日 西藏自治区人民政府副秘书长杨锐、拉萨市林业和草原局局长尹培凤一行到达孜区参加拉萨南北山绿化工程(达孜片区)项目推进会。

29日 拉萨市专项监督组组长、市乡村振兴局副局长次仁德吉一行到达孜区开展2022年巩固拓展脱贫攻坚成果同乡村振兴有效衔接工作第一季度监督。

30日 西藏自治区人民检察院党组副书记、常务副检察长米玛次仁,拉萨市人民检察院党组书记、检察长明马丹增一行到达孜区人民检察院,就检察建议“回头看”相关工作情况进行检查。

同日 拉萨市招商局、第三方产业地图设计人员一行到达孜区就招商引资方面情况开展调研。

31日 西藏自治区农业农村厅农经处副处长李志超一行到达孜区开展农村宅基地相关工作调研指导。

同日 西藏国际旅游文化投资有限公司2022年拉萨南北山绿化工程德庆西3号造林项目启动仪式在达孜区德庆镇德庆村举行。

4月

2日　西藏自治区副主席江白带领自治区能源局、经信厅、工商联等拉萨南北山绿化工程承包单位负责人和承包企业负责人到邦堆乡林阿村3号片区项目点进行调研。

同日　达孜区委副书记、区长刘代红主持召开安全生产调度会。

5日　西藏自治区人民政府十一处副处长王志达带队，自治区林业草原生态处处长米玛次仁、消防救援总队、地勘局、拉萨林业和草原局、拉萨南北山造林工程指挥部、道路施工负责人一行调研拉萨南北山绿化工程达孜区邦堆片区造林作业点。

6日　西藏自治区党委常委、纪委书记、监委主任王卫东一行到达孜区调研区委主体责任和纪委监督责任落实情况。

同日　西藏自治区科技厅副厅长钟国强一行到达孜区就自治区揭榜挂帅项目、科技支撑乡村振兴"达孜区唐嘎村农村产业专业化发展模式构建"分项目进行专项调研。

同日　拉萨市中级人民法院党组书记、院长李世蓉一行到达孜区人民法院调研指导工作。

7日　拉萨市科学技术协会主席巴桑次仁、副主席次仁白珍一行到达孜区麦之穗农业种植科普示范基地，就科普项目建设情况进行专项调研。

8日　拉萨市生态环境局副局长汤清峰、副局长仝仓一行到达孜区督察指导环保督察整改工作。

13日　拉萨市政协党组书记、主席尼玛一行到达孜区政协，调研基层政协工作中存在的"基层基础薄弱、人员力量薄弱"问题。

同日　拉萨市广电局二级调研员格桑顿珠、拉萨市电影管理中心负责人平措一行到达孜区开展数字电影流动放映设备技术巡检工作。

15日　拉萨市宣讲团一行到达孜区举办纪念西藏民主改革63周年宣讲报告会。

18日　拉萨市水利局二级巡视员强巴江才一行到达孜区对汛前安全隐患大排查及近期工作开展情况进行检查。

19日　拉萨市文化局党组成员、二级调研员次拥，产业科科长、四级调研员米玛次仁一行到达孜区调研文化产业示范基地发展运行情况。

同日　拉萨市司法局局长邱秀兰一行到达孜区司法局就司法所建设整治推进情况进行督导检查。

21日　西藏自治区财政厅国库处处长钟萍到达孜区财政局开展直达资金监控系统与预算管理一体化系统数据对接测试等财政重点工作。

同日　《西藏农业科技》编辑部一行到达孜区雪乡、唐嘎乡带动作用明显的合作社（基地）及致富带头人进行调研并采集准备刊登的人物事迹及照片。

同日　国家统计局拉萨调查队一行到达孜区邦堆乡克日村开展农村厕所改造情况调研。

22日　拉萨市财政局副局长万诗亮、四级调研员李艳丽一行到达孜区调研惠民惠农财政补贴资金通过社保卡"一卡通"落实情况以及2022年涉农整合资金支出情况。

同日　拉萨市教育局学生资助中心主任索多一行到达孜区调研学生资助工作落实情况。

25日　西藏自治区党委宣传部副部长周黎明、自治区党委宣传部媒体融合处副处长国吉、拉萨市委宣传部副部长卞光辉、自治区融媒体运营中心用户部负责人王涛一行到达孜区融媒体中心调研县（区）融媒体中心建设及工作开展情况。

27日　西藏自治区农业农村厅农村合作经济指导处副处长拉巴次仁到达孜区调研涉农改革服务工作。

同日　西藏自治区人民医院副院长杜瑞一行到达孜区人民医院检查指导医联体建设工作。

28日　西藏自治区党委宣传部一级巡视员嘎玛旦巴，自治区文明办综合处副处长普旦，拉萨市委宣传部副部长、文明办主任王忠九一行到达孜区调研指导新时代文明实践中心（所、站）工作。

同日　中国邮政集团有限公司拉萨市分公司党委书记、总经理郑建华一行到达孜区唐嘎乡开展"服务乡村振兴，助力农产品进城，拉萨邮政在行动"活动。

同日 西藏自治区科技厅党组成员、副厅长王俊杰以及北京桑林蓝天自控技术有限公司、中国开发性金融促进会项目投资专业委员会、重庆神华薄膜太阳能科技有限公司相关负责人一行到达孜区农业产业园区，对光伏农业平台建设进行考察调研。

同日 拉萨市宗教局局长达瓦次仁、四级调研员阳高飞一行到达孜区调研指导铸牢中华民族共同体意识、推进藏传佛教中国化工作开展情况。

5月

5日 西藏自治区党委常委、市委书记普布顿珠一行到达孜区章多乡、塔杰乡、德庆镇、邦堆乡，村社、企业、机关，调研基层党建、维护稳定、园区建设、产业发展、生态保护、安全生产等工作。

6日 西藏自治区党委常委、拉萨市委书记普布顿珠一行到达孜区调研洋河朗热酒村项目。

同日 拉萨市商务局党组成员、三级调研员普布顿珠一行到达孜区领峰木材交易市场开展安全生产督导检查工作。

7日 西藏自治区政协经济和人口资源环境委员会主任赤列多吉一行到达孜区，围绕“进一步优化营商环境”开展实地调研。

同日 拉萨市政协党组成员、副主席、市总工会主席宋留柱一行到达孜区开展工会基层组织调研工作。

同日 拉萨市旅游发展局党组副书记、局长高建红，党组成员、副局长徐全军一行到达孜区调研工业旅游、乡村旅游和沟域经济等发展情况。

9日 拉萨市社会保险基金监督委员会检查组一行到达孜区开展专项检查。

10日 西藏自治区生态环境厅环评处副处长韦金昌、拉萨市生态环境局副局长张勇一行到达孜工业园区检查园区规划环评措施、重大项目环评措施落实和排污许可制度落实情况。

同日 达孜区人民政府与农行拉萨分行签订巩固拓展脱贫攻坚成果暨服务乡村振兴战略合作协议。

12日 林芝市人大代表团一行到达孜区考察学习。

同日 拉萨市乡村振兴局副局长次仁德吉到达孜区邦堆乡督导2022年度防止返贫监测和帮扶大排查工作。

16日 西藏自治区党委进一步改进作风狠抓落实工作领导小组办公室调研组一行到达孜区唐嘎乡调研指导工作。

同日 由昌都市委宣传部二级调研员罗布等组成的昌都市县级融媒体交叉验收组一行到达孜区开展融媒体中心建设验收评估工作。

同日 拉萨市2022年流动科技馆巡展暨“区、市、县”三级科协联合科普宣传活动启动仪式在达孜区中心小学举行。

17日 拉萨市委常委、组织部部长张定成一行到达孜区邦堆乡、塔杰乡、章多乡调研。

19日 达孜区委书记索朗次仁主持召开国土空间规划“三区三线”划定工作汇报会。

26日 达孜区疾病预防控制局挂牌成立。

27日 达孜区第二届人民代表大会第一次会议召开。

31日 西藏自治区2022年放心农资下乡进村宣传周活动启动仪式在达孜区德庆镇白纳村举行。

6月

8日 西藏自治区党委组织部公务员三处四级调研员周雪峰一行到达孜区邦堆乡就公务员日常考核工作进行调研。

同日 拉萨市发改委副主任董柏林一行到达孜区调研协调援藏项目推进及朗热酒村项目推进情况。

9日 山南市政协党组成员、副主席赤列央金带领山南市考察组一行到达孜区进行考察学习，交流经验。

15日 拉萨市旅发局党组成员、副局长琼吉，四级调研员阿旺赤列，行管科负责人一行到达孜区专题调研国家AAA级旅游景区创建相关工作。

16 日　达孜区委书记索朗次仁，区委副书记、区长刘代红一行到“2022 年拉萨市西藏初中班（校）招生考试拉萨考区（第七考点）”检查指导工作。

18 日　西藏自治区旅发厅党组书记黄永清，拉萨市旅游发展局党组书记泽兵一行到达孜区调研文化旅游产业发展情况。

21 日　拉萨市政协党组书记、主席尼玛，副主席岳国红一行到达孜区调研。

22 日　西藏自治区党委常委、区政法委书记刘江一行到达孜区检查指导基层治理工作。

同日　拉萨市政协副主席达娃一行到达孜工业园区就固定资产投资情况进行调研指导。

同日　达孜区举行欢送江苏省镇江市第九批援藏干部大会。

27 日　江苏省人大常委会副主任马秋林一行到达孜区调研。

同日　西藏自治区副主席、自治区党委政法委副书记，自治区公安厅党委书记、厅长张洪波一行到达孜区检查指导交通安全管理工作。

28 日　拉萨朗热酒村项目开工仪式暨 2022 年江苏援藏项目建设推进会举行。

7月

5 日　达孜区召开推行领导干部常态化“四联四包”工作机制暨“大宣讲大调研大排查大落实”活动动员部署会。

7 日　西藏自治区党委组织部组织四处副处长、二级调研员李鑫一行到达孜区邦堆乡检查指导党务清查工作。

8 日　拉萨市委常委、统战部部长、市政协党组副书记格桑次旦与章多乡恰村“两委”班子和各级包联干部开展座谈。

9 日　拉萨市副市长、市委政法委副书记、市公安局局长代利刚一行到达孜区公安局检查指导工作。

12 日　拉萨市纪委副书记、监委副主任普布国庆，市纪委常委、监委委员、二级调研员丹增塔杰一行到达孜区塔杰乡主西村开展“大宣讲”活动。

同日　达孜区委书记索朗次仁出席区人民武装部组织新任人武部干部暨国防动员骨干培训达标建设成果观摩活动。

13 日　拉萨市委统战部副部长、市工商联党组书记公保太和市工商联三级调研员拉巴卓嘎一行到达孜区唐嘎乡穷达村开展大调研工作。

14 日　拉萨市妇联一行到达孜区唐嘎乡罗普村开展 2022 年“家庭教育四进”活动。

同日　云南省迪庆州委常委、政法委书记杨学文一行到达孜区邦堆乡调研综治中心建设运行及“四联四包”和“大宣讲大调研大排查大落实”工作开展情况。

15 日　拉萨市人大常委会党组书记、主任贺鹏一行到达孜区人大常委会检查指导工作。

同日　拉萨市副市长、雪乡包联组组长匡晖一行到达孜区雪乡开展大宣讲活动。

18 日　“苏拉一家亲、共谱山河情”招商引资推荐会签约仪式举行。

26 日　西藏民族大学教授更登磋一行到达孜区开展乡村大调研。

27 日　水利部长江水利委员会水资源节约与保护局处长王海伟率长江委复合组一行，对达孜区县域节水型社会达标建设开展现场复核。

同日　拉萨市农业农村局局长郭万军带队的督导检查组一行到达孜区德庆镇检查农田病虫草害防治工作。

28 日　日喀则市人大考察组一行到达孜区德庆镇“人大代表之家”和白纳村 8 组度假林卡考察学习。

8月

1 日　拉萨市委政法委四级调研员陈豆豆到达孜区德庆镇调研网格化服务管理工作。

同日　达孜区委书记索朗次仁到区消防救援大队慰问指战员。

3 日　江苏省句容市教育局党委书记、局长高宏斌一行到达孜区开展教育工作交流。

5日 江苏省镇江市委常委、副市长周凯一行到达孜区调研。

14日 江苏省镇江市筹集的10箱医用口罩、3箱N95防护口罩、30箱医用防护服等物资装车发运，驰援拉萨市达孜区疫情防控工作。

23日 西藏自治区党委副书记、自治区人大常委会党组书记、主任洛桑江村，自治区人大常委会副主任丁业现以“四不两直”的方式，到达孜区检查指导疫情防控工作。

同日 拉萨市委派驻达孜区疫情防控督查组、政协副秘书长张强一行先后到达孜区德庆镇机关、新仓村、黑龙江省龙建路桥第一工程有限公司S5线项目部等疫情防控一线，督导检查各项疫情防控措施落实情况。

30日 西藏自治区农业农村厅党组成员、副厅长林木一行到达孜区塔杰乡塔杰村检查秋收情况。

9月

8日 达孜区委书记索朗次仁，区委副书记、区长刘代红，区人大常委会党组书记、主任米玛，区委常委、政法委书记、公安局局长小达娃，区委常委、区委办主任格桑旦增一行到唐嘎乡检查指导疫情防控工作。

10月

11日 拉萨市人大常委会党组书记、主任贺鹏一行到达孜区督导检查工作。

28日 达孜区委书记索朗次仁主持召开学习贯彻中共二十大精神领导干部大会。

11月

10日 达孜区委副书记、区长刘代红一行到邦堆乡考察扎叶巴村容村貌四期项目。

15日 江苏援藏镇江工作组组织聘请专家对达孜区医疗卫生系统工作人员和乡镇党员干部开展冬季传染病防控知识培训。

22日 西藏自治区党委常委、拉萨市委书记普布顿珠一行到达孜区向基层党员干部群众宣讲中共二十大精神。

28日 达孜区委副书记、区长刘代红一行督导检查水利在建工程。

12月

5日 西藏自治区农牧民国家通用语言文字演讲比赛达孜区初赛结束。

6日 学习贯彻中共二十大和区党委十届三次全会精神拉萨市巡回宣讲团一行到达孜区开展理论宣讲。

9日 拉萨市妇联党组书记、副主席叶海缨，党组副书记、主席达珍一行到达孜区唐嘎乡唐嘎村、穷达村宣讲中共二十大精神。

19日 达孜区麦之穗农业种植农民专业合作社举行分红仪式。

区情概览

【概况】 达孜区总面积1373平方千米，共辖5个乡、1个镇，22个行政村，131个村民小组，9298户，总人口3.2425万人，其中农村人口2.9779万人，人口出生率10.67‰，自然增长率2.41‰。全区经济以第一产业为主，农业主要种植青稞、冬小麦、油菜、土豆等作物，畜牧业主要养殖牦牛、黄牛、羊、猪、藏鸡等。耕地面积5526.67公顷，粮食播种面积3833.33公顷，经济作物播种面积813.33公顷。森林覆盖率30.38%，林业绿化率41.3%，林地面积61532公顷。国家重点保护野生动物有黑颈鹤、棕熊等，已探明矿产资源有铅、锌、铜等。区境内共有寺庙、拉康14座。其中，始建于公元15世纪初、已有600多年历史的藏传佛教格鲁派六大寺之首的甘丹寺，其宗教、建筑、艺术等方面的成就在区内外享有盛誉，1961年被列为第一批全国重点文物保护单位；始建于公元7世纪、至今已有1500多年历史的扎叶巴寺，其建筑风格独特，被誉为"隐修圣地"。

【地理位置】 达孜，藏语意为"虎峰"。达孜宗初建于元至正十四年（1354年）；1959年西藏民主改革后，原达孜宗、德庆宗合并成立达孜县，2018年2月1日撤县设区，隶属于拉萨市。地理坐标为北纬29.40°—29.667°，东经91.21°—91.35°。达孜区地处拉萨河两岸河谷平原地区，西与拉萨市城关区毗邻，北与林周县相连，东靠墨竹工卡县，南接山南市扎囊县，318国道贯穿而过，距离拉萨城区仅20千米，素有拉萨"东大门"之称，交通便利，战略位置十分重要。

【经济发展】 2022年，达孜区实现地区生产总值22.74亿元，一般公共预算收入完成2.38亿元，规模以上工业增加值完成2亿元，完成社会消费品零售总额4.43264亿元，累计减免各类税费1.93亿元，农牧民人均可支配收入达21529元。投入资金1.75亿元，建设完成圣天源农畜产品牛肉深加工基地扩建、小牛奔奔产研基地和盛世未来城项目。推进洋河朗热酒村、扎叶巴康养小镇等重点项目建设进程。招商引资项目共13个，协议投资75.41亿元，累计到位资金10.17亿元。

【气候】 达孜区属高原温带半干旱季风气候区。年平均气温7.5℃，年平均日照3065小时，平均降水量450毫米。空气稀薄，气温低，日温差大，冬春干燥，多大风，年无霜期130天左右。年降水量80%—90%集中在夏季，多夜雨。自然灾害主要有旱、涝、山洪、泥石流、冰雹、霜灾、虫灾等。

【地貌】 达孜区地势南北高、中间低，北部和南部分别是东西横贯的恰拉山、郭嘎拉日山，中间为拉萨河谷地，是典型的"U"形地貌，全区平均海拔4100米，河谷最低海拔3730米。

【旅游资源】 达孜旅游覆盖生态、人文、产业三方面，旅游资源特点以历史文化型（藏民族传奇人物阿古顿巴出生地）、宗教文化型（千年古寺甘丹寺、扎叶巴寺、桑阿寺）、休闲度假型（白纳村生态林卡、章多网红林卡等）、徒步旅游（甘丹寺—桑耶寺徒步旅游、主西沟—桑耶寺徒步旅游、白纳村—桑耶村徒步旅游）、生态观光型（巴嘎雪湿地、唐嘎乡湿地、白纳沟）为主。依托“全域旅游”发展契机，大力发展旅游产业项目，旅游市场稳步拓展。罗占、玉佤仓、卓玛、优格仓、吞柏古等文化产业品牌不断壮大，创办“藏鹤仙子”品牌。主要旅游景点有甘丹寺、扎叶巴景区、白纳沟景区、主西村徒步营地以及优敏芭古藏香文化产业园区（AA 级景区）。2022 年，旅游接待 26.11 万人次，旅游收入达 827.37 万元，带动农牧民增收 849 人次。“云上达孜”工业旅游景区入选为国家工业旅游示范基地；叶巴村被评定为全国第二批三星级地质文化村，被称为“西藏地质文化第一村”。

（熊国宝）

中国共产党达孜区委员会

综述

【概况】 2022 年，达孜区各级各部门和广大党员干部坚持把为中共二十大胜利召开营造平稳健康的经济环境、安定有序的社会环境、风清气正的政治环境作为重要政治任务，全面落实疫情要防住、经济要稳住、发展要安全的重要要求，深入贯彻习近平总书记关于西藏工作的重要论述和新时代党的治藏方略，深入贯彻自治区和拉萨市第十次党代会以及达孜区第二次党代会工作安排，坚定拥护“两个确立”、坚决做到“两个维护”，锚定“四件大事”、聚力“四个创建”、聚焦“四个走在前列”，以率先当好“七个排头兵”为目标，量身打造“饮水思源、感恩思进”党的群众感恩教育实践活动和“清源正本、忠诚正道”党员政治忠诚教育，进一步改进作风、狠抓落实，齐心协力、共克时艰，社会大局持续和谐稳定、经济运行总体平稳、居民收入持续增长、生态文明建设推进有力、意识形态工作成效明显、基层基础不断夯实、凭能力用干部导向鲜明树立，各项工作稳中有进、稳中提质。

【经济发展】 2022 年，采取积极稳健的发展政策，主动适应经济发展的新常态、抢抓新机遇，积极落实各项经济发展政策。全年实现地区生产总值 22.74 亿元，农牧民人均可支配收入达 21529 元，增长 7.3%；社会消费品零售总额 4.43264 亿元。

推广新品种粮食作物种植 5.75 万亩，良种统供率、种子精选率、包衣率分别达 100%，多措并举保障粮食安全和质量。牲畜存栏 71404 头（只、匹），肉蛋奶产量达 25953 吨，未发生牲畜重大疾病。2022 年有农牧民合作社 347 家，注册资金超过 1.5 亿元，吸纳社员 2400 余人，拉萨市农牧业产业化经营龙头企业 11 家，新培育创建家庭农（牧）场 12 家，新型经营主体不断培育壮大。

继续推动工业园区经济“脱

2022年1月14日，区委书记索朗次仁（前排右一）到德庆镇白纳村调研

2022年2月4日，区委书记索朗次仁（左一）到邦堆乡调研安全生产工作

虚向实”，引导园区向“一轻二高三新”目标发展，有实体性企业55家，规模以上企业10家，龙头企业8家，高新技术企业5家。双创基地入驻企业55家，固定就业528人次，入驻创业基地格子间企业364家，盘活“僵尸企业”11家。1—10月，完成工业总产值1.04亿元，园区总产值4.16亿元，完成税收5.59亿元。截至第三季度，共招商引资项目9个，其中新建项目3个，续建项目6个，项目协议投资75.41亿元，累计到位资金8.3亿元。

依托“全域旅游”发展契机，积极推进夏拉沟旅游景区基础设施建设、扎叶巴村藏民宿旅游提升、扎叶巴旅游创业民俗体验街、白纳村乡村旅游振兴及林卡经济提升及推广等项目。云上达孜工业旅游景区、优敏芭旅游景区被评为国家AAA级旅游景区，国家全域旅游示范区创建工作扎实推进。旅游接待26.11万人次，旅游收入达827.37万元，其中林卡经济收入393.12万元，带动农牧民增收849人次。投资13万余元开展文化、文物、非物质文化遗产保护传承工作，推进文旅融合发展，叶巴村成功申报全国第二批三星级地质文化村。

完成63家行政事业单位资产数据迁移计划前期准备工作，为资产管理全面并入预算管理一体化系统（2.0）打好基础，办理增值留抵退税101户，退税金额达9974万元，减免74家受疫情影响的商铺房租。完成20个行政村135个村民小组的2017—2020年农村集体资产的清产核资以及成员身份界定、股权量化、账目清理工作（建账）及颁证等相关工作。完成118宗农村宅基地新建、翻建、补证工作。

【民生基础】 年内，始终坚持以人民为中心的发展思想，着力补短板、惠民生、增民利，努力实现保安宁、促民生、增幸福。达孜区有建档立卡脱贫户1776户7006人（包括“十二五”“十三五”），无返贫户，“三类人员”33户120人，通过实施各类帮扶措施，已消除致贫、返贫风险的“三类”人员12户52人。为“三类人员”73人发放纾困扶持一次性生活补贴8.6万元。财政衔接推进乡村振兴补助资金项目六类19个，总投资16963.18万元，已完工项目4个，在建项目11个，资金支出进度45.73%。达孜区第二批“美丽乡村·幸福家园”建设计划整村推进试点工作新建住房已开工167户，完成德庆镇白纳村107户房前房后挡土墙及小型化粪池建设，基础设施持续完善，人居环境不断优化。

与2家定点药店、23家定点医疗机构完成协议签订管理工作，积极筹备达孜区人民医院DIP（区域点数法总额预算和按病种分值付费）支付方式系统接入工作；持续推进县域医共体建设，积极做好传染病、地方病以及慢性病防治工作，无相关死亡患者，开展卫生监督检查及水质采样监测。疫情期间，达孜区充分发挥章多乡临时观察点、达孜区人民医院（亚定点医院）作用，累计收治以主城区转运为主的病患2157人，全力保障人民群众安全健康。

及时足额落实“三包”及营养改善经费2383.69万元，投资2亿余元有序推进达孜区第二小学、幼儿园改扩建、安装监控等项目，开展各类安全演练20余次，排查整治消防安全隐患40余处，平安校园建设成效明显。小升初被西藏班录取23人，初升高被其他省市西藏班录取5人，教育教学质量稳步提升。疫情期间为全力保障学生就学，达孜区积极与各交通、航空公司联系，顺利保障158名学生返校。

实现城镇新增就业880人，登记失业率控制在5%以内，实现农牧民转移就业9120人，创新创建“就业创业连锁超市”，促进外出就业组织化输出，实现求职人员、岗位信息共享，入住“超市”企业500余家，发布岗位信息5000余条。新认定农牧民转移就业基地2家，培育劳务品牌1个，应届高校毕业生就业249人。截至年底，就业率72.25%，兑现高校毕业生就业创业补贴资金134人517.67万元。

规范管理达孜区政务服务中心，窗口服务“好差评”评价量达30.44万件，评价率达99.95%，满意率达100%。新增注册市场主体908户，同比增长22%。办理食品经营许可证125户，特种设备使用登记证85户，告知98件。变更登记266户，注销登记142户。

【生态环境】 年内，认真践行“绿水青山就是金山银山”的理念，铸牢习近平生态文明思想，强化环境执法能力建设，筑牢生态安全屏障。紧紧围绕打好打赢污染防治攻坚战，完善《拉萨市达孜区乡镇生态文明建设示范乡镇创建规划（2021—2025年）》《达孜区德庆镇白纳沟“绿水青山就是金山银山”实践创新基地建设实施方案（2021—2023年）》，强化工业大气污染源监管，加强扬尘污染治理，完善空气质量检测及预警体系，大力实施山水林田湖草生态系统治理工程。

坚持全力推进中央、自治区生态环保督察交办件及下沉组交办问题办理，有力推动督察交办件办理和问题整改，督察交办件办理取得较好进展。第二轮中央环保督察达孜区共收到转办案件共16件。截至年底，已完成整改12件，阶段办结4件。为了解掌握达孜区“两违”建筑，成立6个小组共33人工作专班，集中利用2个月时间，到桑珠林村走访群众，围绕“两违”基本情况、群众思想动态、困难诉求和开展政策宣讲等方面做了大量工作，及时将情况掌握在一线、协调指挥在一线、问题解决在一线。

以森林督察为契机加大执法力度，保障林地工作有效运转，重点实施南北山造林绿化工程，完成80多万株林木种植工作。县乡村三级“河长”实现全覆盖，河长累计巡河237次，清理河道121.37千米、河道垃圾357.56吨，接收处置隔离点废水16817立方米，处置转运医疗废物1338.076吨。全区集中式饮用水水质达到Ⅱ类标准，主要江河湖泊水质均达到或优于Ⅲ类标准，无城市黑臭水体，空气、土壤质量双达标、双安全。严把项目建设环境准入关，登记排污许可证137个。

【新冠疫情防控】 年内，达孜区深入贯彻落实习近平总书记提出的“疫情要防住、经济要稳住、发展要安全”重要指示精神，按照自治区、市党委政府决策部署，坚持系统观念、“十个手指弹钢琴”，确保疫情防控工作与恢复生产生活秩序统筹推进。达孜区围绕动态清零攻坚目标，8月26日实现社会面清零，9月5日起低风险区有序恢复正常生产生活，9月10日实现中高风险区清零。达孜区雪乡、唐嘎乡、邦堆乡、塔杰乡、章多乡5个乡被评为“无疫乡镇”，21个行政村成功创建为“无疫村”，131个

2022年4月20日，区委书记索朗次仁（中）到S5线项目工地检查指导工作

村民小组成功创建为“无疫组”。同时，结合达孜实际创建9987户无疫家庭、392户无疫菜农、425户无疫商户、46家无疫企业、97个无疫厂房、49个无疫工地。

坚持疫情防控和秋收生产一体推进，采取“错时错峰”“两点一线”“组建党员抢收队”等措施，有序组织群众、新型农业经营主体抢收快收，全力保障秋收不漏乡、不漏村、不漏户、不漏田。10月5日，顺利完成全区8.17万亩秋收工作。同步推进秋播、秋耕，2022年完成复种面积850亩、秋播面积2.8万亩、秋耕面积4万亩。

严格落实疫情防控工作要求和国务院安全生产15条措施，逐步推动社会生产生活秩序全面恢复。设立蔬菜交易中转站1个，成立专班监督管理邦堆乡蔬菜交易，保安全、稳菜价。设立百货交易中转站1个，成立专班监管百货中转，全程消杀、人员无接触，保障279家复市商铺正常运营。制定园区企业封闭式生产机制，积极引导春光、天圣医药、天圣消毒等7家食品、医药企业闭环管理、封闭式生产，服务拉萨疫情防控。制定项目开复工闭环管理机制，科学拟订复工复产实施方案，分类分区分批复工，先后有康养小镇、S5线等17个项目复工。

积极落实帮扶助困措施，针对农村脱贫不稳定户、边缘易致贫户、突发严重困难户三类人员，每人发放一次性生活补贴1200元。减免企业、商户、菜农租金，助推复工复产，为扶贫企业减免56万元，为所属25家商铺减免租金35万元；为工业园区18家厂房、小微企业343间办公室减免租金280万元；鼓励房东为30余家沿街商铺减免租金12.8万元；按照月租金10%的标准，为菜农补贴3个月地租。向受疫情影响的滞留务工人员3672人兑现生活补助金97.62万元；投入360万元为辖区群众和经商务工人员3.7万人送去喜迎中共二十大“饮水思源、感恩思进”惠民爱心包。

全力保障医疗与生活物资，及时向防疫人员和各族干部群众3.9万人发放预防性药物；达孜区净土公司以邦堆乡温室群、大型冻库、白纳藏鸡场为依托，封控期间实现生活物资供应全覆盖，日均供应肉蛋750千克、蔬菜3万千克；邦堆乡蔬菜基地日均向拉萨市场供应蔬菜12.5万千克。同时，达孜区累计选派464人前往城关区支援抗疫。

2022年7月1日，区委书记索朗次仁（右一）到邦堆乡克日村看望慰问老党员

【党的建设】 年内，全面贯彻落实新时代党的建设总要求和新时代党的组织路线，以“两项教育”为总抓手，一体推进党的建设各项工作，为达孜长治久安和高质量发展提供坚强组织保证。召开区委常委会会议20次，先后9次部署党的建设工作，审议通过《达孜区委关于贯彻落实王君正书记在拉萨市干部大会上讲话精神的意见》《达孜区委巡察工作规划（2022—2026年）》等重要文件，研究制定《达孜区委2022年落实党风廉政建设主体责任清单》；深化党的建设制度改革，修订完善达孜区党委政府议事规则，出台达孜区纪委常委会工作规则，建立《达孜区党委政府决策部署限时落实制度》《干部住县值守制度》等制度，健全领导干部常态化“四联四包”等工作机制。着力强化理论武装。全年召开区委常委会理论学习中心组集中学习研讨12场次，各级党组织集中学习2580场次；编印“两项教育”读本4500本，举办“感悟领袖风范、锤炼过硬作风”读书班、“吃忆苦饭”

等主题活动136场次，形成领学促自学、互学促交流的生动局面；开展宣讲1200余场次，覆盖群众10万余人次，促进党的创新理论大众化传播。区委常委会和人大、政府、政协党组召开春新严重违纪违法案件“以案促改、以案促治”专题民主生活会，“四大班子”成员深入交流对春新案的思想认识，从坚定理想信念、严守政治规矩、加强作风建设、树牢正确政绩观四个方面，结合各自承担的整改任务和分管工作，深刻自我检视，明确整改措施，进行批评与自我批评，达到碰撞思想、教育警示的效果。

2022年7月8日，区委书记索朗次仁（后排左一）到塔杰乡开展“联县包乡”领导“大宣讲”活动

抓好代表推选和换届工作，高质量完成达孜选区11名自治区出席中共二十大代表候选人初步人选的推荐提名工作；扎实开展十四届全国人大代表和自治区十二届人大代表、政协委员摸底推荐工作，摸底出46名优秀人员；完成达孜区县级领导班子和工商联换届工作，新一届区委、人大、政府、政协领导班子人选均高票当选，新一届班子年龄、学历“一降一升”，整体功能和活力得到增强。坚持新时代好干部标准和民族地区干部“四个特别”政治标准，大力选拔优秀年轻干部，把想干事能干事干成事的干部选出来、用起来；区委书记带领干部考察组到一线开展干部推荐工作，广泛听取各方意见，严防“少数人用人、用少数人”的问题；累计提拔使用干部47人，其中选拔2名“80后”优秀区直机关干部担任乡党委书记，提拔使用“90后”优秀干部23人，占干部提拔使用的48.9%；结合干部在疫情防控、维稳安保等工作的现实表现，分领域分批次开展干部选拔工作。通盘考虑巩固拓展脱贫攻坚成果同乡村振兴有效衔接，选拔45名熟悉基层工作的优秀年轻干部担任乡镇内设机构负责人，增补选唐嘎乡穷达村、罗普村各空缺的1个村“两委”职数，选派97名优秀干部开展驻村工作，补录2名乡村振兴专干实现全覆盖，选派17名村主干参加区外轮训提高业务能力。坚持抓基层打基础，培育民族团结进步、高原特色经济高质量发展、生态文明建设、固边兴边富民和“双强六好”基层党组织示范点6家，排查整顿软弱涣散基层党组织2家。在机关，新设立18个党组，积极构建“三位一体”机关党建模式，推动机关党建高质量发展。在国有企业，持续加强联合党支部“六个基本”标准化建设，推动党建工作与生产经营深度融合。在学校，大力推行党员教师与普通学生“阳光育苗、同心向党”帮带机制，全力为党育人、为国育才。在公立医院，创设“党建＋医疗”先锋创建载体，开展争当“岗位能手”等活动，着力将党建工作与医疗服务全方位融合。在寺管会，深入开展“三个意识”宣传教育，进一步加强和改进寺庙管理。在退休党组织，充分发挥退休党员干部“三个优势”，大力开展“大手牵小手、夕阳暖青春”活动，传承红色基因、赓续红色血脉。在“两新”领域，扎实开展党建专题调研，紧盯工业园区、木材市场、社会组织、小微企业等薄弱环节，健全基层组织、优化工作机制，强化“小个专”经济组织管理。持续选派28名“两新”组织党建指导员加强指导，巩固“三有”企业党组织100%覆盖成果，推动有形覆盖向有效覆盖转变。让党旗在“疫”线高高飘扬。达孜区带领全体党员闻令而动、听令而行，打硬仗、聚人心，各级党员干部以对党忠诚、为民服务的

2022年8月12日，区委书记索朗次仁（中）主持召开疫情防控部署会

政治担当，打头阵、当先锋；23名县级干部包片下沉，示范带动448名干部奋战一线，成立16个临时党组织，组建"微网格"195个、3000余名党员干部就地入格参与疫情防控工作，划拨区管党费30万元购买防疫物资和生活物资。

切实改进作风狠抓落实，精心构建"三色效能卡"一体管理、"作风监测站"一站评估、"啄木鸟行动"一网监督的定量化、公开化、信息化作风预警监督体系，实现全方位"健康"评估、全过程动态监测、全员化作风"防疫"，累计发出暖心卡187张、告诫卡25张，17家单位连续被评定为A等级，收到作风问题线索4条，及时核查处理。发现章多乡拉木村生猪养殖项目搁浅问题，"顺藤摸瓜"查出区农业农村局原局长存在严重违纪违法问题，运用第四种形态处置；开展中央八项规定专项督查12次，整改问题15项，追缴违纪资金2.8万余元；成立2个督查调研组，核查"十三五"以来68个扶贫项目落实情况，累计处置问题线索2件，给予党纪政务处分1人、约谈处理4人。借鉴实施"廉情抄告"制度，首次向分管县级领导下发《廉情抄告书》；突出对权力集中、资源密集的部门"一把手"的监督，对10名单位主要领导开展离任审计；准确运用监督执纪"四种形态"，累计处置问题线索18件，立案8件，给予党纪政务处分6人，移送司法机关1人，谈话提醒、约谈和诫勉17人次，形成"查处一案、警示一片、治理一域"的强大震慑，深化"三不"一体推进。

（马长松）

【机构领导】

区委书记

索朗次仁（藏族）

区委副书记、区长

刘代红（女）

区委常务副书记、常务副区长

罗小兵（江苏援藏，6月免）

汤　杲（江苏援藏，6月任）

区委副书记

巴桑顿珠（藏族，4月免）

齐　斌

区委副书记、驻村工作总领队

拉姆次仁（女，藏族，6月任）

办公室工作

【概况】 2022年，在达孜区委的坚强领导下，在各乡（镇）、区中直单位的大力配合下，达孜区委办公室坚持围绕中心、服务大局，狠抓落实，各项工作有序展开、有力推进、有效落实，较好地发挥了区委坚强前哨和巩固后院的作用。

【综合材料】 年内，达孜区委办公室作为区委的"智库"和领导的"智囊"，切实履行参谋职能，发挥助手作用，为领导科学决策提供有价值、有见地的决策依据。高标准、高质量完成区委常委会及其他以区委名义召开的专题会等重要文稿、重要文件的起草、送审、签发工作，制定区委重要工作、重大活动方案，高效收、转、发各种材料，确保信息畅通。年内，先后组织区委全委会、常委会、全区经济工作会等各类会议40余场，各类会议纪要30余份。

【信息上报】 年内，达孜区委办公室充分发挥党委信息主渠道的作用，积极探索"大信息"机制，坚持及时、准确、全面的原则，以区委中心工作为主线，围绕改革、发展、稳定中的大事、要事，围绕领导和群众关注的热点、难点问题，将信息收集和编报任务安排给专人负责。截至年底，共上报信息900余篇，被采用60余篇。

【办文办会】 年内，达孜区委办公室把抓落实作为转变作风的重点，提高工作效率，精简工作程序，减少办事环节，坚决整治形式主义和官僚主义，切实让基层减负落到实处。开展解决形式主义为基层减负工作以来，达孜区委办公室严控发文数量，规范会议数量和规模。年内，共计发文40份，全区各单位发文数量较2021年均有所减少。

【统筹协调】 年内，达孜区委办公室充分发挥承上启下、联系左右的职能作用，及时准确传达上级和区委的决策部署，全面做好与区人大办、政府办、政协办等各区直部门的沟通协调工作，使各级各部门第一时间全面掌握区委决策部署，实现上下同心、同向；及时准确反馈下级贯彻落实情况，促使各级各部门聚焦区委工作大局，唱好“一台戏”、下好“一盘棋”，形成围绕中心、服务大局、步调统一、相互配合的良好局面，共同推动达孜社会经济实现跨越式发展。

主动加强联系，及时就区级各大班子的重大决策部署和需要协调的问题进行沟通，取得理解与支持。以化解矛盾、加强协作、凝聚人心、聚合力量为目的，经常与部门交流情况，协调处理好各部门间的关系，推动全区形成团结一致求发展、齐心协力抓落实的良好氛围。利用发文、电话、会议等各种形式，及时把区委各个阶段的重大决策和重要部署传达到基层，把基层的工作情况、意见建议反映给区委，并就有关事项根据领导的意见认真给予答复。

【督查考核】 年内，达孜区委办公室始终坚持把推动区委、区政府重大决策的落实作为督查工作出发点和落脚点，区委办对全委会、经济工作会等重要会议决策部署贯彻落实情况、重点工作进行督查，准确把握，真督实查，确保各项决策部署不折不扣贯彻执行。对扶贫、环保、民生等领域加大跟踪督查力度，及时掌握工作进度，特别是对进展缓慢的事项，第一时间向区委、区政府领导汇报，加强协调督办，推动各项重点工作按序时进度实施到位。

坚持批必办、办必果、果必报，对领导的批示件和交办事项，及时与相关部门和乡（镇）对接，明确承办单位、办结期限、落实责任主体，实行定期催办、跟踪督办，并对办理结果进行归档，确保件件有落实、事事有回音。年内，共办理领导批示、上级部门交办和通知事项30余件，开展督查40余次。

【保密工作】 年内，达孜区委办公室完成全区保密普查登记。积极开展保密培训和检查工作，及时学习贯彻落实上级业务部门各类文件精神，强化涉密人员保密安全意识，确保全区保密工作有序运行。将“零失误”作为工作信条，严格执行机要文件处理工作制度，严格遵循文件传阅程序，没有发生贻误、漏发、错办现象；依法履行保密行政管理职能，严格把控区直各部门机要秘书政审过程并对各单位机要秘书进行培训，增强各单位的保密意识，规范机要文件的传阅。

认真做好上级下达入库任务，过细做好档案管理，共接收档案资料588卷（册）15300件次，提供查阅约300卷次、100人次，进一步完善硬件设施，有效提高

2022年7月13日，达孜区委办公室副主任德央（中）到雪乡开展“四联四包”活动

档案的利用率。

【转变作风】 年内，达孜区委办党支部认真学习贯彻习近平新时代中国特色社会主义思想、中共二十大精神和区市党委相关会议精神，持续巩固“清源正本、忠诚正道”和“饮水思源、感恩思进“主题教育成果，推进主题教育制度化、常态化、长效化。共组织全体党员领导干部开展10次集体学习，开展6次党风廉政教育。采取“走出去”的方式，派干部到江苏、拉萨市进行跟岗学习，使办公室人员的整体素质得到提升。

进一步建立健全值班制度、信息报送、会议组织、保密工作等各项规章制度，细化办文、办会、办事工作流程，切实做到分工明确、任务具体、各尽其职。在思想认识上，讲团结、讲进取、讲奉献，简单为人，阳光处事，互相补台不拆台；在工作落实上，全体工作人员充分发扬敬业精神，埋头苦干；在日常生活中，大家互相关心、互相帮助，进一步营造和谐友爱、团结进取的浓厚氛围。

【新冠疫情防控】 年内，第一时间建立联防联控机制，成立达孜区疫情办。调整充实应对疫情工作领导小组，确保区委疫情防控工作指挥顺畅、高效运转。积极引导党员干部冲锋在前，先后抽派办公室、机要局3人到城关区开展疫情防控支援工作，剩余工作人员自动划入疫情办，协助区委开展疫情防控工作，让党旗在“疫”线高高飘扬。

（马长松）

【机构领导】

主 任

陈 剑 煌（4月免）

区委常委、办公室主任、国安办主任

格桑旦增（藏族，4月任）

常务副主任

胡 勇 志（12月任）

副主任

胡 勇 志（12月免）

德 央（女，藏族，8月免）

叶 健（12月任）

王 晓 宇（女，12月任）

2022年4月2日，达孜区委办公室干部职工参加义务植树活动

援藏工作

【概况】 2022年，镇江第十批援藏工作组始终牢记江苏省镇江市委书记马明龙的嘱托，在镇江市委、市政府的坚强领导和省援藏前方指挥部的关心指导下，牢记初心使命，坚持“缺氧不缺精神”，迅速克服高原反应带来的身体不适，主动适应新工作环境，持续、科学、精准推进援藏各项工作，为描绘新时代“东翼新城—魅力达孜”积极贡献镇江力量。

【队伍建设】 年内，镇江第十批援藏工作组积极发扬团队精神，加强团队建设，提升团队能力，为未来3年更好地开展工作夯实基础。

把学习中共二十大精神同学习习近平总书记考察西藏时重要讲话精神、中央第七次西藏工作座谈会精神结合起来，认真落实中央、江苏省、镇江市对口支援工作相关要求，积极参与达孜区“清源正本、忠诚正道”党员政治忠诚教育，确保工作组尽快融入达孜。

以拉萨市“四联四包”工作为载体、以调研援藏项目为契机，主动“跑起来、走下去”，深入农村、农户，走访困难藏族同胞，爱心捐助4000元；积极深入企业，深入项目建设现场，找准援藏工作切入点、发力点。截至年底，援藏工作组已调研走访6个乡镇、16个村以及25家企业。

定期召开工作组会议，坚持重要事项集体研究、会商、决策。常态化进行警示教育，第一时间传达省前方指挥部各项纪律要求，把“八条禁令”挂在嘴上、放在心上。强化“阵地”作用，用好江苏镇江援藏文化展示厅，努力回答好“援藏为什么、干什么、留什么”问题，不断提升团队的政治规矩意识以及凝聚力、战斗力。

【理念援藏】 年内，结合达孜区正处于高质量打造“三区一高地”、实现“四个创建、四个走在前列”、率先当好“七个排头兵”的关键时期实际，为助力达孜发展，工作组结合实际情况，发挥自身优势，加大在规划编制、指导性文件起草、促进产业发展等方面的参与、指导力度，把江苏省、镇江市的高质量发展理念引入达孜。指导编制、帮助起草《达孜工业园区总体规划(论证稿)》等8件方案、办法等文件规定。

7月，组织两地签订《江苏省丹阳经济开发区与达孜工业园区战略合作协议》，明确园区产业转移、人才交流等具体合作方向，助推达孜工业园区持续提档升级。

【项目援藏】 年内，按照镇江市委、市政府提出的“一张蓝图绘到底”要求，紧盯援藏项目“一锤接着一锤敲”，努力克服疫情影响，解决项目建设中的难题。积极对接保障江苏援藏项目建设推进会暨达孜区朗热酒村项目顺利开工；有序推进总投资2.3亿元、年度投资8050万元的12个援藏项目，其中8个援藏项目已完成竣工验收或招投标。

7月，结合达孜区“招商引资百日攻坚”行动，组织到南京、常州、黄山、九江、成都、重庆实施“点对点”精准招商，联系2家企业赴达孜开展投资考察，初步达成投资意向，已完成项目计划书；积极对接总投资10亿元的红星美凯龙产业园项目、总投资6亿元的叶巴秘境文旅项目，已达成初步意向。在拉萨市招商引资推介会上与成都明腾网络科技、南京金箔集团、江苏全景旅游、江苏谷德运维信息科技有限公司4家企业达成意向性投资协议；举办“2022年全球数字经济大会拉萨峰会论坛”藏文化旅游创意园分论坛，签约2家数字经济企业。

【交流交往】 年内，坚持持续援藏、精准援藏，积极做好争取交流对接工作，努力将更多援助物资、项目投向达孜，促进对口支援工作有形有感有效。

8月3—7日，镇江市委常委、副市长周凯率镇江市代表团一行到达孜考察并看望镇江市援藏干部人才，推动板块、部门开展对口交流，先后有镇江市卫健委、市退役军人事务管理局、市委党校以及润州区等4批次、31人到达孜开展对口交流、结对帮扶工作。

援藏医生充分发挥“领头羊”作用，通过“帮扶带教”12名本地相关专业人员、院内培训62场500多人次、建立健全江苏大学附属医院与达孜区人民医院影像远程会诊中心，不断提升医院整体工作水平。为更好地服务群众，到达孜区五乡一镇、公安武警交警大队各一线、林周县及纳木湖乡开展义诊活动20次，累计接待就诊及前来咨询农牧民群众1500余人次，发放药品价值3万余元。

【新冠疫情防控】 年内，镇江第十批援藏工作组结合各自岗位职责就地就便开展核酸检测、卡点管

2022年5月15日，达孜区委常务副书记、常务副区长罗小兵（左一）到区发改委调研

控、物资保供等各项工作。同时第一时间向镇江市委、市政府报告，协助捐赠口罩、防护服、检测试剂等抗疫急缺物资。通过购买、争取丹徒红十字会、爱心企业捐赠等各种途径，筹集价值51.5万元的医用口罩10万只、成人N95口罩2.1万只、儿童N95口罩1万只、医用防护服6000套等；中润鑫医疗器械（上海）有限公司捐赠价值56.6万元的96孔核酸提取仪、扩增仪各1台，32孔核酸提取仪1台。11月15—17日，组织举办冬季传染病防治培训活动，传授传染病防控相关知识，向各乡镇赠送防疫物资。

（马长松）

组织工作

2022年7月5日，达孜区委组织部（老干部局）组织退休干部职工疗养团到林芝参观全国援藏展览馆，开展"清源正本　忠诚正道"党员忠诚教育实践活动

【概况】 2022年，中共达孜区委组织部深入学习贯彻习近平总书记关于党的建设和组织工作的重要指示精神，深入学习贯彻全国全区全市组织部长会议精神，以迎接、服务、学习、宣传、贯彻中共二十大为主线，认真落实新时代党的建设总要求和新时代党的组织路线，深入贯彻自治区和拉萨市第十次党代会精神以及达孜区第二次党代会精神，坚定拥护"两个确立"、坚决做到"两个维护"，锚定"四件大事"、聚力"四个创建"、聚焦"四个走在前列"，以率先当好"七个排头兵"为目标。突出政治引领，坚持党的组织路线为政治路线服务，选干部配班子、建队伍聚人才、抓基层打基础、立规矩定制度。以严密的组织体系、强大的组织功能、独特的组织优势、磅礴的组织力量，为达孜长治久安和高质量发展提供坚强组织保证。

2022年，达孜区共有共产党员3970名。其中农牧民党员2336人，"两新"组织党员99人，女性1460人，35岁及以下1142人，大专及以上学历1395人。发展党员82名，其中女性36人，大专以上学历59人，35岁以下67人。

【学习宣传贯彻中共二十大精神】 年内，按照党中央区市党委和达孜区委关于认真学习宣传贯彻中共二十大精神的部署安排，达孜区坚持在学懂弄通做实中共二十大精神上下功夫，以区委"清源正本、忠诚正道""饮水思源、感恩思进"为抓手，创新培训载体，分层分级全面启动各级干部、党员中共二十大精神培训全覆盖工作。坚持学思用贯通、知信行统一，紧密结合实际，切实把中共二十大精神转化为美好达孜建设的实际行动和工作成效。各级党组织深入贯彻落实中共二十大精神，真正发挥"走在前、作表率"作用，坚持以全面从严治党保障中共二十大精神落地落实。

年内，先后召开有关会议，传达学习中共二十大、中共二十届一中全会精神，学习习近平总书记系列重要讲话精神，准确把握中共二十大提出的新思想、新论断、新部署、新要求。同时，把学习中共二十大精神作为全区理论学习中心组学习的重点内容，作为党校教育培训的必修课，作为学校思想政治教育和课堂教学的重要内容，组织全面系统深入学习。举办党员干部学习贯彻中共二十大精神集中轮训班，组织学员充分开展交流研讨。开设5期培训班，重点对普通党员干部、村级工作力量、"两新"党员和国企党员开展培训学习；开展中共二十大精神线上培训3期，受教育党员850余人。

区委把学习贯彻中共二十大精神作为政治必修课，坚持先学一步、学深一层，干在实处，深入企业、村（社区）等，带头宣讲，面对面向基层党员干部、农民群众宣讲中共二十大精神，切实把中共二十大精神转化为工作任务、思路举措、执政本领和精神动力，推动中共二十大精神走进基层。各级领导干部积极深入“四联四包”联系点开展宣讲，充分利用“e讯达孜”“网信达孜”“微信群”等网络平台，全面深入宣传中共二十大精神。年内，全区累计开展专题宣讲76场，受众96000余人次。

【基层党建工作】 年内，牢固树立“主抓项目、大抓基层、重抓党建”鲜明导向，高位推动、高频跟踪确保党建工作高效落实。坚持“问题领航”，抓实2021年基层党建述职整改，提出整改措施12条，实行清单作战，对账销号，先后整改点评问题和自查问题6个。坚持“比学赶超”，每月开展学习党课评比、心得交流成果展示、信息简报评比等活动；每月组织行业系统党组织书记和党务工作者走进试点单位，通过现场观摩、情景式党课等方式进行现场评分，将评分结果作为年终党建考核重要依据。坚持“立项督导”，以市委组织部基层党建大调研和乡（镇）、村（社区）“两委”班子运行调研为契机，将基层党建纳入作风建设督导范围，重点督导各级党组织“三会一课”制度落实、村“两委”作用发挥、村级党群服务中心管理使用、村集体经济项目建设等开展立项选题督导10余次，基层党建重点任务落地落细、见实见效。

深入实施“党建强基大引领”工程，全向发力夯基础、提优势、补短板、强弱项。围绕加强党对各项事业的领导，新设区直机关党组18个，配强35名党组书记。通盘考虑巩固拓展脱贫攻坚成果同乡村振兴有效衔接，大力选拔45名熟悉基层工作的优秀年轻干部担任乡镇内设机构负责人，增补选唐嘎乡穷达村、罗普村各空缺的1个村“两委”职数，选派97名优秀干部开展驻村工作，补录5名乡村振兴专干，实现全覆盖，选派17名村主干参加区外轮训，提高业务能力。开展农牧民技能培训24期，培养各类乡土人才1213人。排查整顿软弱涣散基层党组织2家，并成功晋位升级。打造“两新”组织党建示范点2个，各领域示范创建有效覆盖。

聚焦为党凝心聚力铸魂，虚实结合、软硬并举，推动党员教育有形、有效、有趣。联合区委党校举办“党课我来讲”理论宣讲骨干培训班，搭建宣讲擂台，选拔金牌宣讲员，共储备县级入库理论宣讲员50名、乡级入库理论宣讲员60名、村级宣讲骨干400余名。开展“喜迎二十大、振翼逐梦新时代、感恩奋进新征程”主题教育实践活动、国家通用语言普及、中共二十大精神宣传宣讲200余场次，覆盖群众1万余人次。组织3500余名党员开展重温入党誓词、红色电影观影周、红色教育基地参观周等活动，教育广大党员传承红色基因、坚守初心使命。举办“感悟领袖风范、锤炼过硬作风”读书班、吃忆苦饭等主题活动136场次，形成领学促自学、互学促交流的生动局面，促进支部教育常态化开展，党员轮训实现有效覆盖。

年内，将区委“两思”“两正”教育活动与“党的建设全面加强”相融合，创品牌、树旗帜、立标杆。在乡（镇）积极探索“互联网＋”

2022年12月21日，达孜区召开2022年区委党的建设（基层组织建设）工作领导小组第三次会议

工作模式，积极推动“筑梦雪乡”等党建品牌的建立；在国企继续强化“六个基本”建设，推动党建工作与生产经营深度融合；在学校推行“阳光育苗、同心向党”帮带机制，全力为党育人、为国育才；在公立医院创设“党建＋医疗”先锋创建载体，开展争当“岗位能手”等活动；在寺管会深入开展“三个意识”宣传教育，进一步加强和改进寺庙管理；在退休党组织大力开展“大手牵小手、夕阳暖青春”活动，传承红色基因、赓续红色血脉；在“两新”领域，持续选派28名“两新”组织党建指导员加强指导，巩固“三有”企业党组织100%覆盖成果。在各行业党组织中培育民族团结进步、高原特色经济高质量发展、生态文明建设、固边兴边富民和“双强六好”基层党组织示范点6家，基层党建底色更红成色更足。

坚持“党建＋”理念，以党建第一责任引领发展第一要务。探索党建引领乡村振兴路径，区委书记带队，深入各村逐村调研商讨村级产业项目，立足各乡（镇）村（社区）资源禀赋，探索打造“一乡一主题、一村一品牌”。经过多次研讨、论证，本级列支专项资金3949.6万元实施17个乡村振兴项目，助推村级集体经济发展壮大。以“饮水思源、感恩思进”群众感党恩教育活动为抓手，以党建为引领，结合下基层大接访和“四联四包”工作上门为群众“思想体检”，全面摸清“管肚子”更要“管脑子”的底数，建立群众“一户一档”7793户，1342名包联干部处理群众困难诉求1850余个。

【干部队伍建设】 年内，以“清源正本、忠诚正道”党员政治忠诚教育为契机，以抓政治素质、提升党性修养为根本出发点，通过“迎盛会、铸忠诚、感党恩、创佳绩”主题党日、演讲比赛、“晚八点”集中学习、“故事汇”交流研讨、“情景式”互动体验、“公益性”服务群众、“书记讲”示范带动等丰富多彩的活动，对标学习不深、工作不实和作风不硬等短板弱项，制定《干部教育培训实施方案（2023—2027年）》，开办党员干部“夜校”、国家通用语言文字等培训班和“强认识、查隐患、补短板、夯根基”大讨论等能力素质提升班41期，选派36人参加上级党委举办的中共十九届六中全会、自治区和拉萨市第十次党代会专题研讨、乡村振兴等各类培训班，不断坚定理想信念、强化理论武装、补足精神之钙。

2022年11月14日，达孜区委组织部全体干部职工参加拉萨市委组织部视频会议

坚持管理干部有力度、关心关爱干部有温度，进一步增强底线思维、强化责任担当、发扬斗争精神，激发干部担当作为的内生动力。探索制定“干部培养规划”，逐步完善电子化干部政治体检档案、教育培训档案、工作实绩档案、轮岗交流信息库、专业领域人才库以及干部培训师资库，形成互为支撑的“三档三库一规划”干部管理培养体系。常态化开展“土政策”“泡病号”“吃空饷”“走读”，以及长期抽借调等专项整治工作，不断强化干部日常监督考核。规范长期病假人员2名，清退抽借调人员31名。畅通干部能上能下渠道，揪出身边“躺平式”干部，对不适宜担任现职、不干事不担当、不作为乱作为的该下则下，激发广大干部干事创业积极性。坚持把功夫下在平时，常态化运用提醒函询诫勉手段，累计纪律提醒谈话3人，诫勉2人。全面落实干部各项福利待遇，引导干部扎根奉献达孜，累计走访慰问4名生病住院干部和2名去世干部

家属。

坚持更高标准、更实举措，以“五个挂钩”，将平时考核结果与年度考核、选拔任用、培养教育、奖励惩戒、日常管理相挂钩，以考促改、以考促干、以考促优，做实新时代干部工作，不断加强执政骨干队伍建设，激发担当作为新动能。率先建立“线上考核法”，依托“啄木达孜”微信平台，以“随手拍”形式开展“啄木鸟”行动，利用“微信工作群”“达孜融媒”“e讯达孜”等媒介进行通报，充分发挥社会、群众监督作用。探索“多维考核法”，建立部门沟通协作机制，强化信息共享。建立家访制度，全方位、多维度了解干部，探索“遍访考核法”；区委书记亲自带队、全程参与，遍访全区乡（镇）、区直机关，与全体干部职工谈心谈话，了解干部动态、发现优秀干部。进一步调整优化考核内容指标，强化考核结果运用，最大限度调动广大干部的积极性、主动性、创造性，推动树立讲担当、重担当、改革创新、干事创业的鲜明导向。

2022年12月30日，达孜区委组织部召开党支部会议

达孜区科学把握德才辩证关系，坚持集中调研和日常了解相结合，采取党委（党组）把关推优、面上谈话集中荐优、深入调研了解问优、多渠道听取意见比优、个人面谈直观察优、综合比选研判择优，全面掌握优秀年轻干部的数量、专长、分布等情况，建立持续发现、动态补充的长效机制。培养优秀专招生干部、少数民族干部、妇女干部和年轻干部，建立“年轻干部储备库”，实行动态管理。有计划安排工作经验不足、任职经历单一的年轻干部在单位内部或部门之间进行交流使用，促进多岗位锻炼，提高综合履职能力。针对“少数人用人、用少数人”普通干部多年未提拔晋升、领导干部长期不换岗等问题，深入调查研究，区委书记牵头跑遍所有单位和乡（镇）开展谈话325人次，广泛听取意见、深入分析研究，大胆使用“90后”“95后”年轻干部，调整3批干部387人。切实盘活干部队伍“一池活水”，干事创业积极性明显增强、整体精神面貌明显好转。

以抓作风建设、提升担当为抓手，按照党性最强、作风最正、工作出色的要求，严格落实“三会一课”制度，书记讲党课等组织生活制度，常态化组织干部上门随访、自我检视工作，动态掌握党员干部思想状态，用好“三色卡”机制，做到超前防范。利用好“12380”“啄木达孜”等线上平台，收集党员干部作风问题，鼓励党员群众勇于同不正风气作斗争，形成“全民防疫”效果。对照“四查四问”清单，“对症下药”补短板，以开展“四联四包”工作为着力点，切实加大基层矛盾纠纷和安全隐患排查工作，建设一流组织、一流队伍、一流作风和一流服务的“四个一流”干部队伍。建立三类预警监督机制。为实绩突出、作风过硬的干部发放“暖心卡”187张，向迟到早退、效率低下、推诿扯皮等作风较差的干部发放“告诫卡”25张，向不履职不担当、出现重大工作失误等作风极差的干部发放“警示卡”。

【优秀人才聚焦】 年内，全面贯彻落实“育、引、用、留”四大工程。深化组团式援藏工作，采取“一对一”“一对多”相结合方式，推动5名援藏医疗专家与本地6名医务人员结对“师带徒”和5名南开大学支教团与本地20余名教师开展帮带教研活动，提高本地人才专业能力素养。发挥编制效益，做

2022年12月29日，达孜区组织召开新任职干部任前集体谈话会

品，发放2022年度护理费26.4万元，为18名新旧退休支部班子成员发放3.2万元生活补贴）；常态化开展志愿服务活动，组织党员干部在节日期间到老干部家中力所能及帮忙解决困难。积极引导退休老干部加入舞蹈队、合唱团，参加"3·28"西藏百万农奴解放纪念日、"文化下基层"、"七一"建党节等文艺活动，举办民族健身操、藏汉文书法、防范养老诈骗知识竞赛趣味活动，不断丰富老干部精神文化生活。

好信息技术、财会、教育、卫生、特色产业等方面专业人才的引培工作，弥补人才紧缺短板，以高素质人才赋能高质量发展。科学有效配置人才资源，采取继续教育、在职教育、岗位培训、实践锻炼、轮岗交流等办法，多渠道、大规模培训党政梯队人才、行业领军人才、专业技术人才、企业管理人才、乡村振兴人才、实用技能人才。

【机构编制管理】 年内，聚焦巩固和深化党政机构改革，加强机构编制执行情况和使用效益评估理论与实践探索，促进机构职能优化协调高效，提升机构编制资源使用效益，达孜区选定6家评估试点单位开展机构编制执行情况和使用效益评估试点工作。以乡（镇）编制机构改革为契机，坚持凭能力用干部、以实绩论英雄，及时发现和用好经过实践锻炼、经得起检验的干部，拓展基层干部晋升渠道和成长空间，进一步优化干部队伍结构、确保后继有人。在2022年乡镇机构改革工作中，征求各部门意见217人次。坚持把政治标准放在首位，建立政治素质测评档案39份。加强与区纪委监委、审计、信访、公安等部门之间的联系沟通，针对干部中可能出现的苗头性、倾向性问题，早发现、早提醒、早纠正，实现部门间信息"联网共享"。

【退休干部职工服务管理】 4月，驻拉萨退休党总支开展支部换届工作，选优配强支部班子成员，切实筑牢基层战斗堡垒。结合"两思"教育，充分发挥退休老干部的政治优势，深入区中小学开展"大手牵小手，关心下一代""现身说法"等宣讲活动，做好学生感恩教育。定期组织开展座谈会、外出疗养、身体状况评估、新冠疫苗接种等活动；时常通过电话、实地看望等方式了解老干部实际困难或生活需求（"三大节日"慰问退休干部职工264人，共发放慰问金26.4万元和价值7万余元的慰问

【驻村工作】 年内，始终把深入学习宣传贯彻中共二十大精神作为首要政治任务，各驻村工作队紧扣达孜区委决策部署，深入开展民族团结进步、党史故事、新旧西藏对比、反对分裂、"三个意识"等宣传教育，引导各族群众永远听党话、感党恩、跟党走。累计开展中共二十大精神宣讲220余场次，开展法律法规、民族宗教、惠民利民政策等宣讲200余场次，覆盖农牧民群众2.6万人次。持续深入开展民族团结进步创建工作，着力打造民族团结进步基层党建示范点，7家单位被评为自治区民族团结进步模范单位，2个民族通婚家庭被评为自治区民族团结进步模范家庭。大力普及推广国家通用语言文字，举办达孜区村（社区）干部国家通用语言文字培训，通过集中授课+巩固辅导、巾帼夜校、"一对一""一对多"结对帮学等模式，提升村（社区）干部国家通用语言文字水平。各驻村工作队入驻后，针对实际情况，不断

探索乡村振兴新思路，充分利用所驻村（社区）的自然资源、地理位置、文化旅游等优势，通过实地调研，帮助村干部、群众提出符合实际的发展思路，不断优化项目清单。整合强基惠民资金342.8万元，将达孜区本级财政资金用于壮大村集体经济。始终绷紧安全这根弦，突出党建引领基层社会治理，坚持大抓基层、大抓基础，建强基层党组织，主动指导村（社区）党组织打造基层党建示范点，完善村规民约，发展入党积极分子39名，预备党员38名，预备党员转正30名。认真落实"三会一课"等组织生活基本制度，不断提升党组织政治功能和组织力。

【新冠疫情防控】 年内，第一时间组织部署组工干部投入到抗"疫"工作，吹响组织动员集结号，召开会议研究谋划防控措施。第一时间发出《致全县各级党组织和广大党员干部的一封信》及《关于全区非公经济组织和社会组织党组织及其党员"防疫走在前，两新做先锋"的倡议书》，同时联合区纪委下发《关于进一步严明疫情防控期间工作要求的通知》，号召广大基层党组织和党员干部采取最有力举措应对最严峻挑战，坚决打好打赢疫情防控硬仗。全区259个党组织、3500余名党员和200余名干部志愿者服务队参与疫情防控，22个驻村工作队就地转为疫情防控队，组建临时党支部和党员突击队28个，设置党员先锋岗223个，充分发挥"主心骨"作用，做到让党旗在"疫"线高高飘扬，为打赢这场疫情防控阻击战提供强有力的组织保障。

区委老干部局充分发挥党组织引领作用，鼓励全区4个离退休干部党支部积极响应号召，发挥余热，支持疫情防控工作。10余名离退休老干部组成志愿服务队，分别在居住小区组织居民有序进行核酸检测；207名离退休干部党支部党员为"疫"线筹集抗疫资金13.55万元，共同构筑起抗"疫"长城，为抗击疫情凝聚正能量。组织村第一书记和村"两委"班子坚守岗位，发挥"党建＋网格"作用，131名双联户网格员与村"两委"干部、党员齐心协力，当好群众的"主心骨"和"守护者"，有序开展全员核酸检测工作。绘制城区和各乡镇防疫力量分布图，做到每个点位党员和支援服务人员底数清、情况明，为防疫提供"后勤保障"地图。并紧急下拨17.5万元专项党费用于保障各防控卡点、隔离点、防控点、乡（镇）、村（社区）值班人员基础生活物资和购置疫情防控物资。动员组工干部积极投入抗击疫情工作中，协助开展核酸检测、流调、人员排查、民需统计、生活物资分发以及环境消杀等工作，先后派出15名组工干部倾力支援基层一线疫情防控工作。密切关注疫情防控一线工作人员工作、生活和家庭情况，提供食宿保障，关心慰问家人，帮助减压释负等，想方设法解决其后顾之忧。同时以实际行动为群众办实事、解难题。开会讨论德庆镇桑珠林村和邦堆乡邦堆村农产品滞销问题68次，积极联系拉萨市及达孜区净土公司、区机关食堂进行产销对接，既帮助种植户解决蔬菜滞销难题，又更好地保障"菜篮子"的有效供应；针对各村秋收难题，各村"两委"班子成立秋收工作领导小组，协调调度收割机械，科学确定收割顺序，错峰作业，在落实有关疫情管控措施的基础上，采取以组为单位的收割模式，点对点帮扶，最大限度地减少人员流动、交叉聚

2022年9月4日，达孜区召开新冠疫情防控支援队出征动员会

集。组织人大代表、人大干部帮助劳动力稀缺群众开展秋收工作30余次，充分发挥先锋模范作用，强信心、暖人心、聚民心，凝聚起众志成城抗击疫情的强大力量。

【自身建设】 年内，坚持“作风建设永远在路上”，不断深化改进作风狠抓落实工作，推进全面从严治党向纵深发展，全面营造和涵养风清气正的政治生态。开展组工干部“学习日”活动。在每周二设立组工干部学习日，采取集中领学、个人自学、县级领导读书会、观看红色影片、交流心得感悟、观看《新闻联播》等方式创新学习方式，提升学习效能。开展“走进老组工、学习好传统”活动。在支部学习会议上，不定期邀请“老组工”为组工干部上党课，解读组工干部“严、细、实”工作作风，带动年轻干部提高思想境界，传承组工精神。抓实《中国共产党组织工作条例》，在组织部党支部中建立纪律教育“主题学习周”活动和周例会制度，加强组工业务学习；做到严格按照党的政策规定、规章制度、组织程序办事，做到制定政策把握政治方向、推进工作把握政治要求、解决问题注意政治影响、选人用人突出政治标准，自觉做对党忠诚、绝对可靠的模范。

注重畅通渠道，广泛开门纳谏。畅通“12380”监督举报途径，聆听广大干部职工对组工干部的评价，以有则改之、无则加勉的心态对干部职工的评价照单全收，不断提升自身建设。带头动真碰硬纠“四风”，结合达孜“啄木鸟”全员行动，及时“啄出”身边作风问题，并开通24小时热线平台受理信访举报线索，在3个工作日内告知办理结果。坚持和加强党对组织工作的全面领导，聚焦党中央决策和区、市党委部署，强化政治监督，突出日常监督，加强对关键岗位特别是“一把手”的监督；健全“常态化领导干部下基层大接访办实事”“干部走访工作队定期深入群众”等刚性制度，推动乡镇“去机关化”，着力打通联系服务群众“最后一公里”。注重建制立规，开展制度警示。制作组工干部公道正派宣传栏，将中组部关于组工干部“十严禁”纪律要求、干部选拔任用工作“十不准”、习近平总书记选人用人“标尺”、“二十字”好干部标准、民族地区好干部“四个特别”要求和组工干部廉政风险点列入其中，提醒组工干部做到警钟长鸣、警惕常在。做公道正派、甘为人梯、作风优良、自律自守的模范，不断提高组织工作效能和服务水平。

（覃升辉）

【机构领导】

区委常委、组织部部长

吴 小 兵

常务副部长

杨 俊 杰（4月免）

陈 剑 煌（4月任）

副部长

杨 向 东（12月任）

落桑曲培（藏族，12月任）

宣传工作

【概况】 2022年，中共拉萨市达孜区委宣传部内设3个办公室：宣传部办公室、网信办（网络舆情评论中心）、融媒体中心。区委宣传部编制9人，实有人数11人；达孜区融媒体中心编制10人，实有人数25人，其中事业人员6人，聘用12人，工勤人员3人，公益性岗位4人。

【理论学习】 年内，达孜区委宣传部全面落实《中国共产党党委（党组）理论学习中心组学习规则》，制定印发《2022年度达孜区各级党委（党组）理论学习中心组学习安排》，修订完善《达孜区委理论学习中心组学习制度》，征订发放中共二十大精神等学习辅导书籍2000余册。

年内，区委理论学习中心组集中学习12次，交流研讨61人次，以上率下带动各级党委（党组）开展中心组学习728次，交流研讨1658人次，推动各级党员领导干部自发自觉用党的创新理论指导达孜工作实践，提高政治判断力、政治领悟力、政治执行力。

【意识形态工作】 年内，压紧压实意识形态“四种责任”，深入贯彻《中国共产党宣传工作条例》，制定《达孜区2022年度意识形态工作要点》。区委书记索朗次仁切实承担意识形态工作“第一责任人”责任，旗帜鲜明站在意识形态工作第一线，先后4次主持会议研究安排部署意识形态领域工作，听取意识形态工作情况汇报，带头抓意识形态工作，带头把方向、抓导向、管阵地、强队伍，坚决做到重要工作亲自部署、重要问题亲自过问、重大事件亲自处置，区委常委会其他班子成员根据工作分工，切实履行“一岗双责”，具体抓好分管领域意识形态工作，形成书记牵头抓总、分管领导具体负责、专班推动执行，各级党委（党组）统筹协调、齐抓共管的工作格局。

2022年4月28日，西藏自治区党委宣传部一级巡视员嘎玛旦巴（前排中）一行到达孜区调研指导新时代文明实践中心（所、站）工作

【宣讲教育】 年内，举办“金牌宣讲员”大赛，选拔出的10名“金牌宣讲员”已成为达孜区理论宣讲“排头兵”，考核全区44名基层宣讲员，对达到基本称职以上的32人进行表彰。在区委书记索朗次仁带头示范下，各级宣讲力量结合“两思”群众教育实践活动、“三个意识”群众性宣传教育活动、“四联四包”暨“大宣讲大调研大排查大落实”活动等深入基层开展宣讲1900余场次，累计受众14万余人次。疫情期间，充分利用乡村大喇叭、抖音号、微信群等，深入宣讲中共二十大精神、疫情防控知识、区市党委和达孜区委的决策部署，进一步坚定全区各族干部群众坚定不移听党话、众志成城战胜疫情的决心和信心。

【网络阵地建设】 年内，严格落实网络意识形态工作责任制，修订完善《达孜区网络舆情监测应急处置预案》《达孜区互联网管理、舆情引导工作制度》等相关制度。妥善处置负面舆情，网络舆情态势总体平稳向好。

【融媒体工作】 年内，达孜区融媒体中心认真履行喉舌功能，服务于区委、区政府中心工作，全面反映达孜工作的新思路、新举措、新成果、新经验，全方位宣传报道达孜在经济发展、社会治理、民族团结、民生改善、党的建设等方面的取得的巨大成就，深入发掘全区各方面、各领域、各条战线涌现出的奋斗典型。区委、区政府主要领导亲自过问融媒体中心建设工作，投入专项建设资金480万元。截至年底，已完成设计方案，向全社会进行公开招标，各项工作有序推进。共播出新闻429条，超额完成市融媒要求的150条；抖音412条作品，获赞22.9万人次，粉丝2.0万人；珠峰云共发布258条（其中，达孜融媒143条，达孜新闻115条）；专题报道35期，自然风光23期；微信公众平台视频号2022年7月1日创建，共发布296条作品，阅读量761623人次，共转发6329次；“e讯达孜”共发布3000余条，阅读量达80.4万人次，转发达92000余次。

继续做好户户通的运行维护管理工作，2022年共调试维修维护750余户（“村村通”550余户、“舍舍通”200余户），设备维护、维修及调试接收机500余台，更换高频头400余个、支架100余只、线400余圈、底座200余个。达孜区数字影院在严格落实新冠肺炎疫情防控各项工作前提下，充分保障干部群众可以及时收看到国内同步发行上映的优秀国产影片及进口大片，促进公共文化服务的均等化、便民化，真正满足基层群众的精神文化需求。达孜鼎盛数字电影院共放映电影7场，总观众人数约80人，总票房收入2000余元。达孜区放映队严格按照市局的要求完成农村公益电影放映任务，并超额完成2022年放映工作，共计放映276场次。

【文化市场监管】 年内，按照《拉萨市关于加强基层“扫黄打非”执法力量的若干举措》要求，将封堵查缴政治性非法出版物和“藏独”反宣品作为整治重点，常态化组织开展“正道2022”“新风2022”集中行动及“清源”“固边”“净网”“护苗”“秋风”五大专项行动86次，累计出动执法人员534人次，检查文化经营单位364家次，收缴各类非法出版物50本（册），有效防范和抵御了各类文化渗透。

【党史学习教育】 年内，出台《达孜区关于加强和改进新时代思想政治工作的行动方案》，健全完善既管“肚子”更管“脑子”的长效机制。加强“学习强国”学习平台学习检查督促通报力度，确保全区注册党员人均每日积分达40分以上，整体排名一直稳定在全市各县（区）前列。结合“清源正本、忠诚正道”党员教育和“感悟领袖风范、锤炼过硬作风”读书活动，常态长效抓实“读书班”活动。截至年底，全区开展读书活动128场次，参与干部职工4000余人次，进一步夯实全区干部职工干事创业的思想根基。

【宣传贯彻落实中共二十大精神】 年内，“3·28”西藏百万农奴解放纪念日活动期间迅速掀起喜迎中共二十大的第一波热潮。把“两思”群众教育实践活动与庆祝西藏百万农奴解放63周年深入结合，确定以升国旗唱国歌、“再唱山歌给党听”快闪、“幸福达孜”文艺演出、“新旧西藏对比”教育等为主要内容的9项“规定动作”，同时，各乡（镇）、各行政村、各单位自发组织78项“自选动作”，共开展活动110余场，受众3万余人次。尤其达孜区编排的《四渡赤水出奇兵》《一个妈妈的女儿》合唱，在全市“纪念西藏百万农牧解放63周年主题经典歌曲大赛”中取得第二名和优秀奖的好成绩，区委宣传部获得组织奖。

2022年5月31日，达孜区在邦堆乡林阿村举办“端午粽情、齐颂党恩”——我们的节日·端午暨“强国复兴有我”群众性主题宣传教育活动

“七一”建党节活动期间，全力掀起喜迎中共二十大的庆祝热潮。结合“两思”群众教育实践活动和“两正”党员教育活动，以庆祝中国共产党成立101周年为契机，开展以拍摄群众的101张幸福笑脸、“感恩祖国”体验行动等为主要内容的8项“规定动作”36项具体活动，各乡（镇）、各行政村、各学校、各寺庙因地制宜，自发组织开展100余项“自选动作”，参与群众达2.7万余人次。制定《达孜区喜迎中共二十大宣传文化活动总体工作方案》，确定8项宣传重点、6项思想教育活动、5个层次氛围营造、20项实践活动、3个重要载体，各项活动有序开展，全区庆祝氛围浓重而热烈。

按照学习安排，全区各级党组织和党员干部在中共二十大召开后第一时间掀起学习宣传贯彻的巨大热潮。开展学习260余场次，交流发言900余人次，撰写心得体会2000余篇，为检验学习成效，组织1400余名党员干部开展中共二十大精神线上答题活动，成绩均达90分以上，此项工作走在全市前列。制定宣讲方案，在严格遵守疫情防控各项规定前提下，县级领导干部以上率下带动各级党员干部宣讲中共二十大精神310余场次，覆盖群众1.5万余人次。结合文明城市创建，动态更新社会面宣传广告牌、横幅、标语、展板等200余条（面），在“e讯达孜”开设学习、宣传两大专栏，抖音号持续推出覆盖各领域、各群体的系列采访报道，始终确保全区学习宣传贯彻中共二十大

2022年3月5日，组织达孜区志愿者开展“卫生大扫除”志愿服务活动

精神热潮不跌、氛围不减。

【新时代文明实践活动】 年内，拓展达孜区29个新时代文明实践中心（所、站）建设，充实志愿服务力量，达孜区志愿者人数达到7900余人。将八项重点任务与“两思”群众教育实践活动、“三个意识”群众性宣传教育活动无缝衔接，组织开展慰问帮扶、诗歌朗诵、演讲比赛、书法绘画、法治宣传、国家通用语言文字普及等志愿服务活动700余场次，参与志愿者6000余人次，受众6万余人次，多个活动被人民网、《西藏日报》、《拉萨日报》等中央和区市媒体采纳推广。尤其是疫情期间，达孜区志愿者身先士卒、发扬作风，主动投身抗疫一线，完成各项工作任务。

【文明城市创建】 年内，对照《全国文明城市测评体系2022版》要求，常态化推动创建工作。接收拉萨市派发整改任务23条，完成率100%，自查问题124条，整改率100%。常态化开展文明交通、文明上网、文明旅游、文明餐桌等活动110余场次，集中开展主次干道、背街小巷等重点部位、点位环境卫生整治活动200余次，合理设置分类垃圾桶200余个，及时清理道路沿线及河道周边各类垃圾50余吨，更换国旗1万余面，更换横幅100余条，清除小广告1000余张。

（唐　清）

【机构领导】
区委常委、宣传部部长
　　冀　罡
副部长、网信办主任、四级调研员
　　胡朝辉（6月免）
常务副部长、网信办主任
　　孙　浩（12月任）
副部长
　　王　庚（3月挂职）
　　央　拉（女，藏族，12月任）
　　朱鹏举（12月任）
互联网评论中心主任
　　土　旦（藏族）
融媒体中心副主任
　　孙　田（女）

统一战线

【概况】 2022年，达孜区共有14座宗教活动场所，其中9座寺庙、2座拉康、3座日追，即德庆镇桑阿寺、玛尼拉康、色龙日追；邦堆乡查叶巴寺、贡崩拉康、贡康日追；雪乡雪寺；章多乡拉木寺、次色日追、尊木采寺；唐嘎乡帕木寺、帕尔寺、罗寺、穷仓寺。按照西藏自治区、拉萨市、达孜区党委、区政府统一安排部署，于2011年11月共成立5个寺管会和6个专职管理特派员机构，核定驻寺干部编制数44名。2022年，驻寺干部总数42名，其中行政人员29名，事业人员2名，工人1名，10名聘用人员。

根据中共达孜区委员会办公室关于印发《中共达孜区委员会统一战线工作部、达孜区民族宗教事务局职能配置、机构设置和人员编制规定》，中共达孜区委员会统一战线工作部（以下简称区委统战部）是区委主管统一战线工作的职能部门，为正科级，统一领导民族宗教工作，统一管理侨务工作。达孜区民族宗教事务局（以下简称区民宗局）为区政府工作部门，与区委统战部合署办公。区委统战部、区民宗局人员编制9名。科级领导职数4名：区委统战部科级领导职数2名（不含兼职），区民宗局科级领导职数2名。

2022年6月23日，拉萨市“三个意识”教育宣讲团第二分团赴达孜区开展宣讲活动

【党建工作】 年内，达孜区统战系统党总支结合“清源正本　忠诚正道”党员教育进一步改进作风狠抓落实，制定“每周一诵读”“每周一微讲”“每周一笔记”+干部自学的“每周一课”学习模式。

这种学习模式讲授内容更加生动、接地气、多元化，学习过程变得更加有声有色，增强了学习的主动性。利用“学习强国”“青年大学习”等平台，开展“互联网+党建”活动，丰富学习形式，增强学习效果，以“新”走“心”。

【“三个意识”“两思”教育】 年内，深入开展“三个意识”教育，结合达孜区“饮水思源、感恩思进”群众感恩教育，做到宣讲工作全覆盖，采取邀请专家集中讲、本级宣讲员流动讲、寺管会干部固定讲的方式开展各类宣讲活动107场次，受益人数达1611人次，其中第二分团到达孜集中宣讲1次，受益人数130人；区级金牌宣讲员集中宣讲2次，受益人数220人；集中培训2次，受益人数64人；统战部部长到寺庙宣讲11次，受益人数180余人；本级宣讲员流动宣讲13次，受益人数252人；寺管会干部固定宣讲17场次，受益人数154人。悬挂横幅30余条，制作“三个意识”七字偈语宣传栏27个、宣传海报400张，撰写学习笔记200本，发放宣传资料1500余份，僧尼参加考试280人次，僧尼撰写心得体会563篇。

以各类主题教育为契机，组织僧尼开展内容丰富、形式多样的活动，深化宣传教育成果，不断树牢“国大于教、国法大于教规、教民首先是公民”的观念，开展“利寺惠僧政策带来的变化”主题讨论活动2场次，参观西藏博物馆2场次，签订“划清界限、反对分裂”承诺书149份，观看爱国主义题材电影《长津湖之水门桥》2场次，观看《文成公主》实景剧1场次，召开“饮水思源、感恩思进”宗教界人士座谈会2场次，举行宗教界人士书法比赛2场次，举办“三个意识”教育文艺进寺庙活动1场次，举办“感念党的恩情、庆祝党的生日”演讲比赛1场次。

【“3+1”学习模式】 年内，按照中共二十大宣传方案，把好总基调、把好导向，以达孜区“饮水思源、感恩思进”群众感恩教育为抓手，结合“三个意识”教育，通过“3+1”的学习模式（每周一音频：由达孜区金牌宣讲员旺杰每周开展一次微信音频宣讲学习活动；每周一微讲：由寺管会常务副主任每周在寺庙以微信方式进行一次微宣讲；每周一笔记：僧尼对每周学习内容做一次笔记；僧尼自学：僧尼在各自僧舍自学），形成在宣讲中不落一寺、不落一人，实现宣传宣讲全覆盖，推动达孜宗教领域学习宣传贯彻中共二十大精神走深、走实、走心。

【民族团结进步宣传教育】 年内，以民族团结“九进”为抓手，有效开展民族团结宣传教育工作。截至年底，开展“九进”宣传教育活动共计20余场，其中民族团结“进乡镇”“进村社”“进学校”“进家庭”活动成效显著。

创新活动载体，结合达孜区正在开展的“饮水思源、感恩思进”群众教育实践活动，有力开展民族团结进步创建工作。区委创建办负责组织协调，在全区范围内开展民族团结知识竞赛、民族团结知识线上答题活动、民族团结主题文艺活动进宗教活动场所等200余次，受教育人群达47000余人次。

努力营造民族团结氛围，进一步深入开展铸牢中华民族共同体意识教育。以融媒体、宣传栏、乡村大巴等为载体，以“三个意识”教育为契机，广泛宣传中央民族工作会议精神、《西藏自治区民族团结进步模范区创建条例》《中华人民共和国民族区域自治法》，共计发放宣传册28000余册，各类宣传品、宣传海报5000余份，发送民族团结公益短信6万余条，为达孜区民族团结创建工作打下坚实的群众基础、创造了有效的宣传教育载体。

【新冠疫情防控】 年内，达孜区涉宗领域不折不扣贯彻落实区市党委关于疫情防控工作的决策部署和达孜区委、区政府具体安排，严格执行“三个暂停”工作要求，全力做好寺庙人员管控、核酸检测、服务保障等各项工作，充分发挥统一战线凝心聚力的优势作用，真正把凝聚人心工作做在疫情防控一线上，确保疫情期间达孜区所有寺庙均未发生疫情，并统筹做好宗教活动场所疫情防控和有序恢复开放工作，同时积极联合乡（镇）、卫健委、卫生院对年老体弱、患有慢性病、基础性疾病的僧尼做体检，落实落细“防重症、保健康”各项措施。

【安全生产】 年内，坚决落实属地管理、安全第一责任人工作职责，与16座寺庙、拉康和日追（含2座分寺）管委会、专职管理特派员（机构）签订寺庙消防安全工作责任书。在萨噶达瓦等重要节点，对寺庙用电、用气、用火、用油及酥油灯、千盏灯房、烧香点、挂幡处、电线线路使用情况进行专项检查300次，开展寺庙房屋结构、周围水渠、道路交通安全及消防设施安全隐患排查500次，邀请应急消防救援大队在寺庙僧尼和驻寺干部中开展宣传寺庙防火防灾安全知识20次，组织开展救火灭火应急演练40次；按时配齐寺庙消防设施设备，配齐消防桶、消防应急照明灯、消防疏散标志、灭火毯子、灭火土碱、消防栓水袋和钳子等部分消防基本设施设备。在各座寺庙、拉康和日追熏香处、烧香点、挂帆点按时开展大面积的规范和整改活动3次，以减少各类社会安全事故的发生。

【民族团结主题教育】 年内，区委统战部、区民宗局、寺管会紧扣铸牢中华民族共同体意识主线，以民族团结进步创建进宗教活动场所为契机，结合“三个意识”教育，常态化开展民族团结宣传教育工作，通过法律常识宣讲、书法比赛、走访僧舍与僧尼谈心、召开僧尼家长座谈会等多种形式开展宣讲工作，以考试测评、僧尼撰写心得体会、反对分裂、维护祖国统一为立足点，进一步增强寺庙僧尼的爱国爱教、遵规守法的自觉性。

【教职人员培训】 年内，结合《西藏自治区藏传佛教教职人员教育培训五年规划》要求，组织28名教职人员参加为期12天的第二期藏传佛教教职人员培训班，通过30个学时规范有效培训课程，使僧尼们政治上更加坚定、思想上更加清醒、行动上更守规矩、素质上全面提升。

（德吉央宗）

【机构领导】

区委常委、统战部部长

拉巴顿珠（藏族，4月免）

边巴次仁（藏族，4月任）

副部长

次旺朗杰（藏族）

2022年1月5日，达孜区委统战部组织僧尼代表参观山南市西藏民主改革第一村陈列馆

民宗局副局长

黄 文 彬（7月免）

巡察工作

【概况】 中共达孜区委员会巡察工作领导小组办公室（以下简称区委巡察办）是中共达孜区委员会巡察工作领导小组办事机构，为正科级，列区委工作机关序列。根据《中国共产党章程》《中国共产党巡视工作条例》《中共西藏自治区委员会关于市县党委巡察工作实施办法》，区委巡察办的主要职责是贯彻落实区党委、市党委、达孜区委和区委巡察工作领导小组的决策部署，向市委巡察工作领导小组办公室和区委巡察工作领导小组报告工作情况并负责。统筹、协调、指导巡察组开展工作。承担巡察工作制度建设、服务保障等工作，组织起草区委巡察工作规划、年度计划和年度工作总结等重要材料，负责全区巡察工作会议筹备、组织等工作。

区委常设2个巡察组，主要职责是对辖区各级各部门落实全面从严治党主体责任和监督责任等情况进行监督、了解情况、收集意见，着力发现党的领导弱化、党的建设缺失、全面从严治党不力等问题，如实将发现和了解的重要情况及时向区委巡察工作领导小组报告，并提出处理意见和建议，办理区委巡察工作领导小组授权或交办的其他事项。

区委巡察办和2个常设巡察组有行政编制7名。巡察办科级领导职数2名，每个常设巡察组正科级组长1名。2022年已配备9名干部，其中，办公室主任1名，副主任1名，专职巡察组长2名，办公室专职人员3名，专职巡察组员2名。

【巡察工作领导小组】 年内，区委高度重视管党治党、全面从严治党工作，充分发挥巡察的政治显微镜和探照灯作用。区委书记主动担负起第一责任人职责，调整充实区委巡察工作领导小组，区委书记任领导小组组长，并把责任传导给所有班子成员，层层压实工作职责，确保责任落到实处。在全面从严治党工作上，牢牢抓住主体责任这个“牛鼻子”。

年内，共召开达孜区委常委会（扩大）会议5次、达孜区委理论学习中心组集中学习研讨（扩大）会议5次，区委多次召开专题会研究部署巡察工作，同时召开1次巡察工作动员部署会，进一步强化全区领导干部的使命感和责任感。

2022年6月16日，达孜区委常委、组织部部长吴小兵（主席台）在二届达孜区委巡察工作业务培训会上授课

【政治学习】 年内，注重学习促进政治能力再提高。多措并举，采用参加培训、集体学习、个人自学、交流研讨等方式持续学习习近平总书记最新重要讲话及上级巡视巡察机构重要文件和会议精神，积极协调区委有关领导、巡察领导小组成员单位负责人以及巡察办班子成员，共计15人次参加十届自治区党委巡视巡察干部第一期培训班、2022年全区巡视巡察工作会议暨十届自治区党委第一轮巡视动员部署会；组织全体巡察干部参加达孜区纪委监委巡察办联合党支部“读书班”17次，深学细悟习近平总书记重要讲话精神、各级党委巡视巡察相关指示精神等巡视巡察有关内容，进一步强化达孜区巡察干部理论基础，增强“四个意识”、坚定“四个自信”、做到“两个维护”，全面贯彻巡察工作方针，坚守政治巡察定位。

2022年6月14日，组织开展二届达孜区委巡察工作业务培训

【巡察工作】 年内，统筹安排合理谋划，切实做好二届达孜区委巡察开局工作。达孜区委巡察办加强统筹安排，并参照拉萨市委巡察工作计划，科学确定时间频次，有序开展二届达孜区委巡察开局工作，全年共抽调12人次开展1轮巡察，派出巡察组2个，巡察党组织4个，单位4家，发现并反馈问题90个，移交问题线索3件4人。同时，2022年是新一届达孜区委巡察工作开局的关键之年。区委巡察办提前谋划，及时与自治区党委巡视办、拉萨市委巡察办对接，参照上级党委巡视巡察工作总体部署，并按照达孜区委有关巡察工作指示安排，充分发挥自身职能，结合达孜区实际情况，起草完成《中共拉萨市达孜区委员会巡察工作规划(2022—2026年)》，在严格按照"三个聚焦"的总体巡察思路基础上，同时将达孜区"两正""两思"有关内容纳入巡察规划，切实将转变干部队伍作风建设，作为今后一项长期且重要的巡察内容抓牢抓实，真正做到提前部署、认真谋划，为二届达孜区委巡察工作提供指导依据。

【自身建设】 年内，迎合全区"改进作风狠抓落实工作开展情况"总体工作思路，按照达孜区委"清源正本、忠诚正道"党员教育工作要求，共同编制完成《达孜区纪委监委、区委巡察机构关于常态化开展"清源正本、忠诚正道"党员教育进一步改进作风狠抓落实工作实施方案》，并组织全体巡察干部按照方案内容，逐条查找自身问题，总结归纳出本单位问题10条、干部个人问题共计59条，及时建立整改台账、限期整改，为今后不断改进自身工作作风打下坚实基础。

（郭佳林）

【机构领导】

主　任

唐　清(12月免)

杨永宾(12月任)

副主任

郭佳林(满族)

区委巡察一组组长

勾九龙(8月免)

于记伟(12月任)

区委巡察二组组长

宗　吉(女，藏族，12月免)

李翔实(12月任)

党校

【概况】 中共达孜区委员会党校于2015年10月20日挂牌成立，由中共达孜区委员会组织部代管，有核定事业编制9名。2022年，达孜区委党校配备校长1名，由区委组织部部长兼任，有常务副校长1名，副校长1名。2022年，共有在岗教师8名。2022年，达孜区委党校以习近平新时代中国特色社会主义思想为指导，以工作规范化、标准化建设为主线，发挥自身优势，落实各项工作，不断激发新时代党校工作新活力。

【校风学风建设】 从严治校是对党校校风、校纪、校规的根本要求，是"党校姓党"原则用以治校的集中体现。年内，严格执行《关于新形势下党内政治生活若干准则》，进一步严肃党内政治生活，严格落实"三会一课"、谈心谈话、民主评议党员、支部主题党日等制度。以《党校制度手册》为依据，健全落实以干部专项自查、年度综合评分为主要内容的检查落实机制，切实推动党内重要制度执行、干部工作作风转变，大力发展

2022年6月10日，达孜区委党校组织第二期入党积极分子和党员发展对象参观西藏百万农奴解放纪念馆

积极健康的党内政治文化，巩固发展风清气正的政治生态。

【理论学习】 年内，多措并举采取集体学习、个人自学、交流研讨等方式持续深入学习习近平总书记最新重要讲话精神，利用"网上党校""学习强国"学习平台等新媒介系统学习中央、区、市相关政策法规，使干部理论跟得上、政策学得新，以"带着信念学、带着感情学、带着使命学"的精神状态，推动习近平新时代中国特色社会主义思想入脑入心，全年开展理论学习20场，在不断学习中坚定了政治信仰，筑牢党员干部共同思想根基。

【科研工作】 年内，高度重视科研工作，始终把提高科研水平、提升科研质量当作践行党校初心、发挥党校职能的大工程来抓。着力于发挥自身优势，找准与党的中心任务的结合点、切入点、着力点，提高科研成果的实效性，努力做到党需要研究解决什么重大问题，党校就在哪些方面建言献策。截至年底，达孜区委党校教师已有1项基础项目在市委党校成功立项，1项决策咨询课题在市委党校成功立项，2项决策咨询课题在自治区委党校成功立项。

【党员教育】 围绕中心、服务大局是党校事业必须始终坚持的政治站位，是践行党校初心的必然要求。年内，以"清源正本、忠诚正道"党员教育和"饮水思源、感恩思进"群众教育总体部署为依据，以提升党员党性修养、提高党员思想政治素质、提高党员工作能力政策水平为目标开展党性教育。截至年底，党校共开展集中轮训11期，共计600余人次党员干部参加，开展送教下乡12场，共计1050人次参加。

【干部夜校培训】 年内，为加强对达孜区党员干部的培训，锻造一支信念坚定、作风优良的党员干部队伍，共举办5期党员干部"夜校"，共13次课程，内容包含党的民族工作政策解读、党的宗教工作解读、政法工作解读、马克思主义哲学、专题业务培训等，共有910人次参加学习。

【完善现场教育基地】 年内，为丰富党员干部教育形式，用活用好达孜区基层党建教学资源，建设具有达孜特色的现场教学基地。通过对林阿村、白纳村、工业园区实地调研后，完善以白纳村作为宣传村史、党史、党建以及党建引领基层经济建设的现场教学点，并在主体班次中安排学员参观学习。同时在调研过程中发掘培养5名政治立场坚定、理论水平过关、语言表达能力强的年轻干部作为现场教学点讲解员。

【举办优秀党课选拔大赛】 年内，结合"两正""两思"主题教育，开展"党课我来讲"互动式教育，让每一位党员上讲台，讲思想、讲认识、讲体会、讲行动，以讲促思、以思促行，在互动学习中提升学习效果，提高能力素质。共有来自全区各单位、各乡镇的30名党员干部参加初赛选拔，最终选出前6名选手进入决赛并区分名次，同时聘请在此次比赛中获得名次的参赛选手作为党校兼职教师。

【推广国家通用语言文字】 年内，结合铸牢中华民族共同体意识持续开展国家通用语言文字教学。先摸底掌握村"两委"班子成员的通用语言文字水平；通过设置初、中、高级班进行分类施策、因人施教、逐步攻坚的方式进行专题教学；同时购买藏语和汉语书籍，向每一位参学农牧民党员发放藏语和汉语学习教材，并联合村“两委”建立微信群督促他们勤学、常学、深学，通过集中测试、交流研讨、问卷调查等方式跟进学习情况。

【开展“四联四包”工作】 年内，为喜迎中共二十大胜利召开，深入学习贯彻王君正书记在拉萨市干部大会上和在拉萨考察调研时的讲话精神，聚焦聚力“四个创建”“四个走在前列”、当好“七个排头兵”，切实改进作风、狠抓落实。

7月8日，达孜区委党校党员干部到群众家中、走进田间地头集中深入开展“大宣讲大调研大排查大落实”活动。截至年底，走访唐嘎村群众100余户。

【教材建设】 年内，结合宣讲培训现场效果和走访调查情况，发现广大农牧民、党员群众以及基层党员干部在理论学习中对于汉语和藏语两种语言教材的需求。自2016年，达孜区委党校教师着手编纂具有本土特色、图文并茂、易于阅读的系列汉语和藏语两种语言教材，成果丰富。截至年底，共编撰9本教材，包括2016年《达孜县“藏汉双语口语”学习培训教材》、《农牧民群众需要知道的综合知识》、2017年《达孜县“四讲四爱”综合学习手册》、2018年《决胜全面小康、共创美好生活》、2019年《中华人民共和国大事略记》、2020年《重温红色记忆、感悟初心使命》、《疫情防控工作有关的法律法规》、2021年《党恩道不尽、幸福更绵长》、《达孜区国家通用语言文字双语教材》等乡土教材。

【编撰单位工作图册】 为回顾达孜区委党校近年来工作开展的历程，记载党校工作创新发展取得的辉煌业绩，展望党校工作在习近平新时代中国特色社会主义思想指引下的宏伟蓝图，激励党校干部弘扬优良传统、奋力创新实干，努力在各项工作高质量发展上迈出新的步伐，实现新的跨越，达孜区委党校编撰党校工作图册，从理论学习、支部党建、亮点工作、培训风采、送教下乡等五个方面记录了党校工作的开展情况。

【新冠疫情防控】 年内，达孜区委党校党员干部充分发挥党员先锋模范带头作用，积极投身全区疫情防控一线，其中3名干部第一时间到城关区支援，协助做好保障工作、社区统计工作等，从严从紧做好疫情防控各项工作，全力保障人民群众的身体健康和生命安全。

（赖倩倩）

【机构领导】

区委副书记、党校校长

巴桑顿珠（藏族，7月免）

区委常委、组织部部长、党校校长

吴 小 兵（7月任党校校长）

常务副校长

普　　琼（藏族，12月任）

副校长

普　　琼（藏族，12月免）

德庆白珍（女，藏族，12月任）

达孜区人民代表大会

综述

【概况】 2022年，达孜区人大常委会召开人大党组会议10次、专题研讨2次、主任会议7次、常委会会议7次。充分发挥人大常委会党组把方向、管大局、促落实作用，自觉把党的领导贯穿人大工作始终，严格执行政治要件闭环落实机制，及时就换届选举、工作计划、监督报告等重要事项，向区委请示报告7次。依法任免国家机关工作人员13人，举行宪法宣誓仪式5场次，顺利召开达孜区第一届人民代表大会第六次会议及第二届人民代表大会第一次会议（换届会议），各乡（镇）召开第十四届人民代表大会第二次会议。

【达孜区一届人大六次会议】 1月17—19日，达孜区第一届人民代表大会第六次会议召开。会议应出席代表91人，出席75人，符合法定人数。会议听取和审议达孜区人民政府工作报告，审查和批准达孜区人民政府关于2021年国民经济和社会发展计划执行情况与2022年国民经济和社会发展计划草案的报告，审查和批准达孜区人民政府关于2021年财政预算执行情况与2022年财政预算草案的报告，审议达孜区人民政府关于达孜区第一届人民代表大会第四次会议代表议案建议批评意见办理情况的报告，听取和审议达孜区人民代表大会常务委员会工作报告、达孜区人民法院工作报告、达孜区人民检察院工作报告。会议经表决，通过《达孜区第一届人民代表大会第六次会议关于政府工作报告的决议》《达孜区第一届人民代表大会第六次会议关于达孜区2021年国民经济和社会发展计划执行情况与2022年国民经济和社会发展计划的决议》《达孜区第一届人民代表大会第四次会议关于达孜区2021年财政预算执行情况和2022年财政预算的决议》《达孜区第一届人民代表大会第六次会议关于达孜区人民代表大会常务

2022年4月15日，达孜区人大常委会党组书记、主任米玛（右一）到唐嘎乡指导人大工作

委员会工作报告的决议》《达孜区第一届人民代表大会第六次会议关于达孜区人民法院工作报告的决议》《达孜区第一届人民代表大会第六次会议关于达孜区人民检察院工作报告的决议》。会议选举达孜区人民政府副区长、达孜区第一届人大常委会1名副主任。

【达孜区二届人大一次会议】 年内，按照区委统一部署，完成达孜区第二届人民代表大会换届选举工作。及时向区委常委会提交《达孜区人民代表大会换届选举工作实施方案》，经过业务培训、摸底调查、宣传发动、选民登记、推荐提名、酝酿协商确定人大代表候选人、投票选举等工作程序，顺利选举产生达孜区第二届人民代表大会代表133名，在5月27召开的达孜区第二届人民代表大会第一次会议上，依法选举产生区人大常委会领导班子5名和组成人员25名、区政府领导班子9名及区监察委员会主任、法院院长、检察院检察长。新当选国家工作人员向宪法庄严宣誓，有力诠释了达孜领导干部孜孜以求、信念坚定和忠诚担当的时代风貌。

【坚持服务大局】 年内，达孜区人大常委会聚焦区委中心工作落实和人民群众期盼，开展正确监督、有效监督、依法监督。

组织新一届人大常委会委员、各级人大代表，全过程、全链条参与“建设美丽幸福达孜、人大代表在行动”系列监督视察活动，通过听取汇报，查阅台账，实地查看等方式，确保习近平生态文明思想以及《西藏自治区生态文明高地建设条例》的落实取得成效，存在的问题得到整改，其间形成检查报告2篇，提出整改意见建议20余条，推动一批突出环境问题得到解决。

2022年5月26日，拉萨市达孜区第二届人民代表大会第一次会议预备会召开

【代表工作】 年内，达孜区人大常委会持续完善人大代表工作机制，创新人大代表活动形式，激发人大代表履职活力，认真落实“双联系”制度。截至年底，共组织本级人大代表7批次14人次列席常委会会议，各级人大组织开展专题调研、监督视察、执法检查活动17次。

截至年底，区一届人大六次会议上人大代表提出的39件意见建议中，已经办理完成8件，占20.51%；正在办理和列入计划办理的19件，占48.72%；因政策限制，尚无法办理的12件，占30.77%，办复率100%，满意率94%。区二届人大一次会议上人大代表提出的104件意见建议中，已经办理完成39件，占37.5%；正在办理和列入计划办理的44件，占42.31%；因政策限制，尚无法办理的21件，占20.19%，办复率100%，满意率96%。

组织人大代表到山南市隆子县、乃东区、错那县和拉萨市尼木县等兄弟县（区）考察学习，借鉴先进经验做法，开阔眼界、活跃思维，通过参观“桑杰曲巴旧居”纪念馆、民主改革第一村克松村、沙棘林、尼木烈士陵园，代表们深刻感悟“玉麦精神”“沙棘精神”“开拓精神”，对人大代表如何正确履职，奋力开创达孜各项工作新局面有更加深入的认识和思考。形成《“玉麦精神”开启爱国固边新征程，“沙棘精神”激发开拓进取新斗志，达孜区人大代表到山南市学习考察报告》，区委书记索朗次仁对专项考察报告作出“他山之石可以攻玉，提炼后印发各乡（镇）借鉴”重要批示。

8月疫情发生以来，达孜区人

2022年5月28日，拉萨市达孜区第二届人民代表大会第一次会议主席团会议召开

大常委会第一时间发出《致全区各级人大代表的抗疫倡议书》，开展“疫情防控、人大代表在行动”系列活动，班子成员率先垂范，各级人大代表主动请缨、积极响应，无条件服从组织安排，义无反顾投入抗疫一线，广大代表积极捐款捐物折合资金共计25万余元，全力帮助群众做好秋收工作，为行动不便的群众送医送药送物，帮助解决居家群众的后顾之忧，得到群众一致好评，做到哪里有需要、哪里就有人大代表的身影，充分彰显出新时代人大代表的为民情怀。涌现出阿旺姆朗、土旦云丹、次杰、旦增罗布、格桑次仁等杰出的人大代表。

【自身建设】 年内，达孜区人大常委会坚持以党建为引领，认真落实“四个机关”建设，持续完善工作机制，锤炼优良作风，提升依法履职能力和水平。扎实开展“清源正本、忠诚正道”党员教育，积极参与“三个意识”教育，认真履行全面从严治党主体责任，定期开展“三会一课”、主题党日等活动，坚持强化纪律教育，筑牢廉洁自律思想防线，机关党建规范化水平进一步提升。新一届常委会班子成员按分工加强对乡（镇）人大工作的指导，各乡（镇）人大也能够立足实际，夯实阵地、打牢基础，开拓创新、积极履职，组织人大代表开展视察调研、建议督办、工作评议、跟踪推进重点民生工程等活动，基层人大工作走向专业化、规范化、载体化。

（索朗曲珍）

【机构领导】

党组书记、主任

米　玛（女，藏族）

副主任

普　多（藏族）

张世杰

陈　伟（5月任）

李　安（1月任）

办公室工作

【概况】 2022年，达孜区人大常委会办公室在区人大常委会的直接领导下，紧密结合人大工作实际，围绕人大常委会中心工作，按照“服务高质量、工作创一流、管理上水平”的要求，强化参谋职能，抓好协调服务，勇于创新，积极奋战，履行宪法和法律赋予的职责，以监督、调研、代表等业务工作为抓手，不断转变工作作风，努力完成各项工作任务。

【理论学习】 年内，达孜区人大常委会办公室坚持定期、不定期学习制，结合区委“两正”“两思”工作总布局，积极组织办公室全体工作人员，每月开展形式多样的学习活动日并轮流参加区委党校举办的夜校、读书活动等，深入学习贯彻习近平总书记重要讲话精神和中共十九届六中全会、中央人大工作会议、中央第七次西藏工作座谈会和区市第十次党代会精神和人大自身业务知识，全面加强干部职工的政治思想教育，提高理论知识水平。

【综合服务职责】 年内，认真筹备，顺利召开达孜区一届人大六次会议。根据地方人大每年召开一次例会的法律规定，在1月16—19日召开达孜区一届人大六次会议。为认真做好会前筹备、会期服务、会后整理等各项工作，达孜区人大常委会办公室在人员少、工作量大的情况下，早动手、早安排、早准备，详细制定会议筹备方案并及时成立会议筹备领导小组，按照各自分工，切实做好会议各类材料、会场布置、后勤服务、制作汇编等各方面的工作。大会期间办公室全体工作人员以高度的政治责任感和强烈的事业心，为大会提供周到细致的服务，保证大会顺利召开，完成大会的各项议程。

根据选举法、地方组织法的有关规定，结合乡（镇）人大实际工作，2 月 21—25 日，各乡镇严格按照法定程序相继召开本乡镇十四届二次例会，会前会中办公室工作人员跟随常委会领导到各乡镇，就会议各项材料、每个工作环节进行检查指导，进一步规范和完善乡镇人大会期整体工作。

根据区市党委决定和达孜区委统一部署，达孜区人大换届选举工作于 3 月全面展开，在区市人大的有力指导下，在区委的坚强领导下，区人大常委会办公室在区人大常委会、区选举委员会的有力指导下，全体工作人员各司其职，精心筹备，通力合作，经过动员部署、摸底调查、宣传发动、选民登记、推荐提名、酝酿协商确定代表候选人、投票选举等工作程序。5 月，133 名人大代表全部足额选出。5 月 27 日，顺利召开达孜区第二届人民代表大会第一次会议，依法选举产生区人大常委会领导班子和组成人员、区政府领导班子、区监察委员会主任、法院院长和检察院检察长。顺利完成达孜区换届选举各项工作，并认真撰写换届工作总结，及时查漏补缺、认真整理换届各阶段台账资料，给全区换届工作画上一个圆满的句号。

达孜区一届六次会议和二届一次会议上，与会代表围绕全区工作，分别提出建议、批评和意见 39 件、104 件，例会结束后，区人大常委会办公室及时对代表所提建议、批评和意见进行整理和翻译，并把意见建议分解表转交政府办，联同区政府组织召开代表建议、意见交办会议，将代表所提建议、意见转交各承办单位，明确责任和办理时限。

为不断丰富代表在闭会期间的活动，根据年初监督视察、学习交流工作计划，积极组织四级人大代表 20 余人到尼木县考察学习，进一步开阔代表的视野、增强履职意识。

年内，达孜区人大常委会办公室围绕人大常委会议题，认真做好人民代表大会、人大常委会会议、人大常委会主任办公会议“三会”的服务工作，从文稿的起草、后勤服务等各方面能够及时把会议各项准备工作做好，确保会议如期举行，搞好会议的后续工作，做到工作的连环有序和完整周到。截至年底，共召开人大常委会会议 3 次、主任会议 4 次，同时在日常工作开展办文方面做到准确、及时、无误；在办事方面不管是协调工作、后勤服务工作、来访接待以及服务代表工作等各方面都做到兢兢业业，以礼待人，使办公室各项工作取得一定成绩。

【“两正”“两思”】 年内，达孜区人大常委会办公室积极响应区委号召，凡是区委、区政府作出的决定及安排的事情，都及时向干部职工传达，并进行具体安排部署，认真给予贯彻落实，保证上级的各项方针政策指示及决定在本单位顺利实施。

按照区委统一要求结合支部党员活动深入开展“清源正本、忠诚正道”党员教育活动，认真组织

2022年5月26日，达孜区人大常委会办公室工作人员开展换届计票工作

2022年7月2日，达孜区人大常委会办公室党支部开展“迎盛会铸忠诚感党恩创佳绩”“七一”系列活动

干部开展每周系列主题活动，增强思想认识，积极准备学习材料，将有关学习材料分发到全体党员干部手中，采取集中学习、个人自学、集体研讨、轮流发言等多种模式开展丰富多样的学习活动。截至年底，达孜区人大常委会办公室结合“两正”“两思”，共开展集中学习10次、个人自学20次、外出参观学习3次，并结合活动内容认真撰写心得体会。

围绕改进作风狠抓落实，积极参加区委组织的系列活动，积极选派干部职工参加夜校、读书会、外出党性教育等一系列活动，并对标“八个必须”“六个表率”，对照“问题清单”认真查摆个人存在问题，主动融入作风建设中。

（索朗曲珍）

【机构领导】

主　任

余　江

副主任

索朗曲珍（女，藏族）

次仁多杰（藏族）

达孜区人民政府

综述

【概况】 2022年，达孜区坚持以习近平新时代中国特色社会主义思想为指导，贯彻落实中共十九大和十九届历次全会精神，贯彻落实中央第七次西藏工作座谈会和习近平到西藏考察时的讲话精神，锚定“稳定、发展、生态、强边”四件大事，坚持以人民为中心的发展理念，始终紧扣长治久安和高质量发展总目标，主动适应发展新形势，统筹好疫情防控和经济社会发展工作，统筹发展与安全，围绕年初既定的各项目标任务，扎实做好“六稳”工作，全面落实“六保”任务，确保全区经济社会持续健康发展。

2022年，达孜区人民政府始终把政治建设摆在自身建设的首位，深入开展党史学习教育、“两正”“两思”教育实践活动，主动接受人大法律监督、政协民主监督、审计监督和社会监督，扎实推进各项工作有序开展。

【经济发展】 年内，实现地区生产总值22.74亿元，一般公共预算收入完成24345万元，完成社会消费品零售总额4.43264亿元，累计减免各类税费1.93亿元，农牧民人均可支配收入达21529元。

【农牧业发展】 年内，农牧业生产基础总体稳定。推广新品种粮食作物种植5.75万亩，良种统供率、种子精选率、包衣率分别达100%，多措并举保障粮食安全和质量。牲畜存栏71404头(只、匹)，肉蛋奶产量达25953吨，未发生牲畜重大疫病。有农牧民合作社347家，注册资金超过1.5亿元，吸纳社员2400余人，拉萨市有农牧业产业化经营龙头企业11家，新培育创建家庭农(牧)场12家，新型经营主体不断壮大。

【工业经济】 年内，全力推动工业园区经济“脱虚向实”，继续引导园区向“一轻二高三新”目标发展，有实体性企业55家，规模以上企业9家，龙头企业8家，高

2022年2月11日，区委副书记、区长刘代红（右二）一行到章多乡调研

2022年9月14日，区委副书记、区长刘代红（左二），区政府党组成员、副区长冯立柱（左一）一行安排部署新冠肺炎定点救治医院建设工作

新技术企业5家。双创基地入驻企业55家，固定就业累计528人次，入驻创业基地格子间企业364家，盘活“僵尸企业”11家。年内，完成工业总产值10441.94万元，园区总产值6.25亿元，完成税收20836万元。招商引资项目共13个，项目协议投资75.41亿元，累计到位资金10.17亿元，完成任务的13.49%。

【旅游产业】 年内，依托“全域旅游”发展契机，积极推进夏拉沟旅游景区基础设施建设、扎叶巴村藏民宿旅游提升、扎叶巴旅游创业民俗体验街、白纳村乡村旅游振兴及林卡经济提升及推广等项目。云上达孜工业旅游景区、优敏芭被顺利评定为国家AAA级旅游景区，国家全域旅游示范区创建工作扎实推进。旅游接待26.11万人次，旅游收入达827.37万元，其中林卡经济收入393.12万元，带动农牧民增收849人次。广泛开展群众文化活动60场次，受益群众达1.4万余人次，不断丰富群众精神文化生活，真正做到文化“润边”润人心。投资13万余元开展文化、文物、非物质文化遗产保护传承工作，推进文旅融合发展，叶巴村成功申报全国第二批三星级地质文化村。

【项目建设】 年内，达孜区计划实施固定资产投资项目112个，总投资123.8亿元，完成投资29.05亿元。全区固投项目开复工52个，开工率59%。实行重点（重大）项目县级领导包保机制，落实重大包保项目28个，召开重点项目推进会6次，申报拉萨市级联审联批4次。投入资金1.75亿元，完成圣天源农畜产品牛肉深加工基地扩建、小牛奔奔产研基地和盛世未来城项目建设。有效推进洋河朗热酒村、扎叶巴康养小镇等重点项目建设进程。

【城乡建设】 年内，完成耕地及林地承包经营权确权工作，以及2022年美丽乡村勘界编制单位及农转用手续招标工作，公布实施拉萨市达孜区城市规划区外四乡土地级别与基准地价更新成果，不断提高土地利用效率。完成农村自建房风险排查和危房鉴定4800余户，排查危险等级为C、D级房屋308户，兑现2021年度20户农村危房改造补贴资金41.916万元，加快政府保障性住房维修及院内基础设施改造项目建设，积极争取达孜西桥、幸福路市政工程延伸段工程、德吉新村附属设施易地搬迁规划1号路以及达孜区新城垃圾转运站项目资金，不断完善基础设施。完成316户的户用卫生厕所改造，实行“户集、村收、区转运”模式，清运生活垃圾及建筑垃圾6384吨；排查渣土运输车辆3.34万辆，查处市容环境卫生等各类违法行为13次，处罚4900元，违法违规建设行为得到有效遏制，市容市貌、人居环境进一步改善。

【乡村振兴】 年内，达孜区现有建档立卡脱贫户1776户7006人（包括“十二五”“十三五”规划），人均纯收入17600.22元，同比增长6.36%，无返贫户，有“三类人员”33户120人，通过实施各类帮扶措施，已消除致贫、返贫风险的“三类人员”12户52人。为“三类人员”73人发放纾困扶持一次性生活补贴8.6万元。推进乡村振兴补助资金项目六类19个，总投资16963.18万元，已完工项目4个，在建项目11个，资金支出进度45.73%。达孜区第二批“美丽乡村·幸福家园”建设计划整村推进试点工作新建住房已开工167户，完成德庆镇白纳村107户房前房后挡土墙及小型化粪池建设，基础设施持续完善，人居环境不断优化。

【生态环境】 年内，以森林督察为契机加大执法力度，保障林地工作有效运转，重点实施南北山造林绿化工程，完成80多万株林木种植。县乡村三级“河长”实现全覆盖，河长累计巡河237次，清理河道121.37千米、清理河道垃圾357.56吨，接收处置隔离点废水16817立方米，处置转运医疗废物1338.076吨。全区集中式饮用水水质达到Ⅱ类标准，主要江河湖泊水质均达到或优于Ⅲ类标准，无城市黑臭水体，空气、土壤质量双达标、双安全。

严把项目建设环境准入关，登记排污许可证137个。积极创建德庆镇白纳沟“绿水青山就是金山银山”实践创新基地，有力推动第二轮中央环保督察交办件办理和问题整改，已完成整改12件，阶段办结2件，正在办理2件。

【改革创新】 年内，规范管理达孜区政务服务中心，窗口服务“好差评”评价量达30.44万件，评价率达99.95%，满意率达100%。新增注册市场主体908户，同比增长22%。办理食品经营许可证125户，特种设备使用登记证85户，告知98件。变更登记266户，注销登记142户。加快财税改革，完成63家行政事业单位资产数据迁移计划前期准备工作，为资产管理全面并入预算管理一体化系统（2.0）夯实基础，办理增值留抵退税101户，退税金额9974万元，减免74家受疫情影响的商铺房租。

完成20个行政村135个村民小组2017—2020年农村集体资产的清产核资以及成员身份界定、股权量化、账目清理（建账）及颁证等相关工作。完成118宗农村宅基地新建、翻建、补证工作。

【民生保障】 年内，医疗卫生服务能力不断加强，与2家定点药店、23家定点医疗机构完成协议签订，积极筹备达孜区人民医院DIP支付方式系统接入工作。持续推进县域医共体建设，积极做好传染病、地方病以及慢性病防治工作，无相关死亡患者，开展卫生监督检查及水质采样监测，全力保障人民群众安全健康。及时足额落实“三包”及营养改善经费2383.69万元，投资2亿余元有序推进达孜区第二小学、幼儿园改扩建、安装监控等项目，开展各类安全演练20余次，排查整治消防安全隐患40处，平安校园建设成效明显。小升初被其他省市西藏班录取23人，初升高被其他省市西藏班录取5人，教育教学质量稳步提升。

实现城镇新增就业880人，登记失业率控制在5%以内，实现农牧民转移就业9120人，创新创建“就业创业连锁超市”，促进外出就业组织化输出，实现求职人员、岗位信息共享，现进入“超市”企业500余家，发布岗位信息5000余条。新认定农牧民转移就业基地2家，培育劳务品牌1个，应届高校毕业生就业249人，就业率72.38%，兑现高校毕业生就业创业补贴资金134人517.67万元。兑现城乡低保金192.35万元、特困人员供养金77.98万元，临时救助8户14人发放资金2.05万元。

2022年10月15日，区委副书记、区长刘代红（左三），区委常委、副区长徐远（左二）一行到木材市场对消防重点单位进行督导检查

【社会治理】 年内，全力推进国家食品安全示范城市创建迎检以及“明厨亮灶 + 互联网”食品监管智慧平台建设工作，加强特种设备和产品质量安全监管，组织开展各类安全生产大检查 50 次，安全生产形势总体平稳，无较大以上生产安全事故发生。

积极落实信访案件县级领导包保制度，受理信访事项 50 批(件)62 人次，化解率达 78%，受理双拖欠案件 34 批(件)42 人次，化解率达 74%。受理劳动监察案件 65 起 88 人，各类案件法定期限内结案率达 98% 以上。深入开展打击非法营运违法行为专项整治行动 47 次，共查获非法营运车辆 25 辆。常态化推进扫黑除恶专项斗争，年内，未发现涉黑涉恶线索，有效防范化解金融风险，市场经济秩序和社会局势平稳有序。

【新冠疫情防控】 年内，严格按照各级疫情防控工作要求，常态化抓好“外防输入、内防反弹”疫情防控工作，不断压实防控责任，加大疫情防控工作力度。8 月 26 日实现社会面清零，9 月 5 日有序恢复生产生活，9 月 10 日实现中高风险区清零。全区上下万众一心，干部群众主动请战，县级干部率先垂范、吃住在帐篷、包保一片、管住一片，区、乡、村、组四级防控有力有效，累计出动人力 2600 余人次、投入资金 6000 余万元，实现以最小的代价取得最大的胜利。主动服务区市疫情防控大局，向城关区赠送爱心蔬菜 5 万余千克，派遣工作人员 460 人次。完成自治区第四新冠病毒感染定点医院、拉萨市红码医院、章多方舱医院和传染病房建设、管理、治疗任务，实现“零死亡”，牢牢守住疫情防控拉萨“东大门”。

【政府自身建设】 年内，积极组织开展“两正”“两思”教育活动，深入学习贯彻落实习近平新时代中国特色社会主义思想，及时组织、深入学习中共二十大精神，开展政府党组及理论学习中心组学习共 17 次，强化使命担当，严守纪律规章，增强政府系统干部廉洁从政意识和拒腐防变能力，从源头上预防和治理腐败，不断改进作风狠抓落实，全面推进政务公开，实行“阳光”政务，多措并举不断强化自身建设，健全完善政府运行机制。主动接受人大法律监督、政协民主监督、审计监督和社会监督，办理人大建议、政协提案 256 件，答复率达 100%。办理“12345”工单 374 件，办结率 100%，综合满意率为 97.9%。

（熊国宝）

2022年4月13日，达孜区政府党组成员、副区长冯立柱（中）一行到区自然资源局检查指导审计整改工作情况

【机构领导】

区委副书记、区长
　　刘代红(女)
区委常务副书记、常务副区长
　　汤　杲(江苏援藏)
区委常委、副区长
　　徐　远
　　王　啸(江苏援藏)
　　达　琼(藏族，6 月任)
政府党组成员、副区长
　　王　震
　　冯立柱
　　格桑多布杰(藏族，6 月任)
　　益西曲珍(女，藏族，6 月任)
政府党组成员
　　兰　辉

办公室工作

【概况】 达孜区人民政府办公室是达孜区人民政府组成部门，负责协助达孜区人民政府领导处理区

人民政府日常工作，坚持以习近平新时代中国特色社会主义思想为指导，紧紧围绕经济社会发展大局，充分发挥参谋助手和中枢协调作用，主动适应新常态，全力以赴谋发展，履职尽责搞服务，聚精会神抓落实，较好地完成领导交办的各项工作任务。自2019年机构改革后，下设达孜区外事办公室、达孜区行政审批和便民服务局以及后勤服务中心，职能定位进一步优化。

2022年3月29日，达孜区政府办党支部组织召开党史学习教育专题组织生活会

【中心工作】 年内，起草完成政府工作报告、全体会议报告、廉政会议报告、全区经济工作会议报告等重要文字材料60万余字，制发红头文件33份，撰写各类会议纪要94期，拉萨市人民政府内部办公系统（OA）来文做到及时收发办理，确保文件不发生积压和遗漏。推行“无纸化”办会。年内，加大无纸化会议室运用力度，极大提高了会议效率，也为全面推动党政机关厉行勤俭节约、反对铺张浪费作出带头表率作用。保障政府决策的规范化、科学化，筹备召开区政府常务会16次、重点项目推进会3次。

深度思考具体工作中的“关键点”、重点工作中的“薄弱点”、基层工作中的“困难点”、市委、市政府的“关注点”，积极开展“大接访大调研大排查大落实”活动，深入重点项目、乡（镇）村委会调研或陪同调研50余次，发现问题和存在的不足20条，形成调研报告1份。

【学习教育】 年内，结合“两正”、“两思”专题教育，深入学习习近平新时代中国特色社会主义思想，坚持把学习习近平总书记重要讲话精神作为一项重要的政治任务抓紧抓好，通过召开支部专题学习会、书记讲党课、专题研讨、读书会等形式，阅读领袖书籍以及党员教育学习读本，集中学习20次，引导办公室全体干部职工深学、深思、深悟，不断提升秘书工作的自律意识、服务意识和责任意识，自觉在思想上政治上行动上同以习近平同志为核心的党中央保持高度一致，筑牢绝对忠诚的思想根基，磨砺秘书工作的全面技能。

【制度建设】 年内，按照“于法周延、于事简便”的原则，坚持制度建设的科学性、实用性、操作性和严肃性，在不断总结办公室工作规律的基础上，认真制定完善办公室工作职责、党支部会议制度、党建工作责任制、民主议事决策制度、党员学习制度、“三会一课”制度、民主生活会制度和党组织联系服务党员制度等各类内部管理制度，强化相互协作，促进班子内部运行管理科学、高效。

【党风廉政建设】 年内，健全责任落实机制，筹备参加政府廉政会议，积极学习中央有关党风廉政建设的方针政策，以及区市党委、政府出台的相关重要文件精神，积极开展各类廉政警示教育活动，把党风廉政建设和反腐败工作任务落实到每名党员干部，做到责任主体明确、责任范围明确、责任内容明确。认真学习各类违纪违法典型案例，深刻吸取教训，做到警钟长鸣、警惕常在。

【政务督查】 年内，对市、区领导交办事项进行严督实查，狠抓领导批示件的督促落实，切实做到领导批示件“批必办，办必果，果必报”，共办理区市下达政协、人大提案建议5件，下发政务督查通知15期，报告重点工作落实情

2022年6月29日，达孜区政府办党支部全体党员干部开展重温入党誓词活动

况6次，县级领导批示督办件10期次，以扎实举措全面强化跟踪督办，创新督察方法，落实决策部署。强化信息报送工作，将区委、区政府中心工作列入信息报送重点，加强建议类、问题类信息的收集和报送，累计编发政务信息237期、专报22期。开展达孜区政府系统信息员跟岗轮训，全面提升信息服务水平，规范信息编报流程。

【协调工作】 年内，充分发挥办公室联系领导、服务基层，协调部门、沟通乡（镇）的桥梁枢纽作用，凝聚各方力量，整合各类资源，形成推动全区经济社会发展的整体合力，确保区委、区政府的决策部署不折不扣得到落实。

强化执行落实，狠抓全区重点工作调度。面对全国经济下行压力，将抓好全区重要经济指标、重点项目、重要工作的调度作为各项工作的重中之重，强化执行力，提高战斗力，升华凝聚力，在中央环保督察整改、创建经济先行区、重点项目、疫情防控督查等重点工作上狠抓落实，带头先行，为全区经济社会发展提供助力。甘于奉献吃苦，高效完成急难险重任务。积极发扬“五加二”“白加黑”的过硬工作作风，全情投入、乐于奉献、不怕吃苦，以顽强拼搏的实际行动，勇于担当，协调服务，及时准确收集、研判、报送信息，高效完成领导交办的各类工作任务。

【政务服务】 年内，加强政务网维护，定期更新政务公开栏，在政务网上及时公开区政府的重大决策及重要事项，及时向拉萨市政府门户网、西藏农经网等发送达孜政务实时信息。拉萨市人民政府内部办公自动化系统、自治区县乡党政信息网、乡乡通视频会议系统、4K系统等运行良好，能够做到与市、区、乡的三级网络协同办公。全链条优化审批流程，精简办事环节，梳理“马上办”事项94项、“网上办”事项101项，“就近办”事项14项、“一次办”事项146项。

截至年底，三级政务大厅共受理各类行政审批和公共服务事项51470件，按时办结率100%；受理咨询服务21430件。审批事项承诺时限平均压缩比例达85%以上，网办深度比例达84%，即办件占比提升75%，平均跑动次数压缩至0.17次；各类审批材料精简至65%以上；“互联网+监管”数据推送43040条；窗口服务“好差评”评价量达到244510件，评价率达到99.96%，满意率达到100%。

【依法行政】 年内，完善政务公开制度，拓宽政务公开内容。向达孜区人民政府门户网站、拉萨市人民政府办公自动化系统、自治区党政信息网、自治区农经网上传各类信息200条，政府门户网站公开区级部门（单位）的权力清单、行政权力信息和主要职责。大力加强政府系统廉政建设，强化重点领域和关键岗位廉政风险防控，不断加大从源头上预防和治理腐败的力度。加强对区直各单位公务用车的监督管理，采取定点加油、定点维修的措施，避免资金浪费和隐形支出现象，杜绝公车私用现象的发生。深入推进法治政府建设，与泰和泰法律事务所签订协议，组建法律顾问团队，为区委、区政府以及区直各部门提供全方位法律服务，充分发挥政府法律顾问在制定重大行政决策、推进依法行政、建设法治政府中的积极作用。

及时办理人大建议、政协提案。通过各承办单位的共同努力，办理104件人大代表建议，43件政协委员提案均已交办各职能部门，将在规定时限内办理答复完毕。

（熊国宝）

【机构领导】

副主任

成　超

白丽达（女，藏族）

应急管理

【概况】 2022年，达孜区应急管理局始终坚持“安全第一、预防为主、综合治理”的工作理念，以“安全生产专项整治三年行动计划”活动为载体，以“强化执法年”为抓手，突出工作任务，着力提升企业主体责任落实，确保全区安全生产形势持续稳定。达孜区应急管理局在编干部6名，机构级别为正科（局）级，编制总数6名，其中行政编制4名，事业编制2名。

达孜区距拉萨市20余千米，下辖5个乡1个镇，总人口4万余人。有自治区级工业园区1家，76家实体企业，非煤矿山2座，8家危险化学品企业，重点建筑施工领域3处。2022年，达孜区发生生产安全事故1起，死亡1人，直接经济损失152.8万元。

【目标管理】 年内，党政主要领导全面履行安全生产领导责任，带头狠抓安全生产工作落实。区委、区政府主要领导组织召开安全生产专题会议，强调安全生产工作事关社会经济发展的大事，率先把安全生产责任扛在肩上、时刻把安全生产工作抓在手上。各乡镇、相关行业部门主要领导深入一线督导检查，确保各项措施不折不扣地落到实处。年内，达孜区应急管理局制定执法计划、重点工作任务，把安全生产作为全局性重点工作纳入全区目标综合考核，使安全生产工作责任得到进一步细化、落实。

【党建工作】 年内，达孜区应急管理局成立党支部1个，党员7名，党支部党建经费0.2万元；积极组织党员学习中共二十大精神及中央第七次西藏工作座谈会，中央民族工作会议精神，习近平总书记关于西藏工作的重要论述和新时代党的治藏方略和自治区、拉萨市重要会议精神，达孜区“清源正本、忠诚正道”党员教育改进作风狠抓落实工作等学习内容，结合实际对干部职工开展学习教育宣讲，提高群众的思想政治觉悟。

【法治建设】 年内，达孜区应急管理局的安全生产监督管理工作逐步走上规范化、制度化、法治化的轨道，为依法规范安全生产行为、加强安全监管提供法律和政策保障，深入贯彻实施《中华人民共和国安全生产法》，进一步加大生产安全事故调查处理力度，建立和完善各项规章制度，依法追究事故责任，起到较好的警示作用。

【安全监管】 年内，以“安全生产标准化”“安全生产月”“安全生产专项整治三年行动计划”等活动为载体，分别对危化品、非煤矿山、工贸企业、建筑施工、道路交通、宗教领域、烟花爆竹经营场所、学校以及人员聚集场所开展联合检查和专项执法活动，开展全方位、多层次的安全生产大检查，切实加强节日期间安全生产监管、加强重点时段安全监管，特别加大汛期安全检查力度，促进

2022年1月24日，拉萨市应急管理局副局长次仁尼玛（中排左二）一行到达孜区督导检查专项整治三年行动工作开展情况

各级安全生产责任落实。

【安全大检查】 年内，检查危化品企业12次，发现安全隐患19条，现场整改6条，限期整改13条；检查非煤矿山7次，发现安全隐患7条，现场整改4条，限期整改3条；检查工贸企业15次，发现安全隐患26条，现场整改6条，限期整改20条；道路交通2次，发现安全隐患2条，现场整改1条，限期整改1条；教育领域组织专项行动9次，发现安全隐患19条，现场整改6条，限期整改13条；检查130余家木材加工厂企业，下发整改通知单23份；对达孜区14座寺庙（日追、拉康）进行3次安全隐患排查，发现安全隐患58条，现场整改28条，限期整改30条；检查其他领域企业（个体户）40余家，发现安全隐患140条，现场整改18条，限期整改122条，责令停产停业整顿1家。

【隐患治理】 年内，深入开展重点行业领域安全生产专项整治，“两节”前后，结合烟花爆竹定点销售工作的开展，对达孜区烟花爆竹销售市场进行执法检查，规范达孜区烟花爆竹行业标准；组织开展特种作业人员的安全隐患排查整治专项行动，持续动态排查消除各类安全隐患，确保特殊领域的安全工作规范化；开展危化、非煤矿山行业安全专项整治，加强对危化品、非煤矿山安全监督检查，重点加大对危险化学品生产、销售、储存、运输过程中的监管力度，严防事故发生；开展粉尘防爆和涉氨制冷行业专项整治，紧盯各类作业场所，认真开展隐患排查治理工作，消除重大事故隐患，遏制和防范事故发生；实施道路交通安保工程建设，持续开展道路隐患集中排查整治行动，防范道路交通事故发生；全面排查化解火灾隐患，加强对特殊领域、特殊时期的隐患排查工作力度，控制和减少火灾事故的发生。

2022年4月13日，达孜区应急管理局执法人员到木材交易市场开展安全隐患排查

【建立应急救援管理机制】 年内，持续加大安全生产体制、机制建设工作力度，研究制定《达孜区安全生产委员会成员单位工作职责》。根据达孜区的实际情况，着力建立健全安全生产应急管理机构和应急救援队伍，研究制定《达孜区应急总体预案》和《达孜区生产安全事故救援应急预案》，不断完善救援体系，确保辖区内一旦发生事故能够及时、快速、有效处置。

【安全生产宣传】 年内，认真贯彻落实自治区、市、区安全生产工作会议精神，根据实际，印发《关于达孜区2022年“安全生产月”和“安全生产达孜行”活动方案的通知》，明确工作重点，强化工作措施，成立达孜区安全生产月活动领导小组和办公室。以“遵守安全生产法，当好第一责任人”为主题在辖区大街小巷共开展5次宣传和咨询活动，参与群众1.4万人次，发放宣传资料3万余份、手提袋4.8万余份。

【自身建设】 年内，达孜区应急管理局党支部有正式党员7名，经上级党组织批准升格为党委。局领导班子按照“举旗帜、抓班子、带队伍、促发展”的要求，切实加强局机关党建工作，切实加强思想政治建设。加强基层组织建设，深入实施“三会一课”制度，积极开展党员“不作为、慢作为、形式主义、官僚主义”突出问题的党员政治纪律教育活动，充分发挥局党支部的战斗堡垒作用，加强思想政治工作，开展理想、信念、宗旨教育，确保上下政令畅通，激发干部职工工作的积极性和主动性，牢牢把握深入学习贯彻习近平新时代中国特色社会主义思想这个根本任务，坚持推进“两学一做”学习教育常态化，并将其与党员政治教育结合起来，采取领导示范带头学、丰富载体推动学、邀请专家辅导学、红色教育感染学的“四学模式”，分领域抓好学习教育，引导广大党员干部增强“四个意识”、坚定“四个自信”、做到“两个维护”，组织领导干部开展理论学习。

（白玛加措）

【机构领导】

局　长

索朗次仁（藏族）

副局长

李　翔　实

消防救援

【概况】 2022 年，达孜区消防救援大队坚持以“坚守精神高地、勇创一流业绩”为全年奋斗目标，以学习贯彻中共二十大精神为契机，对标新气象、新面貌、新境界、新作为的“四新”要求，坚持战斗力标准，立足“全灾种、大应急”职责任务，紧扣“固本拓新”核心目标，树立战斗力核心，聚焦实战标准、创新训法战法、勇于革新问鼎、补齐短板弱项，全力推进各项工作实现新突破、勇攀新高度、取得新成效，先后完成各项灭火救援、应急处突、疫情防控和消防安保勤务工作。

2022年8月1日，达孜区委书记索朗次仁（前排左三）到区消防救援大队慰问指战员

2022 年，达孜区消防救援大队共有指战员、消防人员、政府专职队员 27 人，其中干部 6 人（其中 1 人参加西藏自治区消防救援总队 2023 年度驻村工作）、消防员 6 人、消防人员 1 人、政府专职队员 14 人。达孜区消防救援大队是以政府专职队员为主的基层区县大队。辖区内共有消防安全重点单位 33 家，88 个市政消火栓。

【车辆装备】 年内，达孜区消防救援大队共有消防灭火救援车辆 7 辆。其中，25 吨水罐消防车 1 辆，3 吨泡沫、5 吨水罐联用消防车 1 辆，3 吨泡沫、9 吨水罐联用消防车 1 辆，32 米高喷消防车 1 辆，抢险救援车 2 辆，3 吨泡沫、5 吨水罐多功能城市主战消防车 1 辆，行政车 6 辆。大队配有破拆、堵漏、救生、防化、侦检、照明、排烟、水域和地震救援等 2102 件（套）消防装备器材。

【党建工作】 年内，达孜区消防救援大队党支部严格按照党建工作各项规定要求，积极主动做好年初党建工作谋划，组织落实党支部党内政治生活并加强支部党员教育管理工作。坚持支部议战议训，统筹部署各项工作，支部委员高度重视灭火救援、执勤、练兵的主责主业，按照部消防救援局下发的《关于规范党委“七议”制度》的通知要求，坚持把每月“议战议训”工作纳入党支部会讨论议程中，建立逢会讲、日常抓、常督促的工作机制，积极发挥“领头雁”作用，组织召开“议战议训”支部会 12 次，收集整理指战员意见建议 70 余条，充分发挥党委的核心领导作用。

聚焦“全灾种、大应急”的任务目标，对标上级工作要求，认真研究谋划日常工作，第一时间研究各级党委下发的工作方案要求，并拿出实际措施，层层动员，落实责任，确保工作稳步推进。同时，达孜区消防救援大队党支

2022年4月5日，达孜区消防救援大队指战员在扎叶巴寺执勤

部始终坚持把学习作为提高党员干部素质的重要手段，以中共二十大胜利召开为契机，以党史学习教育为抓手，不断加大党员干部学习、理解、领悟、反思力度，确保指战员思想政治觉悟不断提升，从而推动大队各项工作稳步推进，学习教育成效显著，对进一步强化大队党组织规范化建设、实现党支部统领队伍全面工作起到至关重要的作用。年内，达孜区消防救援大队荣获西藏消防救援总队颁发的“2022年度安全工作先进大队”和共青团拉萨市委颁发的“2022年度拉萨市级青年文明号”称号。

【思想政治教育】 年内，达孜区消防救援大队严格贯彻落实总、支队两级机关党委决策部署要求，深入强化以党支部为核心的各项组织建设，充分结合基层队伍实际，严格落实喜迎中共二十大等教育实践活动，细化分解大队政治工作任务，规范基层党组织建设，强化作风纪律教育，狠抓队伍管理工作，从严抓队伍安全管控，狠抓大队指战员的学习教育和思想建设，构建基层党组织管理模式，不断提高队伍向心力、凝聚力和战斗力。结合法纪意识强化年学习活动和条令纲要学习活动，增强指战员条令意识，真正做到“知条令、守条令、用条令”基本要求，逐步规范大队训练、学习和生活秩序，全面推进正规化建设。同时，根据当前队伍安全管理和作战训练安全工作方案内容，有针对性地制订安全防事故教育计划，大队每周至少安排一次安全专题教育，大队主官组织并带头授课，认真开展法纪道德教育、安全常识教育、心理健康教育，组织全体指战员重温条令条例及各项安全工作规章制度，切实筑牢思想防线，确保队伍内部安全稳定。

【党风廉政建设】 年内，达孜区消防救援大队党支部以教育引导，确立鲜明导向的工作思路，严格按照上级工作要求，紧密结合党史学习教育，组织全体指战员学习中央八项规定精神、《中国共产党廉洁自律准则》、《中国共产党问责条例》等党内法规，学习习近平总书记重要讲话及中共十九届六中全会会议精神，牢固树立入队为民初心。

加强警示教育，转发并组织学习典型违法违纪通报，组织全体干部观看警示教育片，党支部书记为指战员上廉政课，坚持以案说法、以案明纪，用身边事教育身边人。落实廉政谈话制度，大队主官与全体干部进行集体廉政谈话。结合全区队伍正规化建设试点，建设廉政长廊，打造廉政教育示范点。结合重要节点，坚持依法从严治队，坚决遏制酒驾、监督执法、装备采购等问题，严防事故案件发生。对涉及重大经费、队伍管理、物资采购、廉政建设、监督执法等重要事项，大队召开党支部会议进行专题研究、专项整治，明确防控重点，完善工作对策，做到有的放矢。利用执法记录仪等手段进行执法执勤，定期完善干部廉政档案，向指战员家属发放助廉承诺倡议书，通过电话或现场走访的形式进行问廉，形成队伍、家庭、社会“三位一体”的监督体系。

【执勤战备训练】 年内，达孜区消防救援大队党支部以加强队伍管理、严防安全事故为主线，严格按照队伍管理规范化建设要求，以条令纲要为依据，以作风整顿为抓手，以提升队伍管理水平为重点，始终坚持“紧抓队伍规范化，提升队伍战斗力”的原则，把队伍管理和安全防事故工作提上重要议事日程，严格执行条令条例和各项安全管理规定，认真分析当前队伍管理和安全工作形势，及时发现并解决各类事故隐患和苗头，突出抓好人车酒，黄赌毒，网电秘，婚恋贷等重点环节，切实把人管好、把车管严、把酒管住，坚决防止各类安全事故的发生。同时强化执勤训练，提高作战能力，大队时刻坚持“能打仗、打胜仗”的基本原则，以日常训练规范化和实战化为目的，结合实战需要，强化指战员体能和技能训练，解决部分指战员在灭火救援中跑不快、拿不动、上不去等问题。狠抓实战演练，全面提升指挥员指挥能力、战斗员灭火救援及协同配合能力，使每名指战员切实做到明确职责、清楚程序，切实提升大队应对突发事件和处置复杂情况下灭火抢险救援的战斗力，确保消防队伍随时“拉得出，冲得上，攻得进，守得住，打得赢”。

截至年底，达孜区消防救援大队共接警出动 185 次，出动车辆 260 辆次，出动人员 806 人次，抢救被困人员 3 人，抢救财产 103.2 万元，保护财产 212.5 万元。其中公务执勤 32 次，出动车辆 35 辆次，出动人员 151 人次；抢险救援 4 次，出动车辆 5 辆次，出动人员 28 人次；火灾扑救 3 次，出动车辆 9 辆次，出动人员 30 人次；社会救助 143 次，出动车辆 196 辆次，出动人员 576 人次；增援 3 次，出动车辆 7 辆次，出动人员 21 人次。

【社会火灾防控】 年内，为确保辖区火灾形势稳定，达孜区消防救援大队党支部紧盯消防安全薄弱环节，开展生产经营租住仓储村（居）民自建房火灾风险综合治理、木材加工和仓储物流企业消防安全专项整治等一系列专项排查整治工作。积极发动应急、乡镇（村）、公安派出所等力量，对辖区范围内木材加工和物流仓储企业、生产经营租住村（居）民自建房开展隐患排查，针对企业落实消防安全主体责任，违规停放电动车充电，堵塞消防通道，消防设施设备运行，用电、用火、是否符合规范要求等情况进行摸底排查；针对用于生产、经营、人员租住和厂房仓库的自建房，违法违规建设和经营问题，租户及员工消防安全意识淡薄问题，电气线路老化和私拉乱接问题，电动自行车私自改装、进楼停放、入户充电等问题，火灾排查不到位问题，消防设施、消防水源、消防车道欠缺等突出问题开展专项治理，建立健全木材加工和物流仓储企业单位全市基础数据库，以实际行动和实际效果，维护辖区自建房火灾形势持续稳定。

年内，达孜区消防救援大队监督执法人员共检查各类单位场所 904 家次，督促整改火灾隐患或违法行为 832 处，下发责令改正通知书 705 份、行政处罚决定书 2 份、临时查封决定书 2 份，罚款 5500 元。

【党建 + 生态文明建设】 年内，达孜区消防救援大队党支部忠实履行党和人民赋予的神圣使命，自觉践行习近平总书记训词精神，发扬“老西藏精神”，牢固树立“绿水青山就是金山银山”的发展理念，创新工作思路，丰富党建内涵，探索建立“党建 + 生态文明建设”新模式，让广大指战员在推动生态文明建设第一线争当绿色先锋，把党的基层组织建设活力转

2022年5月25日，达孜区消防救援大队指战员处置交通事故

化为生态环境保护的内生动力，构筑生态文明建设坚强堡垒。自治区推进国土绿化行动，实施拉萨南北山绿化工程开展以来，大队党支部始终聚焦“国之大者”，紧盯“区之大事”，积极响应拉萨市南北山绿化指挥部调度需求，所有人员迅速将思想和行动统一到上级党委决策部署上，充分发挥队伍在供水保障方面的优势，助力克服南北山水源稀少、蒸发量大以及道路情况复杂的实际困难，坚持供水浇灌协同增效，坚持遵循规律、因地制宜、科学规划、水路先行的工作思路。

4—8月，达孜区消防救援大队承担辖区5个乡1个镇，总计16个项目的绿化供水保障作业，累计出动车辆123辆次、人员376人次，总计供水4000余吨。其间，大队先后投入机动消防泵、大吨位水罐车、水幕水带、多功能水枪等各类装备设备2600余件，高标准、高频次地取水、运水、供水实操作业，有力支撑和满足绿化灌溉用水需求。组织3次义务植树活动，为实现拉萨“春有花、夏有荫、秋有彩、冬有绿”的美好蓝图出一份力、尽一份责、建一份功。依托拉萨市南北山绿化工作，打造支部特色品牌，使党建工作焕发出新活力，得到党委、政府和人民群众的高度赞誉。

【新冠疫情防控】 年内，达孜区消防救援大队迅速响应，把打赢疫情防控阻击战作为重大政治任务，召开专题会议部署，组织开展誓师动员，激发突击队员工作热情。成立由7人组成的疫情防控消杀（毒）党员突击队，承担辖区各乡镇、街道、疫区居民小区消毒任务。疫情面前，突击队指战员选择“硬核”逆行，主动申请到消毒工作地域最为分散、条件最为艰苦、交叉感染危险较高的区域消毒。面对危险的消毒作业任务，突击队员始终保持“特别能吃苦，特别能战斗，特别能奉献”的工作作风，奋战在疫情防控一线。累计出动车辆36辆次、突击队员99人次。面对危险，突击队员没有一个人喊苦叫累，而是奋勇向前保护人民群众的生命财产安全，突击队员没有忘记“人民消防为人民”的宗旨，用实际行动践行消防人的初心和使命。

在消毒作业期间，突击队不忘发扬拥民爱民的优良传统。在得知辖区部分留守老人存在防疫困难时，主动送去消毒液、口罩、手套等防疫物资，逐一讲解使用方法和注意事项。针对疫情时期防火检查工作面临的困难，大队采取视频检查与实地检查相结合的方式进行，视频指导单位103家，实地服务单位25家，发现并指导整改火灾隐患120处。广大指战员以高度的事业心、责任感，站在服务全局、支持大局的政治高度，齐心协力、主动作为，全力投入疫情防控工作，为守护人民群众生命安全贡献力量。

（郑 植）

2022年9月16日，达孜区消防救援大队指战员开展消杀工作

【机构领导】

政治教导员

张 鹏

大队长

达瓦江措（藏族）

信访工作

【概况】 2022年，达孜区共受理来信来访、网络投诉等信访事项50批（件）62人次（上级转交办17批件17人次，本级登记33批件45人次），同比分别下降41.86%、

45.13%，涉及资金4052.38万元，共化解39批（件）48人次，化解资金2287.35万元，其中集体访1批（件）5人次，重复访5批（件）5人次，工程领域双拖欠信访事项34批（件）42人次，涉及资金3645.71万元，工程领域双拖欠占总量的68%，占总量的百分比同比下降14.56%。

2022年，未化解信访事项11批（件）14人次（上级转交3批件3人次，涉及金额805.1万元，本级8批件11人次，涉及金额959.96万元），其中工程领域双拖欠信访事项9批（件）11人次，涉及金额1765.06万元。

【领导干部接访】 年内，达孜区委、区政府主要领导结合领导干部"下基层大接访办实事"活动，接访24批件35人次，听取信访工作汇报8次，针对15起信访案件作出指示批示，召开信访个案及矛盾纠纷专题协调会12次、信访联席会议4次，对16件信访事项及矛盾纠纷落实11名县级领导包案，形成15个信访案件工作专班，高位推动信访工作。

【信访矛盾纠纷排查】 年内，达孜区信访局坚持重要节点期间，每周排查1次，常态化坚持每月排查2次的矛盾纠纷排查制度，在辖区内全面排查摸底，积极开展横向到边、纵向到底的各类信访矛盾纠纷排查化解工作。

年内，达孜区信访局通过部门联动、电话排查等方式及召开信访工作联席会议暨矛盾纠纷分析研判会对5个乡1个镇，22个行政村（社区）开展深入排查，共排查各类矛盾纠纷12次，排查出50余起矛盾纠纷。

2022年2月11日，西藏自治区信访局副局长郭顺成（右二）一行到达孜区检查信访大厅建设情况

【党建工作】 年内，达孜区信访局党支部围绕学习贯彻习近平新时代中国特色社会主义思想和中共二十大精神、落实基层党建重点任务及党建责任制、把党的政治建设摆在首位，严格落实全面从严治党要求，扎实推进党建各项工作任务落实，认真履行"一岗双责"，认真落实"三会一课"、谈心谈话、主题党日活动等制度，充分发挥党支部战斗堡垒和党员先锋模范作用，推进党建和业务工作深度融合、相互促进、共同发展，为推进各项工作有序开展提供坚强的纪律保障。

【党风廉政建设】 年内，达孜区信访局始终坚持以"两正、两思"主题教育为主线，以抓教育、建制度、强监督为抓手，坚持"严"字当头，深入开展党风廉政建设和反腐败工作，局主要领导统筹安排，全面推进，形成反腐败领导体制和工作机制，严格履行"一岗双责"责任制，坚定不移把党风廉政建设工作向纵深推进，在全体干部职工中树立"真管真严，敢管敢严，长管长严"工作理念，持之以恒正风肃纪，积极提升干部素质，建设忠诚干净担当的信访队伍，营造风清气正的政治生态，筑牢拒腐防变思想的政治保障，切实转变工作作风。

【新时代信访工作】 年内，达孜区信访系统推行"7+1"稳控模式开展信访工作，通过积极下访、主动出击走访，进一步增强"四个意识"，坚定不移地推进"治理重复信访、化解信访积案"专项工作，压实县级领导干部包案责任和责任部门责任，以信访"三到位一处理"要求，深入开展"大督查大接访大调研大化解"活动，确保问题全部解决、矛盾彻底化解；坚持减

2022年1月29日，达孜区信访局召开部署重点信访工作

存量、控增量，最大限度减少矛盾问题产生和积累，大力做好初信初访办理工作，以最快速度和最优方案及时就地解决群众合理合法诉求，推进信访工作实现良性发展。

（强巴索朗）

【机构领导】
副局长
张旭亮（主持工作）

藏语言及编译工作

【概况】 根据拉萨市机构编制委员会《关于调整各县（区）部分事业机构的通知》，2017年4月14日经县编委会议研究同意，将达孜县藏语委办（编译局），原达孜县编译室更名为达孜县藏语文工作委员会办公室（编译局），2018年撤县设区后成立达孜区藏语文工作委员会办公室（编译局），为达孜区政府直属事业单位，正科级建制，核定科级领导职数2名、事业编制5名。2022年工作人员5名，其中正科级1名、副科级1名、科员3名均为行政编制。

【翻译工作】 年内，达孜区藏语文工作委员会办公室（编译局）完成达孜区两会政府工作报告、人大议案办理情况、发改委工作报告、财政工作报告，共计11.2万余字，同时完成达孜区法院、检察院藏语文工作报告的校对工作；完成《达孜区惠民政策指引手册》《国家通用语言文字学习手册》《习语金句我知道》3本书的翻译及校对工作，共计12.8万余字；完成达孜区法院、行审局、农业农村局、组织部等单位交付的普法性文件共计9.8万余字的翻译；完成应急性关于疫情的达孜区个人责任、无疫标语、达孜区乡镇村信息摸底表、达孜区疫情办热线电话、致在外达孜籍公职人员的一封信、在外务工人员一封信等翻译任务0.8万余字。

【社会用字整改】 年内，为进一步规范社会用字，以改进作风狠抓落实为契机，达孜区藏语文工作委员会办公室（编译局）对社会用字情况进行大规模检查，特别针对重点路段的商铺牌匾、宣传标语等社会用字存在的错译、漏译、掉字以及没有使用藏语和汉语等各类情况进行检查。

截至年底，共检查2300余处，存在问题78处，其中20处为错译，8处为未使用藏语和汉语，38处为掉字、漏字、多字现象，其余12处属于广告牌上没有规范使用问题。针对以上发现的问题，达孜区藏语文工作委员会办公室（编译局）检查组在现场指导的同时，有的当场立改，有的限期整改，确保做到立行立改，确保有关问题得到及时整改规范。

【政策宣传】 年内，达孜区藏语文工作委员会办公室（编译局）充分利用民族团结进步日、法治宣传日、西藏百万农奴解放纪念日等时间节点，向全县各族群众积极宣传《中华人民共和国宪法》《中华人民共和国民族区域自治法》《国家通用语言文字法》《西藏自治区学习、使用和发展藏语文的规定》《拉萨市社会用字管理办法（试行）》等相关法律，确保达孜区藏语文社会用字管理依法有序开展。宣传活动中共发放宣传物品100个、手册80本，通过宣传活动进一步提高了干部群众对使用规范用字重要性、必要性的认识，营造了良好的语言文字环境。

【配合市政协做好两会翻译工作】 年内，拉萨市政协根据两会翻译人员的需求，请达孜区藏语文工作委员会办公室（编译局）选派1名干部到市政协进行翻译，该名干部积极配合市政协各项工作要求，从事为期1个月的翻译工作，并按时完成2022年拉萨市政协对两会相关材料的翻译需求。

【新冠疫情防控】 年内，为全面打赢疫情防控阻击战，达孜区藏语文工作委员会办公室（编译局）选派1名干部到拉萨市城关区功德林街道先后从事为期3个月的疫情防控支援服务工作。

【民族团结】 年内，为加快推进民族团结工作并更好地迎接自治区检查，达孜区藏语文工作委员会办公室（编译局）选派1名干部到区委统战部从事为期1年的民族团结工作。

【党建工作】 截至年底，组织“清源正本、忠诚正道”党员教育集中学习5次（包括研讨交流1次），学习书籍、资料共计6次；自学达孜区中心组学习资料共计13次；报名参加党校“夜训”2次，人数5人；组织参加线上理论测试2次（疫情防控、妇女儿童维权），人数均为5人。开展“庆‘3·28’百万农奴解放纪念日、送温暖、送政策”的主题党日活动，慰问孤寡老人，为老人们送去慰问品（单人床毡子毯11床、香皂11块），帮老人们打扫卫生，整理房间，用实际行动给老人们送去最贴心的服务。

2022年2月12日，达孜区藏语文工作委员会办公室（编译局）工作人员开展社会用字检查工作

【为民办实事】 年内，深入贯彻落实“饮水思源、感恩思进”群众教育、进一步改进作风狠抓落实工作，为群众解决急难愁盼问题。

3月8日，达孜区藏语文工作委员会办公室（编译局）持续派出干部职工下乡开展入户调研，实地了解群众急难愁盼的问题、困难和诉求，同时向他们宣传党的各项惠民方针政策。达孜区藏语文工作委员会办公室（编译局）负责德庆镇新仓村8个村委会的调研工作，经分组共计入13户，搜集困难问题、诉求16条，主要包括房屋年久失修，墙体有裂痕，道路狭窄，交通不便等问题。将各项诉求统计归类并上报至相关单位。

（格桑措姆）

【机构领导】

主　任

尼玛珍嘎（女，藏族）

副主任

格桑措姆（女，藏族）

中国人民政治协商会议达孜区委员会

综述

【概况】 政协达孜区委员会成立于2012年4月24日，是中国人民政治协商会议的地方组织，在中共达孜区委员会领导下开展工作。政协达孜区委员会自成立以来，在中共达孜区委员会的领导下，一贯坚持围绕党和政府各个时期的中心工作，以高度的责任感和主人翁精神，充分发挥政协委员作用。

2022年，政协达孜区委员会共有78名委员、机动3名委员，共设6个界别：中共特邀界、工商经济界、农牧科技界、民族宗教界、社保卫生界、教体文化界。其中主席1名、副主席4名、常务委员15名。

【政协一届五次全会】 1月16—19日，中国人民政治协商会议第一届达孜区委员会第五次会议召开。会议应到委员74人，实到53人，符合政协章程。会议听取审议《政协第一届拉萨市达孜区委员会常务委员会工作报告》《政协第一届拉萨市达孜区委员会第四次会议以来提案工作情况的报告》；列席第一届拉萨市达孜区人民代表大会第六次会议，听取并讨论政府工作报告、“两院”工作报告和其他有关报告；选举政协第一届拉萨市达孜区委员会主席；审议通过一届五次会议《常委会工作报告决议》《政治决议》《提案审查情况报告》。

2022年4月13日，拉萨市政协党组书记、主席尼玛（中）一行到达孜区调研指导政协工作

【政协二届一次全会】 5月25—28日，中国人民政治协商会议第二届达孜区委员会第一次会议召开。会议应到委员78人，实到69人，符合政协章程。大会听取审议政协一届拉萨市达孜区委员会常务委员会工作报告、政协一届达孜区委员会常务委员会关于提案工作情况的报告；列席第二届拉萨市达孜区人民代表大会第一次会议，听取并讨论政府工作报告、“两院”工作报告和其他有关报告；选举政协第二届达孜区委员会主席、副主席、常务委员；审

议通过《政协二届一次会议常委会工作报告决议》《政协二届一次会议政治决议》《政协二届一次会议提案审查情况报告》。

2022年1月30日，达孜区政协党组书记、主席黄树春（右四）一行开展藏历新年慰问活动

【理论武装】 年内，以达孜区“两正”“两思”学习教育为契机，健全以党组理论学习中心组为引领，建立与主席会议专题学习、常委会会议集体学习、委员培训集中学习相配套的学习制度体系，持续巩固提升党史学习教育、“三更”专题教育成果。突出中共二十大精神、习近平总书记关于加强和改进人民政协工作的重要思想、新时代中央各项治藏方略以及《习近平谈治国理政》第一、二、三、四卷等学习重点。不断教育引导各族各界委员牢记“三个务必”、增强“四个意识”、坚定“四个自信”、做到“两个维护”，始终思想上在政治上行动上同党中央保持高度一致。

年内，召开政协党组理论中心组学习11次；召开党组（扩大）会议、主席会议、常委会、全委会学习13次；开展委员专题培训学习3次；组织党员集中学习活动10次。主席班子成员累计开展中共二十大、中共十九届六中全会、全国两会精神基层宣讲活动10余场次；机关党员干部、各级政协委员累计撰写心得体会90余篇。以“转变作风，狠抓落实”为契机，始终用党的最新理论成果指导实践，保持与党中央同力同行。及时主动向区委请示汇报工作，努力使党的主张转化为广大政协委员和各界群众的共同意志、自觉行动。

【积极建言资政】 年内，按照常委会年度工作要点安排，发挥职能优势，以提案、调研、视察和民主监督等为抓手，参政议政、协商民主不断取得新成效。提案工作是政协履行政治协商、民主监督和参政议政职能最直接、最经常、最便捷、最有效的形式之一。年内，坚持把协商贯穿提案提、立、办、督全过程，强化办前提前协商、办中跟踪协商、办后运用协商；加大主席会议督办重点提案力度，强化带案视察、重点督办和办理评议。

年内，主席班子成员带队组成4个组，先后到提案承办单位开展跟踪督办工作，极大提高了提案办理实效；二届一次全会以来，共收到提案43件，立案36件，作为意见建议处理6条，办复率100%，委员满意率保持较高水平。为配合做好达孜区迎接第二轮中央环保督察工作，认真组织开展生态环境保护政协专项民主监督工作，形成《达孜区生态环境保护专项民主监督工作报告》，供区委决策参考。

7月，围绕“产业振兴，固边强边”“树牢‘三个意识’”，组织18名委员到日喀则四县开展视察调研，拓宽视野、学习借鉴先进经验，形成《达孜区政协组织委员到日喀则学习考察“产业振兴 固边强边 强化‘三个意识’教育”情况的报告》。市政协第十二届一次会议期间，达孜区政协委员积极发挥参政议政作用，聚焦达孜区热点难点问题提交提案13份，其中已经解决或能及时解决或已经采取措施或列入计划的达到12份。

【新冠疫情防控】 年内，政协达孜区委员会想人民所想、急人民所急，积极响应区委决策部署，勇挑“四联四包”责任，团结带领全区政协机关干部和广大政协委员始终战斗在“疫情防控”最前沿。党组成员、主席班子成员以身作

2022年4月14日，达孜区政协党组成员、副主席伦珠次仁（左六）一行慰问支援贡嘎机场疫情防控工作人员

则、身先士卒，到邦堆乡、雪乡、德庆镇桑珠林村、工业园区、章多乡临时观察点等疫情防控第一线，积极协助基层加强组织领导、优化工作措施、解决急难险重等；机关干部向“疫”而行，积极参与机场、城关区疫情防控志愿服务、幸福社区封控管理等，展示新时代政协人“敢于斗争，善于斗争”的良好形象。达孜区政协委员和工商界人士捐款捐物价值55万余元，倾力支持疫情防控大局。在巩固脱贫攻坚成果助推乡村振兴上，政协党组成员、主席班子成员积极参与高校毕业生就业帮扶，帮助联系企业、分享就业信息、加强政策解读、教育引导等，帮扶对象就业率达到85%；认真开展党员结对帮扶活动，积极帮助困难群众转变观念、纾难解困、增收致富，共结对帮扶22户，累计帮扶资金物资达到1.14万元。

深入开展“领导干部下基层大接访办实事活动”，大力宣讲中共十九届六中全会精神、区市党委第十次党代会精神、全国两会精神，接访制约基层经济社会发展问题20余条（件），帮助协调解决10余条（件），开展群众思想“体检”1次，建立“一户一档”80户，千方百计为基层办实事30余件。

【服务中心大局】 年内，政协达孜区委员会积极响应，班子成员严格按照区委印发的县级干部重点项目包保、疑难信访积案包抓、拉萨南北山绿化造林工程达孜片区作业点包联“任务清单”，勇挑工作责任，第一时间到部门、企业、乡村，找根源、疏情绪、教经验、送政策、出主意，取得良好成效，一大批“疑难杂症”问题，如白纳村游客服务中心项目用地手续变更事宜、解决塔杰村土地复耕矛盾、“虎峰时代广场”房地产项目“预售证”难办问题等得到解决。

【民族团结】 年内，始终践行“共同团结奋斗、共同繁荣发展”的民族工作主题，在委员中积极开展民族团结教育、“三个意识”教育、爱国主义教育等，不断增强各族各界“五个认同”意识，凝聚建设社会主义现代化新西藏力量。

3月24日，为深化“两正”“两思”主题教育，庆祝西藏百万农奴解放纪念日，组织30余名政协委员到西藏军区军史馆和西藏自然科学博物馆参观学习，重温旧西藏残酷落后黑暗历史，重温中国共产党才是百万农奴大救星的硬道理；以“吃水不忘挖井人，感恩思进创新业”为主题，邀请2名资深政协委员专题授课，激发委员们珍惜当下美好生活、奋进新时代的强大动力；积极参加市政协组织的“凝聚共识铸牢中华民族共同体意识委员讲故事”活动，4篇稿件被采用；接待区内学习考察团2批次；配合区、市政协到达孜区调研视察2批次。

【自身建设】 年内，按照《中国共产党政治协商工作条例》《中国人民政治协商会议章程》规定，召开政协一届五次全体会议，完成政协主席增补。5月，召开政协二届一次全体会议，完成政协班子换届选举工作；各乡镇明确分管政协领导，为达孜区政协事业发展注入新鲜血液。坚持因地制宜、实事求是，研究制定《中共拉萨市达孜区政协党组议事规则》《达孜区政协委员领导干部民主生活会制度》《达孜区政协“三重一大”工作制度》《达孜区政协2022年度协商与监督工作计划》《达孜区政协2022年政协讲堂工作计划》等6项工作制度，做到以制度管

2022年2月17日，达孜区政协召开党组理论学习中心组集中学习会

事、管人、管物。建好委员联络群，畅通各级委员联系渠道；关心关爱委员，建立“荣誉委员制度”，走访看望委员35人；用好用活激励约束机制，加强委员履职档案、常委及委员履职情况考核管理等，真正将“委员既是荣誉，更是责任”要求落到实处。建设“三个表率，一个模范”政协机关，进一步明确班子成员工作分工，压实抓党建、党风廉政工作责任，机关服务效能得以提升。

（何春琴）

【机构领导】

党组书记、主席

黄树春

党组副书记

边巴次仁（藏族，5月任）

党组成员、副主席

伦珠次仁（藏族）

赵建中

胡朝辉（5月任）

副主席

洛桑西热（藏族）

常务委员

巴　珠（藏族）

普布旺堆（藏族）

拉巴赤列（藏族）

边　次（藏族，5月免）

拉巴顿珠（藏族，5月免）

次杰巴珠（藏族，5月免）

达瓦拉姆（女，藏族，5月免）

次旺朗杰（藏族，5月免）

周鹏飞（5月任）

扎西群培（藏族，5月任）

德吉央宗（女，藏族，5月任）

次仁玉珍（女，藏族，5月任）

扎西次仁（藏族，5月任）

阿旺晋巴（藏族，5月任）

韩国强（5月任）

办公室工作

【概况】 2022年，达孜区政协办公室在区政协党组和主席班子的领导下，按照“坚定政治方向、把准职责定位、狠抓工作落实、提升服务水平”的要求，充分发挥承上启下、统筹协调、参谋助手、服务保障等职能作用，着力创新工作方法，健全完善工作机制，强化狠抓落实能力，切实保障区政协机关各项工作顺畅运转。

【理论武装】 年内，把理论学习作为首要政治任务，作为提升干部能力素质的重要途径，确保办公室工作的正确政治方向。严格落实第一议题制度，第一时间组

2022年1月28日，达孜区政协党组书记、主席黄树春（右二）一行到塔杰乡塔杰村慰问驻村工作队员

2022年7月25—30日，达孜区政协党组成员、副主席伦珠次仁（前排左二）带领委员到日喀则市考察学习

织学习习近平总书记重要讲话重要文章重要指示精神，坚决捍卫“两个确立”，增强“四个意识”、坚定“四个自信”、做到“两个维护”。协助制订区政协党组中心组2022年度理论学习计划，先后服务保障常委会会议、政协党组会议、主席会议等专题学习25次，邀请专家学者开展委员专题辅导培训3次，推动学习习近平新时代中国特色社会主义思想走深走实，切实做到用党的创新理论武装头脑、指导实践、推动工作。

中共二十大召开后，参与服务主席班子成员，开展二十大精神宣讲活动10场次。同时引导政协干部职工和委员主动开展自学，深刻领会中共二十大精神的丰富内涵、核心要义和实践要求，进一步提升政治把握能力。

严格执行重大问题请示报告制度和定期报告制度，及时请示重要事项，及时报告重要工作，根据达孜区委和区政协党组要求抓好落实。

【服务保障】 年内，立足办公室职能职责，严格按照“办文精湛、办会精致、办事精彩”思路，对标对表新时代人民政协工作新要求，全力服务政协机关高效运转。

年内，从严把控发文质量，拟订各类文件40余份，起草各类汇报材料、领导讲话、经验交流文章、视察调研报告等综合性材料20余篇，以文辅政水平实现新提升。进一步规范公文登记、处理和传阅程序，明确专人抓好落实，全年处理、传阅公文200余份，发放文件上千份，公文办理的质量和效率进一步提高。

加强会议统筹，坚持会前认真筹备、会中强化服务、会后协助落实，努力做到会议通知及时、会场布置整洁、材料印刷准确、会务服务严谨，努力把会议办出水平、办出特色、办出实效，全年完成30余次会议的组织和服务工作。

规范机关公务接待工作，接待各类客人5批次60余人。加强办公用品管理，规范维修申报程序，完善机关公务用车审批和工作经费管理机制，后勤和财务管理工作更加规范有序。

【保障政协履职】 年内，充分发挥办公室沟通上下的“咽喉”作用、联系左右的“纽带”作用、综合各方的“中枢”作用，加强与党政部门、与上下级政协、与各界委员之间的沟通协调，着力提升服务发展、服务决策、服务落实能力。

成功组织召开区政协一届五次、二届一次会议，实现市委、区委人事安排意图。协助主席会议先后4次到提案承办单位开展跟踪督办工作，极大提高提案办理实效。为配合做好达孜区迎接第二轮中央环保督察工作，认真组织开展生态环境保护政协专项民主监督工作。围绕“产业振兴，固边强边”“树牢‘三个意识’”，组织18名委员到日喀则市四县开展视察调研，拓宽视野、学习借鉴先进经验。主动参与全区中心工作，服务区政协领导开展“四联四包”、文明城市创建等，认真做好协调联络，帮助推动相关工作。

面对复杂严峻的新冠疫情，按照达孜区委和区政协党组安排部署，第一时间发出通知和倡议，鼓励机关干部和政协委员积极投身社区疫情防控一线。政协机关积极参与机场、城关区疫情防控志愿服务、幸福社区管理等，展示新时代政协人“敢于斗争，善于斗争”的良好形象。组织达孜区政协委员和工商界人士捐款捐物价值55万余元，倾力支持疫情防控大局。

扎实做好协调提案办理、帮助撰写社情民意信息等工作，为委员履职营造良好环境。

【党建工作】 年内，落实新时代党的建设总要求，履行党建主体责任，以党的建设高质量推进机关全面从严治党向纵深发展。认真贯彻落实区政协党组决策部署和机关党组工作要求，主动站位全面从严治党大局谋划和开展机关各项工作，把党建工作和业务工作同计划、同研究、同部署、同落实，推动党建与业务深度融合。

【党风廉政建设】 年内，协助机关党组制定党风廉政建设责任目标，签订党风廉政建设目标责任书和领导干部廉洁从政承诺书，层层压实责任。加强对重点岗位风险点排查，紧盯重要时间节点开展廉政提醒，用好廉政谈话、警示教育等载体，让党员干部知敬畏、存戒惧、守底线。

2022年2月21日，达孜区政协办党支部开展“警钟长鸣、廉洁自律”主题党日活动

【意识形态工作】 年内，把意识形态工作纳入党建工作责任制，定期分析研判意识形态工作。建好管好用好委员联络群、政协机关工作群等信息发布平台。严格抓好“三会一课”、组织生活会主题党日等制度落实，每月为党员集体过政治生日。

（何春琴）

【机构领导】

主　任

旦增罗布（藏族）

副主任

何春琴（女）

纪检·监察

综述

【概况】 中共达孜区纪律检查委员会和达孜区监察委员会合署办公，下设3个科室：综合室、第一纪检监察室、第二纪检监察室。达孜区纪委监委核定行政编制12个，实有13人，下属事业单位纪检监察信息中心，核定事业编制3个，实有2人。

【扛牢政治责任】 年内，围绕区委中心工作，先后3次督促各单位围绕上级党委重要会议精神、重大决策部署，梳理自查重要指示批示精神及重大决策部署贯彻落实情况；4次检查中共二十大精神、区市第十次党代会和达孜区第二次党代会精神传达学习贯彻情况；坚定党员理想信念、强化纪律约束，发现立行立改问题3个，回头看宗教活动场所违建问题1起。科学制定换届风气监督方案，举办换届纪律警示教育大会2批次，印发藏语和汉语严肃换届纪律提醒卡1300余份，开展谈心谈话并签订承诺书，为区委换届工作保驾护航。

2022年3月15日，区委常委、纪委书记、监委主任冯琳（右一）为患病结对帮扶户送药

【聚焦监督重点】 年内，紧盯“关键少数”精准监督，协助区委主责办召开2021年度述责述廉工作会议；探索实施“廉情抄告制”，首次向分管县级领导抄告廉情风险；详细了解被监督单位党的建设、机关管理、主责主业“三大板块”，建立监督指导台账；按照《2022年达孜区县级领导包保项目清单》，详细核查项目28个，将监管压力传导到行业部门一线。做实做细日常监督，在节日及重要节点期间，组织开展各类监督检查40余组次，检查单位400余家次，反馈各类问题120余项。

疫情发生后，先后派出系统内干部17人直接参与一线防疫任务，聚焦疫情防控常态化、国务院优化防疫二十条、拉萨市十四条执行情况，协同疫情办等部门检查防疫点位200余家次，发现、反馈并督促整改问题10余项，诫勉谈话1人。推进作风建设常态化长效化，立足区委“清源正本、忠诚正道”党员政治忠诚教育，常态化开展作风监督，督查会风会纪、上下班纪律和驻县制度执行情况，查处党员干部酒驾醉驾问题3起；全覆盖完成“目标绩效考核奖金”自查；再次自查纠治违反中央八项规定精神问题，发现并完成整改问题15项，追缴违纪资金28309元。

2022年4月25日，区委常委、纪委书记、监委主任冯琳（左四）到德庆镇白纳村宣讲拉萨市两会精神

【关注乡村振兴】 年内，坚决落实“20个盯”工作要求，持续做好脱贫攻坚与乡村振兴过渡期监督，制定印发《王卫东书记在过渡期专项监督2021年第二次例会上讲话贯彻落实措施任务分解表》，对2021年扶贫产业项目专项调研反馈问题开展“回头看”。聚焦强农惠农、乡风文明、乡村治理等领域补短板、建机制、固成效，最大限度拓宽社会治理的广度和深度，督促财政部门摸排2018—2020年“一卡通”发放补贴项目，发现问题6类10项；组织对2010年以来城乡居民养老保险征缴情况开展全覆盖清查。积极实施“饮水思源、感恩思进”群众感恩教育，依托“下基层大接访办实事”活动契机，委机关主要领导带领机关干部连续20天到村组开展调研，面向群众宣讲12次，督促整改环保问题17个，反馈并督促有关部门解决群众就业难、医保政策理解难等问题7个。

【坚持系统施治】 年内，高压惩治态势不动摇，全面提高审查调查统筹安排、分析研判、调查取证和谈话突破水平，确保审查调查工作安全，共处置问题线索19件。建章立制措施更细化，持续开展“以案促改”工作，做好审查调查“后半篇文章”。更新完善科级干部廉政档案近300份，为党员干部精准画像；牵头召开2022年度反腐败协调领导小组工作会议，畅通纪检监察机关同司法机关之间的协作渠道；完善廉政意见回复“三合一”联审机制，坚决防止“带病提拔”“带病晋升”问题发生；聚焦“小微权力”运行，科学编制村（居）一级议事规则及议事程序模板，加快补齐制度短板。

【探索体验教育】 年内，打造“互联网+党风廉政建设”新模式，开通“清风达孜”微信公众号，审核发布各类信息30期；持续深化家风家教建设，向党员干部发放《廉政倡议家书》1200份；邀请拉萨市纪委监委工作人员开展以案释法、以案释纪、以案促廉警示教育讲座，培土加固中央八项规定精神堤坝，组织全区副科级以上干部参观“身边事教育身边人”典型案例警示教育展。截至年底，累计召开家风建设、国企监管等警示教育大会5场次、廉政党课6场次，各级党组织常态化开展学通报、看警示教育片、观廉政警示教育基地等活动，拒腐防变思想防线越筑越牢。

【把准巡察定位】 年内，紧盯市委涉粮问题专项巡察反馈意见、一届区委第十一轮巡察反馈意见整改，召开专项整治工作动员部署会，推动反馈问题有序有效整改。结合实际建立整改工作任务推进表，到责任单位开展监督检查，推动整改工作取得实效。截至年底，各项整改任务已基本完成。及时对接区、市党委巡察机构，参照上级巡视巡察工作总体部署，科学编制《达孜区巡察工作规划（2022—2026年）》，成立2个巡察组，顺利启动二届区委第一轮巡察。拓宽群众共同参与巡察联动

2022年6月18日，达孜区纪委监委组织干部观看民族团结进步红色影片

渠道，通过实地走访、入户询问的方式及时跟进德庆镇新仓村、雪乡雪普村反馈问题整改进度，切实做到反馈问题整改工作群众看得见、摸得着、有着落。

【制度建设】 年内，打造机关廉政文化走廊，认真落实区纪委常委会“第一议题”和系统读书日“第一课题”制度，召开常委会集中学习20余次、读书日专题学习34次，班子成员及纪检监察干部政治判断力、政治领悟力、政治执行力不断提高。科学制定纪检监察（巡察）系统“清源正本、忠诚正道”党员政治忠诚教育常态化实施方案，督促全体干部及时认领、限时整改“四查四问”负面问题清单，明确《达孜区纪委监委2022年度工作要点》，出台《达孜区纪委常委会工作规则》《达孜区纪委监委机关工作规则》，推动监督执纪问责和经济社会建设同安排、同部署、同落实。以纪委监委换届为契机，将2名系统外优秀干部吸纳到纪委监委班子中，提拔晋升和进一步使用一批纪检监察（巡察）干部，队伍内生活力不断增强；探索实施片区协作机制，“敞开大门”深化业务培训，依托“以案代训”“跟岗学习”等渠道充分发挥新老帮带作用，不断提高纪检监察干部履职能力，先后选派15人次参加中央和区市纪委业务培训，完成乡（镇）纪检监察干部跟岗学习14人次、系统外干部跟案学习3人次，业务能力显著提高。

【作风建设】 年内，达孜区纪委监委立足专责监督机关职能定位，进一步改进作风狠抓落实，围绕区委“清源正本、忠诚正道”党员政治忠诚教育和“饮水思源、感恩思进”群众感恩教育活动，聚焦纪检监察主责主业，实施廉洁达孜“七个一”工程，不断深化党风廉政建设和反腐败斗争各项工作。

（陈世伟）

【机构领导】

区委常委、纪委书记、监委主任

冯　琳（女）

纪委副书记、监委副主任

郭馨蔓（女）

吴东军（5月任）

纪委常委、监委委员、监察一室主任

杨永宾

纪委常委

平措列旦（藏族）

监委委员

郭　旭（藏族，5月任）

人民团体

工会

【概况】 2022年,达孜区总工会按照区委“清本正源、忠诚正道”党员忠诚教育活动、“饮水思源、感恩思进”群众教育实践活动工作实施方案的具体要求,在狠抓作风建设上下功夫,严肃工作纪律,切实加强干部作风建设,推动工会工作有力有序有效开展。达孜区总工会编制2人,实有干部职工7人,其中主席1名,副主席1名,二级主任科员1名,四级主任科员1名,社会化专职工会工作人员3名。

【工会组织建设】 年内,达孜区总工会按照上级工会关于基层组织建设方面的任务要求,规范化建设各乡(镇)、村(社区)等基层工会、企业工会。2022年工会组织有3个工会联合委员会,54个工会委员会(其中乡镇6个、非公有制企业22个、行政村21个、社区1个、国有企业工会4个),工会小组49个(机关事业单位46个,合作社3个),达孜区实名制系统录入会员总数为6677人;达孜区非公有制企业“两新”组织建立工会组织建立数为22家,社会组织2家已全部完成建会。

【党建工作】 年内,达孜区总工会狠抓理论学习,加强思想政治组织建设,结合区委“清源正本、忠诚正道”党员忠诚教育活动,制定《2022年度党员干部忠诚教育学习计划表》,始终坚持学习习近平总书记重要讲话、重要指示精神及王君正书记对全区工会工作的批示和各类讲话精神,共计组织学习9次;以支部主题党日活动为契机,组织干部职工参观林周县农场党员党性教育基地,观看《莫让微信变成“危信”》《零容忍》《问政拉萨》等。并把学习宣传贯彻中共二十大精神作为首要政治任务,通过集中学习、学习讨论会等多种形式,深入学习交流、广泛学习宣传中共二十大精神。

【领导干部“下基层大接访办实事”活动】 年内,按照达孜区委关于开展领导干部“下基层大接访办实事”活动要求,达孜区总工会、城市管理和综合执法局,3月1日起开展“下基层大接访办实事”活动。到包村点德庆镇桑珠林村及寺庙玛尼拉康、色龙日追走访,走访中详细了解包村点疫情防控工作、外来流动人员排查和登记、安全生产、重点人员、隐患排查等工作情况和听取寺庙疫情防控、僧尼思想动态、重点工作开展情况等,通过了解寺庙危险路段存在无交通指示牌问题后,接访领导立即与区交通局协调解决问题,并强调进一步做好隐患排查;加强思想政治引领,积极引导僧尼听党话、感党恩、跟党走。

【职工群众思想引领】 年内,以喜迎中共二十大胜利召开为主线,广泛开展以弘扬劳模精神·争当时代先锋“清源正本、忠诚正道”“饮水思源、感恩思进”为主题的宣讲活动。到企业开展学习宣传贯彻中共二十大精神,对西藏藏缘青稞科技有限公司、西藏天圣医药贸易有限公司、西藏优

2022年6月20日，达孜区总工会到西藏优格仓工贸有限公司开展安康杯技能竞赛活动

格仓工贸有限公司3家企业进行宣讲，企业劳模、工匠、先进工作者、职工和工会工作人员35人参加；在西藏优格仓工贸有限公司邀请全国级劳模宣讲《西藏和平解放以来的翻天覆地的变化》。邀请达孜区各级劳动模范在乡镇、村（社区）面向基层农牧民工宣传宣讲书记王君正在自治区“五一”国际劳动节上的讲话精神、区委书记索朗次仁在达孜区劳模座谈会上讲话精神、党的惠民政策，分享特色产业提高农牧民经济收入的事迹；分享种植蔬菜、菜苗栽培及提供菜苗，带领当地农牧民职工蔬菜种植、产品出售，增收致富的事迹；分享带领村民从低产到高产、从低收到高收的致富事迹；分享对民族联姻家庭进行产业帮扶，促进民族团结等事迹。2022年，共开展宣讲8场次，惠及职工500余人次；深入开展女职工维权月、国家安全教育日、安全生产月、民族团结进步宣传月、国家宪法日等普法宣传活动6场次，大力宣传《中华人民共和国工会法》《中华人民共和国妇女权益保障法》《中国工会章程》等法律法规，不断提升职工群众法律意识。2022年共发放各类政策宣传手册2200余份、发放宣传慰问品1000余件。

【新时代文明实践活动】 年内，为扎实推进每月“新时代文明实践活动推动日”深入推进“我为群众办实事”实践活动。1月6日，达孜区总工会与团区委到驻村点林阿村开展关爱活动，为5名困难农牧民工儿童送去书包、削笔刀、笔等学习用品和宣传慰问品。

2月15日，达孜区总工会与团区委开展“庆冰雪冬奥·迎欢乐元宵”活动，活动通过“猜灯谜”与手绘“冰墩墩”“雪容融”两个部分，让广大干部职工感受到传统文化的魅力和乐趣；开展“3·22”世界水日、“河我一起、保护母亲河”净滩活动。

4月2日，在邦堆乡植树地沿路开展“清明绿色环保”志愿服务活动，通过拾捡草丛和树林里的废弃物、生活垃圾、纸巾、果皮、烟头等各种垃圾，倡议身边职工群众提高环保意识，做到在观赏美景的过程中不乱扔杂物、不破坏草地树木、不污染空气河流，保持优美整洁的生活环境。开展“造林有我，绿化南北山”活动，通过实践让干部职工牢记“绿水青山就是金山银山”，提高环保意识，为生态环保尽一份力。

【安全生产】 年内，为开展好达孜区“安全生产月”和“安全生产达孜行”活动，达孜区总工会协调区应急管理局和区卫健委在西藏优格仓工贸有限公司开展劳动技能竞赛及“安康杯”知识竞赛活动，活动上首先由区卫健委工作人员向企业职工宣讲卫生健康知识及日常工作和生活中疫情防控知识，区应急管理局工作人员进行“安康杯”知识讲解并进行安全生产知识竞赛，随后就日常工作手工制香技术、手工捆香技术、藏香原料人工柔技术等项目技能进行竞赛，并按照各项目名次发放奖品，通过开展活动，牢固树立职工安全发展理念，弘扬安全文化、普及安全知识、增强职工安全生产意识，提升职工安全素养，提升安全生产水平，为中共二十大胜利召开营造良好的安全生产环境。

3月24日，达孜区总工会配合区应急管理局、区交通运输局、区公安局到发生事故现场调查及劳工关系情况。依法保障职工权利、维护劳工利益，用人单位和职工都应当遵守有关安全生产的相关法律法规，执行安全规程和标准，预防工伤事故发生，构建和谐劳动关系，维护社会大局稳定。

【困难职工帮扶】 年内，达孜区总工会党员干部以藏历新年为契机，开展入户走访和探望结对帮扶户工作。在走访慰问中，与贫困群众面对面地交流谈心，详细了解他们的帮扶意愿、生产生活、身体健康、就业增收等情况。并结合“志智双扶”工作，对结对帮扶对象在思想上给予关怀，积极宣传各类政策，引导结对户转变思想观念，鼓励他们通过自己的辛勤劳动将生活过得越来越好。

3月29日，对达孜区1名相对困难职工进行帮扶慰问，把党和政府的关心、关怀，工会组织的温暖，送到困难职工的心坎上。为切实有效保障受疫情影响困难职工基本生活，进一步加大对困难职工关心关爱力度，开展疫情对职工影响摸排工作。

【劳模创新创业工作室】 年内，为进一步弘扬劳模精神、劳动精神和工匠精神，充分发挥劳模工匠示范引领作用，西藏自治区总工会对“拉琼劳模创新创业工作”人员配置及职责、工作室创造条件、创建措施、创建目标、业务专长和技术优势、下一步计划等方面进行考察，并由自治区总工会党组成员、副主席边巴为“拉琼劳模创新创业工作室”授牌，并发放创建工作室经费。边巴表示，劳模创新创业工作室是职工展示创新才能和成果的大舞台，工作室和团队要充分发挥劳模“传帮带”作用，突出劳动创新工作室的创新、攻关、引领功能，带动一批具有创新型的人才，助力建设知识型、技术型、创新型职工队伍。

【维护职工合法权益】 年内，共发放2次职工会员福利。2月24日至3月1日，向达孜区1460名干部职工会员发放当地产业扶贫鸡蛋。12月29日，为达孜区1536名会员发放当地产业扶贫产品羊绒被子。

【关爱劳模】 年内，在“五一”国际劳动节到来之际，达孜区总工会召开“弘扬劳模精神凝聚 奋进力量劳模”座谈会，达孜区全国、区、市三级劳模代表工会工作者等20人参加，座谈会上首先传达学习自治区党委书记王君正对全区工会工作的批示和在自治区总工会、团区委、区妇联调研时的讲话精神、西藏自治区总工会十届五次全委会议和拉萨市总工会十一届四次全委会议精神，随后由全国劳动模范拉巴和自治区级劳模龚继飞结合各自领域工作作了交流发言。最后由区委书记索朗次仁代表达孜区委、区政府向劳模代表发放节日慰问品。

【职工会员疗休养】 年内，为更好地保障职工疗休养权益、把职工疗休养工作办好办实办到位，结合达孜区“清源正本、忠诚正道”党员教育活动，达孜区总工会召开2022年度职工会员疗休养工作会议，向各单位就2022年疗休养人员名额分配情况、疗休养对象、条件及范围等内容进行征求意见；统一征求各单位意见建议后及时制订实施方案，并上报区委常委会研究通过，因受疫情影响未能执行。

【抗疫一线送温暖】 8月12日，达孜区委常委、宣传部部长冀罡，区工会负责人一行到防疫一线开

2022年12月16日，达孜区总工会主席宗吉（主席台）到西藏藏缘青稞科技有限公司宣讲中共二十大精神

展“心系一线暖人心、凝心聚力共抗疫”慰问活动。到达孜区疾控中心、区人民医院、各乡（镇）卫生院等为一线医务工作者送去医用口罩、矿泉水、方便面、奶茶等慰问物资。

【新冠疫情防控】 年内，在疫情防控关键时期，在防疫各项工作任务重、人手紧缺的情况下，达孜区总工会以强烈责任感，勇于担当，主动作为，充分发挥干部职工在疫情防控阻击战中的先锋模范作用，按照达孜区委、区政府的安排部署，达孜区总工会选派工作人员到机场开展疫情防控工作。

（罗 增）

【机构领导】

主 席

宗 吉（女，藏族，12月免）

刘 军（12月任）

副主席

达瓦措姆（女，藏族，12月免）

次仁顿珠（藏族，12月任）

共青团

【概况】 2022年，共青团达孜区委员会核定行政编制2人，实有在职人员6名，其中团区委书记1名、副书记1名、三级主任科员2名、志愿者2名，正式干部4人均为党员。

2022年，达孜区共有共青团员1305名，青年9352人，团青比例13.95%，团干部73名，其中专职团干部4名，兼职团干部69名。下属团组织70个，其中乡镇团委6个，中学团委1个，区直各单位团支部5个，学校领域团支部18个，村（社区）团支部29个，乡镇机关团支部2个，企业团支部11个、合作社团支部2个，流动团员团支部6个，2022年度新发展团员80人。

【团组织建设】 年内，坚持“覆盖全面、亮点突出、措施到位”的工作方针，对非公有制企业进行调研，做到团组织和青工委应建尽建。6月2日，新建西藏德众地理信息有限公司团支部。同时，各级团组织与同级党组织同频、同步、增效，形成共青团紧紧跟党走、工作齐心干、形式多样化的良好局面。

【青少年教育引导】 年内，“喜迎二十大、永远跟党走、奋进新征程”“青年大学习”等系列主题活动持续开展，促进青少年思想道德教育再提升，每周500余人参与；积极配合相关部门，利用“3·28”西藏百万农奴解放纪念日、“4·15”全民国家安全教育日、综治宣传月、国际禁毒日等重要节点开展《中华人民共和国国家安全法》《中华人民共和国未成年人保护法》《中华人民共和国预防未成年人犯罪法》《青少年安全自护小知识》等宣传活动，先后印发“两法”宣传资料1500份。组织学校团队参加法治座谈会、报告会，大力宣传法治知识，引导青少年争做“普法小使者”，在青少年中形成学法、知法、懂法、用法的良好氛围；将学习贯彻中共二十大精神纳入“红领巾爱学习”网上主题队课，组织全区少先队员、少先队辅导员、少先队工作者加强学习，做到每期学习全覆盖；定期开展关爱青少年活动，为青少年送温暖送爱心，累计受众350人；定期动员“青少年维权岗”单位，深入中小学开展法治宣讲、青少年权益维护活动，累计开展相关活动5次，参与1500人。

2022年1月25日，共青团拉萨市委员会少年部部长文丽（左四）到唐嘎乡调研达孜区申报“梦想小屋”关爱计划贫困青少年家庭情况

6 月，积极对接各乡镇、园区管委会，发布政务实践、社区服务、志愿服务等实习岗位 56 个，强化返乡大学生服务家乡建设的平台。开展好“送教下乡”活动，南开研支团定期到残疾儿童家中，进行学业教育；助力 2022 年小升初考试和中考顺利进行，组织青年志愿者开展“中考减压”、关爱小考等主题活动，做到爱心助考不停歇、关心服务不断线，全力护航全区中小学生升学梦；结合事实贫困家庭背景、儿童个人对居住空间的想法期盼，确保“一户一策”“按需改造”，真正做到让党员受教育、群众得实惠。截至年底，达孜区申报的 3 个唐嘎乡“梦想小屋”关爱计划项目受益青少年家庭中 2 个贫困青少年家庭的梦想小屋改造计划已落实完成。

7 月 4 日，共青团达孜区委员会在区中心小学举办达孜区 2022 年“希望工程 1+1——幻方助学计划”第一次助学金发放仪式，宁波幻方投资管理有限公司通过西藏青少年发展基金会向达孜区 140 名女学生捐赠达 7 万元。

2022年2月15日，共青团达孜区委员会工作人员到唐嘎乡穷达村看望慰问留守青少年

【“三会两制一课”】 年内，紧紧跟随党的步伐，按时保质开展支部大会、支部委员会、团小组会；严格执行团员教育评议制度、团员年度团籍注册制度；结合党员干部“两正”教育，进一步深化党史学习教育成果，定期召开集中学习会，团区委全年共开展学习 35 次。

5 月 30 日，组织召开学习贯彻习近平总书记在庆祝中国共产主义青年团成立 100 周年大会上的重要讲话精神座谈会，区委书记索朗次仁出席会议并讲话；中共二十大后，第一时间组织达孜区各级团组织开展中共二十大精神学习宣讲活动，进一步凝聚共识，全区团组织促发展、保稳定的决心得到进一步强化。

【开展活动】 年内，依托区直各单位优势资源，利用重要节点开展各项主题活动，组织学生和志愿者开展“清明网上祭英烈”活动、“3·28”西藏百万农奴解放纪念日活动、植树活动、青年节活动等，增强团的凝聚力；依托“清源正本、忠诚正道”党员教育和“饮水思源、感恩思进”群众教育等形式载体，开展青年篮球赛、青年演讲比赛、青年歌唱比赛等系列青年活动，参与 600 余人次。

7 月 1 日，联合举办“清源正本、忠诚正道”——“庆七一·喜迎二十大”健康达孜行徒步暨重温入党誓词活动。全体在岗县级领导出席活动，区直机关企事业单位、德庆镇党员干部、青年干部共计 200 余人参加。

【少先队组织建设】 6 月 30 日，组织召开达孜区少工委一届二次全委会，聘任少先队副总辅导员 1 名、校外辅导员 45 名，进一步安排部署年度工作计划，强化少先队工作引领。积极推动中小学落实每周 1 课时少先队活动课程，确保少先队活动课时不被挤占；加大对少先队大、中队辅导员培训力度，增强辅导员队伍专业化、职业化水平。截至年底，达孜区共有 2 所学校，72 个中队，3306 名少先队员，2 所学校均配有 1 名大队辅导员。同时，在学校有序推进“红领巾争章”“争做新时代好队员”等实践活动，每月 2900 余名少先队员参与其中，评选出年度学校一星章个人 79 名、集体 7 个；县区级二星章个人 23 名、集体 3 个；市级三星章个人 10 名、

2022年6月30日，中国少年先锋队拉萨市达孜区一届二次全委会召开

集体1个；自治区级四星章个人1名。

【志愿者队伍建设】 年内，志愿者工作逐步正规化、常态化。成立7支200余人（五乡一镇、县区）“河小青”巡河护卫队，投身保护母亲河行动。抗击疫情期间，招募502名青年志愿者，组建7支防疫青年志愿服务队，399名青年志愿者协助达孜区乡镇工作人员以及医护人员开展防疫工作，参与社区服务、核酸检测现场服务、物资保供、乡镇管控等工作，剩余103名青年志愿者作为防疫储备力量，共筑抵御疫情严密防线。

（赵亚敏）

【机构领导】

书　记

于记伟（12月免）

田献振（12月任）

副书记

玉　珍（女，藏族，12月免）

周　玄（12月任）

妇联

【概况】 2022年，达孜区共有妇联组织29个，妇委会47个（“两新”组织妇委会15个、机关妇委会31个、尼姑寺妇委会1个），“妇女之家”30个，家长学校17所，巾帼夜校21所，妇女儿童维权岗10个，合议庭1个，婚姻调解室1个，巾帼志愿者461人，国家级儿童快乐家园1个，县级儿童快乐之家1个。达孜区妇女联合会有干部6人，同时承担妇女儿童工作委员会的工作。

【党建带妇建】 年内，按照“党建指导妇建，妇建服务党建”的工作要求，达孜区妇女联合会不断延伸妇联组织建设触角，在“两新”组织中创建妇女组织，引领更多优秀女性为达孜区妇女儿童事业发展出谋划策。

截至年底，达孜区有正常经营企业29个，符合“三有”标准26个，在“两新”组织中已创建妇委会15个、妇女小组7个（泰成乳业不愿建会、西藏屋脊之宝生物科技有限公司已停产），同时达孜区妇女联合会不断丰富妇联党建内容，认真贯彻落实“清源正本、忠诚正道”党员教育活动，将每周四设为党支部学习日，召开党史学习教育专题组织生活会，严格落实“三会一课”制度，学习领会自治区党委、市委及达孜区委文

2022年4月13日，达孜区妇联召开第一季度主席联席会议

件精神，观看红色影片、聆听红色故事，不断拓展主题党日活动。

【巾帼行动】 截至年底，达孜区21所巾帼夜校已开展400余场次各类学习、参与妇女6000余人次。年内，依托36家妇女合作社，同卓番林公司合作，以“先培训、后签约、订单式运行”的方式，先后在唐嘎乡和邦堆乡叶巴村开展妇女手工艺培训，共80名妇女群众参加，结业后27名学员与卓番林公司签订就业协议。每季度召开乡村妇联主席联席会，强化妇联组织的服务引领效能。资助患有抑郁症的中学女生在自治区第二人民医院治疗和5岁未入户儿童做亲子鉴定并上户，调解唐嘎乡穷达村老人的赡养问题。为进一步拓宽妇女儿童权益保护渠道，达孜区妇女联合会协同达孜区检察院建立妇女权益保护诉讼协作配合机制。

为迎接中央环保大督察，达孜区妇女联合会组织300余名巾帼志愿者参与环境整治工作。为深入贯彻习近平总书记关于注重家庭家教家风建设重要论述，贯彻实施《中华人民共和国家庭教育促进法》，联合市妇联协同西藏悦容文化发展有限公司董事长兼首席商务礼仪导师刘栩孜和签约导师刘均容，开展“巾帼心向党·喜迎二十大”暨“推进家庭美德·弘扬时代新风尚”进机关进搬迁点2场专题讲座，100余名妇女干部和妇女群众受益。为体现群团新担当，不断激发基层妇联生机活力，构建基层“大妇联”工作格局，达孜区妇女联合会在区中心小学举办“饮水思源、感恩思进”群众教育实践活动“喜迎二十大·巾帼绽芳华”文艺会演。

【健康关爱】 年内，达孜区妇女联合会多措并举、竭尽所能为困难单亲母亲、残疾妇女、孤残儿童、大病妇女、奋战在基层一线的优秀村级妇联执委、环卫工人、企业女职工、医护人员、警务人员及警属、小升初的学子们、妇女老党员及机关女性干部职工等送去妇联的关爱，1100余名妇女儿童受益，发放费用20万余元。开展“三八”妇女节系列活动、“感恩有您、与警属同行”活动，评选表彰活动、巾帼志愿活动、“话今昔、忆党恩、庆七一”老党员座谈会活动、“大手牵小手、粽享六一”、“助力小考、巾帼志愿献爱心”、“护蕾行动”女性心理健康讲座等。

【维权宣传】 年内，达孜区妇女联合会以维权为己任，多措并举，让维权宣传成为常态。通过线上微信公众平台“虎峰璞母”，积极转发相关法规、政策等文章120篇，线下结合领导干部下基层大接访办实事活动、“巾帼夜校”、家庭教育进乡村、“树清廉家风·做智慧家长”家庭教育进机关活动，并积极参与其他单位宣传活动，开展《儿童自我保护知识读本》《中华人民共和国反家庭暴力法》宣讲及《中华人民共和国妇女权益保障法》讲座，共宣传宣讲18次，600余人次受益，发放宣传资料和宣传品800份。

【新冠疫情防控】 年内，达孜区妇女联合会坚决做到“党有号召、妇联有行动”，动员广大妇女群众和家庭，在宣传引导、服务关爱、抗疫前沿发挥“半边天”独特作用，为疫情防控工作贡献巾帼力量。

妇联干部职工带头，共4名党员干部职工（包含1名正在休假的干部）投入疫情防控第一线，身体力行地体现妇联干部的勇

2022年6月16日，达孜区妇女联合会工作人员在区中学开展“助力小考”活动

敢、责任和担当。全区巾帼志愿者420余人,参与核酸检测、防疫宣传、心理疏导、物资保障服务等疫情防控工作,以实际行动彰显巾帼担当。达孜区妇女联合会始终情牵"疫"线,牵头筹集并向各疫情防控点发放防晒帽、雨伞、志愿者马甲、学生学习用具、女性及婴幼儿用品等物资共计4万余元。加强疫情期间对孕妇、婴幼儿、学生等特殊群体的关爱服务,帮助她们解决实际困难,当好贴心"娘家人"。

2022年5月12日,西藏自治区工商联副主席刘炳行(前排右三)一行到达孜区会员企业检查指导工作

【信息报送】 年内,共编写妇联简报70期、妇儿工委简报13期,印发妇联红头文件17件,及时把妇联工作情况上传下达。

(拉巴曲措)

【机构领导】

主 席

次旦卓玛(女,藏族)

副主席

拉巴曲措(女,藏族)

工商联

【概况】 2022年,达孜区工商业联合会坚持以习近平新时代中国特色社会主义思想为指导,深入学习贯彻中共二十大精神,全面落实中央"六稳"工作总要求,牢牢把握稳中求进工作总基调,积极应对民营企业发展中遇到的新情况、新问题,适应经济"新常态",鼓励和引导民营企业制度创新、技术创新和管理创新,激发全社会的创业、创新热情,达孜区民营经济保持平稳健康的发展态势取得一定的成绩。

【非公有制党建工作】 年内,达孜区非公有制企业中成立党支部7家,党员60名,入党积极分子12名,预备党员2名。年内,达孜区委、区政府拨付公共经费5万元,非公有制党工委党建经费10万元。积极组织会员企业学习中共二十大精神及中央第七次西藏工作座谈会、中央民族工作会议精神,习近平总书记关于西藏工作的重要论述和新时代党的治藏方略及自治区、拉萨市重要会议精神,工商联结合实际对非公有制经济人士开展学习教育宣讲,提高非公有制经济人士思想政治觉悟。

达孜区工商联根据区两新工委及区委组织部相关要求,制订非公有制党建工作计划、党员发展计划,将每周三下午定为集中学习日,撰写学习笔记和心得体会,党支部书记上党课,确保学习具有针对性;抓落实,确保活动成效,促进非公有制党建工作得到进一步提升。

【发展壮大会员队伍】 年内,为进一步壮大达孜区工商联会员队伍,根据拉萨市工商联会员发展目标要求,制定年度会员发展目标,调研走访全区落地投产企业,积极吸纳未入会的企业加入工商联队伍。截至年底,共有企业会员35家、个体会员5家、个人会员7人。按照最新《中国工商业联合会章程》相关内容,结合达孜区工商联工作实际,制定并完善工商联会员相关制度、章程、入会流程。召开达孜区工商联(商会)第二次会员代表大会,大会选举产生达孜区工商联(商会)新一届执行委员会30名执委、主席1名、副主席1名。

【走访调研】 年内,多次到非公有制企业走访调研,了解企业存在的难点、堵点问题,并对这些问题进行详细梳理，形成汇报材料，向达孜区委、区政府和上级部门及分管领导做汇报，并同区相关部门进行沟通。

【新冠疫情防控】 8月，达孜区阳光庄园有限公司、玉雄建筑安装有限公司、西藏德众地理信息有限公司、西藏圣信工贸有限公司、西藏玫瑰生物科技发展有限公司、西藏第三极羊绒制品、罗占民族手工艺品发展有限公司等会员企业积极响应号召，勇担社会责任，为达孜区疫情防控捐款物资共计38.8万元。其中达孜区阳光庄园有限公司向雪乡、塔杰乡、唐嘎乡、城关区等地老百姓供应牦牛肉6吨、猪肉61吨、蛋类80吨，共计400万元物资。同时还为达孜区疫情办和工业园区管委会捐赠牦牛肉酱和一次性餐盒等物资共计19804元。

【"万企兴万村、互助发展"】 年内，按照区、市具体要求，达孜区工商联推出"万企兴万村、互助发展"活动，首期推选春光食品、罗占手工艺、玫瑰生物科技、天圣医药、阳光庄园、吉顺生物科技、圣信工贸等7家规模较大、实力雄厚、带动能力强、富有社会责任感的企业与唐嘎村、白纳村、新仓村、德吉新村幸福社区结对帮扶，在当地搬迁户中通过相关部门招收了员工，并进行带薪岗前培训，这些工人在自愿的前提下通过自己的努力，可实现长期就业，成为产业工人。

【培训工作】 年内，积极组织非公有制经济人士参加区、市工商联组织的各类培训。组织工商联会员企业西藏圣信工贸有限公司、西藏玫瑰生物科技发展有限公司、西藏吉顺生物科技发展有限公司、罗占民族手工艺品发展有限公司、西藏阳光庄园农牧资源开发有限公司等25家企业相关人员参加自治区、拉萨市举办的相关培训，得到参训企业的一致好评。

【非公有制企业安全生产】 年内，达孜区工商联为加强非公有制企业安全生产管理，加强排查企业安全生产隐患。认真贯彻落实各级安全生产会议精神，多次到非公有制企业开展安全隐患排查、检查。督促企业学习《中华人民共和国安全生产法》，增强安全生产意识，完善应急预案，提升安全管理水平，将安全生产工作真正落实到企业一线车间、作业现场。

【引领非公有制经济人士健康成长】 年内，教育和引导非公有制经济人士积极投身光彩事业；引导非公有制经济人士坚定理想信念；引导非公有制经济人士踊跃参政议政，并分别推荐拉萨市政协委员1名、人大代表2名。达孜区有政协委员7名、人大代表1名。

【提升服务质效】 年内，根据上级相关精神，以推动达孜区非公有制经济与净土健康产业为着力点，积极组织引导非公有制企业申报非公有制经济发展资金项目。为非公有制企业制作党建宣传栏，为下一步非公有制企业发展党员提供宣传环境，为达孜区非公有制党建发展奠定了一定的基础。

（解士远）

【机构领导】

主　席

赤列卓嘎（女，藏族，5月免）

解　士　远（5月任）

副主席

解　士　远（5月免）

多吉欧珠（藏族，5月任）

军 事

人民武装

【概况】 2022年，达孜区人民武装部始终坚持以习近平新时代中国特色社会主义思想和习近平强军思想为指导，紧紧围绕迎接和学习贯彻中共二十大精神，牢牢把握政治之年特殊政治要求，始终高举伟大旗帜、牢记职责使命、奋力勇挑重担、继续奋进向前，实现年初确定的工作目标，不断推动单位全面建设高质量发展。

【政治工作】 年内，达孜区人民武装部坚持把党的创新理论和习近平主席重要指示批示，作为人武部全面建设的科学指南和行动纲领，用以武装头脑、指导实践、推动工作。坚持原原本本、原汁原味学习中共二十大报告、《中国共产党章程》，重点学习习近平总书记在中共二十大期间重要讲话，牢牢把握过去5年工作和新时代10年伟大变革的重大意义，坚持把学习理解“两个确立”的决定性意义作为年度教育重中之重。深入学习贯彻和落实新时代党的建设总要求，查改“四个不纯”“七个弱化”突出问题，始终把学习贯彻中共二十大精神、习近平新时代中国特色社会主义思想和习近平强军思想作为强党建、抓训练、搞建设的思想武器和行动纲领，全面加强党的集中统一领导和党的建设工作。

2022年2月17日，区委书记索朗次仁（左二）到区人民武装部调研

深入贯彻落实《民兵建设“十四五”规划》，在民兵中开展学经典理论、唱红色歌曲活动，扎实做好民兵思想政治教育、组织建设、骨干培养和政治考核。严格贯彻落实围绕迎接中共二十大加强政治监督维护国家安全的十条措施，深刻领悟习近平主席“党要管党、从严治党”的政治训诫，持续抓好新党章、党建法规学习，进一步夯实听党话、跟党走的思想根基。

【军事工作】 年内，达孜区人民武装部坚决贯彻党的新时代强军目标，始终坚持战斗力标准，全面加强练兵备战，不断提高打赢能力。坚持把备战打仗作为中心工作，认真组织召开达孜区2022年民兵整组工作部署会，人武部第一书记述职和达孜区庆“八一”军事日活动，国防动员和后备力量建设持续向上向好。达孜区人民武装部分别于2月完成全区参谋长、作训科（股）长集训活动观摩任务，4月周密组织新质民兵分队装备展演示活动，7月高标准组织完成全区新任人武部干部暨国防动员骨干培训达标建设成果观摩活动，在全区打出特色、叫响品牌。在重要节点出动应急民兵参加达孜区党政军警民联合维稳演练及巡逻，并组织民兵围绕应急救援、维稳处突、战场救护和轻武器操作使用进行强化训练。

8月，达孜区人民武装部根据辖区新冠疫情防控形势，结合区委、区政府要求，经警备区审批，先期动员部分民兵作为支援地方防疫勤务小分队，时刻处于临战备战状态；9月20日，派遣基干民兵分队支援地方防疫工作，所有民兵身处防疫一线，无一人脱岗失责、无一人发生感染、无一人出现问题，受到各级高度评价。

【国防动员】 年内，达孜区人民武装部坚决贯彻落实上级国防动员工作部署，严格按照民兵建设“十四五”规划和“两征两退”工作要求，高标准推进民兵整组和兵员征集工作。年内，组织区直相关单位和各乡（镇）专武部部长、专武干部召开2022年度民兵潜力调查工作部署会、民兵整组工作任务推进会，科学研究制订达孜区“十四五”时期民兵发展建设计划。

1月，会同地方党政机关有关领导、负责人和专武部部长参加全国征兵工作电视电话会议；组织全区首个县区级征兵服务窗口进驻区政务服务大厅，为适龄青年提供便捷征兵服务。2月，联合地方有关单位和领导，对辖区立功受奖官兵家属递送喜报、看望慰问，在全区掀起参军报国、建功立业的热潮。

4月，为各乡镇人武部配发民兵整组专用电脑，组织专武部部长、专干进行民兵整组系统培训，及时开展基干民兵编组和出入队工作。达孜区人民武装部充分挖掘辖区国防动员潜力，探索民兵新质力量“建训用管保”机制，采取预征预储模式，广泛吸纳民用无人机装备、人才，走开“1+N”的新路子。4月，到各乡镇基层人武部检查调研民兵整组情况，将祁连山水泥厂作为辖区优质潜力资源列入国防后备力量建设对象，不断把潜力优势转化为打赢胜势。

【保障工作】 年内，达孜区人民武装部按照“仗怎么打，兵怎么练，后勤就怎么保障”的要求，始终坚持一切向战斗力聚焦原则，加强对后装保障工作的组织领导。根据军地财务预算新标准和新规定，充分结合单位实际和年度工作筹划，广泛征求党员干部意见建议，精心编报军队和地方经费预算。根据老旧装备性能，积极联系厂家和检修机构对所属车辆装备进行检修，完成装备车辆新式迷彩喷涂，积极申请经费，稳步推进军械库升级改造项目。下半年，面对驻地复杂严峻的疫情形势，达孜区人民武装部党委以习近平主席就疫情防控作出的重要指示批示统一思想、凝心聚力，坚决落实上级决心意图，持续保持昂扬战斗作风，严防死守、科学防控，坚决打赢疫情防控阻击战、攻坚战、持久战，达成“零感染、零输入”的“战役”目标，取得“保零”工作的全面胜利。

（张 毅）

武警达孜中队

【概况】 2022年，武警达孜中队以习近平新时代中国特色社会主义思想为指导，深入贯彻习近平强军思想，认真贯彻武警部队、总队、支队党委决策部署，突出政治之年一定讲好政治、大事之年一定干好大事，紧紧围绕“稳中求进、进位争先”的目标，更加突出政治提纲，更加突出夯基固本，更加突出重心下移，更加突出开拓创新，更加突出争创一流，更加突出守好底线，持之以恒树立团队观念，塑造团队新风，凝聚团队合力，追求团队荣誉，营造团队温暖，强化精品意识，厚实建设底蕴，高标准实现“两个确保”。

【政治工作】 年内，武警达孜中队紧跟时代前沿、紧贴形势任务、紧扣思想脉搏开展思想政治教育，以学习宣传贯彻中共二十大精神为主线，以深化主题教育为统领，狠抓基础教育和经常性思想教育，常态长效抓好党史学习教育，狠抓思想政治建设，全力打牢官兵高举旗帜、听党指挥、履行使命的思想政治根基。中队重点学习中共二十大精神、2022年全国两会精神、军委扩大会议精神、武警部队党委扩大会议精神等。中队党支部始终坚持用习近平新时代中国特色社会主义思想和习近平强军思想武装官兵头脑，根据支队年度思想政治教育实施方案统筹抓好政治教育工作。

【执勤训练】 年内，聚焦执勤战备工作，紧盯哨位和哨兵，提高经常性执勤能力，提高中队的核心战力；瞄准支部管勤这个关键，不断强化中心居中意识；始终坚持以实战为导向，加强对勤务组织的管控，确保执勤工作万无一失。

年内，武警达孜中队严格落实《中华人民共和国人民武装警察法》《执勤规定》《执勤设施建设标准》，不断提高战备能力水平，做到常训常备，不搞临阵磨枪。围绕新兵补入、重要节日，及时分析执勤战备形势，滚动更新各类方案预案。始终贯彻战斗力标准这个唯一性根本性要求，立足实战抓训练，苦练打赢之功，坚决完成使命任务，坚持按纲施训，科学组训，正规训练秩序，有效提高训练水平。

【严格管理】 年内，深刻认识安全工作的重要性，把“别人的教训”当作“自己的教材”，深刻吸取安全事故教训，举一反三，不断深入检查、深刻反思、深层次对照，找准中队存在的“死角”和“倾向性问题”，始终以“安全不是保出来的，是建出来的”为根本原则，强化抓安全建安全的主观能动性和高度前瞻性，把安全建设摆在中队建设“不是中心的中心位置”，把安全稳定作为中队各项工作的最低标准、最高要求。严格落实疫情管控措施，严抓疫情期间人员管控，确保武警达孜中队全体官兵在管控期间“零输入、零感染”。

【后勤保障】 年内，武警达孜中队以全面建设现代后勤为主线，坚持勤俭节约、建管并举，抓好后勤服务保障工作；以官兵满意为工作的出发点和落脚点，围绕服务大局、服务中心开展工作，不断提升后勤保障综合效益，狠抓后勤制度，搞好后勤经费物资管理，落实账目及财务公开，树牢“小而精”的理念。

在资产管理上，认真开展军队存量资产打码贴签工作，对中队所有资产进行贴码标识，规范资产使用、存放和管理，严格落实相关登统计；注重建好、用好、管好后勤队伍，通过岗位锻炼、送学培训、以老带新等方式，实现梯次培养、持证上岗；以“军队存量资产打码贴签工作”为契机，在营产营具的管理上，严格计价挂账，落实责任到具体人，定期进行维护保养，保证性能状态良好；坚持每周召开经济民主会，通畅官兵民主渠道，区分不同层级、不同地域、不同民族人员，广泛听取意见建议，科学合理调剂伙食口味，严把食品采购、制作和储存关，落实餐厨具消毒、食物留验制度，从源头上杜绝病情传入。

（向　瑞）

法 治

政法委及综治

【概况】 达孜区委政法委在拉萨市委政法委指导下，在区委直接领导下，协助区委统一领导和管理达孜区综合治理和维护稳定工作。达孜区委政法委下设5个办公室，平安建设领导小组办公室、达孜区扫黑除恶领导小组办公室、达孜区禁毒办公室、达孜区法学会、市域社会治理现代化办公室，核定编制5人。2022年，达孜区委政法委立足新起点，紧紧围绕政法委中心任务，勠力前行、踔厉奋发，不断创新工作思路，积极探索基层社会治理有效举措，各项工作取得新成效。

【网格化服务管理】 年内，大力推行网格化服务管理模式，适当优化调整网格户数规模，为每个网格配备网格长、网格员，确保社会治理无缝隙、无盲区、无空白点。同时，优化整合联户单位，统筹推动网格化与“双联户”深度融合。

【先进“双联户”创建评选】 年内，按照邻里守望、就近就便、便于服务原则，明确农牧区和城区联户单位划分标准，并从老党员、老干部、治安积极分子或热心社会治理人员中挑选联户长，扎实开展“10+1”工作任务，在重大节日、重要节点配合村（社区）开展巡逻守护、隐患排查等工作，有效延伸基层工作触角。截至年底，共划分联户单位688个，推选联户长688名。2022年受到自治区层面表彰先进集体1个、联户单位1个，受到市级层面表彰先进集体2个、联户单位2个，共惠及20户家庭，9名直系子女符合公务员和事业编考试加分政策，提高群众参与积极性和创建活动实效性。

【矛盾纠纷排查化解】 年内，坚持和发展新时代“枫桥经验”，依托综治中心，整合公安派出所、派驻法庭、人民调解委员会等各方资源力量形成化解合力，完善人民调解、行政调解、司法调解联动

2022年12月27日，西藏自治区党委政法委副秘书长杨耿（前排左四）一行到达孜区委政法委督导检查市域社会治理现代化试点工作开展情况

工作体系，综合运用心理疏导、德治教化、释法说理、普法宣传等方式，积极化解矛盾纠纷，最大限度将矛盾解决在基层、化解在萌芽状态。

【综治中心实体化、实战化运行】 年内，为有效整合社会资源，提高全区各级综治中心规范化、标准化、实体化建设水平，推进现有便民服务中心、政务服务中心、矛盾纠纷调处中心、网格化服务管理中心等多中心合一，形成资源整合、力量下沉、运转高效的工作格局。按照自治区和拉萨市要求，及时在乡镇（街道）和各村（社区）成立综治中心，将综治中心服务管理资源向网格、联户单位、家庭延伸，进一步夯实综治工作基层基础。截至年底，共建成县级综治中心1个、乡级综治中心6个、村级综治中心22个。

【平安达孜创建】 年内，深入开展平安宣传工作，利用“3月综治宣传月、6月综治宣传周、9月综治宣传日”、“4·15”国家安全日等时间节点，围绕平安达孜建设这一主题，多视角开展各类宣传活动，共发放宣传资料达3万余份，各类宣传单、宣传图书15000余册，悬挂宣传横幅、LED投屏150余块，夯实平安达孜建设基础。

【常态化开展扫黑除恶斗争】 年内，认真落实扫黑除恶斗争重大政治任务，履行政治责任，牢固树立“一盘棋”思想，精心组织、强力推进，把常态化扫黑除恶斗争作为重中之重，区扫黑办和各成员单位主动履职尽责，自觉担当作为，强化线索摸排，严厉打击违法犯罪，坚持不懈深入开展反分裂斗争、持续依法打击非法组织、主动创新社会治理模式，坚决铲除十四世达赖集团毒瘤和滋生分裂思想行为土壤。

【市域社会治理现代化试点工作】 年内，区委多次召开各类会议，研究部署市域社会治理试点工作，进一步明确工作任务，压实工作责任。区委政法委制定出台《达孜区市域社会治理现代化试点工作实施方案》，细化各成员单位工作任务，逐项明确工作目标、责任清单、时间节点，实行责任化考评、项目化推进。举办乡镇政法委员、综治专干培训班1期，为各乡镇和区直各单位开展市域社会治理工作进一步明确方向，提升乡镇政法委员、综治专干开展市域社会治理现代化试点工作能力水平。组织市域社会治理现代化试点工作各成员单位先后到城关区、林周县开展交流学习，提高干部把握大局、理解政策、服务群众、善解难题能力。

2022年4月20日，区委常委、政法委书记、公安局局长小达娃（右一）主持召开达孜区第4次政法委员会会议

【新冠疫情防控】 年内，坚决贯彻党中央、区市党委和达孜区委决策部署，区委政法委带领全区政法干警闻令而动、主动靠前，在长达80多天的日夜奋战中，政法系统先后投入警力8000余人次，全力参与疫情防控工作，为达孜群众构筑起疫情防控平安防线。区检察院领导干部以身作则、率先垂范，向组织递交20份抗疫请战书，在保证办案质量和工作正常运转的前提下，最大限度调配力量，支援一线防疫工作，先后出动干警24人次投身达孜区及城关区疫情防控志愿队伍。区法院累计38人2760人次参加抗疫，服务区域覆盖贡嘎机场、城关区、达孜区部分村（社区）、交通卡点、核酸检测点等，累计服务各类人员4230人，送药、送物资14000余千克。

2022年3月18日，达孜区委政法委组织平安建设各成员单位开展“3月综治月”宣传活动

【贯彻落实《中国共产党政法工作条例》】 年内，按照自治区、拉萨市和达孜区工作安排部署，及时对贯彻落实《中国共产党政法工作条例》作出安排部署，引导政法各单位充分认识贯彻《中国共产党政法工作条例》重要意义，深刻领会精神实质，严格执行《中国共产党政法工作条例》各项规定，要求政法各单位负责人对贯彻落实《中国共产党政法工作条例》，形成一级抓一级、层层抓落实的责任体系。

（马垚垚）

【机构领导】

区委常委、政法委书记、公安局局长

索朗曲培（藏族，4月免）

小 达 娃（藏族，4月任）

常务副书记

蒋 金 伟（12月免）

扎西桑珠（藏族，12月任）

副书记

刘 　 澔（12月免）

胡 　 彪（12月任）

公安

【概况】 达孜区公安局下设治安大队、刑警大队、交警大队、国保大队、网安大队、法制督察大队、科信大队、看守所、政工科、办公室、警务保障室、指挥中心、扎叶巴公安检查站、邦堆乡派出所、塔杰乡派出所、唐嘎乡派出所、德庆镇派出所、雪乡派出所、章多乡派出所、德庆镇便民警务站、镇江中路便民警务站、工业园一区便民警务站、工业园二区便民警务站。

2022年，达孜区公安局坚持以习近平新时代中国特色社会主义思想为指导，增强“四个意识”、坚定“四个自信”、做到“两个维护”，以中共二十大安保维稳和学习宣传贯彻中共二十大精神为主题主线，以改进作风狠抓落实为保障，严格按照全市公安工作总体工作思路，全力开展维护稳定各项工作，切实抓好防风险、保安全、促稳定各项工作，完成中共二十大安保维稳等一系列重大活动、重要节点安保维稳任务，坚决兑现“达孜不出事、不给中央和区市党委添乱”的政治承诺，确保2022年度达孜区社会治安总体平稳有序。

【打击刑事违法犯罪】 年内，达孜区公安局始终保持严打方针不动摇，深入推进夏季治安打击整治“百日行动”、打击治理跨境赌博、打击整治养老诈骗、“猎狐2022”、“云剑2022”、“昆仑2022”、打击非法集资、打击网络传销等专项行动，聚焦“黑拐枪”“盗抢骗”“黄赌毒”“食药环”等群众反映强烈的突出违法犯罪，强化整体打击、专项打击、精准打击，坚决打击犯罪分子的嚣张气焰。

截至年底，共立刑事案件49起，破案19起，依法抓获犯罪嫌疑人19人（含9名未成年人），冻结银行卡15张，冻结金额21.03万元，追回返还群众被骗资金61995元，追回被盗香烟42条、散烟165包、电动车5辆、显示器1台、手机7部、五菱宏光汽车1辆、挖掘机1台、钢管112根、废旧钢铁4吨。

【打击治安违法犯罪】 年内，达孜区公安局坚持全年整体谋划和阶段分步推进相结合，加强对重点区域、目标、部位的管控，强力推进“7+1”维稳防控模式工作，全面构筑社会治安防控“五张网”建设，加强特种行业整治，深化油品安全管理，加强单位内保和“护校

2022年7月28日，西藏自治区公安厅督察总队副总队长夏黎（左二）一行到达孜区公安局检查指导工作

安园”安全防范，消防安全检查和治安复杂场所清理清查，依法打击，及时、公正查处各类治安违法犯罪行为。截至年底，执法办案中队共接报各类治安案件43起，受理12起，处罚15起，处理12人。全局各部门依法开展夜间临查临检行动83次，共收缴和群众主动上交子弹454发、炸药10.67千克、索类40.7米、雷管2枚；收缴管制刀具14把。

【道路交通管理整治】 年内，达孜区公安局紧紧围绕增强人民群众安全感和努力维护社会局势稳定的总要求，在以维稳工作为重心的前提下狠抓道路交通安全管理工作，深入开展道路交通“减量控大”、酒驾夜查整治、农村道路交通违法整治和“一盔一带”等专项行动，全面开展预防重特大道路交通事故工作，确保达孜区道路交通安全形势总体平稳。

截至年底，交警大队共接警交通事故304起，立案6起，经济损失81万余元；共伤7人，死亡2人；共检查过往车辆9.8万辆次，查处各类交通违法行为578起；排查道路安全隐患25处；办理车驾管业务1794项，清理私有黄标车24辆；开展交通安全法治宣传219次，展出各类展板120块，发放宣传材料3500余份，受教育群众6000人次，粘贴酒驾宣传海报30张，悬挂宣传横幅15条，进一步增强广大驾驶人员的交通安全意识，取得良好的社会效果。

【户籍及居民身份证管理】 年内，为进一步落实便民、利民、为民措施，更好地为广大群众提供高效便捷的服务，达孜区公安局积极推进“互联网+政务服务”，立项创新、破解难题，结合公安工作实际对照梳理各类审批事项，本着便民利民为民的原则，精简审批材料，能取消的全部坚决取消，全面缩短办理时限，为群众提供更加便捷的服务。

截至年底，共办理出生入户293人、死亡注销130人、迁入138人、迁出105人，办理二代身份证3068张；办理临时身份证51张；受理237名群众的异地身份证办理，异地身份证挂失业务受理1394名；收缴异地过期、损坏身份证298张，户口迁移跨省通办3人，“零门槛”落户11户22人。共登记暂住人员13617人，上门服务特殊人群办证6次。

【“护城河”源头防控】 年内，达孜区公安局突出抓好“护城河”检查盘查，源头杜绝输入性安全隐患，坚持“严管严处、秉公执法”的原则，按照远端控制、圈层过滤、分段管控、分类安检的要求，严格落实“五逢必查”工作，从严查处过往车辆、人员、危险物品。

截至年底，扎叶巴公安检查站共检查过往车辆12.77万辆、人员25.39万人次、物品6.16万件；依法查获公安部在逃人员1名，抓获一级临控人员1人（移交堆龙德庆区法院）。

【监所安全管理】 年内，监管民警严格按照公安部“公安监管场所疫情防控高于社会面”具体要求，严格落实进所人员手续齐全、程序合法，值班人员严格落实24小时网上视频巡查，及时掌握被监管人员的活动情况，确保监所安全“零事故”。

截至年底，拘留所共办理执行拘留对象101名（其中，治安拘留对象97名，司法拘留对象4名）。办理正式收拘入所人员90名（其中，治安行政拘留87名、司法拘留 3 名),不予收拘对象 11 名。

【扫黑除恶专项斗争】 年内,达孜区公安局继续在线索摸排、精准打击上下功夫,常态化开展涉黑涉恶案件的查处、黑恶势力的惩处、非法组织的打击、重点领域行业突出治安问题的整治等工作。同时,注重打伞破网,注意发现和收集“保护伞”的线索和证据,全力推进自然资源、工程建设、信息网络、交通运输等领域涉黑涉恶线索摸排。通过深入开展重点整治工作,使各类突出治安问题得到有效治理,治安状况混乱的地区、部位和场所面貌有明显改观,社会治安环境得到进一步净化。

【新冠疫情防控】 年内,达孜区公安局严格落实各级党委、政府、疫情防控指挥部和上级公安机关疫情防控工作总体部署要求,闻令而动、迅速行动,一手抓维护稳定,一手抓疫情防控。全警参与、全力以赴、逆行而上迅速投入核酸检测、流调溯源、救治医院、防控卡口等防控工作中,在长达 80 多天的不懈努力和日夜奋战下,为达孜区群众构筑起疫情防控平安防线。其间,先后抽调 29 名民(辅协)警支援城关区开展防疫工作。在此次疫情防控阻击战中,达孜区公安局先后投入警力 8000 余人次。

【思想政治建设】 年内,达孜区公安局突出思想政治教育,坚持以学习教育为先导并贯穿始终,局党委班子充分发挥“头雁效应”和“关键少数”的领学促学作用,对习近平总书记重要讲话和重要指示批示精神,第一时间传达学习,第一时间贯彻落实,以最新理论成果武装头脑、指导实践、推动工作。

截至年底,局党委和各党支部共开展集中学习 600 余次,召开专题研讨会 40 余次,集中组织观看《零容忍》等警示教育片 4 次,参观百万农奴解放纪念馆 1 次,组织科级干部参观拉萨市“以身边事教育身边人”廉政教育基地 2 次,参观西藏百万农奴解放纪念馆 1 次,参观拉萨市检史馆 1 次。开展为期 3 天的中共二十大精神专题政治轮训工作,共邀请专家学者 5 人,讲授题为《二十大报告精神整体解读》《马克思主义中国化时代化》的课程,在岗民警理论学习覆盖面达到 100%。

【队伍管理与职级晋升】 年内,按照《中共中央组织部公安部关于调整建立公安机关执法勤务、警务技术职级序列的通知》要求,持续抓好两个职级序列新调整政策的落实。经达孜区委常委会研究审议通过,共完成民警职级晋升 66 人,晋升三级高级警长 1 人,晋升四级高级警长 5 人,晋升一级警长 2 人,晋升二级警长 22 人,晋升三级警长 20 人,晋升四级警长 7 人,晋升一级警员 7 人;晋升警务技术二级主管 1 人,晋升警务技术三级主管 1 人;首次评定为一级警员职级 1 人。对全局 37 名警务辅助人员进行职级评定,首次评定四级辅警 14 人、五级辅警 20 人、六级辅警 1 人、七级辅警 2 人,晋升职级辅警 10 人。

(赵 阳)

【机构领导】

区委常委、政法委书记、公安局党委书记、局长

索朗曲培(藏族,4 月免)

小 达 娃(藏族,4 月任)

党委副书记、副局长

格 平(藏族)

2022年7月1日,达孜区委常委、政法委书记、公安局局长小达娃(左一)到达孜区章多乡章多村看望慰问老党员

检察

【概况】 达孜区人民检察院内设机构整合为4个,即检察业务部、综合业务部和检察综合部,设立一个派驻达孜区看守所检察室。专项编制数19人,实有干警25人。检察官8人(其中检察长1人,副检察长2人),检察官助理1人,书记员5人,法警1人,工勤人员2人,聘用制书记员8人;研究生学历1人,大学本科学历20人,专科学历5人;男干警10人,女干警15人;汉族5人,藏族及其他少数民族20人;院党组成员5人,全院设立1个党支部,党员17人。

2022年,达孜区人民检察院坚持以习近平新时代中国特色社会主义思想为指导,贯彻落实中共二十大和二十届一中全会精神忠实履行宪法赋予的法律监督职责,紧紧围绕"清源正本、忠诚正道"党员教育进一步改进作风狠抓落实工作,从政治高度、业务精度、保障强度上自我加压,治党管党全面从严、服务大局忠诚可靠、维护稳定措施有力、法律监督成效显著、队伍精诚团结向上,各项工作取得了新的发展进步。

【党风廉政建设】 年内,常态化开展政法队伍教育整顿,以严管厚爱为导向,开展警示教育,持续优化纪律作风,每日开展考勤签到,实行每月一通报,督促干警遵守上下班纪律。落实"三重一大"决策机制和民主集中制,召开党组会议研究制定党建、党风廉政建设和意识形态工作计划、重大事项、重要活动16次。贯彻落实《党委(党组)落实全面从严治党主体责任规定》,召开党风廉政建设会议1次,持续落实"三个规定"不放松。截至年底,填报重大事项11次(220人次),填报过问或干预、插手检察办案等重大事项记录15条,均属于一般过问情况,未发现违纪违法等情况。

2022年6月22日,拉萨市检察机关基层院建设考察调研组一行到达孜区人民检察院调研指导工作

【新冠疫情防控】 年内,达孜区人民检察院党组第一时间组织全院干警召开2次疫情防控部署会,制订疫情防控工作方案、预案,成立领导小组。领导干部以身作则、率先垂范,向组织递交20份抗疫请战书,在保证办案质量和院内工作正常运转的前提下,最大限度调配力量,支援一线防疫工作,先后出动干警24人次,投身达孜区及城关区疫情防控志愿队伍。同时,做好办公大楼、住宿楼、食堂、"12309"检察服务中心、案管大厅和值班室等区域的清扫和消毒消杀工作。严格落实疫情期间24小时值班值守制度和每日报告制度,做好涉疫应急处置和信息报送工作。

为确保疫情防控与检察监督"两不误",努力克服办案人员不足的问题,主动调整工作模式,将办理案件工作从"线下"转到"线上",通过电话告权、网络办公等多种无接触的办案模式,加班加点审阅案卷材料、制作法律文书,确保疫情期间各类刑事案件"不停滞""不拖延"。其间,共受理案件3件,提前介入2件,远程提讯4次;对区刑警大队、各派出所了解涉疫案件线索,积极开展立案监督工作。为助力达孜区复产复工工作,达孜区人民检察院联合市场监督管理局对复商复市的超市、药店等开展公益诉讼专项监督检查。

【党建工作】 年内,达孜区人民检察院把检察工作置于党的绝对领导之下,深入开展"清源正本、忠诚正道”党员教育进一步改进作风狠抓落实、党史学习教育常态化、政法队伍教育整顿常态化活动，贯彻落实《中国共产党政法工作条例》等重点学习篇目，进一步教育引导党员干警深刻领悟“两个确立”的决定性意义、增强“四个意识”、坚定“四个自信”、做到“两个维护”，将自治区党委书记王君正提出的当好“七个排头兵”、自治区人民政府主席严金海提出的“七个坚定坚决”贯穿到检察工作的全过程、各方面。

组织全体干警开展政治理论学习20次，开展主题党日活动8次，召开党组理论学习中心组学习（扩大）会7次，开展每周2次的读书班学习14次。召开党组理论学习中心组、党支部专题学习中共二十大精神3次，并对学习宣传中共二十大精神作出安排部署1次。召开检委会3次，传达学习文件精神和各级领导讲话精神50份，开展全国检察长会议精神研讨1次，组织参加全国检察机关学习贯彻全国两会精神、检察大讲堂等学习10余次，区党委实施细则与《中共中央关于加强新时代检察机关法律监督工作的意见》相结合开展研讨1次，撰写心得体会和研讨稿100余份，组织参加全区检察机关政治理论知识测试及线上答题6次，签订保密承诺书20份。召开专题民主生活会和组织生活会2次，以“习近平法治思想引领全面依法治国建设”为主题书记讲党课1次。

2022年1月24日，达孜区人民检察院党支部组织全体党员开展“参观谭冠三纪念园、传承老西藏精神”主题党日活动

【民事行政检察】 年内，办理民事检察案件12件，调取同级人民法院2021—2022年民事裁判文书执行案件31件，其中对生效裁判文书进行立案审查4件，民事执行立案审查4件。为更好地保护弱势群体的合法权益，办理民事支持起诉案件4件，帮助群众追索劳务费811.0743万元，其中达孜区人民检察院通过民事支持起诉方式帮助章多乡878名群众追索劳务费536万元，该案的成功办理获《法治日报》《西藏检察》等媒体宣传报道。为进一步促进行政机关依法履职，维护行政相对人合法权益，调阅相关行政机关处罚案件26卷，并对其中11件进行立案，针对案件中存在的行政处罚程序违法、文书制作不符合规定等问题向相关行政部门发出检察建议2份。

【关爱守护未成年人安全健康成长】 年内，落实拉萨市“五县二区”（除城关区外）的所有涉未成年人刑事案件集中统一办理的规定，严厉打击侵害未成年人犯罪。截至年底，共受理未成年人犯罪刑事案件10件11人，起诉4件5人；坚持教育感化挽救方针，不批捕1件1人，不起诉1件1人。提前介入案件4件，提出提前介入侦查意见33条。购买第三方服务对3名涉案未成年人开展社会调查，并对1名未成年被害人进行心理疏导。办理未成年人保护公益诉讼案件7件，向相关行政部门制发诉前检察建议1份；开展以“送法进校园”为主题的法治讲座2次，受教育学生300余人，发放宣传资料300余册；组织开展“携手落实两法、共护祖国未来”检察开放日活动1次，邀请区中心小学学生、中学学生、人大代表、政协委员及相关部门37人参加。

【公益诉讼检察】 年内，深化“双赢共赢多赢”监督理念，摸排各类公益诉讼案件线索77件，其中，

2022年5月30日，达孜区人民检察院开展“携手落实‘两法’共护祖国未来”——检察开放日活动

生态环境和资源保护领域42件，食品安全领域24件，国有土地使用权出让1件，安全生产领域3件，未成年人公益诉讼案件7件。立案调查47件，向行政部门发出行政公益诉讼诉前检察建议3份。由达孜区人民检察院提起刑事附带民事公益诉讼的非法捕捞水产品一案，4名被告人已全部缴纳生态补偿金并在媒体上公开赔礼道歉，该案获《西藏商报》《西藏日报》《网信西藏》《西藏检察》等媒体宣传报道，并被区检察院选为涉生态环境保护领域公益诉讼典型案例，该案件也入选全国检察机关公益诉讼全面实施五周年“好案件”。为推进黑颈鹤保护公益诉讼检察监督，成立联络室，设立警示牌和湿地保护宣传板。开展“守护美好生活”公益诉讼专项检查20余次，督促清理建筑垃圾和生活垃圾200余吨，清理回收废弃农膜45吨，涉及面积9646亩。落实“四号检察建议”，办理窨井盖案件3件，制发诉前检察建议1份。自签订“河湖长＋检察长＋警长”协作机制以来，办理行政公益诉讼案件2件。

【监督检察】 年内，加大监督力度，对侦查机关办案程序存在瑕疵问题制发《侦查活动监督通知书》3份，对侦查机关办案程序存在违法问题制发《纠正违法通知书》3份。对在达孜区执行社区矫正的14人加强刑事执行监督，做到对矫正人员底数清、情况明。

【队伍专业化】 年内，达孜区人民检察院指派优秀检察官参加全市第三届优秀公诉人业务竞赛和首届公益诉讼竞赛，共获得7项荣誉，荣获达孜区“巾帼文明岗”先进集体称号，荣获达孜区“两规”实施先进个人称号1人，并获得拉萨市2021—2022年度“青少年维权岗”荣誉称号。鼓励和支持干警参加各类教育培训，截至年底，参加上级院各类业务培训40次，听取业务讲座50余场次，组织全院干警参与“学习强国”学习平台及“中检网网络云课堂”学习，参加“保密观”APP线上培训，参与率达100%。结合检察机关案件质量主要评价60项指标，对达孜检察业务态势进行2次分析，分析检察业务工作进展的优势和不足，各部门负责人主动认领存在的问题并进行改进。

【市域治理】 年内，达孜区人民检察院充分发挥党组把方向、管大局、促落实的领导作用，以能动履职把《中共中央关于加强新时代检察机关法律监督工作的意见》落到实处，深化“少捕慎诉慎押”理念，稳步降低逮捕率和审查羁押率，依法不批准逮捕3件3人，不起诉3件3人，降低审前羁押率和轻罪起诉率。落实普法责任，以开展“习近平法治思想”“3月综治宣传月”“学雷锋志愿服务”“3·15”国际消费者权益日、“3·28”西藏百万农奴解放纪念日、“国家安全日”、防范电信诈骗、打击整治养老诈骗等宣传活动为契机，开展各类法治宣传活动20次，发放公益诉讼、未成年人保护、反有组织犯罪、扫黑除恶、预防电信诈骗、防范养老诈骗等法治宣传资料8000余份。进一步加强军检协作，推进军检互建共融，为强边、固边提供系列送法入军营活动，达孜区人民检察院开展“法治进军营活动”，围绕《中华人民共和国军人地位和权益保障法》《中华人民共和国退役军人保障法》《中华人民共和国刑法》，以及其他军人相关的法律知识开展法治宣讲，发放宣传资料90余份、宣传品30余份。

【"阳光检务"】 年内，达孜区人民检察院按照市检察院安排部署安装"案卡医生""文书宝"等软件，每月开展2次案卡核查，对发现的问题由承办检察官逐条认领并整改。积极稳妥推动认罪认罚从宽制度，适用率达95.45%，确定量刑建议采纳率达到100%，认罪认罚同步录音录像率达到100%；达孜区人民检察院与达孜区公安局召开联席会议，对取证、勘验、鉴定、文书制作等提出意见建议，转变司法理念，提高办案质效，公开案件程序性信息49件，公开法律文书19份。充分利用"两微一端"等平台，积极引导群众通过拨打"12309"服务电话、邮寄书信等方式反映诉求，并加强防疫宣传教育。充分利用"两微一端"，媒体号更新信息700余条。

（拉巴卓嘎）

【机构领导】

党组书记、检察长

强巴卓玛（女，藏族）

党组副书记、副检察长

何　琪（7月任党组副书记）

党组成员、副检察长

茹格叶（女，藏族）

党组成员、办公室主任

杨晓燕（女）

党组成员、检察综合部主任

白玛桑珠（藏族，7月任）

法院

【概况】 达孜区人民法院设5个内设机构，即综合审判庭、执行局（司法警察大队）、立案庭（诉讼服务中心）、审管办（综合办公室）、政治部。专项编制31人，实有干警26人。法官12人（其中四级高级法官3人），司法警察5人，法官助理5人，书记员1人，司法行政人员2人，在编工勤人员1人。男性8人，女性18人；藏族20人，汉族6人；中共党员25人，入党积极分子1人。其他职工21人（聘用制书记员10人，公益性岗位5人，临时工6人）。

2022年，达孜区人民法院审执结各类案件576件，结案455件，涉案标的额10.73亿余元，法官人均办案64件。

【党建工作】 年内，达孜区人民法院坚持以习近平新时代中国特色社会主义思想为指导，持续深入贯彻中共二十大精神和习近平法治思想，增强"四个意识"、坚定"四个自信"、做到"两个维护"，深入贯彻落实《中国共产党政法工作条例》及区党委实施细则，贯彻落实党组主体责任，落实重大事项请示报告制度，落实党的绝对领导。请示报告内设机构改革、重大案件等事项13项、案件3件。领导带头讲党课、开展"四联四包"等活动21次。完善党组、党支部的组织建设、政治建设，开展好主题党日、"三会一课"，落实"一把手"责任、一岗双责。召开党组会19次、党支部大会8次、民主生活会和组织生活会2次。开展"七一"唱红歌等主题党日活动7次。始终以自我革命精神推进从严管党治院。常态化开展党史学习教育、队伍教育整顿、扫黑除恶专项斗争。开展改进作风狠抓落实活动、最高人民法院"两个确立"主题教育、"两正""两思"教育。

2022年7月5日，达孜区人民法院党组书记、院长刘一麟（右一）到江苏镇江句容市人民法院交流学习

【理论武装】 年内,达孜区人民法院践行新时代人才战略,不断提升理论武装水平,进一步推动理论武装工作深入开展,提高干警的理论水平和工作能力,确保队伍绝对忠诚干净担当。充分运用线上线下学习载体、集中学习与个人自学、专题授课与竞赛测试、警示教育与英模教育结合等方式,深入学习马列主义经典著作、《中国共产党简史》、习近平法治思想等,牢记历史追寻初心,砥砺品格坚定信念,遵守规矩心怀敬畏。通过读书班、知识分享等方式,学习领悟党的理论创新成果。班子成员积极领学宣讲,党员干部认真自学研讨。开展理论学习中心组学习 8 次、线下集体学习 36 次,交流发言 42 人次,撰写心得 68 篇,培训轮训 11 人次,开展中共二十大精神线上集中学习 39 次。

【党风廉政建设】 年内,达孜区人民法院制定《2022 年达孜区人民法院党风廉政建设及反腐败斗争工作计划》,并召开专题会议安排部署。制定《达孜区人民法院制度执行规定》,将得分情况纳入绩效考核,将班子成员与其他干部一起纳入考核,一月一考核,半年一总结,全年一奖惩。深入学习《中国共产党纪律处分条例》《中国共产党廉洁自律准则》《中国共产党党员领导干部廉洁从政若干准则》,教育引导党员干部懂规矩、守纪律,解决责任缺失问题,营造风清气正政治生态。开展警示教育活动,学习违反中央八项规定典型案件通报、实地见学拉萨市“身边事教育身边人”廉政警示教育 9 次;开展廉政专题研讨活动,深入剖析春新等违纪违法案件,组织开展“以案促改”专题研讨,达到“问责一人、警醒一片”“以案促改”的效果;签订达孜区人民法院干警严禁违规饮酒承诺书、政法干警“十个严禁”“十个一律”个人承诺书、政治忠诚承诺书;组织观看《零容忍》《不忘初心继续前行》《镜鉴》《巡视利剑》,撰写观后感;纪律检查委员讲授廉政党课 1 次;党组书记与班子成员开展廉政谈话 2 次,班子成员与部门负责人开展谈话 5 次。召开集体约谈 1 次,约谈干部 3 人;开展“四查四问”“司法作风突出问题”自查自纠,持之以恒纠治“四风”和司法作风问题,为司法审判高质量发展提供有力纪律作风保障;落实领导干部个人重大事项报告等制度,全院副科级及以上干部填报廉政档案 18 份,对婚丧嫁娶、乔迁履新、子女入学、财产收入等进行及时报告。坚持填报防止干预司法“三个规定”,累计填报 370 条,有记录报告 4 人 11 条,内部过问 7 条,外部过问 4 条,均呈报上级法院。

2022年6月24日,江苏省无锡市中级人民法院党组副书记、副院长李勇忠(右三)一行到达孜区人民法院考察对口援藏工作

【审执主业】 年内,达孜区人民法院执行法律和宽严相济刑事政策,自觉遵循法定诉讼程序和制度,确保刑事审判质量。共受理一审刑事案件 22 件,其中涉未成年人案件 3 件 4 人。突出未成年人身心及权益保护,呵护关爱但不矫枉过正。达孜区人民法院获“全国维护妇女儿童权益先进集体”称号。审理受贿罪、贪污罪案件各 1 件,落实全面反腐倡廉要求;办理民商事案件 281 件。召开专业法官会议 3 次,研究复杂疑难案件。优化流程提质增效,适用简易程序办案 128 件,办理小额诉讼程序案件 12 件,平均用时 59 天。编写民法典贯彻报告 1 篇,保护市场主体、优化营商环境、弘扬社会主义核心价值观;办理执行案件 291 件,到位金额

1044万余元，发放司法救助金30万余元，与公安局联动布控被执行人50人次，限制高消费94人，纳入失信被执行人名单82人，拘留2人，罚款1人，向辖区相关部门发出400余份协助执行通知。全年接收其他法院委托案件82件，本院委托97件，帮助城关、堆龙德庆2家法院执行25件；审理建院以来首例行政案件，行政机关负责人出庭应诉，人大代表和区直机关工作人员等旁听。办理拉萨市首例解除行政协议纠纷案，标的额8.55亿元。

2022年8月2日，拉萨市达孜区人民法院获“全国维护妇女儿童权益先进集体”荣誉称号

【智慧法院建设】 年内，达孜区人民法院充分运用信息化建设的创新成果，通过网上立案交费、电子送达、互联网法庭，全面应用新的审判执行办案系统、手机办案系统；升级诉讼服务中心多功能自助服务区，设置智能诉讼综合柜员机、综合便民终端、智能查询一体机等全程一站式自助诉讼服务功能设备共计4台，加快推进智审、智执、智服、智管；推进一站式诉讼服务体系建设，推出律师服务“云”平台，提供网上立案、电子阅卷等35项服务，打造全天候全流程全场域全在线诉讼服务体系。全年网上立案50件，跨域立案1件，为470人次提供“12368”热线服务及开展诉前调解5件、适用小额诉讼程序审理案件18件、开展诉源治理11次，进一步构建诚实信用、公平公正的项目投资、民间借贷、建设工程、土地经营、租赁等市场环境。

【基层社会治理】 年内，达孜区人民法院认真开展桑珠林村“两违”专项整治工作、领导干部下基层大接访办实事等活动。认真开展南北山造林、大学生就业等结对包保工作，累计时长4100余小时，行程7500余千米，形成诉源治理报告1份、调研报告2份。1名结对大学生实现就业，走访调研排查群众361户，归纳问题10余项，开展大宣讲3次，解决实事3项。

开展打击整治养老诈骗专项行动，反电信诈骗、反有组织犯罪等法治宣传12场。积极参与中铁十四局、南北山造林、桑珠林家具厂和木材市场群体纠纷化解，涉及1290余名群众，涉及纠纷额600余万元。排查涉黑涉恶及涉诉信访案件264件。审理“2·25”专案，推动基层社会治理法治化、规范化、制度化。

【新冠疫情防控】 年内，达孜区人民法院全面按照区市党委、达孜区委安排部署抗疫。全院38人参加抗疫2760余人次。志愿者服务区域覆盖贡嘎机场、城关区、达孜区的社区、街道、村居、家庭，也覆盖交通卡点、核酸检测点。累计服务各类人员4230人，上门服务735户，服务医护人员、送药、送物资超过14000余千克。累计测温2280余次，行程780余千米。党员、预备党员累计为群众办实事630余件。压实个人、家庭、单位、普通干警、共产党员、领导干部责任，共签订责任书38份，累计发布正面宣传材料92份，关心关爱提醒干警186次，主动巡逻并宣讲政策14场次，确保社会大局稳定。积极沟通党委政府相关部门、上级法院、看守所、当事人等，第一时间发布疫情期间诉讼服务指南，以电话解释、视频沟通、线上开庭、居家办公等方式，处理案件、化解矛盾。联系当事人82次，开展线上庭审11件，网上立案45件，开展在线调解8次，结案110件。

【接受监督】 年内，达孜区人民法院自觉接受人大、政协、纪委监委、上级法院、检察机关和社会监督，强化司法公开。进一步加强与检察机关的工作联络和协作，主动配合和接受检察机关对法院工作的法律监督，主动提供案卷260份，邀请检察长列席法院审委会1次，认真办理检察建议1件，共同维护司法公正；积极落实庭审旁听、庭审直播、执行公开、人民陪审员和民意沟通制度。

年内，上网公开裁判文书254份，优秀裁判文书1篇。庭审直播80场，观看量0.6万人次。强化执行公开，向被执行人公开执行信息298条次。向人大常委会汇报工作3次，人大代表、政协委员、廉政监督员旁听庭审2次，人民陪审员参审128件。

【司法改革】 年内，达孜区人民法院质效并重、诉调并重，程序与实体并重，当事人权利与义务并重。裁定确认调解协议效力案件14件，完善简易速裁程序规则，适用简易程序案件116件、小额诉讼程序案件17件，适用率分别达到40.1%、0.05%，平均办案用时仅45天、35天，努力以最快速度定分止争，坚决避免案件久拖不决。设立简案团队，处理诉前调解、诉前调书、诉前财产保全、非诉财产保全案件，确保诉前大批量案件能及时办理，共办结诉前保全案件12件；完善“四类案件”监管与院庭长办案机制，带头办理重大、复杂、疑难案件76件，院庭长办案102件，充分发挥审判委员会定案把关和法官会议参谋咨询作用。召开审委会1次，召开专业法官会议3次，召开审判执行工作推进会8次，发布审判执行情况通报12条，有序推进审判执行工作；加快推进财务统管改革工作。开展内设机构改革、财务统管改革，推进已入额法官职务序列等级晋升、司法警察职务套改、司法辅助人员等级晋升工作，完成10名干警职级晋升、1名员额法官退额工作，参加财物统管业务培训会2次，向市财政局申报2023年预算。加强援藏资金使用，加强请示函告，额外争取援藏资金20万元。

（扎西雍措）

【机构领导】

党组书记、院长

刘一麟

党组副书记、副院长

桑　吉（女，藏族）

党组成员、副院长

卡　珍（女，藏族）

党组成员

李　青（女）

司法行政

【概况】 2022年，达孜区司法局深入贯彻落实习近平新时代中国特色社会主义思想和习近平法治思想，增强“四个意识”、坚定“四个自信”、做到“两个维护”，当好“七个排头兵”，坚持以人民为中心的发展思想，充分发挥司法行政职能优势，践行“司法为民、司法惠民”理念。紧紧围绕达孜区委、区政府中心工作，进一步创新工作思路、狠抓队伍建设，推动依法治区、法治政府建设、法治宣传、社区矫正、人民调解、法律服务等各项工作有力有序开展。

【作风建设】 年内，以政治教育为引领，进一步提升司法干警政治素养；共组织集体学习中共二十大精神、《中国共产党章程》、《中

2022年3月28日，达孜区司法局工作人员到德庆镇德庆村开展宪法宣讲活动

华人民共和国民法典》、《中华人民共和国宪法》等相关法律法规和重要讲话25次；组织观看《警钟》《迷途知返》《零容忍》等警示教育片6次；组织全体司法干警参观廉政教育基地1次。紧扣“四查四问”，结合个人思想和工作实际进行自查自纠，剖析自身存在的差距和不足。共自查出16个问题，均已整改落实，并取得初步成效。

2022年4月11日，达孜区司法局联合相关单位到德庆镇德庆村开展基层接访活动

【依法治区和法治政府建设】 年内，在全区范围内召开党政第一责任人述法评议会议，进一步明确法治建设责任。加强行政执法人员资格动态管理，促进严格规范公正文明执法。准确把握全区重大行政处罚决定备案工作和行政处罚情况统计报告工作，切实加强对行政处罚案件的监督和管理。开展法律资格考试，协助市局办理执法资格证13人。开展规范性、合法性文件审查工作，全年共审查4件。深入开展“一村(居)一法律顾问”工作，市司法局为达孜区22个村(居)配齐配强法律顾问，并签订三方协议，彻底解决村级法律服务工作“最后一公里”的问题。

【“八五”普法规划】 年内，认真贯彻落实“八五”普法规划，完善“谁执法谁普法”普法责任机制，编制普法责任清单，明确普法责任要求。深入学习宣传依法行政、社会保障、医疗卫生、交通安全、劳动就业、权益保护、热爱祖国和维护民族团结等相关法律法规；大力宣传与维护妇女儿童、老年人、青少年等特定群体权益保护相关的法律法规，坚持法治宣传教育群众与服务群众相结合，努力服务保障和改善民生。以国家工作人员、农牧民群众、僧尼、学生为普法对象，深入开展“法律十进”活动。

年内，开展集中宣传50场次，法律进乡村(社区)145次(由各乡镇、村委会、驻村工作队共同组织)。普法工作人员在各处宣传教育时设立咨询服务300余次，解答群众问题350余人次，印发宣传资料4万余份(册)，悬挂横幅100余条，全区受教育3万余人次，进一步增强广大人民群众对法律的理解和认识。

【社区矫正】 年内，严格落实“属地管理”“六对一”管控模式和“谁的人、谁管好，谁的事、谁负责，谁出事、追究谁”的原则，以高度的政治敏锐性和责任感认真落实分区包干责任制，切实加强对辖区内社区服刑人员的教育管理，增强防范意识，做到有问题早发现、早报告、早解决，不断提高教育矫正工作质量，深入开展安全隐患排查整治工作，确保社区矫正安全稳定，切实维护社会大局持续稳定。将社区矫正工作纳入“双联户”和网格化工作，推进社会管理创新。将社区服刑人员纳入“双联户”模式是提升特殊人群管理服务、教育引导的重要举措，是促进社会治安安定和谐的重要途径，通过工作重心下移、科学源头治理、创新方式方法、基层群防群治等措施，发挥基层群众和司法所在各项工作中的积极作用，通过联户教育、联户帮扶、联户融入、联户管理等措施，切实实现特殊人员受教育、得帮扶、强管理、促和谐的目标。

【人民调解、安置帮教】 年内，各乡(镇)司法所积极将安置帮教工作向前延伸，走访服刑人员家庭，强化防范措施，聚焦“情、理、法”

的切入点，各乡（镇）司法所积极将安置帮教工作向前延伸，走访服刑人员家属，帮助他们解决生活困难，促进服刑人员安心改造。同时，强化防范措施，聚焦“情、理、法”的切入点，每周开展1次矛盾纠纷排查，紧紧围绕当前经济形势和社会矛盾的新情况、新特点，突出三个重点，集中力量，攻坚克难，突出重点地区，突出重点对象，突出重点时段，解决一批有影响、易激化的矛盾纠纷，并规范卷宗填写。截至年底，各乡（镇）司法所累计排查315次，成功调解38件，其中，乡镇人民调委会25件，村居人民调委会13件。

【法律服务】 年内，设立公共法律服务中心，开通达孜区法律援助热线。22个行政村组建村（居）法律顾问、法律明白人队伍。开展公证便民行动和法律援助惠民行动，增设行政复议便民渠道。2022年共受理行政复议案件2件，办理1件，维持行政行为1件。优化服刑人员远程视频会见系统，简化工作流程，解决服刑人员家属会见难的问题，共开展远程视频会见4次。

【新冠疫情防控】 年内，严格按照达孜区委、区政府的部署安排，全体干部身沉基层一线，全力参加抗疫志愿服务。选派4名干部驰援城关区防疫，6名干部在达孜参加防疫志愿工作。

（高　鸽）

【机构领导】

局　长

达　　珍（女，藏族）

副局长

高　　鸽（女）

平措次旦（藏族）

经济管理

发展和改革

【概况】 达孜区发展和改革委员会共有干部职工14人，包括主任1人、副主任3人（援藏副主任1人）、一般干部10人。2022年，达孜区发展和改革委员会认真贯彻落实各级党委、政府和上级业务部门关于做好疫情防控和经济社会发展各项工作的有关要求，坚持按照统一安排部署，以科学发展观为指导，牢牢把握稳中求进总基调，紧紧围绕全区经济社会发展工作大局和各项重点工作任务，认真履职、真抓实干，全力做好疫情防控、经济协调发展、项目开复工建设等各项工作，保障经济社会的平稳发展。

【经济发展】 年内，充分发挥经济综合部门职能作用，认真分析达孜区经济社会发展中的困难和问题，扎实开展各阶段经济运行情况分析，适时提出解决问题的方法及下一步打算，保障达孜区域总体经济的平稳运行。2022年地区生产总值完成22.74亿元，同比增长–0.4%；规模以上工业增加值同比增长–44.4%；社会消费品零售总额44326.4万元，同比增长–13.4%。

【项目监督管理】 年内，达孜区固投项目开复工52个，盛世未来城、朗热酒庄等重大项目开工建设。积极推进消费复苏，加强“助企惠民·悦享消费”活动的宣传，促进零售百货、餐饮、家居家电等行业复商复市。继续执行A级景区西藏常住居民免收旅游门票优惠政策。全年完成招商引资项目13个，项目协议投资75.41亿元，累计到位资金10.17亿元。

完成播种面积8.375万亩，牲畜存栏71404头（只、匹），肉奶蛋产量达到2.59万吨。新型经营主体培育成效突出，全区合作社达到347家，注册资金超过1.5亿元，吸纳社员2400余人。起草促进产业发展政策，全面启动“十四五”工业园区循环化改造，云上达孜工业旅游景区顺利创建

2022年5月15日，拉萨市发改委工作人员到达孜区项目建设点调研

2022年2月28日，达孜区发展和改革委员会组织相关单位召开拉萨市达孜区粮食购销领域腐败问题专项整治工作动员部署会

为国家工业旅游示范基地。完成工业总产值3.66亿元，完成税收7.86亿元。叶巴村成功申报全国第二批三星级地质文化村。全年旅游接待人数26.11万人次，实现旅游收入827.37万元，其中林卡经济收入393.12万元，带动农牧民增收849人次。

【经济体制改革】 年内，完成播种面积8.375万亩，牲畜存栏71404头（只、匹），肉奶蛋产量达到2.59万吨。新型经营主体培育成效突出，全区合作社达到347家，注册资金超过1.5亿元，吸纳社员2400余人。起草促进产业发展政策，全面启动“十四五”工业园区循环化改造，云上达孜工业旅游景区顺利创建为国家工业旅游示范基地。完成工业总产值3.66亿元，完成税收7.86亿元。叶巴村成功申报全国第二批三星级地质文化村。全年旅游接待26.11万人次，实现旅游收入827.37万元，其中林卡经济收入393.12万元，带动农牧民增收849人次。

编制完成《达孜城区控制性详细规划调整方案》，为打造东翼新城指明方向。佳禾·阳光绿洲、虎峰城市广场、盛世未来城房等地产项目陆续开工，燃气管网铺设19.4千米，市政基础设施不断完善，城镇功能得到有效提升。组织开展乡镇国土空间规划编制，有序推进“美丽乡村·幸福家园”建设，完成德庆镇棚户区改造、章多乡国道318至章多村5组、6组公路工程等项目。

推进乡村振兴项目19个，总投资1.7亿元。加强人才队伍保障，有农牧业生产经营、乡村振兴专干人才等1314人。加强困难人员帮扶，核实“三类人员”困难群众73人，发放生活补贴8.6万元。强化建档脱贫人员收支动态监测，建档立卡户脱贫户人均纯收入18881.35元，同比增长14.36%，无返贫户，脱贫成果进一步得到巩固。

【其他业务工作】 年内，落实“外防输入、内防反弹”总策略和“动态清零”总方针，及时有效处置局部聚集性疫情，有效落实保供稳价，调拨储备大米、面粉、清油290.89吨，保障群众正常生活秩序。切实贯彻落实稳经济政策措施，兑现困难群众一次性生活补贴49.74万元，减免房租、地租共计272.09万元，落实留抵退税98户9586.25万元，减免各类税费19326.21万元，减免水电费、网费144.24万元，发放外来务工人员临时性补贴121.06万元，兑现高校毕业生一次性创业启动资金27人次162万元，一次性求职创业补贴114人63.27万元。

【党建工作】 年内，坚持贯彻落实“一岗双责”责任制度，把党建工作列入重要议事日程，主要领导亲自抓、亲自安排部署，突出抓好学习型机关建设，加强落实“三会一课”制度，积极开展党史学习教育、中共二十大学习教育、中央第七次西藏工作座谈会等党内各类教育活动，结合每月主题党日，积极开展“九个一”活动（一是建立一套责任体系；二是专题学习一次《中国共产党支部工作条例（试行）》；三是支部书记上一次党课；四是开展一次党员交心谈心活动；五是开好一次组织生活会；六是支部书记做好一次述职报告；七是评选一批优秀党员；八是完善一系列工作机制；九是开展一系列健康有益的支部活动），大力弘扬“老西藏精神”“两路”精神，利用观看爱国主义影片、参观教育基地等形式，引导党员干部传承红色基因。截至年底，组织开展集中学习 20 次、专题研讨交流 5 次、书记讲党课 4 次，撰写学习心得体会 20 余篇。

（郝振振）

【机构领导】

主　任

孙　浩（一级主任科员）

副主任

柏树辉（二级主任科员）

韩志诚（江苏援藏，6 月免）

徐　驹（江苏援藏，6 月任）

财政

【概况】 2022 年，达孜区财政局共有干部职工 19 人，其中，局长 1 人，副局长 2 人，一般干部 16 人，党员 15 人。设有局长办公室和副局长办公室、综合办公室、总会计室、国资委及会计核算中心大厅等。

【2022 年财政预算执行情况】 经达孜区一届人大第六次会议批准，2022 年度全区财政总财力 272323.77 万元，其中，一般公共预算财力 268234.93 万元，政府性基金预算财力 3888.94 万元，国有资本经营预算财力 199.9 万元。

在年度预算执行过程中，根据财力变化，经达孜区第二届人大常委会第一次会议审查批准，2022 年上半年区财政总财力 289837.33 万元，其中，一般预算公共财力 283141.22 万元，政府性基金预算财力 6496.21 万元，国有资本经营预算财力 199.9 万元。至年底，全区财政总财力达到 305933.03 万元，比 2021 年决算增长 14149.03 万元，增长 4.85%。一般公共预算财力达到 301506.25 万元，增长 4.24%，其中，一般公共预算收入完成 23761.92 万元；一般公共预算支出完成 124100 万元、上解支出 204.11 万元、调入预算稳定调解金 166502.14 万元、直达资金结转下年 10700 万元。年内实现收支平衡，略有结余。政府性基金预算财力达到 4083.93 万元，增长 75.8%，其中，政府性基金收入完成 2243.05 万元，增长 119.69%；政府性基金预算支出完成 723.62 万元；结转支出 3360 万元。国有资本经营预算财力达到 342.85 万元，其中，国有资本经营预算收入完成 143.24 万元；调入一般公共预算 43 万元；国有资本经营预算未支出；结转支出 342.85 万元。

【一揽子政策】 年内，贯彻落实扎实稳住经济一揽子政策，加快推进各项政策措施落实落地。

在进一步加大增值税留抵退税政策力度方面。自 2022 年 4 月政策实施以来，达孜区受理申请 91 户，涉及资金 9537.75 万元，均已全部完成退库，其中本级财力影响留抵退税金额 4768.88 万元。

在实施外来务工人员临时性补助方面。从自治区、拉萨市出台《关于贯彻落实〈扎实稳住经济的一揽子政策措施〉的实施细则》文件精神后，达孜区从 2022 年 10 月 6—31 日（含），每人每天发放临时性生活补助 50 元，达孜区分 3 批共下发 121.055 万元。

达孜区在落实自治区、拉萨市出台《关于稳经济若干临时性措施》的纾困扶持配套措施中，结合本区实际自行出台相关纾困政策。针对农村脱贫不稳定户、边缘易致贫户、突发严重困难户三类人员，每人发放一次性生活补助 1200 元，完成 73 户（71 户 1200 元、2 户 400 元）8.6 万元兑

2022年4月22日，拉萨市财政局副局长万诗亮（左一）到达孜区调研惠民惠农财政补贴资金落实情况

现工作。

【新冠疫情防控】 年内，达孜区财政局主动作为、积极发挥财政职能作用，研究细化疫情防控经费保障措施，合理统筹调度资金，做好疫情防控资金保障工作。

为贯彻落实自治区、拉萨市稳经济若干临时性措施和达孜区及时兑现外来务工人员临时性补助的发放工作部署要求，达孜区财政局负责牵头，联合住建局、农业银行疫情服务组到辖区各项目施工单位及其他有聘用临时外来务工人员的单位，向他们积极宣传自治区、拉萨市人民政府出台相关纾困扶持政策配套措施相关申报程序等事宜，并为受困无农行卡人员现场免费办理农行卡累计100余张。自承租国有房屋租金减免工作启动以来，财政局（国资委）全力推进承租国有房屋房租减免工作，持续降低实体经济运营成本，对承租国有房屋从事生产经营活动的小微企业和个体工商户、运营困难的民办非公有制企业单位，2022年第四季度持续经营的，在2022年免除6个月房租的基础上，再免除3个月的房租。工作人员以电话、微信、上门等方式主动联系小微企业和个体工商户，第一时间做好政策对接工作，逐一讲解租金减免政策和相关办理流程，确保“不落一企、不漏一户”。

为快速有效阻断疫情扩散，财政第一时间拨付全区疫情防控物资保障经费460万元、各乡镇疫情食宿保障经费112.8万元、疫情期间菜农地租租赁补贴44.55万元、抽调参与全市疫情防控工作人员临时性补助142.36万元、2022年新冠疫情等传染病及公共卫生突发事件200万元。

为严格落实“三保”工作要求，达孜区财政局积极主动作为，以高度的政治责任感和使命感，全力保障全区财政统发工资的准确、及时、足额，并做好疫情防控期间的工作要求，及时做好财务人员的备案程序，疫情期间足额发放全区统发工资。

规定各单位在使用财政性资金采购与疫情防控相关的货物、工程和服务时，以满足疫情防控为首要目标，以腾讯视频会议为载体，及时召开政府采购领导小组工作会议，确保各项政府采购工作顺利进行。

2022年3月17日，达孜区委常委、组织部部长吴小兵（右二）到塔杰乡巴嘎雪村宣讲社保卡“一卡通”相关政策

【涉农整合】 年内，统筹整合财政涉农资金1.7亿元，支持产业发展、生态环境保护等19个项目建设，稳步推进脱贫攻坚同乡村振兴有效衔接。

【就业创业】 年内，落实就业保障金1073.4万元用于高校毕业生就业补贴。

【教育保障】 年内，教育经费投入8906万元，占2021年财政收入的20%，主要用于完善教育经费保障机制，逐步提高教师生活待遇，加强教育基础设施建设。

【社会保障】 年内，投入资金27.21万元，用于发放城乡居民基本养老保险金；投入资金516.74万元，用于发放城乡最低生活保障金、城乡特困人员救助补助资金。

【“一卡通”】 年内，根据《拉萨市惠民惠农政策补贴资金“一卡通”管理工作实施方案》，联合达孜农行到塔杰乡、邦堆乡、章多乡、雪乡、唐嘎乡各村小组对农牧民进行惠民惠农财政补贴资金“一卡通”管理工作宣传共计15场次，发放宣传资料1500余份及其他宣传用品,办理社保卡25923张,办卡率达92%。截至10月,达孜区补贴村干部待遇、农村最低生活保障、子女教育及义务教育“三包”政策等42项补贴政策,全部以“一卡通”兑现方式发放,共发放资金2962.79万元(含三类人员一次性生活补助8.6万元)。

【住房保障】 年内,投入建设资金11750万元(含基金),主要用于支持达孜区林阿村人居环境整治项目、达孜区幸福社区(“三岩”搬迁点)附属设施搬迁提升工程、保障性住房专项维修等重点项目,不断优化城乡居住环境,提升人民群众的获得感和幸福感。

【财政管理】 年内,根据拉萨市财经秩序专项整治方案要求,结合财经秩序专项整治事项存在的问题,先后召开13次会议进行逐项分析、逐项安排、逐项落实,完成在以财政支出方式实施与企业缴纳税金挂钩的返还政策方面、结转结余资金未及时收回方面、虚列支出方面的整改。

把公务接待经费开支和使用情况专项检查作为一项重要工作狠抓落实,成立专项检查工作小组,召开5次专题会议,分析研究自查中发现的问题。接待无公函、超标准接待、未按规定缴纳伙食费等方面已全部整改完成。

全面推进预算绩效管理改革,促进财政资源配置优化、财政资金使用合理有效。建立健全事前评估、事中监控、事后评价“全链条”机制,完善绩效指标评价体系。

2022年11月29日,达孜区副区长益西曲珍(后排左二)调研国企改革工作

完成全区68家预算单位在人大会议批准后20日内,在达孜区政府门户网站上的预算公开工作。

财政投资评审已完结送审金额30761.73万元,审定金额27914.5万元,核减金额2847.23万元,核减率9.26%。

盘活存量资金7.4亿元,优先用于“三保”、以前年度项目尾款、民生领域等刚性支出,缓解财政收支矛盾。

完成对达孜区行政事业单位公务车辆编制工作,并制定出台进一步加强达孜区行政事业单位公务车辆加油卡管理办法,规范行政事业单位公务用车制度、节约车辆运行成本,提高了工作效能;严格落实公务车辆报废处置制度,根据车辆管理规定报废处置13辆公务用车,报废收回款2.93万元上缴国库。

完成现有资产数据计划迁移前期工作。根据工作进度计划,已完成达孜区63家行政事业单位资产数据迁移计划前期准备工作,为资产管理全面并入预算管理一体化系统(2.0)夯实基础。

【政府采购】 年内,根据《拉萨市达孜区政府采购管理暂行办法》,以规范采购行为为重点,以促进社会经济健康发展为目标,紧紧围绕“依法采购、优质服务、规范操作、廉洁高效”的服务宗旨和“重服务、重效率、重规范”的工作思路,按照“规范采购行为,提高资金效益,维护国家利益,促进廉政建设”的目标要求,坚持“以人为本、规范运作、礼貌服务、公正立业”的工作理念,不断拓宽采购渠道,规范采购行为,较好地完成了各项采购任务。2022年召开9次政府采购领导小组工作会议,对60个申请采购项目进行研究。

【财税监管】 年内,为加强达孜区寺庙财税管理,健全完善寺庙财务管理制度,对辖区9座寺庙(日追、拉康)和4座分寺开展财税监

2022年12月8日，达孜区财政局工作人员到邦堆乡开展结对帮扶活动

管培训，不断提升资金的安全稳定度。通过“一对一”指导、不定期开展业务培训等方式加大培训力度，逐步提高僧人的财务管理能力和水平，确保寺庙财务管理规范化。

【国资委工作】 年内，持续推进国资国企改革工作，强化基层党建工作和人才队伍建设；建立健全中国特色现代企业制度，加大对企业权力集中、资金密集、资源富集部门和岗位的监督力度；完善国企收入分配激励机制，防止专业技能人才流失。如期完成达孜区划转部分国有资本充实社保基金工作。实现国有企业退休人员区内社会化管理服务绩效目标。开展国有企业全面审计工作，审计国企7家，下属子企业4家。严格落实党委、政府关于疫情期间房租减免工作安排部署，减免房租141户，317.37万元，切实帮助小微企业和个体工商户纾困解难。

【党建工作】 年内，坚持以习近平新时代中国特色社会主义思想为指导，全面贯彻落实中共二十大精神，深入学习贯彻习近平总书记关于基层党建、西藏工作的指示要求和新时代党的治藏方略，坚决捍卫“两个确立”、增强“四个意识”、坚定“四个自信”、做到“两个维护”，紧扣“四个创建”“四个走在前列”“五个方面走在前、做表率”“七个排头兵”“七个坚定坚决”的要求，结合达孜区委“清源正本、忠诚正道”党员政治教育和“饮水思源、感恩思进”群众感恩教育，进一步改进作风，狠抓落实，自觉把中共二十大精神融入财政工作全过程、财政部门党的建设各方面，不断强化使命责任，踔厉奋发，担当作为，推动财政改革发展，为建设幸福达孜贡献财政智慧和力量。

年内，达孜区财政局党支部通过集中学习、支部“三会一课”和自主学习等方式，共开展“两正”“两思”学习教育8次、基层治理专题学习研讨各1次、专题学习中共二十大精神1次、达孜区第二次党代会精神1次，开展主题党日活动4次、组织生活会1次，到林周县交流学习财政预算管理一体化（2.0）先进经验1次，深入巴嘎雪村开展“领导干部下基层大接访办实事”20余次，到邦堆村推行领导干部常态化“四联四包”工作机制暨“大宣讲大调研大排查大落实”活动走访114户。达孜区财政局党支部和各党员干部对标“四查四问”问题清单，认真梳理当前存在的突出问题，党支部查找出问题10项，制定整改措施16条；党员干部查找出问题8项，制定整改措施18条，推进转变作风狠抓落实工作走深走实。

【审计工作】 年内，达孜区财政局主动履责，积极配合各级巡视（察）组、督导检查组，形成上下联动，为巡视（察）、督导检查工作顺利开展提供保障，迎接上级（本级）各项财政资金检查30次。

（王　勇）

【机构领导】

局　长

尼　　玛（女，藏族）

副局长

次旦卓玛（女，藏族）

郭　　旭（藏族，6月免）

审计

【概况】 2022年，达孜区审计局共有行政编制3个，其中科级领导职数2个，一般干部职数1个。实有干部职工5人，其中局长1人，副局长1人，科员3人。

2022年，达孜区审计局紧紧围绕达孜区委、区政府中心任务，充分发挥审计监督职能，保障达孜经济健康稳定发展，推动全区廉政建设。2022年达孜区审计局共完成3个审计项目（不含财税监管），发现问题金额6765.85万元，挽回损失12.6万元，出具审计报告20份，发现非金额问题414个，提出审计建议105条。

【审计业务】 3月11日，达孜区审计局派出审计组对达孜区医疗卫生系统财务收支审计情况实施审计，出具审计报告8份。其间，基于被审单位实际工作开展需求，审计局组织召开审计工作推进会对审计内容进行调整。受达孜区委国资委委托，3月11日达孜区审计局派出审计组对区国资委下属7家国有企业财务收支情况实施审计，出具审计报告11份（含子公司）。

根据2022年审计项目计划，6月23日，达孜区审计局派出审计组对唐嘎乡人民政府2016年5月至2021年5月期间财务收支情况进行审计，出具审计报告1份。

根据拉萨市审计局工作安排，4月29日，达孜区审计局实施"十三五"重点项目前期经费审计，主要针对前期项目经费的资金使用和项目管理开展审查工作，并形成报告上报拉萨市审计局。

根据拉萨市审计局要求，摸底排查达孜区各单位部门、各国有企业、各金融机构是否存在内部审计机构，统计内部审计机构信息、人员配置及审计项目信息，并及时上报市审计局。

【财税监管】 年内，根据自治区关于财税监管工作的通知要求，6月达孜区审计局组织实施全区财税监管审查工作，及时向拉萨市审计局对接阶段性工作开展情况，顺利完成此次财税监管工作，出具审计报告11份。

【督促整改】 6月2日，达孜区审计局组织区国资委、国有企业主要负责人召开审计整改工作会议，通报审计工作中发现的共性问题和突出个性问题，并对审计整改提出具体要求。后续审计局对各国有企业上报整改材料开展审核工作，判断是否整改到位，督促各国有企业高效高质开展审计整改工作，确保此次国有企业审计整改落到实处，"经济体检"发挥实质性作用，确保各国有企业规范运营，促进达孜区经济市场健康发展。

【联系群众】 3月13日，达孜区审计局局长占堆带队到章多乡恰村开展"下基层大接访办实事"活动，深入各小组村民家中调研，详细了解家庭人口、类型、身体健康和收入来源等生产生活基本情况，认真听取村民的困难诉求并详细登记，共计调研6次，入户86次，搜集群众困难诉求117条。

7月11—13日，达孜区审计局局长占堆带队到章多乡恰村开展"四联四包"入户调查工作，对分包群众共计44户以"一户一档"形式开展登记摸底，深入群众家中，为群众宣传各项政策，排查是否存在风险隐患并及时纠正。达孜区审计局就了解到的问题积极联系相关部门尽快解决、给予答复。

【业务培训】 年内，为切实丰富审

2022年3月14日，达孜区审计局局长占堆（右一）到章多乡恰村开展"下基层大接访办实事"入户调研

2022年7月11日，达孜区审计局工作人员到章多乡恰村开展“四联四包”入户调研

计局业务人员专业知识、提高审计业务人员专业能力。5月23日，聘请第三方审计机构有资质的会计师（3名）为达孜区审计局审计人员讲解审计相关知识，主要包括会计核算审计、人员审计、制度建立及执行情况、实物资产管理往来款项管理、合同采购审计、资产盘点审计、成本费用支出审计，讲解审计切入点以及需要重点关注和注意的事项。同时，业务人员与老师充分沟通交流。审计局全局业务人员对实施审计有了更加专业的认识，在一定程度上提高了专业能力，推动了达孜区审计事业进一步发展。

【党建工作】 年内，达孜区审计局结合区委“两正”“两思”教育实践活动，坚决维护习近平总书记党中央的核心、全党的核心地位，坚决维护党中央权威和集中统一领导，坚决贯彻党中央的重大决策部署，特别是习近平总书记对审计工作的重要批示指示，紧紧围绕达孜区委、区政府中心、重点工作依法依规开展审计监督。通过组织干部持续深入学习，进一步夯实党员干部职工政治理论基础，不断强化理论武装头脑，2022年达孜区审计局开展党史专题组织生活会1次、党史相关研讨会1次、集体学习12次；参加市局业务培训4次，干部上线答题4次；参观西藏百万农奴解放纪念馆1次；组织观看反腐电影2次；专题学习违纪违法案例、会纪会风通报20余次；组织参观廉政警示教育基地、教育展2人次。

【新冠疫情防控】 年内，达孜区审计局先后派出4人分别到拉萨市、拉萨市达孜区参加疫情防控工作，严格贯彻落实拉萨市、拉萨市达孜区关于疫情防控各项措施，为广大人民群众提供各项便民服务，为抗击疫情贡献一份力量，守护人民群众的生命健康。

（邓郁凡）

【机构领导】

局　长

占　堆（藏族）

副局长

赖帮兰（女）

自然资源管理

【概况】 2022年，达孜区自然资源局有行政编制6名，其中科级领导职数3名。达孜区自然资源局所属事业单位的设置、职责和编制事项另定。实有干部职工16人，其中科级（含虚职）6人，事业单位技术岗10人，公益性岗位4人。根据第三次全国国土调查数据，2022年达孜区辖区面积136000公顷，有耕地面积7781公顷、林地面积51036公顷、草地面积51859公顷、湿地面积5161公顷。

【党建工作】 年内，达孜区自然资源局党支部主动强化担当意识，积极落实全面从严治党主体责任，组织党支部集中学习20次，开展党员应知应会测试1次、相关法律知识测试3次，组织党员撰写心得体会3次。同时，组织及督促全局党员、非党员参加“学习强国”学习平台学习，让线上学习成为常态。持续加强党风廉政建设，制定党风廉政建设方案，完善党风廉政建设机制，召开党风廉政建设会议2次、“三重一大”会议13次，组织党员领导干部观看警示教育片3次。

【规划编制工作】 年内，积极协调康养小镇与水利河堤冲突，新仓规划白地与建设项目规划落地，园区邻里中心规划指标调整，康养小镇项目冲突问题等工作。根据拉萨市关于组织开展试点乡镇国土空间规划编制的要求，推选章多乡为试点乡镇。申请将编制费用纳入2022年预算，完成可开发区域1∶2000地形图测绘。积极对接国土空间规划编制单位，及时上报市局需要的空间规划填报内容。完成2022年美丽乡村勘界编制单位及农转用手续招标工作。2022年度第一批次村镇建设用地报件的勘界报告已通过专家评审，并委托第三方组织实施报件上报工作。

【安全生产】 年内，开展矿山动态巡查20余次、专项排查6次，针对矿山企业存在的安全隐患，要求相关非煤矿山企业立即整改或限期整改。通过地质灾害“三查”工作，排查132处地质灾害隐患点，要求达孜区39名地质灾害群测群防人员严格执行乡镇值班值守制度，发现隐患第一时间上报。组织消防、公安等各相关部门在德庆镇白纳村4组伊玛沟开展泥石流地质灾害演练，结合演练，发放雨伞、耕地保护宣传物资等70件，地质灾害宣传册130份。投资77.8万元，及时开展森林草原火灾风险普查工作。加强森林火灾防控，2022年未发生森林火灾及人员伤亡事故。

【行政执法】 年内，完成2021年度补充图斑271宗的外业核查工作，对271宗图斑进行内业判定及内业举证资料准备工作。起草《关于调整充实达孜区违法用地和违法建设专项整治领导小组的通知》《达孜区关于治理违法用地和违法建设行为的实施方案》《关于充实达孜区乱占耕地建房专项整治行动领导小组(协调机制)》等文件。通过日常巡查及举报，共受理疑似违法占用林地、草地、保护区问题8个，督促办理相关手续6起，责令停止破坏并要求进行植被恢复2起。

【造林绿化】 年内，开展南北山造林绿化工程、西藏营造林先造后补建设造林工程、乡村“四旁”植树造林等工作，种植各类苗木121.58万余株。组织开展2022年义务植树造林等工作，结合南北山绿化工程，栽植油松、砂生槐、沙棘等树种，造林面积达298亩。

【草地确权】 年内，根据区、市统一安排部署，及时开展2022年全区草地确权颁证工作，及时召开动员部署会议，成立草原确权工作领导小组办公室，落实预算经费，委托第三方开展草地确权工作。制作藏语和汉语宣传册、海报，发放宣传单2000余份。

【森林生态效益补偿基金】 年内，达孜区森林生态补偿基金工程重点公益林面积为645830.5亩，管护人员292名。根据《拉萨市财政局关于调整2022年林业草原转移支付资金(第一批)预算指标的通知》管护情况及时兑现给各护林员工资共计357.12万元。

【野生动物保护】 年内，救助(治疗、喂养)黑颈鹤、金雕、赤麻鸭等动物10余只(头)。与7名保护区管护人员和1名疫源疫病监测人员签订雅江中游河谷黑颈鹤国家级自然保护区(拉萨河流域达孜管理范围)管护人员、疫源疫病监测员合同。安排其对负责片区

2022年5月19日，达孜区委书记索朗次仁(中)主持召开国土空间规划“三区三线”划定工作汇报会

范围内国际级野生动物疫情情况进行观察巡护，及时掌握及保护野生动植物资源、野生动物活动、集群情况等基本信息，制止保护区内乱砍滥伐等破坏现象发生。发现受伤野生动物、野生动物异常死亡和疑似疫情情况立即上报，并做到日报告制度。

（胡嘉祎梅）

【机构领导】

副局长

单增罗布（藏族，主持工作）

罗布扎巴（藏族）

不动产登记中心主任

次仁诺布（藏族）

统计

【概况】 2022 年，达孜区统计局行政编制 5 名，事业编制 4 名，有实际在岗职工 10 人。区直各部门及各乡（镇）、村都配备相对固定的统计员，与以往人员变动频繁相比有很大的改观，这既有利于基层统计工作的统一管理，也有利于源头数据质量的提高，为原始数据的收集和统计事业发展奠定了基础。

【基本职能】 贯彻执行统计法律、法规、规章、基本统计制度和统计标准，组织协调达孜区统计工作，确保统计数据真实、准确、及时。拟订统计现代化建设规划并组织实施；指导达孜区统计工作；建立健全达孜区国民经济核算体系和统计指标体系；建立和完善达孜区经济、社会、科技统计调查制度；监督管理各乡镇、各部门统计和国民经济核算工作。组织实施全区人口普查、经济普查、农业普查等国情国力普查和大型专项调查，汇总、整理和提供有关统计数据。组织实施农林牧渔业、工业、建筑业、批发和零售业、住宿和餐饮业、能源、投资、科技、人口、劳动力、环境基本状况、文化体育和娱乐业以及装卸搬运和其他运输服务业、仓储业、计算机服务业、软件业、科技交流和推广服务业、社会福利业等统计调查，收集、汇总、整理和提供有关调查的统计数据，综合整理和提供地质勘查、旅游、交通运输、资源、房屋、对外贸易、对外经济、邮政、教育、卫生、社会保障、公用事业等达孜区基本统计数据。组织各乡镇、办事处、各部门进行经济、社会、科技和资源环境统计调查；统一核定、管理、公布达孜区基本统计资料，定期发布达孜区国民经济和社会发展情况的统计信息；组织实施区域经济和社会发展情况的统计监测评价考核。

2022年7月15日，西藏自治区统计局联合市统计局工业科一行到达孜工业园区调研

对国民经济、社会发展、科技进步和资源环境等情况进行统计分析、统计预测和统计监督；建立宏观经济监测系统；向区委、区政府及有关部门提供统计信息和咨询建议。依法制定达孜区统计调查计划；做好达孜区统计专业基础工作，加强基层统计业务基础建设；建立健全统计数据质量审核、监控和评估制度，开展对重要统计数据的审核、监控和评估；依法监督管理涉外调查活动。指导达孜区统计专业技术队伍建设，开展统计科学技术研究交流合作及统计资料的编辑出版工作；会同有关部门组织管理全区统计专业资格考试培训、职务评聘和从业资格认定工作。建立并管理达孜区统计信息自动化系统和统计数据库系统，拟订各乡镇、各部门统计数据库和网络的基本标准和运行规则，指导各乡镇、办事处统计信息化系统建设。

【内部管理】 年内，达孜区统计局紧紧围绕全区中心工作和经济社会事业发展的各项目标，认真落实区、市统计局的各项工作部署，以"提升统计能力，服务经济发展"为中心，全力打造现代化服务型统计，加强内部管理，强化统计基础工作，优化统计服务，大胆改革创新，抓好基础数据统计。为推动达孜区经济发展，达孜区统计局充分认识新形势下做好统计工作的重要性，重点宣传《中华人民共和国统计法》，全面加强统计能力建设，提高统计服务水平，发挥统计工作在经济社会发展和宏观决策中的信息、咨询、督查作用，更好地为加快实现经济社会跨越式发展和长治久安目标服务。

加强对统计报表的分析，做好每个季度全区国民经济运行分析工作；进一步增强统计服务领域的广泛性和时效性，做好2022年统计年鉴资料的编纂工作。围绕全区主要经济发展指标，特别是考核指标，加强分析，及时预警预测，统计服务水平进一步提高。较好地完成农林牧业、工业、固定资产投资等各专业的2022年年报工作；各专业明确审核重点，加大审核力度，统计数据的完整性、时效性和准确性进一步提高，全面反映了达孜区发展实际。

【经济总量】 年内，实现地区生产总值22.74亿元，同比增长–0.4%。其中，第一产业实现增加值3.63亿元，同比增长6.70%；第二产业实现增加值9.78亿元，同比增长–1.50%；第三产业实现增加值9.33亿元，同比增长–2.40%。一、二、三产比重为1.5∶4.3∶4.1。

2022年7月11日，达孜区统计局工作人员到邦堆乡克日村开展"四联四包"工作

【全社会固定资产】 年内，固定资产投资力度不断加大，比2021年增长35.70%。

【农牧民人均可支配收入】 年内，在一系列支农惠农政策的支持下，农牧民收入继续保持稳定增长态势，全年完成农牧民人均可支配收入21529元，同比增长7.30%。

【社会消费品零售总额】 年内，消费品市场较为活跃，完成社会消费品零售总额44326.4万元，同比增长–13.4%。

【财政收入】 年内，财政收支稳步增长，完成地方财政一般预算收入24345万元。

【规模以上工业总产值】 年内，工业实现规模以上工业总产值36603.8万元，增加值增速为–44.4%。

【培训活动】 年内，经过自治区统计局及拉萨市统计局组织的各类培训及自学，达孜区统计局干部业务知识水平进一步提升。安排统计局干部到自治区统计局培训4次、拉萨市统计局培训8次，协助开展各乡（镇）统计专干各类统计培训170余人次。

【依法统计建设】 年内，为进一步推动企业上报数据真实、准确、完整、及时，促进企业法律意识的增强，达孜区统计局开展法律进企业活动，向辖区内企业宣传《中华人民共和国统计法》《中华人民共和国统计法实施条例》《国家统计局关于统计领域信用建设的若干意见》《企业统计信用管理办法》《关于完善统计违法举报工作制度的规定（试行）》等，并传达统计工作的重要性和必要性。

达孜区统计局建立统计公众号（名称"拉萨达孜统计"），进一步将统计数据、统计成果深入每一位干部、每一位老百姓身边，达孜区干部公众号关注覆盖率为75%（领导干部覆盖率为85%），统计局与达孜区委宣传部等部门联合，进一步提升覆盖率，后期统计局在原有统计年鉴、领导手册基础上制定更为便捷的统计资料，实现统计数据共享。

【国家住户调查样本轮换工作】住户调查大样本轮换是防止样本老化、保证样本代表性的必然需要，是确保调查数据质量的重要举措。达孜区统计局在区内疫情防控形式复杂严峻时期，采取与以往不同的方式方法，在10月31日顺利完成2022年住户调查大样本轮换工作。

从2017年大样本轮换的5个农村记账点，其中，4个国家点、1个地方点，换成10个记账点，其中，4个国家记账点、6个地方记账点（1个为农村记账点、5个城镇记账点），改善了因样本老化而导致的数据质量差的问题，填上了达孜缺乏城镇人均可支配收入的空白。

（次旦旺姆）

【机构领导】

局　长

　　旺　　堆（藏族）

副局长

　　薛　　健（12月免）

　　塞　　珍（女，藏族，12月任）

社会经济调查队队长

　　拉姆次仁（女，藏族，12月任）

经济和信息化

【概况】 达孜区经济和信息化局负责达孜区工业经济运行、信息化建设管理工作、全区商务工作，挂商务局牌子。达孜区经济和信息化局编制7个，有工作人员5人（局长1人，副局长2人，四级主任科员1人，事业人员1人）。

2022年，达孜区经济和信息化局始终坚持“发展是第一要务，招商引资是第一要事，工业强区是第一方略，服务是第一职能”的要求，以中共二十大精神为指导、科学发展观为统领，认真履行工作职责，全力推进招商引资、项目建设、企业培扶、园区开发等工作，突出把握“稳中求快”的总基调，基本完成全年各项目标任务。

【经济指标完成情况】 年内，达孜区规模以上企业共8家，分别为西藏藏缘科技有限公司、西藏春光食品有限公司、西藏圣信工贸有限公司、西藏阳光庄园农牧资源开发有限公司、西藏运高新能源有限公司、西藏宏发盛桃有限公司、西藏畅航建筑材料有限公司、拉萨城投祁连山水泥厂。2022年，因疫情影响，达孜区规模以上企业共完成工业总产值36603.8万元，同比增长–44.4%；完成工业增加值15898.4万元，社会消费品零售总额为44326.4万元，增速–13.4%。

【项目申报和扶持资金】 年内，达孜区经济和信息化局积极对接上级部门，组织开展相关企业申报各类扶持项目，积极兑现各类扶持资金。在争取扶持项目方面，根据经信厅下发的《关于开展2021年第三批西藏自治区中小企业发展专项资金项目申报工作的通知》《关于开展2022年自治区绿色制造名单推荐工作通知》《关于开展2022年度西藏自治区“专精特新”中小企业认定工作及申报培训的通知》精神，积极组织企

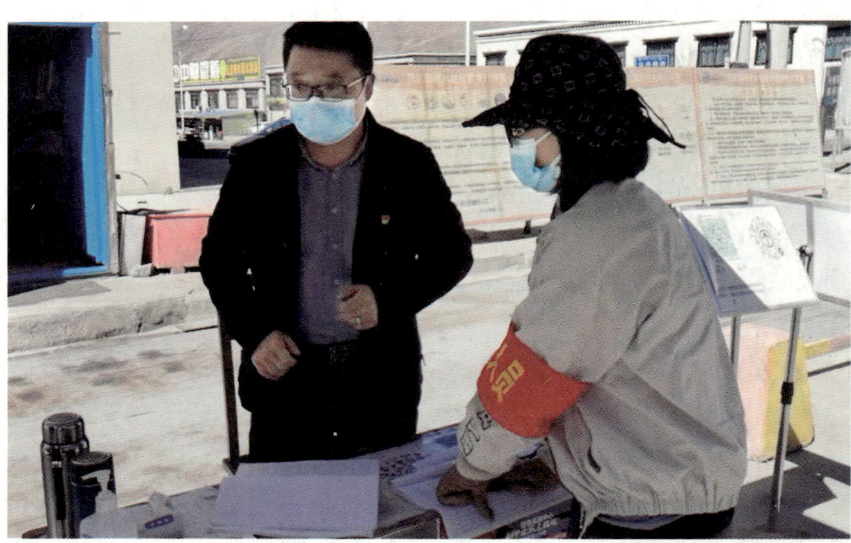

2022年3月18日，达孜区经济和信息化局局长周胜毅（中）到领峰木材市场检查疫情防控工作

业申报，并结合企业自主申报情况，推荐西藏圣信工贸有限公司和拉萨城投祁连山水泥有限公司申报专项奖励类项目。推荐西藏天圣消毒制品有限公司申报企业新建、改扩建和技改奖励类项目。推荐西藏索朗兴青稞实业有限公司、西藏藏缘青稞科技有限公司和西藏春光食品有限公司申报绿色工厂。推荐西藏德众地理信息有限公司、西藏玫瑰生物科技发展有限公司和西藏圣天源农畜产品有限公司申报西藏自治区专精特新中小企业。

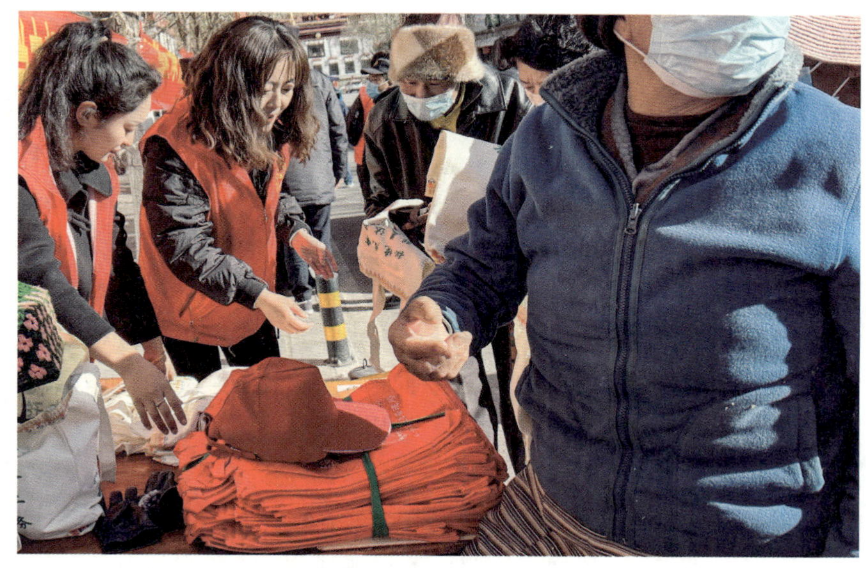

2022年3月14日，达孜区经济和信息化局工作人员开展学雷锋志愿宣传活动

在兑现扶持资金方面，达孜区圣信工贸、阳光庄园和天测测绘3家企业享受到中小企业发展专项扶持资金200万元。拉萨城投祁连山、晨阳涂料享受到拉萨市绿色发展奖励资金40万元，年底均足额兑现完毕。达孜区西藏圣龙实业有限公司获得西藏自治区青稞系列食品加工项目奖励资金94万元。根据《西藏自治区财政厅、西藏自治区商务厅关于印发〈西藏自治区商贸流通业发展专项资金管理办法〉的通知》，达孜区新星加油站作为新增限额以上零售企业获得8万元奖励。

【新冠疫情防控】 年内，按照中央、自治区、拉萨市疫情防控电视电话会议精神和达孜区疫情办工作部署，达孜区经济和信息化局认真执行“管行业必管疫情防控”工作要求，重点对区内6家加油站、2家木材交易市场的疫情防控常态化工作执行情况进行督导检查。自8月达孜区出现疫情以来，达孜区经济和信息化局积极响应区委、区政府号召，除了休产病假的2人外，其他干部职工全部投入疫情防控各条战线。派出2名干部全程参与“达孜区疫情防控三公（工）流调组”，开展达孜区新冠疫情流行病学调查溯源工作，做好密切接触者和次密接人员的追踪判定。派出2名干部到达孜区疫情办开展物资保供数据统计、防疫物资运送以及外地滞留达孜人员的遣送工作。派出1名干部到拉萨市城关区开展社区一线的疫情防控工作。

【复工复产】 年内，为统筹抓好疫情防控和经济社会发展，按照达孜区委、区政府关于各领域复工复产的有关要求，在充分征询相关职能部门的意见建议基础上，结合疫情防控形势和企业复工需求，达孜区经济和信息化局于9月18日出台《达孜区企业生产销售领域复工复产实施方案》，要求辖区内各工业企业按照该方案逐步开展复工复产工作。9月，待达孜区疫情好转，社会面基本实现动态清零后，区委、区政府面向企业、商超等各类市场主体，做出逐步复工、复产、复市的决定。根据这一精神，达孜区经济和信息化局在第一时间组织部分人员到企业一线，开展复工复产调研，目的是掌握企业的实际复工需求，人员、设备、原材料现状以及疫情防控措施执行情况。

9月16日，到辖区内部分规模以上工业企业和限上销售企业进行调研和检查，实地查看复工复产人员是否符合防疫要求，生产资料和防疫物资储备是否达标，生产经营场所是否实现闭环管理，闭环内部疫情防控措施执行是否到位，实现闭环的生产经营场所与外部物资输入输出对接管理是否妥当。经检查现场以及企业提供的申请资料，批准西藏域腾民爆有限责任公司、拉萨城投祁连山水泥有限公司、西藏建辉抗磨材料有限公司、西藏孔巴农畜产品开发有限公司等9家企业开展复工复产。

【招商引资】 年内，按照自治区招商引资工作任务要求和《拉萨市政府办公室关于下达2022年全市招商引资目标任务的通知》，结合达孜区2022年招商引资目标任务，组建以区委书记为组长的招商引资工作领导小组。按照拉萨市政府提出的“招商引资百日攻坚”行动要求，组建以招商引资分管领导为组长的“招商引资百日攻坚”工作专班领导小组。经请示区委、区政府，将招商引资任务完成情况作为各成员部门年底目标绩效考核的重要依据。

【信息化工作】 年内，为精准摸排达孜区自然村及农牧民聚集区存在的通信信号差问题，结合“我为群众办实事”活动，达孜区经济和信息化局组织移动、电信和联通3家运营商到各村组核查通信信号。通过核查统计，达孜区偏远自然村及农牧民聚集区4G通信信号差的乡村有唐嘎乡穷达村6组、洛普村9组、洛普村10组，章多乡恰村，邦堆乡林阿村12组、叶巴村5组。达孜区经济和信息化局将偏远自然村存在的“信号差、覆盖弱”问题及时反馈至市局，主动与市局沟通对接，为向群众提供更加优质的通信服务做出努力。

【安全生产】 年内，按照“管行业必须管安全、管业务必须管安全、管生产经营必须管安全”的要求，达孜区经济和信息化局对民用爆炸物品行业的安全生产负有监管责任，对工业行业安全生产负有指导管理责任。

截至年底，严格执行对辖区民爆企业的日常巡查制度，累计开展例行检查19次，突击检查3次，累计排查出一般隐患4个（消防方面），重大隐患1个（炸药保管制度落实方面）。排查出的隐患全部整改到位，民爆企业方面已向达孜区经济和信息化局以及上级经信部门上报书面整改报告。

2022年12月2日，达孜区经济和信息化局工作人员为辖区规模以上企业分发防疫物资

【党建工作】 年内，坚持把学习贯彻习近平总书记重要讲话精神作为机关党建的一项重要政治任务，局党支部采取理论学习、宣讲辅导、座谈交流等多种形式组织党员干部学习。

坚持把思想理论建设摆在首位，深入开展学习型党组织创建活动，把创建学习型党组织纳入机关党建工作的整体规划，建立健全让党员经常受教育、永葆先进性的长效机制。

进一步执行和完善“三会一课”制度、党员学习制度、民主生活会制度、组织生活会等制度，提高操作性。

【党风廉政建设】 年内，开展党性党风党纪和廉洁从政教育，组织党员、干部学习党风廉政建设理论和法规制度，打造特色廉政文化长廊，助推廉政文化建设。根据自治区党委、拉萨市委关于改进作风狠抓落实工作要求和达孜区开展的“两正、两思”活动统一部署，达孜区经济和信息化局党支部把改进作风狠抓落实作为2022年内最为重要的政治任务来抓，抓紧抓实重点时段节日期间作风建设，形成上律下纠的良好态势，确保风清气正过廉节。

（徐凌美子）

【机构领导】

局　长

周胜毅

副局长

王 桂 元（江苏援藏，7月免）

米　　珍（女，藏族）

欧金次仁（藏族）

工业园区管理

【概况】 达孜工业园区规划总面积为6.018平方千米，园区业已形成“一个名牌”（以净土健康产业为主导品牌）、“四大产业”（高原生物医药医疗产业、新能源及科技型新兴产业、民族手工业和现代服务业）发展格局。园区累计入驻企业1597家（包含注册型）其中实体企业71家，培育非公有制企业党支部12个，规模以上企业9家，龙头企业8家，高新技术企业5家，中国驰名商标3个，自治区著名商标5个。2022年，园区完成总产值6.25亿元，完成工业总产值1.25亿元，完成税收7.9亿元（包含注册型）。

【召开重要工作会议精神专题会议】 1月6日，达孜工业园区管委会党支部召开关于自治区重要工作会议精神专题学习会议，园区管委会副主任邓爽主持会议。会议指出，干部职工要再利用业余时间进行学习和探讨，要与时俱进，将党中央、自治区、拉萨市重要会议精神和文件精神与实际工作相结合，善于运用先进的理论思想武装头脑，不断提升自身的综合素质。

【“两思”主题活动启动会】 1月

2022年5月7日，达孜区政府党组成员兰辉（右二）组织召开工业园区公租房项目建设现场协商会

24日，达孜工业园区管委会召开《关于印发〈中国共产党达孜区委员会关于开展“清源正本、忠诚正道”党员教育要进一步改进作风狠抓落实工作方案〉的通知》《关于印发〈中国共产党达孜区委员会关于在全区深入开展“饮水思源，感恩思进”群众教育实践活动的实施方案〉的通知》两大核心工作部署会议。此次会议由园区管委会副主任邓爽主持，在岗干部职工参加会议。

【收看反腐系列片】 1月26日，达孜工业园区管委会召集干部职工集中收看年度反腐大片《零容忍》。专题片共5集内容，分别为《不负十四亿》《打虎拍蝇》《惩前毖后》《系统施治》《永远在路上》，专题片客观讲述全面从严治党、推进反腐败斗争的故事。

【召开督察工作部署会】 2月24日，达孜工业园区管委会召开迎接中央环保督察专题部署会。会议由园区管委会副主任邓爽主持，园区全体干部参会。

3月24日，达孜工业园区召开迎接中央生态环保督察工作部署会，会议由园区管委会副主任邓爽主持，园区党工委书记王锦出席并作部署安排。拉萨市生态环境保护局达孜区分局环保负责人、园区安监局、经济规划局负责人及园区企业负责人、生态环保负责人参加会议。

【召开督查工作对接会】 2月28日，达孜工业园区管委会组织召开迎接中央生态环保督查工作对接会。园区党工委副书记、管委会主任王斌忠，副主任邓爽，西藏华程环保有限公司（园区“环保管家”）负责人，园区经规局局长骆斌，园区迎接中央环保督察整改专班相关工作人员参加会议。

【“领导干部下基层大接访办实事”】 年内，按照市委、达孜区委关于“领导干部下基层大接访办

2022年4月18日，达孜工业园区管委会联合区市场监督管理局开展园区食品生产加工企业隐患排查

实事”活动的部署要求,结合达孜“清源正本、忠诚正道”党员忠诚教育活动、“饮水思源、感恩思进”群众教育主题活动重点开展“领导干部下基层大接访办实事”工作。3 月 13 日,达孜工业园区党工委书记王锦到幸福社区和桑珠林村开展“领导干部下基层大接访办实事”活动。

【拉萨市人民政府调研】 3 月 13 日,拉萨市政府党组成员、副市长潘文卿到达孜工业园区开展“领导干部下基层大接访办实事”活动。在园区管委会召开专题调研座谈会,达孜区委常委、副区长许俊超,管委会主任王斌忠,园区党工委书记、副主任王锦,政府办副主任白丽达,以及管委会各科室负责人参会,会议还特别邀请 3 家企业代表参与座谈。

3 月 14 日,拉萨市政府党组成员、副市长潘文卿到达孜工业园区开展第二次“领导干部下基层大接访办实事”活动。达孜区委常务副书记、常务副区长罗小兵,工业园区党工委书记王锦等领导陪同调研。潘文卿分别走访南京农业大学菊花基地、圣信工贸、玫瑰生物、阿妈羌妈酒业。现场向企业负责人询问,了解企业经营情况、用工情况、市场销售及当前存在的困难。

【西南督察局调研】 3 月 16 日,生态环境部西南督察局四级调研员沃原率队到达孜工业园区开展督察调研工作。自治区生态环境厅副厅长达娃,达孜区委副书记、区长刘代红,达孜区委常委、副区长许俊超,达孜工业园区管委会主任王斌忠等陪同调研。

【党史学习教育专题组织生活会】 3 月 24 日,达孜工业园区管委会召开 2022 年度支部党史学习教育专题组织生活会。党员干部聚焦“五个带头”方面,开展党史学习教育专题组织生活会,交流学习体会,找差距查不足,盘点收获,检视问题,深刻剖析,严肃认真开展批评和自我批评,明确整改方向和措施。

【复工复产安全教育培训】 年内,为切实做好园区企业节后复工复产安全教育培训工作,进一步增强园区企业安全生产意识。3 月 28 日,达孜工业园区管委会安监局联合西藏天圣消毒制品有限公司开展一次有针对性、专业性、有效性的复工复产安全教育培训和实操演练活动。

【“两思”群众性专题学习】 年内,根据《关于印发〈中国共产党达孜区委员会关于在全区深入开展“饮水思源、感恩思进”群众教育实践活动的实施方案〉的通知》要求,为持续巩固和发扬党史学习教育和“四讲四爱”群众教育实践活动成效,深化意识形态领域思想建设工作。3 月 28 日,园区管委会办公室相关工作人员到西藏圣信工贸有限公司开展“两思”群众性主题教育工作。

【企业调研】 4 月 19—20 日,达孜工业园区管委会主任加永热珠先后到西藏藏缘青稞酒业、西藏圣信工贸、西藏玫瑰产业基地、西藏新动能产业园等园区内重点生产企业,详细调研企业安全生产、环境保护、疫情防控、经营销售等重点内容,仔细询问企业在生产、经营、销售等环节中面临的困难和问题,了解企业急难愁盼问题。

【园区公租房项目建设】 5 月 7

日，达孜区政府党组成员兰辉组织召开工业园区公租房项目建设现场协商会。达孜区住建局局长次仁多吉，工业园区管委会副主任邓爽、园区经济发展和规划建设局局长骆斌，西藏开源实业有限公司负责人杨洋、宋艳群参加。

【开展防灾减灾宣传】 5月9—12日，达孜工业园区管委会安监局先后在西藏春光食品有限公司、西藏圣信工贸有限公司和西藏罗占民族手工艺发展有限公司3家企业，组织开展以"减轻灾害危险，守护美好家园"为主题的防灾减灾科普宣传活动。

【"安全生产月"动员部署启动会】 6月2日，达孜工业园区管委会组织召开2022年第二次安全生产会暨2022年园区"安全生产月"动员部署启动会，由达孜工业园区管委会主任加永热珠主持会议，管委会安监局局长米玛扎西做动员讲话，共39家实体企业参加此次启动会。

【"大宣讲大调研大排查大落实"】 7月11日，园区管委会全体干部分为4组，本着"说干就干、马上就干"的工作原则，以注重群众接受度和满意度为工作方法，全面宣讲党的惠民政策，全面调研制约农村发展中存在的矛盾问题，全面掌握桑珠林群众的困难意见，以全面摸清基层的底数情况为目标，开展入户调查，争取"高质量、高效率"完成此项工作。管委会主任加永热珠作为包村领导参加桑珠林村"大宣讲"活动。

【开展主题党日活动】 年内，为进一步提高达孜工业园区管委会党支部"清源正本、忠诚正道"党员教育工作质量，让党支部党员干部深入学习党史、直观感受西藏和平解放70周年来各历史时期的红色印迹，提供更广更多的学习渠道和资源。7月1日，组织党支部全体党员共计15人到西藏牦牛博物馆实地参观。

【调研企业疫情防控物资储备情况】 8月9日，为应对疫情防控严峻形势，达孜工业园区抗疫包点领导达孜区政协副主席赵建中、园区管委会副主任邓爽带领园区管委会干部到西藏天圣消毒制品有限公司详细询问企业消毒液库存、生产计划、日产量和原料储备情况。

【召开疫情防控工作推进会】 8月11日，达孜区政协副主席赵建中主持召开达孜工业园区疫情防控工作推进会，参会人员按照8月8日晚疫情防控工作小组分组情况，详细汇报10日园区管委会干部到企业摸排企业员工核酸检测、轨迹排查，疫情防控物资、生产物资储备等情况。11月22日，达孜区政协副主席赵建中主持召开达孜工业园区疫情防控工作推进会。提出各部门要坚决把思想和行动统一到党中央决策部署上来，完整、准确、全面贯彻落实党中央决策部署，坚定不移坚持人民至上、生命至上，坚定不移落实"外防输入、内防反弹"总策略，按照疫情要防住、经济要稳住、发展要安全的要求，高效统筹疫情防控和经济社会发展。进一步提高政治站位，充分认识优化调整防控措施不是放松防控，更不是放开、"躺平"，而是适应疫情防控新形势，坚持既定的防控策略和方针，进一步提升防控的科学性、精准性，最大程度保护人民生命安全和身体健康，最大限度减

西藏阳光庄园农牧资源开发有限公司

西藏优格仓工贸有限公司

少疫情对经济社会发展的影响，以实际行动贯彻落实中共二十大精神。

【中共二十大精神专题宣讲】 11月16日，达孜区政协副主席赵建中到达孜工业园区管委会开展中共二十大精神专题宣讲，园区管委会全体在岗干部及园区投资公司全体在岗职工参加会议。赵建中传达学习中共二十大报告中的主要内容，强调全体干部职工要认真领会中共二十大报告精神，领会中共二十大是在全党全国各族人民迈上全面建设社会主义现代化新征程、向第二个百年奋斗目标进军的关键时刻召开的一次十分重要的大会。学习宣传贯彻中共二十大精神，事关党和国家事业继往开来，全体干部职工要牢记中共二十大报告主题及九个方面的深刻领会。

【西藏自治区副主席调研】 11月24日，西藏自治区人民政府副主席江白，自治区乡村振兴局党组书记、副局长庄红翔一行到西藏索朗兴青稞实业有限公司调研。副主席江白一行到西藏索朗兴青稞实业有限公司调研企业复产复工、疫情防控、经营销售等工作情况。西藏索朗兴青稞实业有限公司总经理布央加错详细介绍萌动糌粑、萌动青稞米、萌动青稞麦片、萌动青稞茶、萌动青稞固态饮料、青稞营养蛋白粉等多种青稞深加工产品技术及工艺流程。

（尼玛曲准）

【机构领导】

主 任

王 斌 忠（三级主任科员，3月免）

加永热珠（藏族，3月任）

副主任

邓 爽（四级调研员）

办公室主任

覃 雨 菲（女，藏族）

经济发展和规划建设局局长

骆 斌

安全生产与监督管理局局长

米玛扎西（藏族）

市场监督管理

【概况】 达孜区市场监督管理局承担市场主体登记及监管、食品药品、特种设备、工业产品质量安全监管职责，承担市质量技术监督局管理的达孜区辖区质量技术监督职责，以及区发展和改革委员会的价格监督检查与反垄断执法职责，区商务局的整顿和规范市场秩序职责等。2022年有干部17人，其中男9人，女8人；藏族9人，汉族7人，回族1人；行政编15人，工人1人，事业编1人，平均年龄35岁。

【行政审批】 年内，以改进作风狠抓落实为抓手，不断改进工作作风，优化审批程序，加强业务学习，依法依规履职，不断完善一次告知、绿色通道、上门服务等便捷服务举措，确保便捷到位、服务到位、效率到位、能力到位、履职到位。窗口登记工作，已实现企业1.5天办结、农专当天办结、个体5分钟办结。截至年底，新登记市场主体793户，变更245户，发放特种设备登记证64件、食品经营许可证186件、零售药品经营许可证2件、“三小一摊”登记证24件。

深化“全程电子化”改革成果，逐步健全完善“不见面 网上办”审批内部工作衔接机制，提高审批效率。年内，全程电子化审批占比75%以上。

推广企业简易注销制度，落实歇业登记，打通多渠道市场退出机制。年内，注销183户，强制注销62家“僵尸”市场主体。

强化宣传教育，引导市场主体自助自觉年报。对年报困难人员提供上门指导、窗口年报等便捷服务，市场主体年报率为95%以上。

安排专人进行宣传和指导，提高“智能审批机”使用率，实现个体工商户营业执照自助审批登记。年内，智能审批机办证200余个，占比40%以上。推进市场主体档案电子化项目，方便商户和公检法等部门查询市场主体档案。对较偏远群众，提供上门审批指导、送证服务。年内，送证上门20余户次。

【食品药品安全监管】 年内，监督食品相关市场主体落实索证索票、进货查验登记等台账化管理措施和定期清理过期食品、隐患自查、公开自我承诺等规范化管理制度，进一步压实市场主体食品安全主体责任，推动完善相关食品安全自我管理机制。完善食品安全定期巡查、随机抽查、重点检查机制，常态化开展农村、学校、旅游景区等重点领域食品安全隐患排查和整治，深入开展农村假冒伪劣食品整治、两季开学校园食品安全守护、保健食品广告整治等专项行动，严厉打击违法违规行为。持续开展食品抽检和快检，深化食品安全领域风险监测。确保食品安全行业监管责任落实到位。年内，开展食品领域日常监督检查50次，校园食品安全专项监督检查等各类检查活动30次，覆盖全区食品经营主体3个轮次。开展食品抽检50个批次，其中省级抽检35个批次，市级抽检10批次，县区级抽检5批次。

加强相关业务知识学习，自主完成零售药品经营许可证审批，从严从细把好药品零售准入关。完善药品药械从质量、价格到采购渠道、储存条件、销售信息，再到药品信息系统线上线下记录的全方位监督检查方法。突出做好非处方药专项整治和“四类药品”实名登记相关疫情防控领域监管工作。年内，完成零售药品经营许可审批2户，开展食品药品领域日常监督检查和疫情防控领域检查累计60余次。

开展集中宣传活动20余次，发放宣传册2万余份，宣传袋5000余个，油壶、围巾等2000余套，张贴海报1000余份，印制创城主题口罩1万只，微信公众号推送宣传短片3次、宣传文章60余条，累计投入宣传经费30余万元。完成1404份纸质问卷和2246份网络问卷，共3650份群众满意度知晓率问卷调查。

食品安全委员会办公室牵头开展创城迎检推进会和食品安全应急演练桌面推演，着力完善各食安委成员单位迎检台账，以及各部门联合监管衔接机制和应急机制，补齐短板。

【特种设备安全监管】 年内，对辖区所有特种设备进行登记造册，对使用主体、维修保养、安全管理、操作资格等关键信息进行记录，并根据日常检查信息，及时更新维护，对存在超检等情况的特种设备，及时告知提醒使用单位，并开展后续检查工作，以此实现特种设备安全状况的动态监测。同时，常态化开展特种设备隐患排查整治工作，切实消除安全隐患。对隐患较大的，予以停用或报废。

2022年6月8日，拉萨市达孜区市场监督管理局组织开展集中学习会

年内，安全检查和隐患排查覆盖电梯146部、压力容器82台、叉车17台、起重机械31台、锅炉10台、压力管道1个。排查清除安全隐患30余条，下发《监察指令书》22份。

【产品质量安全监管】 年内，围绕危化品、消防产品、钢筋、水泥、电线电缆、电动自行车、电池等10类重点产品持续开展质量安全监督检查活动。

年内，开展重点产品质量安全监督检查8次，检查经营单位100余户次。对棉絮等产品开展质量抽检26个批次，对抽检不合格产品立案调查1起。

【知识产权】 年内，结合知识产权日宣传活动，开展知识产权进商超进企业宣传，把知识产权“一对一”服务送进商超和企业。张贴宣传横幅海报，发放宣传手册和宣讲知识产权等法律法规。介绍有关专利方面的优惠政策，并就专利布局、品牌建设、知识产权维权服务等问题进行精准指导和现场答疑解惑。

【消费维权】 年内，进一步健全消费维权受理处置工作机制，提高工作效率，着重强化消费纠纷调解，维护消费者合法权益。探索应对职业打假人、恶意投诉举报事件的处置方式，维护经营者合法利益。截至年底，受理处置投诉举报案件80余起，挽回经济损失30余万元。

稳妥有序、分类推进特定领域和地方金融风险隐患企业排查整治工作。完成特定领域金融风险隐患企业114家和地方金融企业495家核查任务。持续跟踪相关企业的整改情况，并建立特定金融风险隐患企业名录库，对列入经营异常名录和整改企业进行重点和常态化监管，维护市场经济秩序，防范金融风险。其间，指导完成企业名称变更5家，指导迁出企业11家，列入异常名录166家。引导注销12家，整改2家。

2022年2月26日，达孜区市场监督管理局工作人员开展食品安全检查

聚焦企业群众关切，深入开展食品安全、保健品广告整治、养老诈骗专项整治等专项执法行动，严厉打击市场监管领域违法违规行为。年内，查办各类案件8起，其中食品安全领域6起，产品质量安全领域2起，罚款11.7万余元，收缴过期食品200余千克，没收电线、棉絮等不合格工业产品3批，货值5万余元，协助司法机关执行股权冻结45件。

以改进作风狠抓落实为契机，建立文明执法满意度回访机制，接受执法监管对象监督，提升文明执法水平。年内，接收回访信息30余条。

【新冠疫情防控】 年内，达孜区市场监督管理局干部第一时间响应疫情防控志愿服务号召，参与到德庆镇入户信息排查、支援城关区消杀组、流调组等志愿服务工作。其中，1名在拉萨休假干部、1名滞留日喀则干部就地参与疫情防控志愿服务。

开展每日巡逻检查，督促辖区商户落实疫情防控各项要求，严厉打击趁机涨价等违反市场监管领域法律法规和疫情防控要求行为。通过微信群、电话等方式了解商户群众需求，对近300家商户需求的蔬菜、食物等物资进行统计，并及时进行配送。

【复商复市】 年内，制定印发《个体工商户营业期间疫情防控流程图》《个体工商户恢复营业申请

2022年6月4日，达孜区市场监督管理局工作人员开展食品安全、药品安全宣传活动

流程图》《达孜区外来生活物资集中消杀流程图》，并以发放准营证的方式分批有序推进辖区个体工商户恢复营业。结合每日上门核酸采样工作，通过现场摸底、电话询问等方式开展商户门店租金信息统计工作。为下一步商户门店租金减免等帮扶政策提供数据支撑。复商复市以来，达孜区市场监管局开展不间断巡逻检查，全力维护市场疫情防控秩序，督促商户严格落实疫情防控各项措施。

【党建工作】 年内，组织干部职工认真贯彻落实中共十九届六中全会精神、中共二十大精神、区市第十次党代会精神和达孜区二次党代会精神，按照自治区、拉萨市和达孜区委重要会议要求，坚持把学习习近平重要讲话精神作为一项重要的政治任务抓紧抓好，以作风建设年、达孜区委“两正”教育活动为契机，通过党支部专题学习会、书记讲党课、专题研讨、读书会等形式，制订学习计划，同时，结合主题党日活动，通过观看爱国主义影片、参观教育基地等形式，引导党员干部传承红色基因。截至年底，组织开展集中学习会20余次、书记讲党课4次，撰写心得体会10余篇，开展主题党日活动8次。

【党风廉政建设】 年内，达孜区市场监督管理局主要负责人对党风廉政建设工作进行部署、协调、督办，班子成员认真抓好职责范围内的党风廉政建设，确保“一岗双责”落实到位，并层层传导压力，确保责任明确、履责有依、问责有据，同时，组织干部职工到市委党校廉政警示教育基地开展“身边事教育身边人，增强党员拒腐防变能力”参观学习活动。强化廉政宣传教育，教育引导广大党员干部坚定不移筑牢拒腐防变的思想防线，坚定不移地推进廉政制度建设。

（格桑曲珍）

【机构领导】

局　长

晋美朗吉（藏族）

副局长

拉 毛 太（女，藏族）

王　　琳（女）

医疗保障

【概况】 达孜区医疗保障局承担着城乡居民参保、干部职工参保、城乡居民医疗保险报销、干部职工住院及生育报销、医疗救助、医保定点医疗机构审核、基金监管等职能，是达孜区正科级部门。2022年有行政编制3人，局长1人，工作人员2人，事业编制人员2人。

【党建工作】 年内，达孜区医疗保障局干部职工坚定政治立场和政治信仰，对党忠诚，在思想上政治上行动上时刻同以习近平同志为核心的党中央保持高度一致，捍卫“两个确立”、增强“四个意识”、坚定“四个自信”、做到“两个维护”、聚焦抓好“四件大事”、实现“四个确保”，着力推进“四个创建”、努力做到“四个走在前列”，围绕“两思、两正”教育，制定达孜区医疗保障局“两思”“两正”党员教育进一步改进作风狠抓落实工作实施方案、“清源正本、忠诚正道”党员教育的四查问题清单，将存在的问题在党员大会上公布，针对问题制定整改措施，在规定时限内进行整改。进一步加强思想引领，深化理论武装，坚持以

2022年5月18日，拉萨市医疗保障局副局长唐小君（左二）一行到达孜区检查国家医疗保障信息平台机构贯标、接口改造等各项工作

党组理论学习为龙头、党支部为基础的理论武装工作格局，全面落实党内学习制度。深入学习贯彻中共二十大精神。坚持全面准确深入，原原本本、原汁原味，努力掌握思想精髓、核心要义，做到学深悟透、融会贯通。

【城乡居民基本医疗保险征缴】 年内，到五乡一镇农牧民群众家中开展多种形式的宣传工作，促使广大农牧民群众更加深入地了解医保相关政策，落实城乡居民医保参保筹资，稳步提高筹资标准，资助困难群众参保。精准落实《拉萨市2021年城乡居民基本医疗保险筹资方案》，扎实做好脱贫群众、重点监测对象参保工作，针对脱贫不稳定人员、边缘易致贫人员、突发困难户、低收入人口，实现应保尽保。完善城乡医疗救助制度，拓展医疗救助筹资渠道，增强医疗救助托底保障能力。2022年参加城乡居民基本医疗保险27286人，参保率97%，城镇职工参保为2567人，参保率为100%。

【医疗监管】 年内，达孜区医疗保障局到辖区内定点医疗机构开展医疗监管工作共5次，其中，对县级医疗机构开展3次监管，对乡镇卫生院、定点药店开展2次监管。重点治理诱导住院、无指征住院、挂床住院、冒名住院和分解住院；虚构医疗服务，伪造医疗文书票据；超标准收费、重复收费、串换项目收费、不合理诊疗及其他违法违规行为；盗刷医保卡为参保人套取现金、诱导参保人员使用医保卡购买化妆品和生活用品、为非定点医疗机构和药店提供刷卡记账服务等违法行为。要求定点医药机构剖析违规原因，明确整改措施和整改期限，主动、及时清退违法违规医保资金，并做出不再违法的书面承诺。

【医疗待遇保障】 年内，严格执行区市相关政策文件精神，认真落实好各项医疗惠民政策，做好医疗待遇保障。城乡居民基本医疗保险零星报销264人，医疗总费用217.14万元，统筹报销129.94万元，其中住院报销148人，医疗总费用182.74万元，统筹基金报销107.52万元；大病赔付33人，大病赔付34.95万元，医疗救助21人，救助4.36万元。门诊特殊病报销24人，医疗总费用20.6万元，统筹基金报销13.72万元，大病赔付6人，赔付3.7万元，医疗救助5人，救助0.16万元。生育和流产兑现19人，医疗总费用7.18万元，统筹基金报销6.9万元，医疗救助1人，救助27.22万元。普通门诊报销73人，医疗总费用6.63万元，统筹基金报销1.73万元。干部职工住院报销58人，医疗总费用99.94万元，统筹基金报销84.7万元。生育报销包干36人，报销金额为69.09万元。

【支付方式改革】 年内，达孜区按照医保服务协议要求，与定点药店签订协议2家，定点医疗机构23家，完成协议签订管理工作。2家机构完成15项国家医保信息业务编码贯标及接口改造任务，按照区市相关要求，达孜区人民医院正在筹备DIP支付方式系统接入工作。在年底完成DIP支付方式改革，从而实现病种、医保基金全覆盖，形成全区统一、上下联动、内外协同、标准规范、管用高效的医保支付新机制。

【新冠疫情防控】 年内，将市医保局拨付的150万元新冠肺炎医疗保障预付资金，分配给达孜区人民医院，并跟踪管理资金使用情况，为全区防控工作提供医疗保障，免除患者的后顾之忧，达孜区新冠出院患者个人负担部分全部由政府实施综合保障。针对疫情不同阶段，及时收集上报购买治疗咳嗽、发热药品的人员信息，确保在做好疫情防控的同时，服务群众不断档。

2022年1月28日，达孜区医疗保障局局长刘芸到定点零售药店检查药品质量工作

【医保政策宣讲】 年内，加强政策宣讲，通过在村委会、重要路段开展集中宣传活动，共计集中宣传10场次，受教育群众5000人，发放宣传海报400余张、宣传册2000余份。不断加大2022年城乡居民基本医疗保险政策宣传力度，共计开展集中宣讲7场次，发放明白卡和宣传手册共计3000余份，努力做到群众知晓率100%，实现应保尽保。

【医疗救助】 年内，参保人员住院和门诊特殊病就诊发生的医疗费用，按救助类别可申请普通医疗救助和重特大医疗救助。普通医疗救助在年度救助限额内，对特困人员、孤儿（含事实医疗救助无人抚养儿童）、一二级重度残疾人员的政策范围内个人自付医疗费用进行全额救助；对低保对象的政策范围内个人自付医疗费用按95%比例救助，对易返贫致贫人口（含脱贫不稳定户、边缘易致贫户、因病突发严重困难户）、低保边缘对象，经工会部门认定的困难职工的政策范围内个人自付医疗费用按90%比例救助；对因病致贫重病患者的政策范围内个人自付医疗费用按70%比例救助。2022年医疗救助75人，救助金额18.10万元。

【乡村振兴】 年内，坚持把巩固脱贫成果放在突出位置，严格落实“四个不减”要求，继续保持工作力度和政策强度，牢牢守住不发生规模性返贫底线。动态监测突出“早”。依托巩固拓展脱贫攻坚成果大数据管理平台防返贫监测系统，构建快速响应机制，常态化组织基层干部每月开展摸排，动态化处理农牧民群众申请和部门反馈预警信息，对符合条件的对象做到早发现、早预警、早纳入，重点从稳固“三保障”落实兜底保障等方面加大对脱贫户与监测对象的帮扶。

截至年底，低保对象住院报销19人，住院总费用46.29万元，统筹报销16.65万元，大病医疗保险赔付11人，赔付22.51万元，医疗救助19人，救助4.26万元。门诊特殊病报销5人，总费用4.22万元，统筹报销2.8万元，大病医疗保险赔付3人，赔付1.08万元，医疗救助5人，医疗救助0.15万元。生育报销1人，总费用0.16万元，统筹报销0.15万元，救助27.22元。特困人员住院报销1人，住院总费用0.39万元，统筹报销0.3万元，医疗救助1人，救助0.05万元。

【超大额医疗保险】 年内，为巩固脱贫攻坚成果，防止“因病返贫因病致贫”的发生，提升农牧民群众在医疗保障方面的幸福感、获得感、安全感，为参保群众购买2022年度拉萨市达孜区城乡居民超大额补充医疗保险。2022年，达孜区超大额补充医疗保险受益参保群众4人次，赔付金额共11.89万元。

（冯　琳）

【机构领导】

局　长

刘　芸（女）

文化和旅游（文物）

【概况】 达孜区文化和旅游局下设事业单位达孜区文化室（县级综合文化活动中心），达孜区虎峰艺术团。全局有人数38人，其中行政编制6人（1人借调），实际在岗5人；事业编制6人，实际配备6人，实际在岗6人；工勤人员1人；公益性岗位3人；艺术团24人（其中2人为公益性岗位）。

【思想建设】 年内，坚持以习近平新时代中国特色社会主义思想为指导，全面贯彻落实中共二十大、十九届历次全会精神及中央第七次西藏工作座谈会精神，深入学习贯彻习近平总书记关于基层党建、西藏工作的指示要求和新时代党的治藏方略，按照全国全区全市组织部长会议精神要求，坚决捍卫“两个确立”、增强“四个意识”、坚定“四个自信”、做到“两个维护”，紧扣“四个创建”“四个走在前列”和“五个方面走在前、做表率”以及“七个排头兵”“七个坚定坚决”的要求，结合达孜区委“清源正本、忠诚正道”党员政治教育和“饮水思源、感恩思进”群众感恩教育，进一步改进作风狠抓落实，掀起一股学习热潮，营造良好氛围。截至年底，达孜区文化和旅游局党支部已开展政治理论专题学习、主题党日活动等共计10次。

结合文旅系统实际严格落实“一岗双责”，坚持把管党治党工作与文旅中心工作同部署、同落实、同考核。先后组织召开支部党风廉政工作会议2次、干部职工会议学习5次，深入学习中共二十大精神和区委、市委、达孜区委党风廉政建设和反腐败工作系列决策部署，教育引导全局干部、持续增强“四个意识”、坚定“四个自信”、做到“两个维护”，进一步改进作风狠抓落实。组织党员干部参观警示教育基地，观看廉政宣教片，通报各级纪委监察部门案例，以案释纪，引导全局干部明底线、知敬畏、存戒惧。严格按照规定推荐干部，在干部推荐上做到公平正直，不徇私情，珍视和正确行使党和人民赋予的权力，切实把具备习近平总书记强调的“政治能力、调查研究能力、科学决策能力、改革攻坚能力、应急处突能力、群众工作能力、抓落实能力”的干部推荐上来，推荐政治品行好、组织性纪律性强的后备干部，防止和纠正选人用人不正之风。

2022年3月6日，德庆镇举办喜迎二十大暨庆祝“三八”国际妇女节文艺会演

【公共文化服务体系】 年内，扎实推进公共文化服务体系示范区复核工作，提升公共文化服务能力。为进一步提升达孜区公共文化服务体系建设，巩固创建成果，持续深化改革创新，拓宽县乡村三级文化共享工程服务范围，提高公共文化服务能力，确保各级公共文化服务点常态化运行，以优异成绩迎接国家公共文化服务体系示范区创新发展复核工作，结合实际制定《达孜区迎接国家公共文化服务体系示范区创新发展复核工作方案》，成立领导小组，并组织各乡镇文化负责人进一步细化责任分工，确保各项工作有序推进。

广泛开展群众文化活动，做到文化“润边”润人心。为深入推进达孜区精神文明建设，丰富广大农牧民群众精神文化生活，大力营造欢乐、喜庆、祥和、感恩的文化氛围，以“4·23”世界读书日为契机，积极举办“书香达孜”全民阅读系列活动，在全区范围内营造良好的阅读氛围。同时组织开展大型综艺节目《格桑花开》

特别节目《青稞飘香》(第二季)达孜站海选活动。达孜区虎峰艺术团以“我们的中国梦”——文化进万家、“新时代文明实践文艺演出下乡活动”、“我们的节日”、“3·28”西藏百万农奴解放纪念日、“饮水思源、感恩思进”群众教育实践活动等主题分别到达孜区五乡一镇各行政村开展送文艺演出活动。利用歌曲、舞蹈、小品等多种文艺表演形式,广泛开展群众文化活动,丰富群众精神文化生活,让群众享受到一场场视觉盛宴,全年共计开展60场次,受益群众达14000余人次,真正做到文化“润边”润人心。2022年举办戏曲公益性演出(濒危剧种免费或低价演出)和喜迎中共二十大文化惠民活动达23场。

【文物、非遗传承保护】 年内,组织相关成员单位召开文物安全联席会议,并与各乡镇人民政府、各级文保单位、野外文物看管人员层层签订文物安全责任书,确保全区各文保单位排除文物安全隐患。达孜区文化和旅游局投资13万余元为14处文物保护单位安装宣传杆,已全部安装完毕;积极联合区消防救援大队、统战部、应急管理局等相关部门对14处文保单位开展消防安全联合检查和文物安全大清理大排查大整治4次;为切实做好达孜区财税监管工作,加大对寺庙文物的监管力度,全力配合区委、区政府统一安排部署,积极推进13处文保单位的财税监管工作,逐步完成文物登记造册、建立档案工作;为达孜区14处文物保护单位发放干粉灭火器681具,共计价值5.9万余元。

白纳沟景区

为全面建立非遗名录档案,保护优秀文化遗产,达孜区文化和旅游局对辖区10个非遗项目开展拍摄记录、建档造册工作,让历史文化遗产有迹可循,代代相传,逐步形成规范化非遗名录数据库,已完成第一批非遗项目拍摄及归档成书工作。6月,开展为期1天的“云上达孜、非遗时光”暨“文化和自然遗产日”非遗宣传展示活动,吸引观众500余名,多角度展示达孜区非物质文化遗产保护工作取得的成果。7月,达孜区文化和旅游局开展“非遗”实地调研工作,重点挖掘特色“非遗”项目,将达孜区非物质文化遗产保护传承发展工作推上新的台阶。

为深入贯彻落实习近平总书记关于文物保护工作的重要指示批示精神,结合达孜区文物保护工作需求,对达孜区拉木寺、雪寺2家文保单位的屋顶防水进行全面维修,为2家文保单位排除文物安全隐患。

【文化旅游市场】 年内,达孜区文化和旅游局牵头组成专项检查组对辖区内网吧、KTV、寺庙及旅游度假村进行专项整治检查。重点检查网吧、文化旅游度假村规范经营情况、寺庙“联合检查、部门排查、行业自查”情况及设施设备管理落实情况,同时,排查达孜区文化旅游市场影响社会稳定的矛盾纠纷,深入农牧民群众,纵向了解文化旅游市场潜在的矛盾纠纷隐患。

【全域旅游】 年内,推进达孜创建国家全域旅游示范区工作,云上达孜工业园区、优敏芭被评定为国家AAA级旅游景区,为全域旅游示范区申报工作夯实基础。截至年底,所有申报资料已收集整理完毕并报送至拉萨市旅发局,待后续通知进行下一步完善收尾工作,确保达孜区完成各项工

2022年5月17日，达孜区文化和旅游局组织濒危剧种戏曲公益性演出

作任务，顺利创建国家全域旅游示范区。截至7月，达孜区旅游接待26.11万人次，旅游收入达827.37万元，其中林卡经济收入393.12万元，带动农牧民增收849人次。紧抓“全域旅游”发展契机，不断完善基础配套设施，推进文旅融合发展，叶巴村成功申报全国第二批三星级地质文化村。

【项目建设】 年内，达孜区文化和旅游局有续建项目4个，新建项目2个，总投资1.1亿元。

拉萨市达孜区夏拉沟旅游景区基础设施建设项目（建设年限2021—2022年），总投资4000万元（中央资金），为分批下达资金项目，2021年已下达2000万元，2022年下达2000万元（年底还未下达）。项目于2021年9月29日完成招投标，2021年10月20日进场施工，截至2022年4月25日已完成40%的工程量。2022年3月15日进场复工，4月25日因用地问题停工。该项目为拉萨市重点项目，达孜区文化和旅游局积极对接各个部门，完善相关手续，争取年内完成所有手续并复工，计划2023年10月完工。

达孜区扎叶巴村藏民宿旅游提升项目（建设年限2021—2023年），总投资2810.26万元，为分批下达资金项目（援藏资金），2021年已下达1100万元，2022年将下达1100万元。项目于2022年2月24日完成招投标。因用地问题，还未进场。达孜区文化和旅游局已经将《关于解决扎叶巴村容村貌（四期）项目用地的请示》上交至政府办，等待政府常务会议研究决定后进行调规与更名。计划2023年3月完成调规与更名工作，2023年4月进场施工。

拉萨市达孜区白纳村乡村旅游振兴项目（建设年限2021—2022年），总投资352.55万元，为自治区旅游发展厅资金项目。该项目于2021年11月4日签订合同，2021年11月5日进场施工。2021年11月15日停工，2022年3月15日复工，已经完成80%的工程量。项目预计2023年4月完工，下一步完工后移交至白纳村委会。

达孜区林卡经济提升及推广项目（建设年限2021—2025年），总投资1300万元（援藏资金），为分批下达资金项目，2021年已下达400万元，2022年下达300万元，2023—2025年每年将下达200万元。项目分为2个子项目：宣传推广500万元（每年100万元），于2021年10月20日完成招投标程序，已完成2款产品设计、在3家线上平台销售达孜旅游产品、召开11场产品推介会（2021年召开8场，2022年召开3场），受众近千人。采购项目800万元，于2022年1月19日完成招投标，2022年3月15日进场。

3座旅游厕所采购项目总投资300万元（建设年限2021—2022年），其中拉萨市出资150万元，本级配套资金150万元。建设内容为厕所采购（装配式建筑）。1座位于工业园区公园境内，1座位于双创服务中心318国道与句容路交叉口，1座位于白纳游客服务中心院内。

达孜区扎叶巴旅游创业民俗体验街项目（建设年限2022—2023年），计划总投资2300万元，为分批下达资金项目（援藏资金），2022年下达300万元。项目于2022年3月完成初步计划，4月8日召开现场会商会，5月9日进行初步方案汇报。项目计划2023年3月完成招投标，4月开工。

（拉巴桑姆）

【机构领导】

局　长

　　顿珠次仁（藏族）

副局长

　　李小飞

税务

【概况】 国家税务总局拉萨市达孜区税务局地处达孜区德庆镇（318国道沿线），达孜区税务局有正式干部职工13名，其中党员10名；汉族干部7名，藏族干部6名，平均年龄36岁。

2022年，在达孜区税务局注册纳税户共4006户，其中个体工商户1751户，企业2255户，包括有限责任公司1948户，合伙企业255户，私营独资企业52户。

【落实各项税收减税政策】 4月，大规模留抵退税政策正式实施：对所有符合条件的小微企业一次性退还存量留抵税额，并将增量留抵税额退还比例由60%提高至足额退还；将按月全额退还增量留抵税额的范围，从先进制造业扩大到全部制造业，以及科学研究和技术服务业、电力热力燃气及水生产和供应业、软件和信息技术服务业、生态保护和环境治理业、交通运输仓储和邮政业等行业。

推进一系列组合式减税降费举措，着重落实小微企业普惠性减税政策。该政策将为符合条件的小微企业提供更多减税优惠，减轻经营负担，增强企业活力，切实推动实体经济发展。在税务局积极引导下，达孜区的小微企业将有更多的机会获得政策实惠和支持。对于违法逃税行为，严格按照国家税务部门行政处罚条例和税收追缴办法进行处罚，确保税收法律规范得到有效维护。

【税种管理】 年内，以加强税收征管为核心，全力推进税收事业的创新发展。不断强化税源管控，把握好各行业税收情况，加大涉税信用评价力度，通过信用评级对纳税人进行分类管理，便于及时精准地实施税收政策。继续秉承“服务纳税人，推动发展”的宗旨，建立健全工作机制，加强与其他税务机关联动，全力推进税收事业创新，促进社会持续发展。

【法治教育】 年内，达孜区税务局致力于加强法治建设，推进依法治税的理念深入人心。组织税务人员参加各类法律培训和考试，提高法律素养和专业能力。通过讲座、学习班等形式，深入宣传推广相关税收法律法规，达到全方位提升法律素养的目的。注重日常工作中的法律制度宣传和执行，通过完善纳税人权利保护机制等举措，加强税务人员的依法意识和法规观念，确保税收工作严格按照法律法规进行，为地方经济社会发展提供可靠的税收保障。

【税收收入预测工作】 年内，达孜区税务局致力于加强税收收入预测工作，确保税收收入稳步增长。持续加强税源信息的归纳和分析，深入挖掘潜在税源，为后续税收预测提供有力的数据支撑；逐步提高税源调查效率，筛选出潜在纳税人并及时开展纳税服务；平稳推进税收政策的宣传和解读，以及税收政策的动态调整，及时更新税务信息系统，建立正确的预测模型和分析模型，进一步提高预测精度和准确度，为地方经济社会发展提供可靠的税收保障。

2022年3月17日，拉萨市达孜区税务局“虎峰税语”网络直播间成立

【夯实征管基础】 年内，深入贯彻落实国家税收政策，进一步优化税收征管措施，为辖区内纳税人提供更加优质的税务服务，推动税收征管工作实现高质量发展。积极推进税源管理工作，深入落实税收分类管理制度，强化行业分类管理，严格按照税收法定程序，精细化管理税收和风险，最大化发挥税源贡献。同时，通过普查、核定等方式，及时发现并补正漏税、少税行为，确保税费收入的精准核算和合法征收。其次，加强税收征管基础设施建设，进一步强化技术支撑，提高征管信息化水平。探索多种税收征管模式，继续推进“电子化、自动化”办税模式，开展在线企业服务平台等创新型服务，以更高效、更便捷的方式为辖区内纳税人提供服务。坚持深入推进“放管服”改革，加强与政府其他部门的协同配合，集成各方资源，打造更加优质的税收征管服务体系。

【党史学习教育】 年内，达孜区税务局认真贯彻落实中共十九届五中全会和二十大精神，深入推进党史学习教育。通过举办专题讲座、座谈会、学习班等形式，全员深入学习习近平总书记在中共二十大会上的重要讲话和《中国共产党历史》，并围绕党史学习教育深入开展思想政治教育，进一步坚定革命信仰和理想信念。同时，把党史学习教育融入税收工作中，深化税务干部为民收税、为国聚财的职责使命。

【党风廉政建设】 年内，达孜区税务局以加强党风廉政建设为中心，不断推进全面从严治党，积极落实中央、自治区、拉萨市和达孜区委党建工作要求，持续构建风清气正的政治生态。通过举办理论学习班、开展政治理论宣讲等活动，充分发挥党员干部的先锋模范作用。针对税收征管领域可能出现的廉政风险和违法违纪问题，制定严密的监控机制，提升业务风险防范应对能力。对存在的廉政风险进行彻底排查和整改，加强制度建设和内部管理，不断提高税务部门的廉政自律和服务水平。

2022年4月26日，达孜区税务局召开留抵退税政策落实推进会

【优化纳税环境】 年内，达孜区税务局贯彻落实全国深化改革优化营商环境大会精神，努力促进企业发展和产业升级。为更好地服务纳税人，达孜区税务局成立“虎峰税语”网络直播间，通过直播的形式，向社会公众传递税收政策和法规知识，为纳税人提供更加便利的纳税服务。年内，开展直播9期，9863人次参与，辐射北京、上海、成都等多地，并获得西藏自治区2022年度全国学雷锋志愿服务“四个100”先进典型荣誉。

达孜区税务局始终贯彻落实以纳税人为中心的发展思想，不断推出“看得懂、办得了、用得上”的便民举措。积极响应国家政策，推动“放管服”改革，深化“最多跑一次”改革，进一步提升税务服务效率和质量。加强协调配合，推进税收征管现代化，实现政府、企业和个人之间优化配合，有效推动减税降费政策的落地实施。

【党建工作】 年内，达孜区税务局深入贯彻习近平总书记关于党的建设和党员队伍建设的重要论述，持续推进党建工作，充分发挥基层党组织的先锋性模范作用。组织全员参加廉政警示教育和专题报告会，通过学习、交流、检查，全面提升党员的思想政治水平，提高廉洁自律意识和能力。同时，

2022年9月26日，达孜区税务局青年志愿服务队出发支援城关区疫情防控工作

全局税务干部以主题党日、支部党课等形式，不断加强理论学习，提高党建工作实效。在基层党建工作中，达孜区税务局积极探索基层党组织的建设和发展，加强党内监督，持续推进纪检工作，不断凝聚基层党组织的战斗力和凝聚力。加强基层民主建设，广泛听取干部职工意见建议，充分发挥干部职工在税收工作中的积极作用。

【新冠疫情防控】 年内，达孜区税务局围绕区政府统一调度安排，积极参与疫情防控工作，并持续为纳税人提供更加优质的服务。组建青年志愿服务队参与消杀工作，助力疫情防控。同时，为保障纳税人生产经营活动，在区委、区政府的支持下，组织开展发票配送服务，纳税人只需要在网上提交资料，税务干部第一时间为纳税人安排送票服务，获得纳税人一致好评。

（姜 帆）

【机构领导】

局 长

桑旦多吉（藏族）

副局长

尼玛江村（藏族）

常 景 阳（女）

纪检组组长

扎西拉姆（女，藏族）

农业农村

综述

【概况】 达孜区农业农村局是达孜区人民政府组成部门，为正科级，加挂达孜区科学技术局、达孜区乡村产业发展局牌子，下设达孜区农业技术推广站、达孜区畜牧兽医站2个事业单位及农业综合行政执法队。编制人员数为33人（机关行政编制5人、农业技术推广站12人、畜牧兽医站11人、农业综合行政执法队5人），在编正式干部30人，实际在岗干部24人（借调至区直其他部门6人），党员25人（其中预备党员1人），其中行政人员8人（三级主任科员3人、四级主任科员3人、科员2人）、专业技术人员19人、农业综合行政执法队2人、工勤人员1人。根据工作职责和分工设有农工办、农业技术推广站、畜牧兽医站、局办公室、科技办、项目办、产权办、确权办等业务科室。

【农牧业生产】 年内，耕地总面积8.29万亩，实际播种面积8.375万亩。其中，粮食作物种植面积5.75万亩、经济作物种植面积1.22万亩、饲草作物种植面积1.405万亩。主要推广品种有"藏青2000""藏青3000""喜马拉22""苏拉青2号""冬青18号""山冬7号"等。良种统供率、种子精选率、包衣率分别达100%。实现粮食作物产量2.22万吨，经济作物产量7.98万吨。牲畜总存栏达7.1404万头（只、匹），其中牛存栏6.6986万头、羊存栏0.2295万只、马（驴）存栏0.0421万匹、生猪存栏0.1702万头；禽类存栏5.8105万只；新生仔畜2.0476万头（只、匹），仔畜成活2.0105万头（只、匹）。肉产量达到5502.73吨，奶产量达到20046.46吨，禽蛋产量404.01吨。

2022年8月3日，拉萨市农业农村局副局长马裴裴（右二）一行到达孜区塔杰乡塔杰村检查良种繁育田种植情况

【"美丽乡村·幸福家园"建设】 年内，达孜区"美丽乡村·幸福家园"工程农牧民新建住房已开工167户。达孜区房屋提升改造共计311户，按照"农户申请、改什么补什么、改多少补多少、多项

目综合核算、最高标准限额”的原则，对农户实施房屋改造提升进行审核补贴。

6月7日，组织乡镇人员到曲水县进行房屋提升改造交流学习，初步形成《达孜区“美丽乡村·幸福家园”整村推进房屋改造提升政策操作实施办法征求意见稿》，经逐级上会审议通过后，有序推进相关工作。该项目初步测算所需项目总投资3.6198亿元，房屋新建群众自筹4906.8万元。截至2022年11月到位资金共计29422.99万元，支出资金共计14610.09万元，整体资金支出率达55.1%；组织开展6次集中统一的“美丽乡村·幸福家园”建设计划整村推进藏文版政策宣讲活动，广泛征求群众意见，并一一进行解答，切实提升政策透明度、知晓率。

2022年4月7日，拉萨市科学技术协会主席巴桑次仁（前排左三）一行到达孜区唐嘎乡麦之穗农业种植科普示范基地调研

【动物疫病防控】 年内，制定各类工作方案；成立重大动物疫病防控工作领导小组；发放疫苗及防疫物资；开展春、秋季强制免疫注射工作，逐一入户注射疫苗，确保防疫密度；督导检查各乡（镇）动物疫病防控工作开展情况17次；常态化开展动物疫情排查、监测、防疫监督，多次到各乡（镇）实地检查非洲猪瘟防控、小反刍兽疫防控、农牧区新冠肺炎疫情防控、“两病”检测、“大清洗、大消毒”专项行动工作等相关情况，辖区内未发生对人和动物危害严重、造成严重经济损失的重大动物疫情。

【牛羊出栏、牦牛短期育肥】 年内，牛羊出栏2628头（只），共兑现牛羊出栏补贴资金157.44万元，受益980户；牦牛育肥出栏达到20头以上有7户，出栏142头，共兑现牦牛育肥出栏补贴资金10.5万元，受益7户。

【畜牧良种改良】 年内，黄牛改良共配种732头，兑现配种员劳务费5.061万元；犏牛经济杂交共配种131头，其中受胎数98头，兑现犏牛经济杂交补贴8.325万元。

【生猪生产恢复】 年内，能繁母猪存栏635头，商品猪出栏647头，兑现2022年生猪生产出栏补贴及能繁母猪补贴11.574万元。

【包虫病防控】 年内，开展12次家犬驱虫投药、犬粪处理、登记犬只投药记录本、数据上报及督查工作，达孜区未发现包虫病变，确保做到“犬犬投药、月月驱虫”。

【农牧民补助奖励】 年内，全面审核完成2022年牲畜清点数据，全区总体实现草畜平衡，完成达孜区2022年度农牧民补助奖励政策县级验收工作。全区2022年达到草畜平衡的共有0.48万户1.91万人，达到草畜平衡面积130.47万亩，兑现草畜平衡奖励资金260.94万元（2元/亩），超载0.1万户0.47万人，超载面积29.15万亩。户均增收545.47元。

【畜禽遗传资源普查】 年内，开展畜禽遗传资源普查工作相关资料归档、原始数据签字盖章等整改工作。下发《达孜区畜禽遗传资源普查工作整改通知》，督促各乡（镇）在规定期限内完成整改工作。完成畜禽遗传资源系统录入数据审核工作。截至年底，各乡镇已完成整改工作。

【动物检疫执法监管】 年内，开展规模养殖场、农牧民专业合作社及养殖户养殖管理、防疫消毒、畜产品质量安全等执法检查15次；

2022年2月20日，达孜区农业技术推广站工作人员到塔杰乡塔杰村检查“藏青3000”种子质量

针对禽类屠宰场日防疫、源头治理执法检查8次；共出动33人次，出动车辆11辆次；检疫出证845份。检测净土禽类屠宰场上市鸡肉459434千克，分割牛肉42439千克、分割猪肉6000千克。

【渔业执法管理】 年内，开展渔业生产安全月宣传活动。为各乡（镇）制作渔业生产安全月活动宣传横幅，并在拉萨河边所在村或组进行宣传，让群众参与“查找身边隐患”等行动，积极举报风险隐患，排查安全违法违规行为，做到防患未然。对所辖拉萨河段、湿地保护区进行定期和不定期巡回检查。巡回检查拉萨河流域24次，制作禁渔警示牌10块。

【防灾减灾】 年内，达孜区防抗灾饲草（料）储备305.7吨，全区农牧户饲草储备2.43万吨、饲料173吨。对全区饲草料储备、牲畜状况等进行检查，尚未发现牲畜死亡等情况。

【扶持新型经营主体】 年内，达孜区合作社达到347家，注册资金超过1.5亿元，吸纳社员2400余人，分布全区5个乡1个镇、20个行政村。涉及行业有种植业、养殖业、民族手工业、食品加工业和农机、运输业。达孜区2021—2023年11家涉农企业被评为市级龙头企业；2021年完成兑现奖补资金140万元，包括经营主体30万元，11家市级龙头企业110万元。

【农产品质量安全】 年内，农药残留速测检测400多个样本，样本来源为达孜区蔬菜种植合作社以及达孜区现代农业园区，在抽检的果蔬样本中，合格率98.5%以上。达孜区在食用农产品企业、合作社、散户推行合格证发放试行制度，累计开具有效合格证2万余张。

开展农资打假专项治理行动，督促农资经营店做好进货登记和实名购买登记台账，推动农资市场秩序持续好转。共开展农资打假巡查检查40次，其中与市农业农村局联合执法检查2次，抽检农资产品820个，均合格。开展达孜区大型养殖场及养殖合作社规范使用兽药及休药期方面专项执法行动2次，未发现违规使用现象。

开展禁限用农药宣传检查工作，向种植单位以及农资经营门店宣传禁限用农药，并发放禁限用农药名录200份，在检查中未发现使用、销售禁限用农药现象。全区淘汰高风险高毒农药，2022年推广使用中低毒、高效农药20.7吨。

【项目建设】 年内，新建项目共有6个，分别为达孜区章多乡拉木村灌溉蓄水池改扩建项目、塔杰乡巴嘎雪村典沟农田灌溉机井建设项目、德庆镇白纳村小农水利提升改造项目、德庆镇新仓村小农水利提升改造项目、拉萨市达孜区章多乡恰村灌溉蓄水池提升改造项目、2022年高标准农田建设项目；续建项目共有4个，分别为达孜区德庆镇新仓村牦牛繁育点建设项目、达孜区塔杰乡一体化牧草工厂建项目、2021年高标准农田建设项目（塔杰段）、2021年高标准农田建设项目（第二批）；2023年储备项目共有3个，分别为2023年高标准农田建设项目、达孜区雪乡雪普村1组水渠建设项目、达孜区创建高质量奶牛养殖到户项目。

【农村改革】 年内，完成20个行政村、135个村民小组近六年的农村集体资产的清产核资及账目清理(建账)、成员身份界定、股权量化等相关工作。完成“全国农村集体资产清产核资管理系统”录入工作。共确认集体经济组织成员7474户、27458人,其中一户为单位确权,已颁证。通过“份额制”模式完成量化28119.09股。成立20个行政村集体经济组织并开展赋码登记工作,成立自然小组集体经济组织,年底已确定成立25个组集体经济组织。2022年完成宅基地378宗(新建、翻建、补证)的实地核查及审批工作,其中已审批146宗,移交需求139宗(新建90宗、补证49宗)、违建核查93宗。全区耕地流转18097.26亩,流转方向为新型经营主体(合作社、家庭牧场)1645亩、企业6979.26亩、村集体内部300亩、其他9173亩。

【科技科普工作】 年内,完成拨付达孜区特色产业融合发展模式创新与示范项目款90万元(占总经费的30%)。完成拨付达孜区麦之穗农业种植科普示范基地项目款30.38万元(占总经费的30%)。申报2022年农业高质量发展计划项目1项、2021年度拉萨市科技创新券1家(待上级部门审批)。完成科协系统、国家科技统计在线调查平台之地方财政支出的录入工作。开展10期新时代文明实践活动及科普宣传活动,其中受训人员达675人、发放宣传资料675份,定期向上级部门上报科技宣传及科普大篷车运行情况。兑现2020年度自治区级科技特派员、2021年度区市两级科技特派员生活补助59.5万元。充分调动基层科技工作人员积极性,定期对辖内群众开展系列培训,累计培训112次,受益5670人;累计服务934次,受益16226人。兑现大学生村(居)科技专干每个月工资,确保其最基本的薪酬待遇,积极调动辖区内科技专干,对辖内农牧民群众开展一系列培训,培训24次、受益1100人;累计服务551次,受益15702人。申报3名大学生村(居)科技专干和5名农业农村专员的空缺岗位。“三区”科技人才共开展培训20余场次,受益3000余人次;开展服务18次,受益1440余人。

【农村人居环境整治】 年内,德庆镇白纳村人居环境整治重点完成107户房前房后挡土墙及小型化粪池建设,其邦堆乡叶巴村因村容村貌项目工程与第二批美丽乡村幸福家园项目相冲突,达孜区旅游发展投资有限公司实施叶巴村村容村貌项目(三期)投资涉及扶贫资金,该项目于2021年11月完成竣工验收,2022年5月5日完成财政投资评审。结合项目推进存在的难点堵点问题向市级包县领导汇报,经会议协调提出“涉及项目实施范围进行固定资产核销工作后推进”,相关部门协同文旅局积极对接资产核销及项目移交事宜。

【新冠疫情防控】 年内,为发挥党员先锋模范作用,全局干部职工积极参与各项疫情防控工作,参与防疫72人,其中正式干部参与防疫12人,农牧民科技特派员参与防疫40人,大学生村(居)科技专干参与防疫20人。为确保“疫情要防住、经济要稳住、发展要安全”工作要求,达孜区农业农村局在认真做好疫情防控工作前提下,坚决克服困难,认真开展“秋收、防疫”工作两不误,确保颗粒归仓,2022全区秋收粮食作物面积达8.29万亩。物资保障队为群

2022年5月31日,达孜区农业农村局工作人员到邦堆乡林阿村开展“端午粽情、齐颂党恩”宣传活动

众代买农机具零件2000余件，托管服务面积达到5.75万余亩。

在秋季农田闲暇期间，为了使群众丰收丰产，解决畜牧业饲草短缺问题，结合各乡镇、各村组的实际情况和群众意愿，种植以芫根、燕麦草为主的复种作物，提高耕地利用率，增加群众收入，全区复种面积达850亩。

2022年秋冬，达孜区共调运农药1吨（种衣剂）、化肥995吨，种子内部调剂52.5吨、外地购置1.2吨。自新冠肺炎疫情发生以来，达孜区农业农村局与各蔬菜种植户（企业）有效衔接，为保障广大农牧民群众在疫情期间蔬菜供应，共供应蔬菜6800余吨。为稳定经济，于2022年10月12日统计全区温室大棚菜农补贴情况，共有菜农544家，共计补贴资金45.55万元。

（普布普赤）

【机构领导】

副局长

王　红（女）

牛拉毛措（女，藏族）

水利

【概况】 2022年，达孜区水利局行政编制3人，事业编制8人，实际行政干部5人、事业干部8人、工勤人员1人、“三支一扶”1人。下设办公室、防办河管科、水政水资源科、农水科、规建科等5个科室。达孜区水利局深入学习贯彻习近平新时代中国特色社会主义思想和中共二十大精神，积极践行“十六字”治水方针，牢固树立新发展理念，聚焦水利部“水利工程补短板、水利行业强监管”总基调，坚持以实施水利民生项目为抓手，以推进水利高质量发展为根本，统筹做好水灾害防治、水资源管理保护、水生态修复、水环境改善等各项工作，奋力开创新时代水利改革发展新局面。大力发展民生水利，在水利工程建设、防汛抗灾、项目争取方面取得一定的成绩。

【民生水利项目】 年内，开工建设8个水利民生项目，累计总投资1885.75万元。年内，农村饮水安全工程已基本全覆盖，达孜区农村安全饮用水全年保障率达到95%，农村自来水普及率达到100%，饮用水源地水质达标率100%。落实农村饮水安全管护机制，落实“三个责任”，层层签订责任书。

【“十四五”规划项目】 年内，开工建设2个水利重点工程项目，总投资750万元，分别是拉萨市达孜区桑珠林水库除险加固工程和拉萨市达孜区罗普水库除险加固工程。2个项目均有序推进。

【安全度汛防旱】 年内，专门召开防汛抗旱工作会议，部署防汛工作任务，调整及充实防汛抗旱领导小组，充实相关规章制度和预案，并与各乡镇签订防汛工作责任书，进一步明确落实各级防汛工作责任。在汛前，水利局对全区进行防汛安全隐患拉网式排查，重点对水库、堤防、14条山沟小流域地段等实行全覆盖排查，共发现险工险段20处，其中重险段8处（拉萨河县城部队段、邦堆段、克日段、尊木采段、唐嘎乡段、章多乡恰沟、唐嘎乡洛普沟、帮堆乡叶巴沟）。针对险工险段，投入604.2万元实施水毁除险加固工作，其中本级财政预算防汛抗旱资金投入308.06万元，市级争取

2022年7月27日，水利部长江水利委员会水资源节约与保护局处长王海伟（前排左三）一行到达孜区对县域节水型社会达标建设开展现场复核

维修养护资金300万元。为迎战可能发生的洪涝灾害，在原有防汛物资的基础上计划增加铅丝笼15000平方米、救生衣100件，编织袋3万条、强光手电10个、雨衣雨鞋10套。对全区防汛物资储备及消耗情况进行及时追踪统计，按照分级分部门负责的原则，抓紧补充，做到安全度汛。

2022年5月15日，拉萨市水利局总工程师腾宝亭（左二）一行到达孜区检查指导农村饮水安全工作

【河长制工作】 年内，完善《达孜区全面推行河长制工作实施方案》《达孜区河长制联席会议制度》《达孜区河长制巡查机制和治水反馈机制》《达孜区河长制责任追究制度》等工作方案和制度；达孜区河湖长制涉及沟渠12条及2座水库，区河长办按照上级目标要求累计完成11条沟渠一河一策、一河一档方案及4条河流、2座水库河湖管理范围划定工作及水域岸线保护与利用规划编制工作，完成2座水库划界工作。

年内，河湖长累计巡河547次，其中县区级河湖长巡河31次，乡镇级河湖长巡河126次，村级河湖长巡河390次。针对河湖沿线环境卫生问题，清理河道垃圾390.36吨，共投入8119人次，运输车辆45辆次；为确保流域水质安全，累计检测水质水样276处，其中农村饮水点累计检测234处，山沟小流域地表水累计检测33处，检测结论除巴嘎雪村典曲地表水锰超标外（不可作为饮用水源）均为合格；河湖显著位置设置河湖长公示牌，辖区内更新48个河湖长公示牌，公示牌上详细公布流域图、河流名称、河段范围、河流长度、三级河长及警长、检察长的姓名职务、河长职责、管护目标和联系方式，设立监督电话、微信二维码，全面接受群众监督和举报。辖区内主要河流沿岸共设立220个警示宣传牌，覆盖达孜区12条拉萨河支流。

【水政水资源】 年内，结合达孜区委“两项”教育工作要求，以“3·28”西藏百万农奴解放纪念日、“下基层大接访办实事”、全国两会精神宣讲等活动为契机，在包村点林阿村、驻村点主西村、桑阿寺沿街等人员密集处开展纪念第三十届世界水日、第三十五届中国水周等活动4次，增强辖区群众的节水意识、水法意识。切实开展好取水总量控制及取水用水日常监督管理工作，加大巡查检查力度，对辖区内自备井进行摸排调查，对2家取用水企业单位下达取用水申请批复，对未经批准擅自打井取水的5家企业下达责令停止水事违法行为通知书，取缔公共管网覆盖范围内自备井8口。开展水利部、水利厅卫星遥感现场复核15起，下发整改通知书3件。

【“清源正本、忠诚正道”】 年内，坚持新时代水利精神，围绕“节水优先、空间均衡、系统治理、两手发力”16个字治水方针，聚焦区委、区政府重点工作，以巩固党史学习教育为契机，坚持以政治建设为统领，制定《水利局关于开展“清源正本、忠诚正道”党员教育进一步改进作风狠抓落实工作实施方案》，召开动员部署会议，安排部署“关于作风建设”的重点工作，结合水利行业，形成任务分解，详细列出学习教育、政治体检、激励担当、夯实本领、践行宗旨等五个方面作风，要求改进的56个工作任务。结合“三会一课”、主题党日等丰富载体，组织党员干部理论学习16次，观看红色电影3次，参观红色教育基地2次；完成达孜区“四联四包”工作机

2022年5月19日，达孜区召开2021年度河湖长制工作暨防汛抗旱工作总结2022年度工作安排部署会

制水利局党员干部包联包户的章多乡恰村117户群众走访调查，建立一户一档资料；完成水利局作风改进任务25项，上报简报51期、工作推进情况7期。

【党风廉政建设】 年内，组织党员干部认真学习中共二十大精神，深入贯彻习近平总书记重要讲话精神，增强“四个意识”、坚定“四个自信”、做到“两个维护”。

年内，召开3次党风廉政工作部署会议，积极研究解决事关群众切身利益工作的党风廉政建设问题，安排部署具体工作；开展公车套牌自查和违反中央八项规定问题自查；加大水利施工项目廉政建设监督管理力度，与项目建设单位共签订《廉政工作责任书》6份。

【水利普法宣传】 年内，以世界水日（3月22日）和中国水周（3月22—28日）为依托，结合区司法局“宪法宣传周”的相关工作要求，向群众发放《中华人民共和国水土保持法》《西藏自治区实施〈中华人民共和国水土保持法〉办法》《拉萨市水资源保护条例》等法律法规及常态化扫黑除恶斗争宣传海报，当面向群众讲解有关法律法规及水政知识，有效地宣传水行政法规，同时增强农牧民群众依法用水、节约用水意识，营造良好的水利普法宣传氛围。年内，累计参与300余人次，共发放宣传图册1100册、宣传海报及标语260张、宣传纸杯1500个。

【亮点工作】 7月27日，水利部对达孜区县域节水型社会达标建设开展现场复核，达到节水型社会评价标准。12月29日，经水利部公告公布。

（其美多吉）

【机构领导】

局　长

索郎达瓦（藏族，12月免）

柏 树 辉（12月任）

副局长

尼玛曲珍（女，藏族）

乡村振兴

【概况】 2021年5月31日，达孜区乡村振兴局正式挂牌成立。达孜区乡村振兴局立足新发展阶段、贯彻新发展理念、构建新发展格局，坚持党的全面领导，坚持以高质量发展统揽全局，坚持稳中求进工作总基调，坚持以人民为中心的发展思想，坚持“三个赋予、一个有利于”发展方向，将巩固拓展脱贫攻坚成果放在突出位置，深入推进以“神圣国土守护者、幸福家园建设者”为主题的乡村振兴战略，健全乡村振兴领导体制和工作体系，加快推进乡村产业、人才、文化、生态、组织等全面振兴，推动农业农村现代化，不断实现群众对美好生活的向往，为全面建设社会主义现代化新达孜开好局、起好步。

2022年，达孜区建档立卡脱贫户1776户7006人（其中，“十二五”710户2777人，“十三五”1066户4229人），无返贫户。2022年，建档立卡人均纯收入18881.35元，同比增长14.36%。

【重点工作】 年内，制定《达孜区关于健全防止返贫动态监测和帮扶机制的实施方案》，不断健全完善防止返贫动态监测和帮扶机制、部门联动机制，对符合条件的“三类人”及时纳入监测范围，建立动态监测和帮扶台账，按照

“缺什么补什么”的原则，逐项研究制定风险防范措施，落实帮扶举措，坚决守住不发生规模性返贫底线。

5月、10月，集中开展2轮防返贫监测和帮扶大排查。截至年底，达孜区易致贫返贫户38户139人，其中，脱贫不稳定户21户76人，边缘易致贫户9户37人，突发严重困难户8户26人。通过实施各类帮扶措施，已取消监测12户52人，未取消监测26户87人。

【产业项目】 年内，达孜区财政衔接推进乡村振兴补助资金项目6类19个，总投资16963.18万元。截至年底，已完工项目7个，在建项目12个，资金总计支出9656.2万元，资金执行进度56.92%，其中，中央衔接资金支出7158.84万元，执行进度74.14%。

扶贫产业项目在全国防返贫监测系统上共采集录入79个项目，扶贫产业项目确权率100%。涉及项目资金8.2亿元，资产确权率97.3%。

制定印发《达孜区精准扶贫产业项目管理办法》《达孜区精准扶贫产业项目利益联结机制》等产业细则，累计分红12102人次、2349.04万元。2021年12月，兑现2020年度产业分红资金589.35万元，惠及3087人。

【转移就业】 年内，达孜区建档立卡脱贫群众实现转移就业1665人，比2021年增长16.18%。

2022年脱贫户高校毕业生44人，已实现就业43人，就业率达97.73%。鼓励以创业带动就业，及时兑现创业补助相关资金。截至年底，共兑现高校毕业生一次性创业启动资金66万元；场地租金、水电补贴17.4万元；社保补贴1.6万元。

搬迁群众644户2523人，涉及转移就业521户881人，实现转移就业521户881人，均已实现一户一人就业。昌都群众搬迁至达孜区137户842人，涉及转移就业136户417人，实现转移就业136户402人，就业率达96.4%。

【住房保障】 年内，已完成2021年20户危房改造任务，兑现补助资金41.9万元，改造验收合格率100%。积极筹备2022年危房改造工作，在中央直达资金70万元的基础上，积极争取本级财政资金。

【教育保障】 年内，对区域内0—15岁儿童少年进行全面摸底统计，建立0—15岁少年儿童信息库，入库7508人。因残无法随班就读的学生有16名，采取送教上门，无适龄儿童失学辍学现象发生。

学前幼儿1205人，专任教师130人；小学在校生2810人，专任教师180人；中学在校生1180人，专任教师122人。幼儿园至初中师生比均已超过国家标准，县域内教育巩固率为100%。形成集中办学格局，均为藏语和汉语学习，不存在义务教育阶段学校之间教师资源配置不均衡的情况，不存在薄弱学校。

持续落实自治区“三包”、营养改善、高等教育生活补助等政策，确保教育政策在过渡期内保持稳定。已完成2021—2022学年807名大学生的资助工作（其中建档立卡户学生171名），兑现资金417.2万元。

【医疗保障】 年内，执行“基本医疗报销+大病保险+超大额医疗保险+医疗救助及兜底保障”政

2022年3月29日，拉萨市乡村振兴局工作人员到达孜区开展2022年巩固拓展脱贫攻坚成果同乡村振兴有效衔接工作第一季度监督

策。开展好建档立卡脱贫群众基本医疗参保工作，做到应保尽保，严格落实基本医疗保险、大病保险、医疗救助“一站式服务、一窗口办理、一单制结算”政策。

重度残疾人员、特困供养人员、孤儿城乡居民基本医疗保险全部由医疗救助资金代缴最高档320元；最低生活保障对象、重点优抚对象、防止返贫监测对象等个人缴纳32元，差额288元由医疗救助资金代缴，且享受产生医疗费用基本医保、大病保险、医疗救助三重保障。

实现各乡镇卫生院门诊结算业务，实现区人民医院、五乡卫生院“一站式”结算。打通城乡居民跨省异地就医，达到“一站式、一窗口、一单制”结算。

【兜底保障】 年内，共清退14户48人，新增3户9人，努力做到“应保尽保、应退尽退”。

差额发放低保金，农村低保标准由每人5060元/年提高到5160元/年，城市低保金为每人974元/月。截至年底，达孜区城乡低保259户408人，兑现低保金225.53万元；临时救助11户17人，发放临时救助金1.28万元。

达孜区分散特困人员51人，集中特困人员98人，兑现供养金共计197.34万元。

达孜区困难残疾人116人，补贴标准为每人100元/月；重度残疾人113人，补贴标准为每人200元/月。截至年底，兑现困难残疾人生活补贴、重度残疾人护理补贴33.71万元。

【生态岗位】 年内，达孜区一季度生态岗位1625个。承担岗位人员性质：防返贫监测人员9人，低收入群众59人。二季度生态岗位1605个。承担岗位人员性质：防返贫监测人员10人，低收入群众31人。三季度生态岗位1599个。承担岗位人员性质：防返贫监测人员7人，低收入群众180人。

2022年5月11日，拉萨市乡村振兴局工作人员到达孜区开展2022年新增防止返贫监测对象县级审定会议

【推进“五个振兴”】 年内，完成农网改造“一户一表”任务，覆盖率100%，主电网延伸覆盖率100%，能够保证全区农牧民基本生产生活用电需求。2006年所有乡镇通油路，2013年完成所有建制村通畅工程。6个乡镇22个行政村公路通达率100%，通畅率100%。2020年实现农村客运班线全覆盖，设立26个农村客运公交班线停靠点。建设1个县级二级客运站、2个乡级综合客运站。22个行政村通广播电视率、移动信号覆盖率、互联网覆盖率均达100%。第五、六批电信普遍服务项目3个基站建设点位，于2022年5月通过自治区通信管理局验收。城区5G基站已完成建设，待后期允许可随时开通5G服务。

年内，春播作物面积5.75万亩，其中粮食作物3.3万亩，油菜0.34万亩，蔬菜0.87万亩，饲草作物1.24万亩。秋播作物面积2.75万亩，均为冬小麦。绿色高质高效创建示范田5.6万亩，推广新品种种植5.75万亩。完成深松作业8800亩。前三季度，牲畜存栏72551头（只、匹），其中，牛存栏68306头，羊存栏2919只，马属动物存栏303匹，生猪存栏1023头；禽类存栏58421羽。肉产量达1723.11吨，奶产量达11915.69吨，禽蛋产量达330.38吨。截至年底，达孜区未发生牲畜重大疫病。农残速测检测共计400多个样本，合格率98.5%以上。淘汰高风险高毒农药，推广使用中低毒、高效农药20.7吨。合作社347家，注

2022年7月26日，西藏民族大学一行到达孜区开展乡村大调研

册资金超过1.5亿元，吸纳社员达到2400余人。成功创建市级示范合作社11家、百家示范农牧民合作社15家、国家级示范社2家、自治区级示范社2家。11家涉农企业被评为2021—2023年市级龙头企业。

规范建设29个新时代文明实践中心（所、站），打造20个实践基地（实践点），志愿者人数达到7900余人。把开展“多彩达孜”十项活动、实施“感恩达孜”六项行动等充分融入新时代文明实践活动“八项工作”，开展服务活动1200余场次，受众12万余人次。制定《达孜区喜迎中共二十大宣传文化活动总体工作方案》，线上线下齐宣传，营造浓厚氛围。全面落实“四议两公开”制度，组织动员农牧民群众共同参与乡村振兴及常态化疫情防控。按照《关于加强法治乡村建设的意见》要求和新形势下乡村振兴工作需要，加强乡村法治宣传教育，加大以案普法、以案释法和案例指导力度，深入宣传与群众生产生活密切相关的法律法规。

（魏克浩）

【机构领导】

局　长

普布扎西（藏族）

副局长

童　晋　美（藏族）

城市建设·环保

住房和城乡建设

【概况】 达孜区住房和城乡建设局是区人民政府组成部门，内设局党政办公室、住房保障办公室、建管（质安中心）办公室、政重（政策研究与重大项目）办公室。2022年，达孜区住房和城乡建设局机关在岗人员11人，其中局长1人，副局长1人，二级主任科员1人，三级主任科员1人，一级科员1人，事业管理岗位2人，工人1人，公益性岗位1人，西部志愿者1人，“三支一扶”1人。

【党建工作】 年内，深入开展“两正”“两思”学习会、“清源正本、忠诚正道”学习会、廉政警示教育、党史学习教育、中共二十大专题学习会。截至年底，共开展政治理论、会议学习、专题教育学习活动21次。

年内，每季度召开党员大会、每月度召开支部委员会，支部开展活动8次；集中观看红色爱国电影4次，开展廉政警示教育集中学习3次、集中交流研讨3次、谈心谈话3次；观看《问政拉萨》法治节目4次；成立党史学习教育领导小组，及时报送信息，全面完成党报党刊和其他学习资料征订任务，围绕“清源正本、忠诚正道”开展廉政谈话，建立纪实台账，践行廉洁自律规范，保持清正廉洁的政治本色。

始终聚焦群众急难愁盼，补短板、强弱项，2022年共梳理清单12项，重点解决群众的人居环境和住房保障问题。

2022年6月17日，达孜区委常委、纪委书记、监委主任冯琳（左二）一行检查美丽乡村项目推进情况

【建筑行业管理】 年内，持续开展住建领域扫黑除恶、打非治乱专项斗争和房屋建筑市场招投标秩序整治。对代建管理项目、EPC（工程总承包）项目，做到全过程监管，不断完善工程标准体系，用担保、保函、保险等方式替代各类保证金；抓好“双拖欠”工作，新建、续建工程项目，民工工资“实名制”监管达到100%；抓好工程质量监督，落实工程质量监督各个环节，保障工程质量安全。

加大培训力度，提升执法队伍业务水平，每季度对现场监管、质量监督执法人员进行专业知识培训，同时向各建筑工地发放问卷调查200份，收集执法意见17条，均已接收并结合实际整改。

认真落实行业监管职责，围绕工程质量、安全建设等重点领域，持续推进安全生产专项整治三年行动，2022年4月动态更新问题隐患和制度措施“两个清单”，完善应急处置预案，制定专项工作方案；全面推行工程质量安全手册制度，严格履行建设工程消防设计审查、消防验收、备案等程序，积极推广第三方工程质量辅助安全巡查。年内，达孜区住房和城乡建设局备案监督在建房屋和市政工程16个（包含续建、新建），共计开展建设工程安全质量监督执法检查106次，建设工程执法检查覆盖率100%，下达建设工程质量安全监督限时整改单38份、建设工程质量安全监督停工整改单12份。执法检查情况以周报的形式在达孜区住房和城乡建设局以及“e讯达孜”公众号平台公开，深入整治建筑市场违法违规行为，净化市场环境。

2022年11月16日，达孜区副区长格桑多布杰（右一）到邦堆乡宣讲中共二十大精神

【自然灾害普查】 年内，为深入贯彻落实习近平总书记在中央财经委员会第三次会议上的重要讲话精神，认真落实党中央、国务院决策部署，全面掌握国家自然灾害风险隐患情况，提升全社会抵御自然灾害的综合能力。根据《西藏自治区人民政府办公厅关于做好全国自然灾害综合风险普查的通知》和西藏自治区住建厅印发《关于做好全国第一次自然灾害综合风险普查全区房屋建筑和市政设施清查工作的通知》，7月完成全部普查内容，此次房屋普查共采集22820条数据，不调查9391栋，应调查13429栋，总调查面积328.1457万平方米。其中城镇房屋2759栋，城镇房屋调查面积为103.6411万平方米；农村房屋20061条数据，农村房屋调查总面积为224.5046万平方米。

【住房保障】 年内，发放2022年廉租房补贴，经入户调查、公示，达孜区共享受廉租房补贴政策3户4人，发放补贴14400元，完成1—12月廉租房租赁补贴发放目标任务。统计收缴2022年（公租房、周转房、廉租房）租金，共计535户缴纳租金，金额合计50余万元。

7月，达孜区自建房安全专项整治工作全面开展，达孜区住房和城乡建设局委托第三方专业鉴定公司对全区农牧民自建房安全进行全面、细致、精准的鉴定。

年内，在继续抓好房地产法规政策落实的同时，努力做好服务，积极主动地解决好公产房历史遗留问题，想方设法理顺当前房管中的突出问题，大力扶持本地房产企业，玉雄花园小区、德庆花园等地产开发小区相继建成，盛世未来城、阳光绿洲、虎峰城市广场等房地产建设中，房价总体保持平稳、供给结构趋于合理。

【城镇化建设】 年内，达孜区住房和城乡建设局不断扩大城镇建设规模，逐步完善城镇服务功能，增强城镇辐射带动作用，积极实施推进城镇化发展战略，不断提升城市的综合承载力和竞争力。加快达孜区农业人口向非农业人口转移、向城镇转移的步伐。截至年底，城镇化率达到34.7%。

【全面落实“两重”工作】 年内，加快推进、实施重大项目与重点

2022年11月25日，达孜区住房和城乡建设局局长次仁多吉（右二）到邦堆乡检查乡村振兴项目

项目。重大项目3个，涉及资金29026.46万元。其中，达孜区“美丽乡村·幸福家园”白纳村整村推进项目，工程进度45%，计划2023年10月完工并进行验收；达孜区“美丽乡村·幸福家园”叶巴村整村推进项目，工程进度54%，计划2023年10月完工并进行验收；达孜区克日村人居环境改造建设项目，项目进度80%，计划2023年4月完工并进行验收。

重点项目1个，总投资3456.88万元。达孜区林阿村人居环境整治项目，项目进度10%，计划2023年9月完工并进行验收。

2023年计划实施项目13个，达孜区公共厕所建设项目；邦堆乡邦堆村5组、6组，林阿村7组人居环境提升改造项目；达孜区交通警察大队车辆管理所建设项目，达孜区区直机关，乡村政权用房维修改造项目；达孜区党政大院维修改造项目；达孜区幸福社区居民活动场所及集体经济业务用房项目；达孜区“美丽乡村·幸福家园”污水收集处理示范项目；达孜区综合教育基地项目；达孜区党校项目；保障性住房智慧安防小区项目；达孜区党政大院总体设计专项服务；达孜区集中供氧项目；达孜工业园区200套公租房采购项目，陆续推进前置手续办理。

【农村危房改造】 年内，达孜区住房和城乡建设局实施危房改造共计25户，总投资70万元。已完成农村危险房屋鉴定，改造进度已达到60%，计划2023年6月20日之前竣工并拨付补助资金。

【文明城市创建】 年内，立足文明城市创建的大局，严格落实市委、市政府关于创建文明城市推进会议精神及达孜区委、区政府安排部署，清理整治城区基础设施破损50余处，整改建筑工地文明施工围挡30余处，完善城区20个公共厕所标志标牌设施。

【政务服务】 年内，按照区委、区政府安排部署要求，全面推进工程建设项目审批制度改革，审批事项28项，行政审批和行政服务基本完成网上录入流程，2022年已完成网上办理，达到审批事项精简、审批流程优化。

【常态化扫黑除恶斗争】 年内，按照达孜区扫黑办要求，开展监管所在建设领域各部门和各建设企业的常态化扫黑除恶斗争。在施工场所悬挂宣传条幅30幅，在建设工地围挡张贴宣传海报160张，进行涉黑涉恶线索摸排4次，开展相关工作部署会议3次，开展扫黑除恶专项斗争1次，利用微信公众号、“达孜e讯”等平台宣传常态化扫黑除恶斗争相关知识和工作动态信息。

【污染防治】 年内，为持续推进生态文明保护工作，推进达孜区“美丽乡村·幸福家园”建设，在原有城市污水收集设施的基础上，进一步完善城市污水处理体系，投资50万元，城市污水处理率达100%。开展在建工程项目扬尘治理巡查，严格按照扬尘治理“六个100%”的要求进行管控，全面推动建筑工地扬尘治理常态化，全力消除建筑工地施工扬尘对城市空气质量的影响。

（次仁朗杰）

【机构领导】

局　长

次仁多吉（藏族，12月免）

骆　　斌（12月任）

副局长

何　松（12 月免）

王志圆（12 月任）

生态环境保护

【概况】2022 年，拉萨市生态环境局达孜区分局认真学习贯彻中共二十大精神，深入践行习近平生态文明思想，以改善生态环境质量为核心，按照“提气降碳强生态，增水固土防风险”总要求，坚持减污降碳、扩绿增长，认真落实市、区工作安排部署，凝心聚力、攻坚克难，深入打好污染防治攻坚战，人民群众对蓝天碧水净土的认可度、幸福感和满意度显著增强。

2022 年，共投入生态环保资金 474.28 万元，其中，2020 年生态环境考核优秀奖 300 万元，2022 年编制达孜区生态环境保护规划 59 万元，在线监测运营维护费 35 万元，环境质量检测费 30 万元，第二轮中央环保督察经费（禁白经费）50 万元，党建经费、组织生活费 2800 元。

拉萨市生态环境局达孜区分局为市生态环境局派出机构，行政编制 3 名，实际在岗人员 7 人，其中，局长 1 人，副局长 1 人，借调 3 人，工人 1 人，聘用干部 1 人。

【党建工作】年内，按照“围绕生态抓党建、抓好党建促生态”的工作思路，把“讲政治、勇担当、善作为、走在前”作为党建主题，始终把思想政治建设摆在党建工作的首位，以“清源正本、忠诚正道”党员教育活动为契机，通过开展书记上党课、交流学习心得、召开组织生活会、开展红色教育基地研学等形式，提高党员的思想政治素质和理论水平，在全局范围内形成广泛思想共识；坚持正面引导，注重榜样引领，通过诵读烈士家风家训、重温入党誓词、组织电影党课等多种活动，号召每一位党员始终牢记初心、坚守信念，奋进新时代，展现新担当、争取新作为，不断促进基层党组织的凝聚力、战斗力，不断推动党建工作与执法业务融合发展、同频共振，为深入打好污染防治攻坚战提供坚强组织保障。

【“大环保”格局】年内，区委常委会会议、区政府常务会议、政府专题会议 11 次研究部署环境保护工作，听取情况汇报，主要领导多次作出重要批示，协调解决重大问题；分管领导主抓环保问题，定期召开调度会，深入现场检查，推动工作落实。区人大组织人大代表开展监督检查，区政协组织政协委员加大提案力度，提出针对性的意见和建议。区委组织部明确在相关干部拟提拔任用或进一步使用时，把履行环境保护职责情况作为重要参考，纳入干部工作调研、领导班子综合研判、干部考察的重要内容。区委宣传部将《习近平总书记关于生态文明建设重要论述》《西藏自治区国家生态文明高地建设条例》等列入党委、政府（党组）理论学习中心组学习计划。区委党校以第一期“清源正本、忠诚正道”党员教育培训为契机组织各基层党员领导干部学习习近平生态文明思想，切实增强了党员领导对生态环境保护重要性的理解。

各相关部门紧密配合，整体联动。工业园区管委会加大企业监管力度，积极配合环保部门开展执法检查；区财政为全区环境治理提供有力的资金保障；水利部门牵头做好农村饮用水源地保

2022年5月10日，西藏自治区生态环境厅环评处副处长韦金昌（左四）一行到达孜区污水处理厂检查运行情况

护项目，确保农村饮水安全；住建部门实施德庆村5组、6组居民区小型污水处理设施新建项目，并加大建筑扬尘的监管执法力度；城管部门24小时开展城市建筑工程垃圾和渣土运输车辆检查工作；公安部门大力推进黄标车淘汰工作；商务部门加大加油站油气回收工作力度；农牧部门积极打造绿色、健康的有机基地；各乡（镇）和村（组）充分发挥属地职责，狠抓工作落实，全力改善辖区环境质量。全区形成分工负责、齐抓共管、高效运转的环保工作机制。

【创建生态文明高地】 年内，积极推动自治区级生态文明建设示范区提档升级工作和白纳沟“绿水青山就是金山银山”实践创新基地创建，2021年起着手启动《达孜生态文明示范区建设规划（2021—2025年）》编制工作。1月，自治区生态环境厅已下达专家审查意见，待市政府批准后组织实施。

年内，《拉萨市达孜区德庆镇白纳沟“绿水青山就是金山银山”实践创新基地建设实施方案（2021—2023年）》编制已完成并已申报。此外，达孜区剩余创建的12个行政村和4个乡镇的提档升级相关工作材料也已上报，计划2023年创建成功。

【污染防治】 年内，加大对扬尘、煨桑、挥发性有机物等污染控制力度，加大大气污染防治力度。持续开展“散乱污”企业综合整治，水泥、尾矿库等重点行业企业的环境监管执法。年内，全区主要城镇环境空气质量整体保持优良。

开展以保护饮用水源地为重点的水环境专项整治工作，全面掌握饮用水水源地环境安全状况。全区集中式饮用水水质达到Ⅱ类标准，主要江河湖泊水质均达到或优于Ⅲ类标准，无黑臭水体。

开展汽修、医疗等危险废物产废单位实施规范化管理专项检查。疫情期间，加大对医院等医疗废物的处置转运力度，转运量为1338.076吨。

2022年7月6日，拉萨市生态环境局评估中心工作人员到达孜区核查拉萨河流域治理项目点位

【环境执法监管】 年内，加强对医疗机构废水、医疗废物管理、疫苗接种点的指导，确保辖区环境安全。开展常规“双随机”专项检查。并按照尾矿库污染隐患排查治理工作指南对西藏普雄矿业有限公司尾矿库开展排查，排查工作在“尾矿库监管”APP上进行上传。且按照监督执法正面清单标准，对确定符合标准的企业，积极推行非现场监管方式；针对重点排污单位实施在线监控安装联网强化在线监测监管执法。此外，深入开展建设项目、工业园区、垃圾转运站、污水处理厂、矿山企业专项执法行动，解决一批群众反复投诉的突出环境问题。

年内，因生态环境违法问题共立案处罚1件，共处罚款0.98万元，并将2个案子移送至市综合行政执法队。积极化解信访矛盾，共登记受理环境信访6件，积极协调和及时调查处理，办结率和群众满意率达100%。做好生态环境领域安全生产工作，防范遏制各类安全事故，组织执法人员180余人次，检查企事业单位50余家次，开展安全生产隐患排查专项行动，督促企业落实环境安全主体责任。加强建设项目环境影响评价管理，共撤销企业擅自降低环评等级进行网上备案文件5个，企业自主网上备案41个。加强对“绿盾2021”自然保护地的监督和国家级自然保护区焦点问题

2022年6月17日，达孜区政府党组成员兰辉（左一）一行到西藏畅航建筑材料有限公司督办整改工作

的实地核查，实现自然保护区内焦点问题数量、面积“双降低”。

【中央环保督察交办问题整改】年内，第二批中央环保督察入驻期间，全区上下齐心协力，积极行动，全力推进中央、区生态环保督察交办件及下沉组交办问题办理，区委、区政府多次召开专题会议进行研究部署，区主要领导、分管领导多次到问题现场进行现场办公、调度督办，推动督察交办件办理和问题整改，督察交办件办理取得较好进展。第二轮中央环保督察达孜区共收到转办案16件。截至年底，已完成整改12件，阶段办结4件。

【环保宣传】年内，以“6·5”世界环境日暨生态文明宣传月、“低碳日”为契机，广泛开展宣传教育活动。开展“6·5”世界环境日进企业、进村庄、进机关、进寺庙宣传活动，绿色护考专项行动等活动，深入宣传习近平生态文明思想，大力弘扬生态文化和生态道德，引导和动员社会各界积极参与生态环境保护实践，为打好污染防治攻坚战、守好改善生态环境生命线、建设美丽达孜凝聚力量。

（普布卓嘎）

【机构领导】

局　长

　　拉巴旺堆（藏族，3月免）

　　扎西次仁（藏族，8月任）

副局长

　　普布卓嘎（女，藏族）

城市管理和综合执法

【概况】达孜区城市管理和综合执法局是达孜区人民政府的组成部门，为正科级单位。达孜区城市管理和综合执法局于2019年4月正式挂牌成立，区城市管理和综合执法局行政编制3名、科级领导职数2名，有正式干部8名，在达孜区境内招聘执法协助管理人员50名（均为达孜区境内大学毕业生），正式组建达孜区城市管理和综合执法大队，分为5个办公室：办公室、市政办、绿化办、环卫办、执法大队，主要承担着城区市政基础设施的建设及管理，维护园林绿化管理、市容环卫管理、城市管理执法等各项行政职责。达孜区城市管理和综合执法局成立以来，按照达孜区委、区政府要求，完善内部管理制度，岗位责任制度、“三重一大”制度、“三会一课”制度、着装管理制度、考勤制度、请销假制度等相关制度。

【党建工作】年内，紧扣达孜区《中国共产党达孜区委员会关于开展“清源正本、忠诚正道”党员教育深化改进作风狠抓落实工作实施方案》和《中国共产党达孜区委员会关于在全区深入开展“饮水思源、感恩思进”群众教育实践活动的实施方案》，结合达孜区城市管理和综合执法局工作实际制定《达孜区城市管理和综合执法局关于推动教育实践活动的工作方案》，深入学习贯彻习近平总书记西藏工作重要论述和考察西藏重要讲话精神，采取支部集中经常学、深入基地实践学、运用平台自主学等方式，巩固拓展教育实践活动成果。截至年底，党支部共组织开展集中学习21次、自学10次、书记讲党课2次。召开“三重一大”会议7次、专题会议6次。

【新冠疫情防控】年内，严格按照

2022年3月30日，达孜区城市管理和综合执法局工作人员开展整治乱倒垃圾工作

达孜区委和区疫情联防联控领导小组的总体部署，区城管局高度重视、讲政治、讲大局，全力以赴开展疫情防控各项工作。及时传达贯彻区委和区疫情联防联控领导小组下发的相关文件精神和工作要求，结合实际制定印发《新型冠状病毒感染的肺炎疫情防控暨隔离方案》，成立由局党支部书记任组长的疫情防控工作领导小组，对疫情防控工作进行专题部署；对全局系统人员以及周转房居住人员进行全面排查，建立台账，确保疫情防控工作底数清、情况明；认真做好单位内部防控工作，制订防控应急处置方案，从人员防控、各部位消毒、应急值守等各方面全方位进行安排部署。全局实行24小时在岗在位制度，主动监控，安排天空物业、垃圾转运站工作人员，加强重点区域、重点地段消毒消杀，实行一日一扫、垃圾一日一清，彻底消灭卫生死角。

9月4日，达孜区城市管理和综合执法局设立卡点（邦堆蔬菜保供点）并派出25名执法工作人员，负责保供点疫情防控各项工作。截至11月6日，未发生任何疫情防控方面的问题，有效完成全区（含拉萨、那曲、阿里、山南、日喀则）等地蔬菜保供工作。

联合达孜区公安局、达孜区城市管理和综合执法局下派12名执法人员，参与达孜区碧水检查站、东环北线检查站等一线防疫抗疫及复工复产工作，实行24小时在岗在位制度，开展人员出入管理、体温测量，车辆消毒、登记、渣土运输专项检查等工作。截至年底，共检查车辆56000次，排查141266人。

疫情发生以来，达孜区城市管理和综合执法局广大干部职工积极响应区委号召，选派优秀干部职工支援城关区以及达孜区唐嘎乡（7人）、雪乡（3人）、区疫情办医废物收运（4人）和机场（1人）开展社会面疫情防控工作。

【市政设施管护】 年内，确保城市主干道亮灯率达98%以上。组织执法工作人员对管辖区内的路灯破损情况进行全面摸底排查并组织维修改造。

做到市政设施损坏早发现、早安排、早处置。上半年重点排查达孜区318国道沿线、城区、东环北线、达孜大桥等路段，排查路灯1200多盏，投入资金172020.64元完成虎峰大道（2次）、幸福新村（1次）、丹阳路（2次）疏通污水管道5次（284多米），维修破损、塌陷井圈井盖91个，维修加固警示柱1700个。

【园林绿化管理】 年内，以养护站地段、防疫站地段、镇江路中段、警务站地段、入城高架桥地段、镇江公园地段、镇江路西侧地段、国道沿线绿化为骨架，不断巩固2021年绿化项目成果，补植、补造虎峰大道、东环树苗250株，旱季每天安排水车120辆次，进行主城区绿化浇灌，保证树苗的成活率。

【燃气行业管理】 年内，组织开展安全检查115次，检查加气站1家（检查20次），下发整改通知书1份，确保燃气安全。

【城市生活垃圾分类】 年内，成立垃圾分类领导小组，制定垃圾分类实施方案，充实保洁员队伍，层层落实工作任务，建立考核制度。

开展知识讲座，邀请北京援藏老师对天空物业及垃圾转运站环卫工人80余人开展垃圾分类知识方面培训。在微信、户外显示屏等各类媒体，宣传报道垃圾分类知识10次，结合全国法制宣传日等活动在沿街路段开展宣传引导活动12次，参与群众达2500余人次，区直机关、五乡一镇、学校等参与6000余人次，发放宣传册12万余册。

配置17辆其他垃圾车、1辆厨余垃圾车开展生活垃圾分类工作，生活垃圾（餐厨垃圾）清运量达到100%，分类处理初见成效。

2022年4月12日，达孜区城市管理和综合执法局工作人员开展提升城区绿化管护工作

【环境卫生管理】 年内，做好城市各主次干道、城市出入口、318国道沿线等处的卫生保洁、垃圾清运、公厕管护等工作，共清理各类垃圾10540余吨。全面排查清理沿街墙体、灯杆、箱体及其他沿街设施上的小广告，共清理小广告33000张（含横幅）。对区10座公共卫生间执行“日检查、日报告、日抢修”制度，共开展公厕抢修2次，抢修公厕指示牌50个。对城区20座公交站台刷新维护，拆除违规设置的公交电子站牌2座，拆除陈旧破损门店招牌21块，更换门店招牌120块。完成2组LED屏灯笼的整改。

完成第二轮中央环保督察迎检工作。对318国道沿线、拉林公路沿线、德庆镇桑珠林村驾校路段、水利局后面河道附近、“三岩”片区等区域内的建筑垃圾和工程渣土进行全面清理整治，整治3558立方米，投入资金172800元。

在元旦、春节、藏历新年期间，在城关区交界口至达孜大桥南桥头、丹阳路口西侧、达孜大桥北桥头至东环北线隧道口等重点路段，悬挂灯笼13482个，布置中国结1140个、铁艺发光字2个，悬挂三角彩旗、灯串等，投入资金343447.3元。

做到对五乡一镇、沿街门店、餐厅、小吃店500多个居住户宣传全覆盖，发放宣传资料2600份。与相关单位、企业、居民、商户签订《门前五包责任书》114份。安排140家年货摆摊临时疏导点，签订《临时摊点承诺书》140份。

【依法行政】 年内，对渣土运输不规范、运输途径不正当的行为进行管理整治，防止渣土沿街漏洒和车辆带泥上路等污染城市道路现象。截至年底，共排查渣土运输车辆33400辆，查处市容环境卫生等各类违法行为13次，处罚金额4900元，已全部上缴国库（其中查处乱倒垃圾10次，罚款金额4300元；查处破坏市政设施3次，罚款金额600元）。

【城市管理信息化建设】 5月27日，达孜区城市管理和综合执法局工作人员参加“拉萨市城市综合管理服务平台培训”后学习相关内容并安装“智慧城管”APP，自6月1日开始进行整改，共存在108条未整改案件，已整改95条案件，进行整改中的案件为13条。

【安全生产大检查】 年内，开展防渗透、防窃密工作，安排专人对单位内部进行以“防火、防盗窃、防投毒、防自然灾害事故”为主的安全大检查。来电来访“12345”热线5个，回复率100%，办结率100%。

（土旦旺姆）

【机构领导】

局　长

多　　吉（藏族）

副局长

朗杰卓嘎（女，藏族）

夏　　云（江苏援藏，6月任）

社会事业

民政

【概况】 2022年，达孜区民政局紧紧围绕中心工作，牢固树立和积极践行“民政为民、民政爱民”理念，深入开展“清源正本、忠诚正道”党员忠诚教育和“饮水思源、感恩思进”群众教育实践活动，持续深化党史学习教育成果转化，改进作风狠抓落实工作，不断强化基本民生保障和社会治理，扎实做好民政系统疫情防控工作。

达孜区民政局是达孜区人民政府主管社会行政事务的一个职能部门，承担全区的城乡最低生活保障、基层政权和社区建设、区划地名、勘界、社会组织、婚姻登记、社会救助、养老服务和殡葬管理等工作；达孜区民政局下设达孜区城乡居民经济状况核对中心（事业编制）和1所供养服务机构（事业编制），即达孜区五保集中供养服务中心。共计干部职工48名，其中局长1名、副局长1名，特困中心主任1名、三级主任1名、四级主任1名、一般干部3人、事业编制人员2名、公益性岗位1名、政府人员37名。

2022年3月13日，达孜区民政局工作人员到区人民医院看望救助对象

【城乡最低生活保障】 年内，做好城乡低保工作，强化困难群众生活信心。进一步规范达孜区低保工作，提高低保对象认定的精准度和透明度。截至年底，共清退14户48人，新增3户9人，努力做到“应保尽保、应退尽退”；加强低保边缘家庭、清退的低保户监测，切实保障达孜区困难群众基本生活。

及时足额兑现城乡低保金，农村低保标准由每人5060元/年提高到5160元/年，城市低保金标准与2021年相同，为每人974元/月，以城乡低保户家庭收入差额发放低保金，为城乡低保246户372人兑现城乡低保金225.53元。

【社会救助】 年内，充分发挥临时救助救急难作用，临时救助13户19人，发放临时救助金3.25万元。其中开展为民服务、主动救助1

次，3月主动救助1名四川德格县生活困难的危险产妇，发放临时救助金3174.53元。

【补贴发放】 年内，困难残疾人生活补贴标准为每人100元/月，重度残疾人护理补贴标准为每人200元/月，全年兑现残疾人“两项补贴”40.38万元（困难残疾人117人、重度残疾人108人）。经济困难老年人生活补贴、失能老年人护理补贴标准均为每人50元/月，全年为经济困难老年人（1、3月16人，4月15人，5月14人，6月13人，7—12月14人）兑现补贴8450元。事实无人抚养儿童生活补贴标准为每人600元/月，全年为4名事实无人抚养儿童兑现补贴2.88万元。

【养老服务】 年内，在总结2021年居家养老服务试点经验的基础上，采取以政府购买服务的方式，将2022年居家养老服务工作交由养老服务企业、社会组织等社会力量运营，在老年人较多的唐嘎乡、雪乡推广试点经验。

按照自治区民政厅《关于印发〈西藏自治区老年人能力综合评估办法（试行）〉的通知》，委托第三方公司对达孜区35户家庭开展适老化改造，按照类型和评估标准开展老年人能力综合评估，为在全区开展老年人家庭适老化改造打下基础。

以节日活动、日常娱乐、藏医理疗、疫情常态化防控等工作为主，为日间照料中心入托老年人提供多样化服务，有12人长期入托。认真开展安全生产大排查、大清理、大整治，切实消除安全隐患。根据民政部、区市民政部门相关通知精神，结合达孜区开展的安全生产大排查、大清理、大整治工作，督促特困中心严格按照“预防为主、防消结合”的原则，深刻汲取各类事故案件教训，定期对安全生产工作进行部署，组织中心老人及工作人员开展应急演练4次，开展消防器材使用培训3次。

2022年1月28日，达孜区民政局召开“清源正本、忠诚正道”党员教育进一步改进作风狠抓落实工作动员部署会

特困中心邀请相关部门开展老年人防诈骗专题宣传活动4次，发放防诈骗宣传资料，用通俗易懂的语言进行现场讲解，提高养老机构老年人对养老诈骗等犯罪行为的防范意识。

【特困人员供养】 年内，及时兑现特困供养金，其中分散特困人员50人，集中特困人员98人，全年兑现供养金共计171.92元。做好特困人员医疗保障工作，特困人员住院费用医保部门报销后，剩余部分从临时救助金中拨出。走访新增分散特困人员，为分散特困供养人员发放藏语和汉语突发事件联系卡，让分散特困人员在紧急情况下能够第一时间联系到特困中心。开展走访慰问，深化“我为群众办实事”实践活动。广泛开展困难群众摸底排查、走访慰问和关心关爱活动，区委、区政府下拨“两节”期间慰问专项经费，共慰问困难群众、事实无人抚养儿童、孤儿等242人，发放慰问金19.36万元。

【基层民主自治建设】 年内，指导达孜区21个行政村及1个社区完成村规民约（居民公约）的制定和完善工作，内容共涉及思想教育、社会治安、民风民俗、婚姻家庭等13个大项，以贯彻习近平新时代中国特色社会主义思想、践行社会主义核心价值观为重点内容，并将破除迷信、移风易俗、尊老爱幼、维护环境、倡导公筷公勺等纳入村规民约（居民公约），促进乡风文明、村（居）民自治的工作进程，完成“全国基层政权建设和社区治理信息系统”的信息完善和录入工作。

【边界联检】 年内，开展行政区划界线管理工作。根据《西藏自治区关于开展全区第六轮县级行政区域界线联合检查工作实施方案的通知》和拉萨市民政局转发民政厅《关于扎实开展行政区域界线管理工作的通知》的要求，2022年完成与拉萨市城关区、墨竹工卡县、林周县、山南市扎囊县第六轮县级行政区域界线联合检查工作，并将所形成的各类台账资料上报至市民政局基层政权科。从源头上预防、减少新的边界纠纷发生，把矛盾纠纷解决在基层、解决在萌芽状态，保持县域边界地区长期和谐稳定，促进经济社会稳步发展。

【新冠疫情防控】 年内，认真贯彻落实自治区、拉萨市、达孜区政府和民政部门关于稳经济若干临时性措施的工作要求，保障困难群众基本生活。安排专人24小时值守“12349”社会救助服务热线，向疫情期间陷入困难的群众解答救助政策，对不属于民政救助范围的转介相关部门。疫情期间，接听救助热线1233次。

根据上级民政部门统一安排，按照每人每月200元标准，为城乡低保、特困人员分2次增发一次性生活补贴，每次兑现600元。年内，第一次为城乡低保369人兑现生活补贴436600元，为特困人员51人兑现生活补贴60800元。疫情期间共兑现一次性生活补贴497400元，惠及400余名困难群众。以残疾人“两项补贴”名单为准，按照每人1200元标准，为183名非低保生活困难残疾人兑现一次性生活补贴219600元。

对受疫情影响、暂时找不到工作又得不到家庭支持、生活陷入困境的达孜区域内的外来务工人员，发放米、面、油、蔬菜等生活物资，安排专人在接听救助热线基础上，汇总救助信息，在保证疫情防控工作的前提下，24小时内为外来务工人员发放救助物资，全年共发放价值14.22万元的救助物资。

2022年4月1日，达孜区特困人员集中供养服务中心开展纪念西藏民主改革63周年宣讲活动

进一步优化工作流程，简化申请程序，督促乡（镇）、村（居）加强对民政部门关于贯彻落实自治区稳经济若干临时性措施的宣传，扎实做好疫情期间困难群众基本生活保障工作，确保各项临时性救助、补贴措施落实落地，为符合条件的17名失业困难人员兑现救助金3.06万元。

【婚姻登记】 年内，根据《中华人民共和国民法典》和《婚姻登记管理条例》，认真履行职责，规范登记材料和登记档案，做好婚姻登记工作。结婚登记225对，补发结婚登记40对，离婚登记40对，补发离婚登记5对。

【残联工作】 年内，对家庭成员中有重度残疾人、一户多残、以老养残的困难家庭进行救助，将残疾人按照单人单户纳入低保救助。

开展以“改善残疾人民生、保障残疾人权益”为主题的助残日宣传活动。2022年，为符合条件的持证残疾人免费发放辅助器具，兑现资金309320元，让辖区群众更好地了解维护残疾人合法权益的相关知识，确保惠残政策宣传落实到位。

【机关作风建设】 年内，定期安排部署工作，开展集中学习活动，每周三召开局周例会及“三重一

2022年4月20日，达孜区民政局开展坚定理想信念专题第二次学习暨业务知识学习

大”会议和党支部学习会议，及时掌握民政各项工作落实情况，根据工作实际，研究工作计划，决议下一步重点工作，确保民政工作有序开展，根据党支部学习计划，召开局党支部学习会及“三会一课”，规范组织生活。

规范学习内容，紧紧围绕“稳定、发展、生态、强边”四件大事，以“清源正本、忠诚正道”党员学习教育必学科目为主要内容，分类分专题组织学习，及时贯彻落实各级党委重要会议精神、重大决策部署及主要领导讲话精神等，组织局党员干部撰写心得体会并进行交流发言。截至年底，组织专题学习共26次，开展改进作风、保密等主题党日活动6次，志愿服务活动4次，开展“两正”党员教育暨党员干部应知应会知识竞赛、测试活动2次，集中观看廉政教育片5次。

把党员学习和业务学习相结合，安排各业务工作人员讲业务知识，将党建与业务工作深入融合，以党建带业务，以业务促党建，促进共同进步，开展业务知识学习3次。

（索朗白珍）

【机构领导】

局　长

白　丽　达（女，藏族，3月任）

副局长

索朗加措（藏族）

五保集中供养服务中心主任

洛桑曲达（藏族）

人力资源和社会保障

【概况】 2022年，达孜区人力资源和社会保障局坚持以习近平新时代中国特色社会主义思想为指导，深入学习贯彻中共二十大精神，紧扣“民生为本、就业优先”工作主线，强党建、稳就业、聚人才、保民生、强服务、促和谐，奋力推进人社事业高质量发展。

达孜区人力资源和社会保障局下设事业单位达孜区劳动就业保障中心，股级建制。局内设行政办、就业办、社保办、事业办、工资福利办、劳动监察大队6个业务科室。全局实有在岗工作人员31人，其中行政编制7人，事业编制3人（1人为借调），工勤人员4人（1人为借调），公益性岗位5人，“三支一扶”岗位10人，基层平台岗位2人。

【党建工作】 年内，坚持以习近平新时代中国特色社会主义思想为指导，深入学习中共二十大精神、中共十九届六中全会精神、中央经济工作会议精神，认真贯彻落实“三会一课”“主题党日”等制度，全年开展书记讲党课4次、主题党日活动8次、“两正、两思”主题教育系列活动12次、支部集中学习12次，撰写心得体会30余篇，借助每期职业技能培训，干部轮班讲党课47次。将“我为群众办实事”实践活动贯穿始终，开展“领导干部下基层大接访”16次、政策宣讲12场，入组入户34次，了解社情民意80个，解决问题130个。

【党风廉政建设】 年内，加强人社系统党风廉政建设，强化重点领域和关键岗位廉政风险防控，不断加大从源头上预防和治理腐败力度。着力抓好党员干部学习教育，结合“两正”“两思”学习教育，全年先后组织6次党风廉政专题学习会议，要求领导干部提交个人《廉政报告》《“两正”问题自查清单》，不断加强党员干部的教育

2022年4月1日，拉萨市达孜区南北山绿化工程项目组织化转移就业输送仪式举行

管理。

【新冠疫情防控】 年内，达孜区人力资源和社会保障局迅速响应区委、区政府战“疫”号召，充分发挥党支部战“疫”堡垒和党员先锋模范作用，闻令而动快部署、尽锐出战冲在前、彰显担当优服务，统筹抓好疫情防控和惠企稳岗保民生工作，用实际行动谱写众志成城、共克时艰的战“疫”之歌，在大战大考中践行“人社工作为人民”的使命担当。全局干部职工始终坚决服从组织安排，就地转为疫情防控志愿者，开展执勤值守、消毒消杀、物资配送、秩序维护等志愿服务工作。高校毕业生就业创业工作领导小组办公室第一时间印发倡议书，417 名青年学生报名投入志愿者队伍，其中 14 名医护专业学生主动请战核酸检测一线。

疫情防控期间，统筹推进各项业务工作，做到业务防疫“两不误”，大力推行网上办、电话办等不见面服务，以联系“不见面”的方式，通过电话、微信与用工企业沟通联系，及时、全面掌握务工人员疫情防控措施、生活物资保障、项目进展、工资发放等情况，及时解答和反馈相关诉求处理情况；以维权“不见面”的方式，安排专人在线接听欠薪问题线索，将“线下”维权转向“线上”服务，降低人员交叉流动，让数据多跑路，让群众少跑腿，积极维护劳动者合法权益不受损害；以宣传“不见面”的方式，通过电话、微信等载体，做好劳动保障监察及相关疫情防控信息的宣传，增强劳动者合法维权意识和用人单位依法用工自觉性，营造良好用工环境。

【就业创业】 年内，以实现“更高质量、更充分就业”为目标，统筹推进就业创业工作。农牧民转移就业方面：实现城镇新增就业 1089 人，登记失业率控制在 5% 以内；实现农牧民转移就业 10612 人（其中组织化转移就业 6403 人），实现收入 10920.73 万元；开展职业技能培训 47 期 1956 人，以上工作均完成年度目标任务的 100%。高校毕业生就业方面：2022 年应届高校毕业生 346 人，已实现初次就业 336 人，就业率 97.11%，共计兑现高校毕业生就业创业补贴资金 698.07 万元，涉及 149 人。

【“五个率先”拓宽增收门路】 年内，达孜区人力资源和社会保障局率先开展“民族团结进步联创共建＋技能培训”，构建“民族团结进步联创共建＋以工代训”，助推共绘民族团结进步“同心圆”新局面。强化新业态技能培训，创新举办全区首期网络主播和网约车驾驶培训，并开发全区首例“网约车”职业技能培训班。率先推广“互联网＋农业”培训，开展民族食品加工（卡赛）技能“以工代训”，并联合本地网红直播平台，借助“网红”助农销售等方式开展“线上＋线下”一体化助农销售。率先创建“就业创业超市”连锁店，打造新形态就业渠道新模式，初步建成 1 个旗舰店、6 个分店。率先培树劳务品牌区外就业带动力，组织转移达孜区 14 名农牧民组成“村居岗”到区外就业。

【社会保障】 年内，通过线上线下、特殊群体上门服务方式完成 2022 年城乡居民养老保险待遇领取人员资格认证 3164 人，达孜区城乡居民养老保险参保 13785 人，企业养老保险参保 2228 人，机关养老保险参保 1574 人，工伤保险参保 3790 人，失业保险参保3041人，分别完成年度目标任务的98.45%、1713.85%、99.31%、164.78%、282.36%。发放城乡居民养老待遇9643984.44元。

【劳动监察】 年内，共处理投诉案件130起，为703名劳动者追回劳动报酬1691.491万元，其中办理来电案件46起，涉及人数137人，涉及金额243.6512万元；来访案件18起，涉及人数255人，涉及金额349.6100万元；“12345”服务热线转办案件13起，涉及人数77人，涉及金额282.0225万元；“12333”咨询热线转办案件8起，涉及人数6人，涉及金额71.8883万元；处理全国根治欠薪线索反映平台转办案件41起，涉及人数167人，涉及金额320.6000万元，各类案件法定期限内办结率达98%以上。

【基金管理】 年内，根据自治区、拉萨市人社部门关于社保基金管理提升年行动工作要求，成立以分管副区长为组长的社会保险基金管理提升年行动工作领导小组，召开社会保险基金管理提升年行动动员部署会，结合达孜区实际制定《达孜区社会保险基金管理提升年行动实施方案》和《达孜区社会保险基金管理问题专项整治“回头看”工作方案》。针对市社保基金监督委员会检查指导组反馈整改十大项问题，达孜区人力资源和社会保障局照单全收，举一反三，及时主持召开达孜区社会保险基金管理工作推进会，细化措施，解决存量增量问题，确保问题整改销号清零。核查城乡居民养老保险问题数据696条，顺利追缴107.67万元（176人次）城乡居民养老保险死亡冒领多领养老金。

【人事人才】 年内，统筹推进达孜区区直所属事业单位岗位设置方案优化工作，调整优化区直单位21家，涉及岗位100余个。及时、准确开展各领域职称申报、初审、评选、评审、聘用等工作，已完成职称评聘32人（其中初级25人、中级6人、高级1人）。开展达孜区专业技术人员继续教育学时审核、认定工作，核实认定800余人次。

【窗口服务】 年内，全面提升经办能力，选优配强窗口人员，常态化开展业务知识和技能学习，积极营造学政策、练技能、强本领的工作氛围，为办事群众提供有温度的人社服务，切实增强群众的满意感和获得感。

（何　欢）

【机构领导】

局　长

达　珍（女，藏族）

副局长

次旺欧珠（藏族）

2022年6月29日，达孜区岗日霓霞农牧民施工队技能提升培训班开班仪式举行

卫生健康

【概况】 达孜区卫生健康委员会内设办公室、医政科、流管科、爱卫办、藏医科等科室，下属机构有1个县级疾控中心、5个乡卫生院、16个行政村卫生室、2个自然村卫生室。2022年，达孜区卫生健康委员会作为新冠肺炎疫情防控的主责单位，认真落实区、市疫情防控举措，有效保障达孜社会稳定和人民群众的生命安全，更为社会经济发展创造了有利条件。达孜区卫生健康委员会克服新冠疫情造成的不利影响，围绕达孜经济发展大局和卫生健康事业重

点工作，精心组织、认真推进，完成全年目标任务。

【党建工作】 年内，达孜区卫生健康委员会党支部结合“两正”“两思”学习教育实践活动，坚持集中学习与自我学习相结合，推动政治理论学习深入进行，做到学有所获、学有所成。重点围绕习近平新时代中国特色社会主义思想、中共二十大精神、全国两会精神、中央政治局第三十五次集体学习会议精神、“进一步改进作风狠抓落实”专题、自治区党委民族工作会议精神等内容开展集中学习讨论，全年共集中学习4次，参与讨论15人次。督促党员撰写观看中共二十大心得体会、利用“学习强国”学习平台进行自我学习，党支部15名党员中个人学习最高分值达61608分。并以书记带头抓意识形态工作，带头管阵地、把导向、强队伍，带头批评错误观点和错误倾向。

把意识形态工作作为党的建设和业务建设的重要内容纳入重要议事日程，纳入党建责任制，纳入领导班子、领导干部目标管理，同部署、同落实、同检查、同考核，同时利用“三会一课”、党史学习教育的机会，传达学习党中央和上级党委关于意识形态工作的指示精神6次。

【新冠疫情防控】 年内，根据不同时段的工作重点，多次召开疫情防控工作专题部署会，推动各项具体任务落实落细，重点抓好社会面督导检查、新冠疫苗免费接种、重点人群核酸检测、应急处突能力提升等工作，切实提升达孜区应对疫情的应急处置能力。

根据疫情态势及拉萨市疫情办要求，达孜区累计采购防护服及配套防护用品3万余套、消毒片13400瓶、N95口罩85000个，此外还采购足量的抗原检测试剂、消杀用品等，累计金额461.8万余元，保障达孜区疫情防控工作正常开展，为打赢疫情防控阻击战提供了坚实的物资保障。

【爱国卫生】 年内，达孜区爱卫办结合新冠疫情防控工作，为做实做细做好环境卫生整治、病媒生物防治和科普宣传等工作，切实为早日全面战胜新冠肺炎疫情营造良好环境，在全区范围内组织2次环境卫生整治活动，动员各乡镇、各单位积极参与，不仅整治环境卫生，更营造了良好的氛围；组织开展多次宣传活动，通过悬挂横幅、发放宣传资料、接受群众咨询、健康生活指导等方式，向群众宣传健康知识，提高群众健康水平和健康意识。

【医疗集团】 年内，达孜区医共体建设工作取得一定成效，逐步推进“14个统一任务”，基本完成“人、财、物”的统一。并选派人民医院科室骨干医生下沉到乡卫生院辅助开展技术指导和医院管理工作，帮助乡卫生院补齐技术短板、提高管理能力。

2022年1月19日，达孜区卫健委向辖区65岁以上老年人发放健康包

【藏医药事业】 年内，达孜区人民医院藏医科实现可开展藏医诊疗技术15项，包括药浴、放血、针灸、火罐等，新业务有藏医灌肠、江子疗法、杂炯疗法。各乡卫生院可开展藏医外治技术4—6项。2022年，达孜区人民医院藏医门诊7000余人，住院51人次，开展藏医外治750余人次。

【卫生监督】 年内，达孜区卫生健康委员会对辖区各级公立医疗机构、诊所、门诊部进行督导检查15

次，主要检查辖区内医疗机构疫情防控措施、非法行医、常用药品过期及滥用、医疗废物管理及登记、医疗器械消毒、基本公共卫生服务项目、灭火器设备等情况，对发现的问题现场记录，并提出整改意见及整改时限。

【疫病预防】 年内，达孜区疾控中心上报法定传染病 9 种 82 例，均为乙丙类传染病，传染病发病率 239.6 / 十万。达孜区疾控中心对鼠疫及大骨节病进行常规监测，未发现异常，碘盐发放、宣传教育工作基本达到预期。达孜区疾控中心对城镇集中式供水与农村生活饮水 16 个监测点进行水质采样，完成农村生活饮用水枯水、丰水期出厂水和末梢水 64 份采样任务，完成率 100%。

【妇幼保健】 年内，达孜区孕产妇总数 90 人，活产数 90 人，住院分娩率为 100%，无孕产妇死亡。出生低体重 3 人、巨大儿 1 人、早产儿 1 人，无新生儿、婴儿死亡。

【慢病管理】 年内，达孜区疾控中心系统管理高血压患者 1982 人、糖尿病患者 82 人、重症精神病患者 41 人，管理率 100%，随访情况良好。

【健康教育】 年内，达孜区卫生健康委员会及疾控中心利用结核病防治宣传日、计划免疫宣传日、疟疾防治宣传日等各种卫生宣传日和节假日，到乡镇和人群集中地通过张贴宣传画、摆放展板、接受

2022年3月28日，达孜区全民体检工作正式启动

现场咨询和发放宣传材料等多种形式开展各种宣传教育活动。累计发放各类宣传材料共计 5000 余份，悬挂各类宣传横幅 10 次，发放宣传物品 1500 余份。

【医疗援藏】 年内，镇江市第 16 批援藏医疗队建立健全江苏大学附属医院与达孜区人民医院影像远程会诊中心；进行院内培训 62 次，受众 500 多人次，服务 1000 余人次；开展 20 次公益医疗活动，受益群众 1500 人；在疫情期间不断建言献策，尤其是在医院环境改造、院感防护、流程安排、影像技术诊断等方面做出突出贡献；开展义诊活动 20 次，共计接待就诊及前往咨询农牧民群众 1500 余人次，发放药品价值 3 万余元；多次参与拉萨市各种大型活动医疗保障任务，承担其他省市多个党政代表团进藏慰问和驻藏镇江援藏干部医疗保障工作。

（支宏斌）

【机构领导】

主 任

尼玛卓嘎（女，藏族，1 月免）

欧金次仁（藏族，1 月任）

副主任

边巴顿珠（藏族）

裴 小 龙

达孜区人民医院

【概况】 2022 年，达孜区人民医院实有职工 115 人，其中卫生专业技术人员 102 人（其中正式职工 80 人，工勤人员 1 人，四类人员及“三支一扶”3 人，公益性岗位 1 人，外聘卫生专业 17 人），其他人员 13 人［其中，财务专业技术人员 1 人，其余工人 4 人，公益性岗位 5 人，外聘后勤保障 3 人（其中，电工 1 人，司机 1 人，厨师 1 人）］。正式卫生专业技术人员中副高级医师 4 人（藏医 2 人、西医 2 人），中级职称 23 人（内科 2 人、外科 3 人、妇产科 2 人、藏医科 8 人、儿科 1 人、超声科 1 人、

药剂科2人、护理2人、公卫1人、检验1人),初级职称33人,员级20人。

【业务指标】 年内,达孜区人民医院医疗收入为639.53万元,比2021年同期下降21.74%,其中,药品收入185.7万元,药品占比29.04%,比2021年同期上升2.09%。门诊总人次为22957人,比2021年同期下降34.03%;出院病人1258人,比2021年同期上升8.64%;实际占用总床日数9470日,实际病床使用率39.82%;出院者占用总床日数9321日,出院者平均住院天数为7.02日。开展各类手术86台,其中,腔镜胆囊切除44台,腔镜阑尾切除术25台,开腹输卵管结扎术3台,痛风结石取出术2台,PPH(痔上黏膜环切术)4台,其他手术8台。住院分娩75人次。

【党建工作】 年内,以习近平新时代中国特色社会主义思想为指导,以公立医院党的建设为统领,坚持人民健康为中心,以质量、安全与和谐为主题,以人才队伍建设、重点学科建设和医院文化建设为重点,遵循医院的公益性质和社会效益原则,持续推进医院管理和技术创新,提升标准化、科学化、规范化管理水平。坚持统一思想、教育先行,通过“三会一课”、“两学一做”学习教育、党员志愿服务等主题党日活动,紧扣学习主题,组织党员集中学习12次、支部书记讲党课1次,开展组织生活会1次,观看主题电影1次,开展下乡义诊5次,进幼儿园、进企业义诊2次。

2022年9月13日,西藏自治区卫生健康委主任格桑玉珍(左二)一行到达孜区人民医院督导检查工作

结合达孜区进一步改进作风狠抓落实工作要求,针对行风建设、医德医风方面召开3次专题会议,制定医务人员医德医风考评考核办法,将医德医风考评考核结果与年终考核评优、评先、晋升、晋职、绩效紧密挂钩,实行医德医风一票否决制。组织召开4次党风廉政建设专题会议,与重点科室签订党风廉政目标责任书和承诺书,进一步明确各科室以及重点风险岗位的工作职责,找出廉政风险,增强“四个意识”、坚定“四个自信”、做到“两个维护”,进一步增强全院党员干部的思想认识,为医院基层党的建设奠定了扎实的思想基础。

【新冠疫情防控】 年内,坚决按照自治区党委、政府和疫情防控指挥部安排部署,统筹资源力量,科学调配救治力量,迅速落实合理划区、规范诊疗流程,梳理通道、采办物资、设置床位、调试设备、充灌液氧、人员培训等系列工作,做到动员快、部署快、行动快、配合好,全力守护患者的生命线。

年内,在区委、区政府、镇江援藏医疗队及大后方的大力支持下,医院PCR(聚合酶链式反应)实验室增加提取仪3台,96孔核酸提取仪、扩增仪各1台,32孔核酸提取仪1台,前10月共检测核酸标本383500份,11月完成核酸检测任务330644份。每日最大检测管数由820管提升到3000管。

【区域医共体工作】 年内,在原有的信息化基础上,达孜区实现江苏大学附属医院放射科远程影像诊断功能;投资579万元实施达孜区人民医院信息化服务能力提升建设项目,进一步完善门诊自助排队叫号系统,实现微信公众号、自助机挂号、打印报告单结算、微信支付、查询药品价格等功能。

【城镇居民医保结算】 年内，以党建引领医院改革，积极推进并参加培训拉萨市支付方式改革试点工作，减少患者总体医疗费用。5个乡卫生院同步实现医保住院、门诊“一站式结算”服务功能，通过一部手机实现患者少走、数据多跑的数字结算模式。

在自治区医疗保障局2022年医疗保障基金监管专项整治飞行检查中，主要发现达孜区人民医院在医保基金使用方面存在：超时间收费、重复收费、分解收费、串换项目收费、虚假收费、过度检查、超物价标准收费、超限制范围用药、过度治疗、套餐式检查、病历书写规范问题。检查组表示医院在2021年的拉萨市医保飞行检查后做了大量的整改工作，希望医院能在各级医保局的指导与引领下更加规范医院的医疗行为及收费行为，使医保基金使用更加合理，严守基金安全“红”线，确保把人民群众的“看病钱”“救命钱”花在刀刃上。

【援藏工作】 资金投入方面。句容市政府向章多乡政府捐助30万元，医院亦获得来自江苏大学附属医院的捐助款3万元；建立健全江苏大学附属医院与达孜区人民医院影像远程会诊中心，投入设备已完成调试，测试会诊病例2例。

医疗服务、技术扶持方面。骨科援藏专家完成第一例手指软组织缺损邻指皮瓣修复术、第一例痛风结石切除术、第一例膝关节异位骨化组织摘除术、第一例掌骨骨折切开复位内固定术、第一例X线透视下异物取出术，并根据当地就诊特点与群众生活习惯开展疼痛门诊：利用小针刀+局部封闭注射治疗四肢关节慢性疼痛达50例。消化内科专家则在达孜区首次开展无痛胃镜，先后共计开展胃镜检查80余例。

疫情防控方面。在积极参与村镇核酸采集的同时，帮助梳理核酸实验室工作流程，提升检测效率，减轻核酸检测工作压力，主动承担起核酸检测数据上传及实验室医疗废物处理工作；积极联络镇江后方，获取无偿捐赠防护服3000套、N95口罩5000只、丁腈手套等25万元防疫物资；联络中润鑫医疗器械（上海）有限公司无条件向医院免费捐赠96孔核酸提取仪、扩增仪各1台，32孔核酸提取仪1台，市值56.6万元，为提升医院PCR实验室核酸检测能力做出重要贡献。

专科人员带教。援藏专家们针对不同的专业，以结对帮扶带教的形式提升专科人员技术水平，5名专家结对12名医务人员，从制订详细的带教计划，到随时根据徒弟的需求讲解实际工作中的案例，变“输血”为“造血”。截至年底，共开展院科级培训62期，累计培训达500余人次，指导临床科室负责人每周定时开展病历终末质控近600份。

走村入户下乡义诊。为充分发挥“组团式”援藏医疗队的优势作用，2022年达孜区人民医院定期组织“组团式”援藏医疗队携带听诊器、血压计、小型治疗仪等常用医疗器械以及常用药奔赴达孜区五乡一镇、公安武警交警大队一线、林周县及纳木湖乡开展义诊活动20次，共计接待就诊及前往咨询农牧民群众1500余人次，发放药品价值3万余元。

医疗保障。多次参与拉萨市第一中学体育及文化中考、中学生军训、2022年拉萨城自行车大赛等勤务的医疗保障。承担其他省市多个党政代表团进藏慰问和驻藏镇江援藏干部医疗保障。保

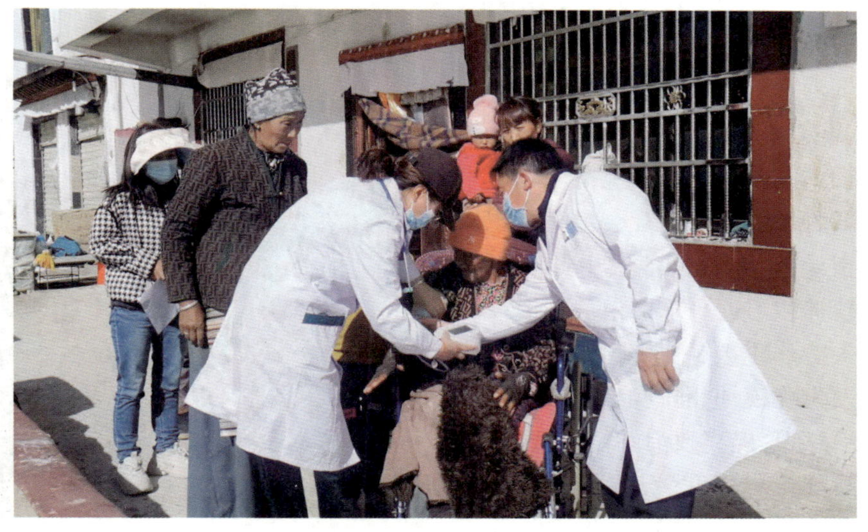

2022年6月20日，达孜区人民医院院长杨江洲（右一）一行入户开展60岁以上老人疫苗接种筛查工作

障60岁以上老人疫苗接种保障工作8次，服务人群1000余人次。并协助南医二附院完成本地区先心病筛查约5000人次，完成治疗20例。

（陈 洁）

【机构领导】

院 长

杨江洲

副院长

李艳青（土家族）

巴 桑（女，藏族）

退役军人事务

【概况】 达孜区退役军人事务局是区人民政府组成部门，内设局办公室、双拥办、达孜区退役军人服务中心等部门，主要负责达孜区退役军人权益维护、退役安置、就业服务、教育培训、军休安置、优待抚恤、英烈褒扬、双拥等工作。下设区级退役军人服务中心1个、乡镇级退役军人服务站6个、村级服务站1个。

【思想政治建设】 年内，达孜区退役军人事务局始终坚持以习近平新时代中国特色社会主义思想为指导，深入贯彻落实中共二十大精神和习近平总书记关于退役军人工作重要论述，坚持以政治建设为统领，把准政治方向，增强政治意识，提高政治站位，用党的创新理论思想武装退役军人头脑，全面做好退役军人服务保障工作，巩固和发展军政军民团结，为做好新时代退役军人工作指明前进方向，提供了根本遵循。

【退役士兵接收安置】 年内，达孜区退役军人事务局接收符合政策安置的自主就业（自谋职业）退役士兵，为多名2021年秋季自主就业退役士兵兑现家庭优待金和一次性退役金。接收安置逐月领取退役金退役军人，完成组织关系、供给关系、社保等转接工作。

【退役士兵建档立卡】 年内，全要素建档立卡、申领优待证工作准确高效。为全面摸清服务对象底数和基本情况，精准打通服务保障退役军人和其他优抚对象的“最后一公里”，达孜区退役军人事务局有条不紊地开展全要素建档立卡和申领优待证工作。退役军人事务局已按照前期规划完成达孜区退役军人信息数据的完善、采集和申领优待证工作。

【退役军人社保接续】 年内，通过微信平台、退役军人服务中心（站）等渠道大力宣传社保接续政策，及时解答社保接续政策问题，年底已完成自主就业退役士兵的社保接续工作和政府安排工作退役士兵的社保断缴后补缴审核工作。财政配套支出8.4万余元，完成“应保尽保”的目标任务。

【发放抚恤补助资金】 年内，按标准、足额为60岁农村籍自主就业退役士兵兑现生活补助、为伤残人员兑现抚恤金和“三属”人员兑现抚恤金。

【双拥工作】 年内，结合春节、藏历年、八一建军节开展“饮水思源、感恩思进”之感恩军人走访慰问活动，为立功受奖现役军人家属送去慰问金，提升退役军人的幸福感、荣誉感、归属感。

做好送喜报工作，进一步弘扬新时代拥军优属的光荣传统。推进军人荣誉体系建设，营造关爱军人、尊崇功臣，“一人立功、全

2022年12月16日，达孜区退役军人事务局组织召开2022年度退役军人返乡欢迎会暨中共二十大精神集中宣讲会

2022年4月2日，达孜区退役军人事务局组织开展清明祭奠英烈活动

家光荣”的浓厚社会氛围，按照“不漏一人、不落一户”的原则，为全区烈、军属家庭统一悬挂光荣牌，为荣立“二等功”“三等功”“四有优秀士兵”的现役军人家属送去奖励金。

加强退役军人就业创业服务，开展退役军人就业创业摸底调查，建立台账。积极组织退役军人参加职业技能培训、岗位适应性培训、创业培训，并结合征兵宣传、全国法制宣传日等活动，宣传退役军人就业创业、技能培训等政策，通过微信工作群、电话等方式通知退役军人、军属参加专场招聘会。

【新冠疫情防控】 年内，达孜区退役军人事务局迅速响应、全面动员，主动抗“疫”，广泛发动退役军人积极投身疫情防控工作，开展宣传劝导、人员排查、值班执勤、消毒等防疫工作，展现“退伍不褪色、退役不退志”的军人本色。

（拉　珍）

【机构领导】

局　长

吴泽毅（12 月免）

董予川（12 月任）

副局长

董予川（12 月免）

米　珍（女，藏族，12 月任）

教育（体育）

【概况】 2022 年，达孜区共有各级各类学校 22 所，其中，幼儿园 20 所，小学 1 所，中学 1 所；共有在校学生 5195 人，其中，幼儿园 1205 人，小学 2810 人，初中 1180 人；共有教职工 468 人，专任教师 461 人，其中，幼儿园教职工 130 人，专任教师 130 人，小学教职工 181 人，专任教师 179 人，中学教职工 125 人，专任教师 122 人；教育局共有干部职工 37 人，其中，行政 4 人，事业管理人员 1 人，专业技术人员 30 人，工人 2 人（行政 1 人、事业 1 人）。2022 年，达孜区学前三年入园率 99.59%、小学入学率 100%、初中毛入学率 102.43%，义务教育巩固率达到 100%。

【党建工作】 年内，达孜区教育局全面贯彻学习宣传中共二十大精神，以习近平新时代中国特色社会主义思想为指导，深入实施党建统教发展战略。组织召开教育系统党建专题会和党建工作例会 4 次，全面贯彻学习宣传中共二十大精神，积极传达学习区、市党委和达孜区委在学习贯彻中共二十大精神的各级干部大会上的讲话精神，认真贯彻落实“改进作风、狠抓落实”工作部署，积极动员推动“两正”“两思”教育活动，及时安排部署教育系统年度党建工作、检查督促工作落实，确保党建工作有序落实。

狠抓理论学习，结合党组织理论中心组学习，党史学习教育常态化等方式，以中共二十大精神为主线，迅速在教育系统掀起学习热潮，全年组织开展集中学习 14 次，开展专题研讨 6 次，扎实推进政治理论学习和中共二十大学习宣传。

抓实党员教育，组织党员干部、党务工作者积极分子等开展培训 20 余人次，深入开展“清源正本、忠诚正道”党员忠诚教育活动和“饮水思源、感恩思进”群众教育实践活动，结合教育工作实际，将“两正”党员忠诚教育和师德师风建设有效衔接，融入教师“一考三评”体系，各学校共开展各项专题教育活动 20 次。

对标“四查四问”在查找和整

2022年9月12日，达孜区委书记索朗次仁（左三）一行到区中心小学保供点督导检查疫情防控工作

改上下功夫，围绕党的建设、校园稳定、教师队伍建设、教育质量提升、深化学校党的建设等重点领域和环节，梳理出师生群众关心的8项重点内容，按照"两正""两思"教育工作部署进行及时整改落实。

密切联系群众，达孜区教育局严格落实"大宣讲大调研大排查大落实"活动，走访邦堆乡林阿村9组包联30户，开展"四联四包"入户工作，开展3场次宣讲，涉及95人，了解村民基本情况及社情民意，排查包联户重点人员、流动人口、矛盾纠纷隐患、安全隐患等，收集各方面群众意见建议11条，并进行沟通解决。

坚持把强化党的政治建设作为年度履职尽责重点，深入开展国旗下讲话、欢天喜地庆"3·28"西藏百万农奴解放纪念日、新旧西藏对比展览、"缅怀革命先烈，传承红色基因"等活动10余项，达孜区教育局不断推动系统党员干部增强"四个意识"、坚定"四个自信"、做到"两个维护"。

将党风廉政建设工作与业务工作紧密结合，坚持党风廉政建设同业务工作同部署、同落实、同检查、同考核，将落实党风廉政建设工作作为部门考核重要内容，全面深化党风廉政建设工作落实。

【新冠疫情防控】 年内，达孜区教育系统党员干部奋勇争先，先后组织8批志愿者服务队50余人在各个疫情服务点参与志愿服务工作。

严格压实疫情防控责任，明确落实疫情防控措施，达孜区教育局及时组织各校书记校长、局各科室负责人等召开疫情防控专题会议，研究部署达孜区教育系统疫情防控工作，对达孜区各级各类学校师生员工外出及在校人员情况进行摸底统计，为师生员工建立"一人一档"，确保底数清、行踪明。

达孜区教育局按照上级安排部署，积极制定区外就读学生离藏返校方案，统计出达孜区其他省市就读学生753人，按照疫情防控要求，村居（社区）、乡镇和县区对出藏返校学生进行逐级审批，有序安排出藏返校学生226人。

【校园安全】 年内，狠抓维稳安全工作，召开5次专题会议，研究部署教育系统维稳工作，对全国两会、自治区两会、北京冬奥会冬残奥会、萨噶达瓦等重要时期的维稳工作进行详细安排，压实工作责任。

突出安全生产工作，严格实行门卫询查制度，严禁任何人携带管制刀具或易燃易爆物品进入校园，持续做好学生上下学安全保障和饮食安全，实行重要时期局领导分片包校制度。同时，开展各类安全应急演练20次，积极应对可能发生的各种安全事故。

积极与达孜区应急管理局及消防救援大队沟通协调，对达孜区22所各级各类学校开展消防安全专项检查，对发现的40余处消防安全隐患，按要求已整改到位，确保各项工作安全有序开展。

【教育教学】 年内，以持续扎实推进常态化工作为基础，以聚焦精准施策，实现减负增效，不断加大督导学校"教学五常规"和幼儿园日常教学工作的落实力度，通过组织开展常规教研活动帮助教师不断改进、优化教学方法，提升教师驾驭课堂教学能力；监测义务教育阶段学校"五项管理"落地实施情况，积极组织教师开展常规业务能力提升培训工作，扎实推进教育教学常态化工作。开展“蹲校”活动，共听中小学语文、藏文、数学等各科课程120节，检查教案400本、作业万余本。持续在“双减”工作中发力，有效减轻学生学业负担，提高课堂教学质量，严控作业总量，把提升学生的核心素养和学习能力作为教育教学的改革点、侧重点，指导学校申报聚焦课堂和民族文化素养养成教育市级课题3项。顺利完成2022年达孜区报考其他省市西藏初中班263名学生和353名中考学业考试工作，小升初被其他省市西藏班录取23人，初升高被其他省市西藏班录取5人，达孜区教育教学质量稳步提升。

【德育工作】 年内，达孜区教育局以习近平总书记在学校思政课教师座谈会上的讲话精神为主线，以加强师生思政建设为重点，在思政队伍建设、意识形态以及学生综合培养上重点发力，坚持理论教育与社会实践结合、发挥学校党团组织作用与信息技术带动结合的方式，充实壮大思政教师、辅导员、中小学法制副校长队伍，完成学校德育室7个板块内容更新，全方位打造吸引力更大、覆盖面更广、内容更全面的思政教育体系；以“两正”“两思”教育实践活动为载体，积极推进德育教育，开展“铭记历史，感恩思进”“格桑花”家庭教育公益讲座直播等32次，张贴横幅标语20条，覆盖教师400人次、学生5600人次；以线上形式开展好“开学第一课”“团结奋进新征程、石榴花开心向党”等各项活动，覆盖学生1500名；充分利用各级学校校史馆、德育室等阵地，持续抵制和淡化宗教影响；积极组织研究制定德育教育校本教材，大力推进劳动和体育课程改革，全面提升“五育并举”成效，切实为广大青少年系好人生“第一粒扣子”。

【学前教育】 年内，各幼儿园按照消防救援大队及公安部门的要求，及时补配安全防撞栏、消防器材和警用器材，对消防设施设备、煤气存放室等进行全面的整改。

成立以各幼儿园园长为组长的幼儿园安全领导小组，幼儿园和老师签订安全责任书，明确各自的职责，做到职责明确；各幼儿园根据幼儿的年龄特点，创设丰富的区域活动环境，每周的活动有计划、有目标、有准备、有检查；在学前宣传月之幼小衔接工作上，联系区中心小学制作达孜区中心小学学生日常宣传视频进行宣传；7月，各幼儿园组织招生统计工作，为下学年的新生入园做好准备，做到就近入园，2022年学前毛入园率达99.59%，超出国家规定的入园率指标。疫情期间，各幼儿园教师结合本土疫情的特点向幼儿及家长通俗易懂地宣传普及疫情防控知识，做到不聚集、勤洗手、常通风、戴口罩等相关硬性要求。

【教育经费】 年内，全面强化教育资金使用管理，2022年度达孜区“三包”及营养改善计划指标共计2383.69万元，其中，“三包”指标为2016.39万元，“营养”经费367.3万元。累计落实“三包”助学金1087.35万元，其中，学前210.23万元，小学604.95万元，初中272.17万元；落实营养改善经费202.07万元，其中，小学150.47万元，初中51.6万元，严格按照规定及时足额落实相关经费。

【财务工作】 年内，全面做好年度

2022年8月3日，江苏省句容市教育局党委书记、局长高宏斌（前排左二）一行到达孜区开展教育工作交流

财务决算、教职工的公积金调标录入、财政全口径债务系统、全国教育经费统计季报年报系统录入填报和全区473名教职工的工资调标上报工作，系统组织开展新政府会计制度的集中学习培训，完成财政一体化系统会计凭证和用友U8系统凭证的录入、工会各项上报工作，完成2022年财政一体化预算系统录入、2014—2018年社保清算以及2022年新基数核算工作，资产系统与财政一体化预算管理系统的衔接工作，进一步确保财务管理不断规范。

【资助工作】 年内，全面构筑起“学段全覆盖、农牧民子女全覆盖”教育资助体系，严格落实大学生资助工作，2021—2022学年享受资助808人，发放资助资金为422.1548万元，其中建档立卡户学生173人，发放资助资金102.7438万元（其中自治区级资金75.032万元，本级补差额27.7118万元），一般农户学生630人，发放资助金316.0184万元；困难户学生5人，发放资助资金3.3926万元；同区乡村振兴局积极沟通，统计“两后生”就业率以及历年脱贫家庭“两后生”总数112人，其中就业人数102人，就业率为91.07%，未就业人数10人（在家务农），有效保障了乡村振兴和脱贫攻坚成果。

【基本建设】 年内，以优化区域教育资源布局、改善教育基础设施条件为抓手，对教育领域“十四五”规划进行再审核、再申报，涉及项目14个，总投资1.7亿元。

有序推进达孜区第二小学等6个2022年重点教育基建项目，总投资达2亿余元，其中，投入资金279万元的20所幼儿园监控项目已于2022年7月19日竣工交付使用；分别投入资金183万元、85万元、624万元实施的新仓村幼儿园改扩建、区中学女生宿舍及体育器材室改造、巴嘎雪村幼儿园建设项目已于7月完成招标，其中区中学女生宿舍及体育器材室建设项目已完成总工程量的70%以上，其余2个项目受疫情影响未能如期推进，争取在恢复正常生活秩序后有序进场实施；加快推进实施达孜区第二小学建设项目、邦堆乡幼儿园整体搬迁项目，同时推进前置手续办理等前期工作，为解决好义务教育阶段学位供给不足问题提供有力保障。

针对教育硬件条件方面存在的短板问题，制定完善了规划外项目库，并及时向区（市）教育行政主管部门申报。

2022年5月17日，“达孜区第二届人民代表大会代表选举大会（教育系统第1选区）”人大代表投票选举工作在达孜区中学举行

【教育信息化】 年内，达孜区把教育信息化建设作为教育发展的一项重要举措，区教育局充分利用国家智慧教育平台、西藏教育旗云平台、拉萨教育云平台的优秀教学资源，提高达孜区学校课堂教学效率，大大激发学生的学习兴趣。通过参加拉萨市的网络直播课题和网络大教研活动，举办“一师一优课、一课一名师”、微课制作大赛等活动，提升教师应用信息技术的能力，加强信息技术与课程的整合。2022年全面完成20所幼儿园校园安防监控的建设。新冠疫情期间，达孜区响应“离校不离教、停课不停学”的应急机制，组织中小学306名教师投入在线教学中，义务教育阶段1—9年级共计3993名学生在网上学习，累计上网课25000余节，教育现代化、信息化水平不断提升。

（张海波　李成纲）

2022年11月18日，达孜区教体局工作人员护送西藏班学生、大学生到火车站返校

【机构领导】

局　长

扎西顿珠（藏族，12 月免）

张 玉 峰（12 月任）

副局长

张 玉 峰（12 月免）

成　　超（12 月任）

洛桑次仁（藏族，12 月任）

达孜区中学

【概况】 达孜区中学距拉萨市 25 千米，学校始建于 1976 年 9 月，是达孜区唯一的一所中学，占地面积 78003 平方米，校舍面积 30523 平方米，拥有 24 个初中教学班，在校生 1028 人，教职工 128 人，专任教师 128 人。2022 年达孜区中学建有现代教学楼 1 栋、综合办公楼 1 栋、职业教育综合楼 1 栋、青少年活动中心楼 1 栋、综合实验楼 1 栋。另学校还配有多种功能教室、网络多媒体教室 35 间，网络计算机教室 3 间、录播教室 1 间、创客教室 1 间、智慧教室 1 间、虚拟教室 1 间、电视台 1 间，这些功能教室在学校的教育教学工作中发挥了极大的作用。

达孜区中学设有党办、校办、教务处、教研室、信息中心、德教处、共青团委、总务处、财务室 9 个处室。

【新冠疫情防控】 年内，达孜区中学认真开展健康教育、卫生防疫宣传工作，营造人人讲卫生、人人懂防疫的良好氛围。疫情就是命令，防控就是责任，为确保疫情防控工作开展，学校全体领导班子成员明确工作职责，细化工作任务，认真制订疫情防控工作方案和紧急预案，严格按照值班值守制度，加强家长及学生疫情防控教育，疫情期间定期不定期全面消毒。疫情期间学校适应疫情防控节奏，及时调整教育教学模式，师生暂停返校，借助信息技术的力量，实现“停课不停学”，教师严格按照学校制定的线上教学相关制度，结合上级指示，采用国家智慧教育平台和钉钉课堂等方式，通过直播、连麦等形式与学生完成教学互动，确保教学质量标准不降低，最大限度减少疫情对教育教学工作的影响。

达孜区中学坚持和践行“贯彻新时代党和国家党的教育方针，切实落实立德树人的根本任务。解决回答好‘培养什么人，怎样培养人，为谁培养人’的核心问题，奋力推进建设标准化、规范化、现代化的文明示范学校”的办学理念。坚持和践行“为学生的生命成长添砖，为教师的专业发展加瓦，厚植幸福人生的选择力与创造力”的办学宗旨，坚持和践行“让学生成才，让家长放心，让社会满意；五育并举，奋力办好人民满意的学校，力争建成现代化文明示范学校”的办学目标。抓机遇，促发展，大幅度改善办学条件，本着打造符合区情、校情的校园特色，优化课题教学结构和提升教师综合素质来促进新课程改革在达孜区中学实施。

【文体活动】 年内，达孜区中学为锻炼学生体魄开展跑步、拔河等活动；为辅助课堂教学，锻炼学生的动手能力开展生物、化学、物理实验操作比赛等活动，在活动中引导学生，锻炼、教育学生，实现寓教于乐的教学观念。

【安全教育】 年内，达孜区中学安全管理工作坚持“安全第一，预防为主，综合治理”方针，狠抓工作落实，积极巩固“平安校园”成果，大力推进隐患排查治理和安全专

2022年3月28日，达孜区中学组织师生参加纪念西藏百万农奴解放63周年升旗仪式

项整治，不断提升安全管理的规范化和科学化水平，利用主题班会对学生进行法治教育和校园安全教育，组织学生参加消防演练等活动。2022年，学校继续大力宣传禁毒知识，组织学生开展禁毒手抄报、手工作品、作文比赛等活动，为师生营造安全、和谐、稳定的校园环境。

【德育工作】 达孜区中学全面贯彻落实上级文件精神，按照上级教育部门和学校德育工作"育人为本，德育为先"的要求，坚持以人为本，全面发展，坚持以爱国主义、集体主义、社会主义教育为主线，以行为规范、生活规范、学习规范为重点，围绕校园文化建设，积极开展各类主题教育，让学生学会做人，学会求知，学会生活，学会健体，学会审美。学校坚持德育为首的工作思路，积极研究德育工作内容，针对新时期德育新问题，提出学校德育工作新思路，改进学校德育工作方法，努力提高德育工作效率。

【举办校园运动会】 年内，达孜区中学第二十四届春季田径运动会在校运动场顺利举行，运动会为期3天，各类中学生竞赛运动项目提高了学生的身体素质，丰富了校园文化。

【师资队伍建设】 年内，达孜区中学重视师资队伍建设，开展以"创文明校风、树师表形象"为重点的师德教育活动，提升教师形象。坚持践行"国家课程地方化，地方课程校本化"和"文科教学社会实践化，理科教学实验操作化"的教学模式。加强常规管理，以制度制约，以机制激励，抓好教学流程的各个环节，规范教师的常规教育教学行为，提高教师的工作积极性，团结、协调、凝聚意识更强。

【教师培训】 年内，为落实教学五环节基本要求，不断提高课堂教学效益，活跃学校的教科研气氛，更快地提高教师业务水平，组织三科教师校内、外出学习培训，学校大多数教师参加区内外的各种专业能力的提升培训和骨干教师培训，同时也不同程度地提高学校的教学质量。各科教师在不同专业领域内进行专业能力的培训，专家讲座活动等取得不错的成效。

2022年3月12日，达孜区中学组织教师在校园内植树造林，倡导绿色校园文化

【以研兴教】 年内，达孜区中学响应习近平总书记的号召，组织全体教师开展思想政治水平提升活动，语文、道德与法治、历史的三科部编教材培训及课堂练兵活动也继续举行，得到上级领导机构的高度认可。在教学、实践、研究的基础上，引导教师撰写教研论文，鼓励教师参加各级各类教育教学论文大赛，鼓励教师参加各级各类教学设计评比活动，取得可喜的成绩。

【年终工作】 年内，达孜区中学党办组织开展“不忘初心、牢记使命”主题教育，提倡“勤于工作、善于协调、敢于创新、乐于力行”的工作作风，各办公室组织年终工作大检查，认真组织各级各类教学质量监测活动；各办公室制订下学年工作计划。

（德　吉）

【机构领导】

党支部书记
　　黄始全（苗族）
校　长
　　索　朗（藏族）
副校长
　　姜在文
　　贡　嘎（藏族）
　　达　珍（女，藏族）

交通·通信

交通运输

【概况】 达孜区交通运输局是达孜区人民政府组成部分，为正科级，于2020年11月成立达孜区交通运输综合行政执法队，实行“局队合一”体制。交通局行政编制3名，领导职数2名，执法队核定编制5人，领导职数1名。2022年有干部职工6人，其中正科2人，一级科员2人，事业编制2人。

【基本职能】 贯彻执行国家、自治区、拉萨市有关交通工作方针政策和法律法规。组织制定并监督实施达孜区公路、水路行业发展规划、中长期计划和年度工作计划，起草公路、水路行业的规范性文件。

承担涉及达孜区综合运输体系的规划协调工作，会同有关部门编制综合运输体系规划，拟订综合运输计划并组织实施，指导交通运输枢纽规划和管理，促进各种交通运输方式融合；拟订交通运输行业规划政策和标准，并监督实施；参与拟订物流业发展规划，指导公路、水路行业有关体制机制改革。

2022年4月14日，达孜区交通运输局局长晋美罗布（左三）到章多乡参加项目碰头会

负责提出达孜区公路、水路固定资产投资规模和方向、财政性资金安排建议，按照规定权限审核规划内及年度计划规模内固定资产投资项目，监督实施公路、水路有关规费政策；承担公路、水路建设市场监管责任，组织协调公路、水路有关重点工程建设和工程质量、安全生产监督管理工作。承担达孜区内（国省干线公路除外）的管理和维护，指导交通运输基础设施的管理和维护。

承担公路、水路行业安全生产监督管理和应急处置工作。按规定组织协调国家重点物资和紧急客货运输，负责达孜区内公路（国省干线公路除外）运行监测和协调。负责区域内道路抢险保通工作；负责指导农村客运及有关设施规划和管理，制订运营方案和突发事件应急预案，做好辖区内客运班线路况排查整治和客运车辆调度。

负责辖区内公路、水路路政管理，依法制止和查处交通运输违法行为；承担达孜区交通运输信息化建设，监测分析运行情况，负责行业统计、信息引导和交通战备有关工作；指导达孜区公路、水路行业环境保护和节能减排工作；负责协调中央垂直管理和邮政运输涉及地方的相关工作。履行渔业船舶检验和监督管理职责。

贯彻执行国家、自治区、拉萨市有关道路运输行业管理的方针政策和法律法规；负责辖区内道路运输管理工作，拟订行业发展规划和年度计划并组织实施；负责辖区内旅客运输、货物运输、站场经营、机动车维修、汽车租赁、城市客运、农村客运和城乡客运一体化等具体管理工作；负责道路运输行业的准入及事中事后监督；负责道路运输行业安全监管；负责辖区内道路运输行业的行政执法和举报受理工作。

2022年2月9日，达孜区交通运输综合行政执法队执法人员在甘丹寺路段检查非法营运车辆

【道路交通基本情况】 年内，达孜区辖区内农村公路总里程278.316千米，已完成通畅里程200.78千米，等外公路里程77.536千米，县道旁墨线22.326千米（县道1条），乡道72.27千米（乡道6条），专有道路52.703千米（专有道路11条），农村公路131.017千米（村道66条）。自然村通畅86个、已通达未通畅45个，乡镇及行政村公路通达率100%，通畅率100%。

【新冠疫情防控】 年内，根据各级党委政府关于切实做好防疫工作的统筹部署安排，达孜区交通运输局本着对自己对他人负责任的态度，要求前来办理业务人员必须佩戴口罩，进行体温检测并做好登记工作，定期对辖区内公路建设项目返藏人员进行登记，同时，对辖区内项目施工场地进行疫情防控检查指导，要求项目施工单位认真做好返藏人员监督管控，在做好自身防护的同时，做好做细返藏人员动态轨迹查询、住所通风消毒、实时检查体温等工作，做到逢进必查、逢人必检，并要求施工方认真完善开复工防疫方案预案，综合考虑开复工后防疫的各个环节，逐步细化防疫举措。年内，共计对拉萨市东环北线一标段和S5线检查200余次，及时检查发现防疫隐患并督促相关单位认真做好整改工作。

【项目建设】 年内，达孜区交通运输局多方争取和筹措上级交通部门资金、本级财政资金、援藏及涉农整合资金，按照四级公路的标准建设实施6个农村公路建设项目，章多乡国道318至章多村5组、6组公路工程，全长2.522千米，项目总投资700.81万元。唐嘎乡罗普村至6组、9组公路工程，全长4.77千米，项目总投资1749.2万元。章多乡国道318至章多村1组、2组、4组公路工程，全长3.252千米，项目总投资1029万元。章多乡恰村薛奴道路硬化工程项目，全长0.9千米，总投资314.67万元。扎叶巴村“幸福路”工程项目，全长7.95千米，项目总投资1798.21万元。农村公路建设项目累计投入5591.89万元，新建农村公路里程达19.394千米。章多乡尊木材村曲妮帕（曲国线）7号桥申请采购贝雷式钢架桥项目，总投资25万元（达孜区抢险保通专项资金），已完成钢架桥安装工作，保障了当地群众2022年雨季汛期日常出行及生命财产安全。

【农村公路养护】 年内，达孜区交通运输局坚持建养并重，不断提

2022年4月11日，达孜区交通运输局项目办工作人员验收桑竹林村曲龙安防设施

升公路养护管理的制度化、规范化、专业化能力和水平，多次对辖区内的农村公路、道路桥梁进行安全隐患排查。

安排县级养护站对达孜区农村公路进行摸底排查，并实施修建唐嘎乡穷达村6组公路盖板涵、唐嘎乡罗普村巴姆土路等农村公路日常养护工程；达孜区境内农村公路增设安防设施及警示墩掉漆刷漆工程基本完成。重点对G561达孜段、G318达孜段、Y003雪雪线和重点路段桥梁进行排查，其中涉及国省道的，达孜区交通运输局拟同相关单位、部门进行对接，申请对G318达孜段、G561达孜段沿线安防设施进行查漏补缺；对西藏S5线拉萨市至泽当快速路隧道工程项目进行安全隐患排查，并责令将存在的问题整改到位。

【农村客运班线运营】 年内，达孜区农村客运班线覆盖6个乡镇20个行政村，行政村农村客运覆盖率达到100%，为解决原客运站涉及虎峰城市广场项目红线范围拆除问题，达孜区农村客运车辆长期借用虎峰城投公司院内长期设置临时发车点及客运公司办公点，无农村客运场站问题，达孜区交通运输局积极对接区政府及自治区、拉萨市交通部门，并经区委常委会、区政府常务会研究，决定由区政府先行垫资建设符合二级标准的达孜区客运站，项目概算总投资1900.48万元，总用地面积10082平方米，总建筑面积3755.64平方米。该项目于2021年6月开工建设，已投入使用。

【运管业务办理】 年内，达孜区交通运输局正常开展道路运输货物站（场）备案；县内客运业户开户、增项经营许可；道路货运经营许可；车辆运营证核发；道路旅客运输经营许可；道路运输从业资格证的诚信考核及继续教育考核。

年内，达孜区道路运输管理所共审核办理道路运输从业资格证894件，办理道路货运经营许可246件，道路运输证件办理939件，对15家达孜区机动车维修企业及个体工商户进行备案登记。

【综合行政执法】 年内，研究制定以“护路强运，执法先锋”为主题的非法营运专项整治行动方案，到辖区内各个村组对存在非法营运嫌疑的7座及7座以上机动车车辆情况及使用情况进行登记造册，宣传并签订承诺书；在厅、市局及区委、区政府的大力支持下，达孜区交通运输局严格按照交通运输部最新要求，将执法车辆在3个月内“展新颜、换新装”，成为自治区内首家完成行政执法车辆标识、警灯警报器更换的单位，也是县（区）级人员队伍、装备设施配备最齐全的单位。

【超限超载、非法营运整治】 年内，为切实加强辖区内货运车辆的整治和监管力度，进一步筑牢货运车辆的安全防线意识，全面加强交通运输执法工作，减少交通运输安全事故。2022年，达孜区交通运输局综合行政执法队共计开展打击非法营运违法行为31次，查获非法营运车辆17辆，检查超限超载运输车辆576辆，劝返卸载483辆，宣传教育从业人员576人。有效遏制了道路客运非法营运和超限超载猖獗形势，规范了客运市场秩序，促进了道路运输市场健康发展。

（次仁拉姆）

【机构领导】

局　长

晋美罗布（藏族）

副局长

拉巴顿珠（藏族，12 月任）

邮政

【概况】 2022 年，达孜区邮政分公司干部职工共计 13 人，其中经理、副经理、营业部主任各 1 人，营业员 3 人，投递员 2 人，安保人员 2 人，公益性岗位 3 人。下设邮政营业所 5 所，分别位于章多乡、雪乡、帮堆乡、塔杰乡、唐嘎乡，服务业务涵盖机要通信、函件、集邮、包裹、电商、分销、代理金融、代理保险等业务，服务范围涵盖达孜区各乡镇行政村。

【思想政治建设】 年内，达孜区邮政分公司员工思想政治工作在市分公司的关怀指导下，在公司党委的领导支持下，坚持以习近平新时代中国特色社会主义思想为指导，深入贯彻党的路线、方针、政策和上级会议精神，坚持与公司快速发展相适应，与广大员工需求相呼应。加强和改进新时期思想政治工作，加强党的科学化建设，全面提高员工队伍的整体素质，为公司的改革发展和稳定提供了强有力的思想保证。

【普遍服务发展】 年内，达孜区邮政分公司本着《中华人民共和国邮政法》保障邮政、普遍服务的思想，在原先设立的 14 所村邮站的基础上，不断优化服务设施设备，加强从业人员业务素质，为更高效地“通政、通民、通商”奠定更扎实的基础。对于乡村振兴、边疆稳定、民族团结有着重要意义。

【业务发展】 年内，达孜区邮政分公司紧紧围绕邮政集团公司“四梁八柱”战略部署和构建“六维共生”新发展格局要求，践行区邮政分公司“三升三稳”经营发展策略，凝心聚力、克坚攻难，各项工作保持稳步向好的发展态势，实现“十四五”良好开局。年内，达孜区邮政分公司实现收入 353.85 万元，完成预算的 96.68%。其中储蓄余额规模达到 1.25 亿元。

达孜区邮政分公司高举习近平新时代中国特色社会主义思想伟大旗帜，在区委、区政府的坚强领导下，在市邮政分公司的正确领导下，提高政治站位，推进普遍服务和特殊服务提档升级；落实提质增效，着力推动邮政重点业务高质量发展；加强精细化管理，着力提升科学管理及服务水平；积极响应区政府的号召，在服务和融入达孜经济发展中贡献邮政力量。

（西热旺秀）

2022年12月29日，达孜区邮政分公司召开年终总结会议

【机构领导】

经　理

拉巴次仁（藏族）

电信

【概况】 2022 年，达孜区电信局坚持把学习贯彻习近平新时代中国特色社义思想和中共二十大精神作为政治建设的首要任务，坚持全面贯彻从严治党、加强党风廉政教育，将学习宣传贯彻中共二十大精神和公司党建品牌结合起来，坚定履行建设网络强国和数字强国、维护网信安全的职责和使命，坚持集中学习、个人自学、研讨交流、学习测试相结合，自觉用党的创新理论武装头脑、

指导实践、不断推动公司高质量发展。2022 年,达孜区电信局有 6 家营业厅,员工 32 人。

【党建工作】 年内,达孜区电信局持续深化党建统领生产,压实“一岗双责”制度,坚持严的主基调不动摇,坚持不懈把全面从严治党向纵深推进。扎实推进达孜区电信局从严治党、党风廉政和反腐败斗争,进一步提高全员的防腐拒变能力,增强廉洁从业的自觉性。党员干部以践行“三个务必”夯实理想信念为基础,筑牢道德操守根基,练就真才实学。进一步改进作风狠抓落实,驰而不息纠正“四风”,持之以恒正风肃纪,加强作风建设,提高工作技能,扎实推进阶段性重点工作,形成“一把手负总责,一级抓一级、层层抓落实”的工作格局,联系实际,切实解决思想上、作风上和工作中存在的问题。年内,中心理论组共开展学习 15 次、二十大专题内容学习 20 余次。

2022年6月14日,达孜区电信局联合达孜工业园区举办2022年中国电信“企业上云”系列产品推介会

【新冠疫情防控】 年内,达孜区电信局快速部署,成立通信保障队,通信守卫军闻令而动,一路逆行,发挥云网融合、数字化综合能力优势,确保达孜区通信网络畅通,基站信号覆盖,以最实的作风、最高的效率、最优的服务诠释“人民邮电为人民”的服务宗旨,在达孜区筑起一线通信战“疫”最坚实的铜墙铁壁。连续奋战 26 小时完成达孜区临时观察点的网络调试、Wi-Fi 覆盖、监控部署、云广播等工作,助力达孜区通过数字化手段开展防疫工作,筑牢疫情防控网络安全屏障。

【服务支撑】 疫情初期,彰显国企责任和担当,助力疫情防控,采购充电宝,解决达孜区核酸检测点无电源问题,保障核酸检测点医护人员手机电量充足,确保扫码工作顺利进行。

年内,持续开展“爱心翼站”活动,为广大群众宣讲防诈知识、防疫知识,为防疫人员赠送口罩、手套等防疫物资。通过抖音等媒体为用户提供线上咨询、业务办理等服务。

【生产经营】 年内,达孜区电信局继续发挥数字化应用能力,联合达孜工业园区举办 2022 年中国电信“企业上云”推介会,落实中小企业纾困政策,助力企业数字化转型,让企业实现便捷移动办公、安全存储数据,提高工作效率、为企业降本增效。

年内,协同达孜区商务局,通过中国电信“翼支付”新消费平台进行政府消费券的发放及核销,开展“助企惠民、尽享消费”促消费活动。大力支持“复工复市”,提振消费复苏信心,持续激发消费活力,交易比率约 1∶3.1,交易总额 462.49 万元。

【资源覆盖】 年内,达孜区电信局继续筑牢网络安全底线,持续提升网络支撑能力,对乡镇网络实施升级改造,解决乡镇承载网问题,提升乡镇承载网络出口带宽水平,实现有线无线传输通道分离,网络结构进一步优化,实现平安乡村到数字乡村的转型。进一步落实中国电信云改数转战略,加快推进云网融合和数字化转型,提升云网一体化运营能力。

(德吉央宗)

【机构领导】

局　长

格桑尼玛(藏族)

移动

【概况】 达孜区移动分公司成立于2007年6月,2022年有在岗员工12人,正式党员3名,市场辖区5个乡1个镇21个行政村,有自营厅1家,乡镇渠道6家。2022年,达孜区移动分公司坚持以习近平新时代中国特色社会主义思想为指导,全面贯彻落实中共二十大精神,自觉把思想统一到中共二十大精神上,把行动落实到保证完成《政府工作报告》提出的各项任务上。全方位提升队伍建设水平、管理水平、生产经营水平、网络覆盖率,高质量地完成总公司及区政府各项工作要求以及疫情防控期间通信保障任务,为达孜区开展年度工作做出了应有的贡献。

2022年4月13日,达孜区移动分公司工作人员开展“建设平安乡村,助力乡村振兴”宣传活动

【队伍建设】 年内,达孜区移动分公司通过公司内部人才竞聘、区人社局招聘会、社招和校招等多个渠道招聘网格长、网格经理、服务经理等5人,并坚持党建引领生产的原则,聚焦价值创造,聚焦业务进步,坚持结果导向,着力将自己打造成一支目标统一、战斗力强、执行高效的团队。

以“团结奋斗”文化为班组建设目标,坚持不断“务实、创新”,将班组“能吃苦,能战斗”的精神深入体现到日常管理的方方面面,充分发挥班组文化的引领作用。抓主要矛盾和关键工作,将科学化绩效管理作为班组建设的核心,将制度及流程建设落地作为班组建设的落脚点。加大专项攻坚,推动班组建设与生产经营结合,同时强化班组嵌入式廉洁风险教育。丰富多样化的班组活动增强了员工团队归属感、员工幸福感。通过班组建设,助力团队凝聚力、执行力、学习力的“三力”提升,打造一支彰显移动公司风采的卓越团队。

【生产经营】 年内,达孜区移动分公司全面落实集团“大连接”战略新形势下召开的一次重要会议,提出“巩固领先优势,提升管理效能,奋力开创高质量发展新局面”的奋斗目标,并以“正德厚生臻于至善”的经营理念,以诚信实践承诺,以永不自满、不断创新的进取心态,精益求精追求企业、社会与环境的和谐发展,以加速运营转型、客户感知改善、渠道能力提升、夯实基础管理四个方面为抓手,全面深入推进各项工作,重点加强农村乡镇信息基础建设,深入开展“平安乡村”“数字乡村”等助力乡村振兴的主题项目,进一步推进达孜区乡村振兴战略的实施,将中国移动通信企业文化的核心内涵“责任”和“卓越”精神铭刻在乡村振兴的旗帜上。

【新冠疫情防控】 年内,达孜区移动分公司第一时间开展疫情防控阻击战誓师大会,加强全方位、多层次信息化支撑、服务、保障体系建设,成立应急通信保障小组,要求全员留区在岗,保证达孜区疫情防控期间的所有通信保障,并在疫情防控的紧要关头多次化身全能“大白”到各个乡镇及村落开展基站抢修10次、网络优化15次、疫情防控知识宣传2次、物资捐赠2次等工作,一方面做好达孜区政府单位疫情防控期间的通信保障,另一方面为在家上网课的学生、线上办公的职工做好疫情期间网络保障。在这场疫情防控阻击战中,达孜区移动分公司坚持西藏移动“坚决维护祖国统一和民族团结,确保西藏社会

2022年6月10日，拉萨移动分公司副总经理蒋勇（中排右一）到达孜区移动分公司讲党课

大局稳定”的指示精神，在积极履行企业社会责任的同时，为确保达孜区疫情防控阻击战的胜利和促进人民安居乐业发挥了重要作用。

【资源覆盖】 年内，达孜区移动网络已全面覆盖五乡一镇，同时为加强网络优化、资源扩建、提升服务，公司全年新增多个基站建设、家庭宽带资源建设以及装维工程师团队的扩建，实现县城、乡镇、行政村、国道沿线、乡村道路、自然村等95%的网络覆盖。达孜区移动分公司以便捷高效的业务办理、真情满意的客户服务、优质稳定的网络质量，得到广大客户的认可，提升网络质量和服务水平，优化资费套餐，降低语音、流量、宽带等业务资费，让老百姓用得起、用得放心。

（旦增次仁）

【机构领导】

经　理

秦晋杰

联通

【概况】 2022年，达孜区联通营业部干部职工共计7人，其中经理、综合支撑、厅长各1人，营业厅员工和业务经理各2人。其中正式党员1人，入党积极分子2人。

【服务和管理提升】 年内，达孜区联通营业部根据公司《高品质服务白皮书》中渠道服务规范34项、业务服务标准8项、网络服务标准6项、关爱服务13项、高星级客户专属服务7项，认真搞好服务管理与考核，根据实际情况完善、细化管理办法，制定合理的激励措施，改善服务短板，确保服务质量稳步上升，切实提高客户满意度。并组织员工多次到总公司进行礼仪和服务培训，努力提高办理业务的熟练性，优化业务服务流程，提高服务质量。

【网络覆盖】 年内，达孜区联通营业部为优化网络、提升用户使用感知，新建并开通移网基站32个，实现达孜区一镇五乡移动网络全面覆盖。互联网宽带在德庆镇街道、桑珠林村、嘉禾绿洲小区、虎峰小区、玉雄花园、幸福新村、木材市场、新仓村、桑阿寺等之前未覆盖的地方实现宽带资源覆盖。

【党建工作】 年内，达孜区联通营业部以中共二十大精神为指导，

2022年8月9日，达孜区联通营业部工作人员到区人民医院慰问医务人员

2022年8月11日，达孜区联通营业部组织工作人员开展消杀工作

深入践行集团公司“1+9+3”战略规划体系，坚定落实“九个坚定不移”和“五个着力”工作要求，以持续建强营服体系为抓手，以持续攻坚4个重点市场、持续深耕6个细分场景为关键，以迭代升级机制保障、基础设施保障、数字化保障为依托，不断强化高品质服务、强化基础管理、强化工作作风、强化党建引领，踔厉奋发、久久为功，完成2022年各项工作任务。

【产品营销活动】 年内，达孜区联通营业部结合季度业务，着重发展主打产品并推进重点指标改善，提升用户规模，鼓励各经营单元全面开展促销活动，以节日营销为契机，以指标改善为抓手，促进规模发展与效益提升，实现产品客户规模增长和社会渠道快速拓展的双丰收。

【践行社会责任】 年内，达孜区联通营业部在做好自身疫情防控工作的同时，积极主动履行社会责任，全力配合政府相关疫情防控工作要求，为抢占时间与疫情赛跑，以联通速度快速响应，通过线下采购方式为奋战在一线的疫情防控人员送去帐篷、矿泉水、饮料、方便面等慰问物资。

（王佳奇）

【机构领导】

经　理

宋　　凯（苗族，8月免）

索朗扎西（藏族，8月任）

金 融

中国农业银行股份有限公司达孜区支行

【概况】 2022年，中国农业银行股份有限公司达孜区支行（以下简称农行达孜区支行）下设1个营业网点（区支行营业室），4个营业所（蔡公堂营业所、拉木营业所、邦堆营业所、唐嘎营业所）。员工人数为47人，平均年龄33岁，其中正行长1人，纪委书记1人，副行长2人，行长助理1人，网点主任5人，业务人员32人，安保5人，共有党员22人，占比47%。

【业务经营】 截至年底，农行达孜区支行各项存款余额192828万元，较年初减少35929万元，其中，对公存款98250万元，个人储蓄存款94578万元。各项贷款余额111614万元，较年初增加16957万元，其中，对公贷款37992万元，个人贷款73621万元。

【党建工作】 2022年是喜迎中共二十大和共产党成立101周年，为充分发挥基层党组织的战斗堡垒作用和党员的先锋模范带头作用，严格落实新时代党的建设总要求，推动支行党建工作的科学化水平不断提高，为加快推进科学监管提供坚强思想政治保证。

为扎实推进新形势下党建工作，进一步增强党员队伍整体素质，不断提高党组织的创造力、凝聚力和战斗力，落实“六稳”“六保”，促进外向型经济高质量发展。先后与国家外汇管理局西藏自治区分局党支部、区分行公司业务部党支部、西藏圣信工贸有限公司党支部、区分行内控合规部、拉萨分行内控合规部与达孜区支行联合开展“党建聚合力·共建促发展”“迎二十大、庆七一、助乡村”主题党日活动，推动党史学习常态化，为民服务走深走实，引导全行干部员工坚定理想信念。

深入学习贯彻习近平新时代中国特色社会主义思想和中共十九届系列全会及二十大精神作为“第一议题”“第一课程”“第一任务”，全年党委理论学习中心

2022年5月20日，农行西藏自治区分行党委委员、副行长王洪（左二）一行到西藏圣信工贸有限公司调研

2022年7月1日，农行自治区分行、农行拉萨分行与农行达孜区支行共同开展创先争优庆“七一”推动乡村振兴高质量发展活动

组集中学习研讨15次、支部集中学习30余次、纪检集中学习11次，参加上级行组织的党员培训15人次，补足了基层党员的“精神钙”。

为激励党员干部学习历史，认清现实，坚定党的理想信念，全行党员集中观看爱国主义教育影片3次，参观清政府驻藏大臣衙门旧址陈列馆进行爱国主义主题教育等2次。

为进一步丰富农行达孜区支行离退休老干部退休生活，切实为老干部们办好事、办实事，提升他们的归属感和集体荣誉感，体现党员对离退休老干部的关心关爱，值中国共产党成立101周年之际，组织离退休老干部在康宁小区的活动中心开展活动，党员自愿捐款3600元，在疫情期间对所辖7名退休员工进行慰问，为他们送上防疫物资、生活物资，把组织的温暖送上门。

为发挥党员先锋模范和青年朝气蓬勃的精神，开展“党员突击队和青年突击队”授牌仪式，发挥基层营业所流动金融服务力度，利用业余时间、周末休息时间到村组宣传金融优惠政策及上门服务。

认真贯彻落实习近平总书记“推动党建和业务深度融合”的重要指示，紧紧围绕两级分行及区委政府要求，结合农行达孜区支行实际，制定《农行达孜区支行关于推进党建工作与业务经营深度融合实施方案》，把“一起谋划、一起部署、一起落实、一起检查”作为做好党建工作的根本标准，形成围绕中心抓党建、抓好党建促业务的局面。

【服务“三农”】 截至年底，涉农贷款余额56120万元，较年初增加5192万元。全辖农牧区钻、金、银、铜“四卡”发卡量有效净增350户，发放贷款2500万元，农牧户建档5103户，2个营业所实现“双增”任务。

年内，升级所辖36个“三农”金融服务点机具，办理农牧民群众村里支取现金和办理转账等业务，并兑现2022年服务点劳务费25.86万元。

营业所利用“3+2”流动金融服务模式，走村入户向辖区农牧户宣传国家金融优惠政策，为农户信息建档，并开展农行达孜区支行特色产品开办业务。年内，新增有效掌上银行客户2000多户，实现掌银村全覆盖。

（巴　桑）

【机构领导】

行　长

索朗次仁（藏族）

纪委书记

袁　　登（藏族）

副行长

索朗旦增（藏族）

胡　　单

行长助理

俞 春 霞（女，藏族）

乡 镇

德庆镇

【概况】 德庆镇为达孜区政府所在地，318国道穿境而过，是达孜区商流、物流、人流的中心，也是全区经济发展的重要区域。德庆镇所辖5个村1个社区，分别为桑珠林村、德庆村、白纳村、新仓村、德吉新村、幸福社区。总户数2862户，总人数10626（桑珠林607户、2026人；德庆村595户、1775人；白纳村675户、2719人；新仓村422户、1735人；德吉新村426户、1566人；幸福社区137户、805人）。全镇建档立卡脱贫户共计366户1404人。德庆镇辖域面积41349.32公顷，耕地面积965.96公顷，人均耕地面积1.36亩，林地面积13998.63公顷。

德庆镇政府共有干部职工64人，实配编制57个，其中在岗行政编制25人，事业编制11人，公益性岗位人员6人，政府购买服务人员2人，外聘2人，“三支一扶”4人，农牧局特派人员1人，驻油库2人，抽借调人数11人，实际在位人数51人（一般干部29人，班子成员7人）。

2022年2月23日，达孜区德庆镇第十四届人民代表大会第二次会议召开

【党建工作】 年内，德庆镇党委下辖基层党委4个，党总支2个，党支部31个（第十一批驻村工作临时党支部1个），党员共计706人（预备党员9人），另有积极分子9人，农牧民党员653人（预备党员5人），另有积极分子7人，镇机关党员53人（预备党员2人），另有积极分子2人。为加强基层治理，发挥党建引领作用，及时整合资源，组建第十一批驻村工作队临时党支部；着力增强村“两委”政策水平和党性意识，共计组织10名村干部参加上级组织部门国家通用语言培训和村主干区外轮训，党组织书记实现全覆盖。5名乡村振兴专干、6名科技专干、4名财务专干和34名村“两委”扎根基层，发挥作用良好。落实“三会一课”制度并及时收缴党费。积极宣传贯彻和执行党的各项方针政策，过好班子、支部双重组织生活，开好民主生活会和民主评

议会，认真开展批评与自我批评，不断督促整改，召开组织生活会1次，开展主题党日活动7次、书记讲党课14场。

严格按照党员发展程序，有领导有计划地做好发展党员工作，对异地入党、违规入党情况进行排查，确保发展党员工作更加规范。着重对入党积极分子、发展对象开展理论培训，不断增强其党性修养，共计发展党员9名，培养积极分子7名；“两正”“两思”教育实践活动开展共计164次，其中德庆小课堂7次，每周一讲9次，白纳村党性教育现场教学2次，文艺演出48场，依托“党员三包”“四联四包”等各类现场宣讲10余次，入户宣讲3407次，开展新时代文明实践等活动3次。

2022年5月17日，德庆镇第十四届人民代表大会第二次会议主席团会议召开

【党史学习教育】 年内，始终将思想政治教育贯穿党员干部日常教育全过程，不断深化教育学习，强化政治担当。结合党委理论学习中心组落实好巩固党史学习教育成果，扎实开展“清源正本，忠诚正道”党员教育和“饮水思源，感恩思进”群众教育实践活动，学习贯彻好习近平总书记重要讲话精神、中共二十大精神、二十届一中全会精神，区、市第十次党代会精神，开展研讨交流心得体会，确保思想入脑入心。

年内，召开党委会14次、理论学习中心组学习10次，学习心得体会118篇；扎实推进“领导干部下基层大接访办实事”活动，聚焦群众“急难愁盼”等问题，着眼于辖区内涉及就业发展、安全生产、矛盾隐患几件大事，切实发挥基层党组织战斗堡垒作用和党员领导干部表率作用，在此期间，共接访270人次，进行矛盾纠纷排查6批。

【党建带乡村振兴】 年内，白纳村按照“党建＋产业”的集体经济发展模式，依托特色农产品生产加工、生态旅游等产业发展壮大村、小组集体经济，德庆镇各行政村村级集体经济收入达1073.33万元。通过在白纳村村级组织活动场所建设的基础上打造白纳村党群服务中心政治功能区，在使用中优化文化展览室，设立积分兑换功能室，不断加强党组织阵地建设。

【党风廉政建设】 年内，德庆镇组织广大干部职工观看《零容忍》系列专题片，传阅《西藏自治区违纪违法干部忏悔录选编》和《清风传家》读本共3次，使广大党员干部以案为戒。春年、藏历年等期间监督检查共10次，保证节日期间风清气正的政治生态和政治环境。监督检查干部职工出勤，防止“四风”反弹；完成对白纳村、德庆村、新仓村以及桑珠林村各小组“四资清查”工作，采取账目查阅、个人自查、集体自查等形式，将发现的问题登记在案，能立行立改的，当场指出并要求其限时整改，对存在的问题线索，经分析研究后向上级纪委进行报备；对各村疫情防控工作开展情况监督检查50余次。在做好疫情防控工作的同时，对工作中出现的违纪问题绝不纵容姑息。疫情期间，处理1起违反值班制度及违反疫情防控纪律要求的典型问题，为广大干部在做好防疫工作的同时，守好纪律底线敲响警钟。

【人大工作】 年内，组织召开德庆镇第十四届人民代表大会第二次会议，会议期间共收到各代表团和代表向大会提交的建议26件，其中经济发展类15件，社会综合

2022年4月7日，德庆镇召开2022年度基层党组织书记抓党建工作述职评议会

治理类1件，农牧综合类5件，乡村振兴类4件，文旅类1件。德庆镇召开代表意见大会，由镇人大主席团按法律规定交镇人民政府予以办理。

德庆镇辖区内共划分区级人大代表选区15个，选民为6668人，参选率达100%，其中选举大会投票人数5238人，占选民78.55%；委托人数1430人，占比21.45%。大会选举产生达孜区第二届人大代表28人（比上一届增加15个名额），其中，妇女代表9人（比上一届增加4人），占32%。少数民族代表25名（比上一届增加13人），占89%。初中及以上学历代表23人，占82.14%。从职业构成情况看：公务员10人，占35.71%。农民15人，占53.57%。专业技术人员2人，占7.14%。宗教界代表1人，占3.57%。

【农牧民增收】 年内，德庆镇正常运行合作社共66家。截至年底，实现收入937.4万元。其中养殖合作社12家，实现收入17.5万元；民族手工业合作社21家，实现收入180.3万元；辖区内已具备一定规模的机械租赁车队有13支，实现收入473.4万元；种植合作社1家，实现收入1.6万元；加工合作社3家，实现收入6万元；农机合作社2家，实现收入2.6万元；林卡度假合作社14家（私人度假林卡5家），实现收入256万元。

德庆镇农作物播种面积共10794.49亩（白纳村5565.8亩、新仓村3214.79亩、德庆村980.5亩、桑珠林村1033.4亩），其中粮食作物占78%，经济作物占22%，粮食产量达3212.13吨，比2021年增加12.3吨。发放春播化肥106吨。全镇耕地流转面积为3597.63亩，1—10月实现收入18222.21万元。农机具各类作业机械已有26900多台，农业现代化水平大幅提升。

【民生保障】 年内，全面清查农村低保，1—3月农村低保累计保障19户53人，累计发放保障17282.4元。截至年底，德庆镇农村低保户为20户49人，享受低保人员按照年人均收入测算后，通过差额补贴的方式按季度发放，农村低保实现动态管理下的“应保尽保”。精准认定农村五保及低收入家庭对象，通过走访调查，对符合五保条件的对象继续按“五保”待遇进行保障，其中集中供养25人，分散供养14人。全面对低收入家庭经济状况进行核查，最终纳入符合低收入家庭标准的对象为11户40人。农牧民社会养老保险参保人员共计2955人，办理死亡、户口迁出等退保17人，享受养老保险补贴人员共计911人。做好各项补贴工作，及时发放残疾人“两项补贴”及残疾人机动轮椅车燃油补贴。截至10月，全镇享受重度残疾人护理补贴17人，补贴标准每月200元/人，享受困难残疾人生活补贴19人，补贴标准每月100元/人，全镇享受残疾人机动轮椅车燃油补贴10人。享受重点关爱对象护理补贴残疾人员共计9人，补贴金额为每年6000元/人。享受0—16岁残疾儿童康复补贴人员为11人，补贴标准每月200元/人。享受70岁及以上高龄老人补贴352人，共计327600元，于年底兑现。

2021—2022学年在校大学生（一般农户）149人，兑现资金760382.39元；困难户2人，兑现资金14582元；建档立卡（区外）12人，兑现资金96720元；建档立卡（区内）12人，兑现资金24380元；2021—2022学年在校大学生资助工作正在进行中（7名学生因发票问题未兑现），资助项目为学费、住宿费、书杂费、生活费等，资助在校大学生174人次，享受政府资助共计895664.39元。2022年全镇登记在册高校毕业生98人，对离校未就业毕业生建立高校结对帮扶机制，实行“321”帮扶对策，已就业95人。农牧民转移就业，成立“就业创业连锁超市德庆分店”，按照“政府引导、用工主体、市场化运作”的原则和求职者的需求对接就业岗位，镇转移就业2926人，其中6名往届大学生以超市对接企业的形式已稳定就业。通过以工代训、网络主播新型岗位培训等方式，组织农牧民劳动力参加各类培训共计304人次（“三岩”搬迁点66人）。

设立3名食品与药品安全协管员和4名村信息员，每季度对辖区食品、餐饮、林卡、药店、超市等进行全覆盖检查，主要对村委会卫生室药品有无过期、医疗废物处理及家庭签约医生入户问诊率、食品安全等情况进行检查12次，其中联合达孜区市场监督管理局执法2次，联合镇派出所检查5次，开展宣传活动3次。

德庆镇退役军人服务站建立退役军人持续跟踪服务机制，组织有就业需求的退役军人参加职业技能、岗位适应性、创业培训等，全力提高退役士兵自主就业能力；积极开展对辖区退役军人大走访、送喜报活动，在对生活困难退役军人给予帮扶救助的基础上，大力宣扬“一人当兵，全家光荣”的正确价值理念，全面提升军人的归属感和荣誉感。

便民服务大厅共受理行政审批项目和便民项目2334件，办结率100%，发放餐饮服务许可证12件，办理食品经营许可证32个，办理户口136件，综合开具证明1014件，办理牲畜保险603件、农房保险3件、农田保险57.2亩、就业（职业）推介6件、医疗救助和临时救助审批4件、咨询类服务524件，为30400余人次提供防疫政策咨询服务。

【生态建设】 年内，共计组织清理农村生活垃圾54吨、“白色垃圾”17吨、村内秸秆乱堆乱放18处，发动群众参与村庄清洁行动1500人次，开展进村入户宣传教育347人次。积极推进农村卫生厕所项目，已完成验收桑珠林村62户和德庆村1户，已完成等待验收白纳村9户和新仓村28户，还未改造完工的桑珠林2户和白纳3户。对河湖沿线垃圾清理长度达27.9千米，清理垃圾74.6吨，参与1987人次，在桑珠林村清理淤泥3吨，5台挖机参与，150人次参与。

【乡村振兴】 年内，德庆镇产业分红项目共10个，已连续兑现分红资金5年，力争到2023年建设一批以“美丽乡村·幸福家园”建设行动计划为核心内容的乡村振兴示范村。“美丽乡村·幸福家园”项目涉及白纳村301户，已建成151户，计划2023年实施余下150户及其他附属设施。白纳村以该项目试点村为契机，积极争取林卡的改造项目、组建公路、河道景观水坝和路边绿化项目，以此带动本地群众就业。

聚焦搬迁户“旧房腾退”及房产证发放问题，德庆镇压实责任，高质量抓好后续扶持工作。对于德吉新村搬迁户的“旧房腾退”工作及房产证登记工作分别采取依托原行政村、依托迁入村、成立联合党支部的方式进行管理，建立搬出地和搬入地“双向”管理机

2022年6月1日，德庆镇开展应急处突演练

制，对特殊困难群体定期走访，保证群众“遇事有人管、问题有人办、需求有人帮”。德庆镇已基本对德吉新村搬迁户房产证实行分类管理，并将组织村委会及村民进行发放工作。

【旅游产业】 年内，德庆镇党委、政府着眼于人民日益增长的休闲旅游，对优美生态环境、优良生态产品的需求，依托本地独特的自然生态优势和人文景观，培育发展特色产业，把生态优势转化为经济优势。在发展传统旅游基础上，基于当地环境优势，积极开拓创新旅游业务，在白纳建设徒步步道项目，步道长达18千米，投资约1400万元。广大游客在徒步的同时还可体验牧民生活，体验骑马、赛牦牛等活动。此外已有10户村民参与拉萨乃参民宿改造项目，德庆镇为前来白纳旅游的游客提供舒适的住宿环境，以舒适的住宿环境吸引更多游客。鼓励有经营能力、经营意愿的村民小组和农牧民个人以合作社的形式建设特色休闲度假点。截至年底，辖区内共计建有22家特色休闲林卡，正常运行的14家，共计接待游客19781人次，年收入达256万元，累计带动879名农牧民就业。

【南北山绿化】 年内，德庆镇辖区拉萨南北山绿化工程共12个片区，工程面积32162亩，涉及4个行政村32个村民小组，2055户，存栏牲畜7749头，放牧牲畜10200头。该项目截至7月，累计带动本地群众7990余人就业，实现增收162.62万元。

【市域社会治理现代化试点工作】

年内，加强联合治理，做好整体规划，构建市域社会治理体系，激发人民群众和社会力量参与的积极性、主动性、创造性，形成共建共治共享新格局。明确市域社会治理目标，强化治理手段，创新治理方式，充分发挥政治引领、法治保障、德治教化、自治强基作用，提高市域社会治理现代化水平。着力破解市域社会治理工作重点难点，深化重点人、治安突出问题和矛盾纠纷易发高发领域治理，进一步增强群众获得感幸福感安全感。

强化市域社会治理工作队伍的联动，一旦需要应对冲突事件，市域联动，全力整治。年内，联合镇江警务站、中石化达孜加油站开展应急处突演练3次，参与人数180余人，提升了队伍的快速反应、实战处突及协同配合能力。深入推进民主协商共治，通过《村规民约》规范辖区村民文明言行，商讨解决村委会发展中存在的言行举止问题。

【平安建设】 年内，注重发挥基层党组织在网格化服务管理工作中的统战作用，着力加强网格建设，将党建引领纳入社会主要治理重要地位，由镇党委牵头制定印发《德庆镇党建引领基层网格化治理实施方案》，明确网格划分标准、网格队伍组成、网格职能职责和相关工作制度。

在网格上成立临时党支部，设置42个“党员先锋岗”为民办实事，将村民老党员纳入临时党支部开展网格化服务工作。2022年开展平安建设宣传20次，参与人数960余人，发放宣传资料及宣传品2230余份，开展“八五”普法宣传23次，参与人数2600余人，发放宣传资料500余份，悬挂横幅15条。

2022年6月10日，德庆镇卫生院医务人员入户为老年人接种疫苗

【学习中共二十大精神】 年内，德庆镇紧扣学懂弄通做实中共二十大精神，讲心得、谈体会、谋工作，把学习贯彻中共二十大的成效体现在德庆高质量发展的大局上，落实在服务群众上，转化在自身建设上。

突出“学”字，将宣传学习与组织生活相结合。将学习宣传贯彻中共二十大精神与镇党委理论学习中心组、“三会一课”、主题党日等活动结合起来。年内，开展党委理论学习中心组学习10次、党委会14次、主题党日6次。重视方式方法创新，创新开设德庆“小课堂”“每周一宣”，运用群众乐于参与、便于参与的方式，增强学习宣传贯彻中共二十大精神的吸引力感染力和针对性实效性。

突出“宣”字，将宣传学习与专题宣讲相结合。采取镇党委班子成员到包保联系点，各支部书记在全体党员大会宣讲辅导相结合的方式，并结合工作实际对中共二十大精神进行系统性宣讲，确保中共二十大精神入心入脑，指导实践。年内，开展“两正”“两思”教育实践活动164次，其中小课堂7次，每周一宣讲9次，书记讲党课14次，白纳村党性教育现场教学2次，文艺演出48场；依托“党员三包”“四联四包”等开展各类宣讲10余次、入户宣讲3407次、新时代文明实践等其他活动3次。

突出“谋”字，将宣传学习与谋划工作相结合。切实把中共二十大精神学习成果转化为推进工作高质量发展的思路举措，把以人民为中心的发展思想落实到行动上。结合党员“三包”“四联四包”工作，深入群众、深入基层，解决群众“急难愁盼”，采取更多惠民生、暖民心举措，在幼有所育、学有所教、劳有所得、病有所医、老有所养、住有所居、弱有所扶上持续用力，坚持尽力而为、量力而行，推进公共服务体系建设。

（刘冬梅）

【机构领导】

副区长、德庆镇党委书记
　　王　震

党委副书记、镇长
　　扎西达娃（藏族）

党委副书记、人大主席
　　次仁顿珠（藏族，5月免）

党委副书记
　　次仁央宗（女，藏族，12月任）
　　普布次仁（藏族，12月免）
　　次仁边巴（藏族，12月任）
　　王　庚（挂职）

党委委员、纪委书记、监察室主任
　　扎西卓玛（女，藏族）

党委委员、组织委员、统战委员
　　李　莹（女）

党委委员、政法委员
　　次仁边巴（藏族，12月免）
　　李寿清（12月任）

党委委员、宣传委员
　　张　强（12月任）

党委委员、派出所所长
　　洛桑尼玛（藏族）

党委委员、副镇长
　　乔　坚（12月免）

副镇长
　　丹增曲培（藏族）
　　杨　帅
　　江雪琴（女，挂职）

邦堆乡

【概况】 邦堆乡下辖4个行政村，18个村民小组。地处达孜区以北6千米处，拉林公路贯穿全乡，距拉萨市中心30千米，交通便利，平均海拔3800米，全乡行政区域东西跨距21.67千米、南北跨距12.92千米，总面积181.2平方千米。全乡户籍人口1191户4184人，其中劳动力2134人（女性1044人）。全乡公路里程64.629千米；改建农村公厕6座、户用卫生厕所1172户。全乡共有幼儿园3所，文化活动场所5个，图书室5个。卫生院1家，诊所、卫生所3家，卫生技术人员10人。全乡共有干部职工51人，其中行政编制28人，事业编制15人，工人1人，“三支一扶”1人，政府购买服务人员6人。

【党建工作】 年内，全乡党组织20个，其中党委3个，党总支2个，党支部15个（含机关党支部）；全乡党员共450名，其中农牧民党员396名，少数民族党员428名，女性党员154名，35岁及以下党员135名，党龄30年以上党员54名，“三老”人员37名。创新开展党员干部管理，深入贯彻落实区委“清源正本、忠诚正道”党员忠诚教育和“饮水思源、感恩思进”群众感恩教育。结合“四联四包”，制定《邦堆乡为民办实事清单》，明确五大类32项服务事项，

2022年4月12日，西藏自治区人大常委会副主任丁业现（左一）一行到邦堆乡叶巴村调研

将百姓的急难愁盼问题“一张清单兜到底”，解决群众急难愁盼问题80余个。积极组织党员干部外出培训，截至年底，共计29人次外出参与上级组织培训。

不断加强理论学习，召开乡党委理论学习中心组学习12次，固定2天组织党员干部集中自学72人次，开展读书班活动12次，开展“两正”“两思”活动20次，受教育达2300余人次。利用远程教育观看红色影视、政策理论等14次。

【作风建设】 年内，以干部“积分制”管理为载体，采取“基础分+加分－扣分”的原则月调度、季考核，突出全员覆盖、全程量化和全面争优，建立干在平时、功在积累的考评机制，打破“干好干坏一个样、评先评优靠印象”的平均主义倾向。开展积分制管理以来，对因受到上级通报批评的干部进行提醒谈话3人，对工作突出的6名干部进行积分奖励，党员干部精神面貌发生显著变化。开展干部轮岗交流，加大不同岗位的干部轮岗力度，有规划地培养年轻干部多岗位锻炼，开阔眼界、提升能力，促进干部健康成长。结合乡镇机构改革，有序调整，进行轮岗，调换岗位7人。

【经济发展】 年内，全乡耕地面积9793.3亩，人均耕地面积2.34亩，其中实现流转8213.5亩；林地54148.5亩，草地195496.23亩。农作物以青稞、小麦为主，经济作物以土豆为主，全乡存栏牲畜禽类8302头（只、匹），以牦牛养殖为主。全乡注册合作社共38家，正常营业14家。截至年底，农村居民人均可支配收入22788.92元，同比增长5.1%。

【项目建设】 年内，7个重大项目落地邦堆乡，涉及总投资80余亿元，将形成城镇经济和城郊经济区域化发展格局。邦堆乡积极协助各级部门助力项目开工复工，以项目助推全乡经济社会发展。邦堆村乡村振兴基础设施建设示范村建设、叶巴村“美丽乡村·幸福家园”整村推进、克日村人居环境整治实现复工，林阿村人居环境整治项目、拉萨南北山绿化工程实现落地，朗热酒村建设项目实现奠基，全乡各项目积极推进，助力全乡经济实现快速发展。

【乡村振兴】 年内，林阿村根据农牧民群众参股比例，为344户分红188万元。叶巴村“美丽乡村·幸福家园”整村推进项目计划建设144户，已完成房屋建设15户。按照及时发现、及时干预、及时帮扶等要求，对全乡所有农户进行全面排查，共纳入监测户5户17人。同时协调民政、医保、就业、水利等部门，对纳入监测户及时落实帮扶措施，进一步发挥政府兜底保障作用。

大力推进农房管控和土地整治，完成宅基地审批38宗（新建3宗、翻建35宗）的实地核查及审批工作。重点对邦堆村和林阿村温室大棚的废弃薄膜等生产垃圾进行处理，累计处理生产垃圾430余吨，同时由各村委会牵头辖区菜农参与形成生产垃圾处理长效机制。

围绕迎接中央环保督察，抓好突出生态环境问题整改，有效减少存量，遏制增量。高质量高标准完成2个生态环保突出问题整改。推深做实林长制、河长制、田长制改革，乡村两级累计巡河330次，巡林1100余次。

常态化开展农村清洁工程，

聘用5名清洁工人对全乡重点街道进行常态化清理。完成3个村防洪堤坝的维修加固和叶巴检查站桥梁拆除以及克日灌区引水口工程建设，确保安全度汛。积极推进文明村镇建设，抓好全乡总体规划布局，坚决遏制土地违法行为，全面开展“两违”建筑排查工作，排查自建房1184户，已全部完成排查。

【“三农”工作】 年内，有序开展农田田间管理工作，成立病虫草害排查工作小组，排查12次，未发生大型病虫草害。兑现耕地地力补助和农牧民一次性补贴41.79万元。开展动物疫情排查工作，共计排查牲畜9809头、家禽519羽、家犬526只。检测净土禽类屠宰场上市鸡肉181964千克。完成农牧民牛羊出栏统计工作，全乡牛羊总出栏298头（只），每头兑现600元。农牧民牦牛育肥出栏达到20头以上有4户，出栏80头，每户兑现补贴资金1.5万元。落实草原生态补助奖励，总畜存栏为6428头（只、匹），折合绵羊单位为21604.4只；出栏为1256头（只、匹），其中自食为牛370头，羊10只。加大动物检疫力度，检疫证出证共290份，其中动物B证6份，产品B证284份。

【新冠疫情防控】 年内，扎实做好疫情防控工作，疫情防控期间，科学谋划邦堆乡疫情工作方案，健全疫情防控工作组织架构，积极组建邦堆乡核酸采样队伍、消杀队伍、物资保供队伍、流调队伍、转运队伍，重点人员重点场所全面防控到位，全乡疫情防控工作取得阶段成果。

同时为充分发挥拉萨“菜篮子”作用，积极开辟达孜区邦堆乡蔬菜交易点，严格控制进场程序，组织精干力量进行管理，确保有序安全交易，疫情期间，日均蔬菜交易量13万余吨。年内，积极协助辖区内群众及务工人员返乡返岗返校，共帮助490余名群众区内转运、637名群众离藏（其中学生66人）。

【民族团结进步模范区建设】 年内，全乡共有汉族群众共计1000余人，回族等民族30余人，宗教场所3处，分别为扎叶巴寺和贡崩拉康、贡康日追，民族团结家庭20个，是一个多民族聚居、多元文化交融的地区。紧扣铸牢中华民族共同体意识这一主线，成立以乡党委书记为组长的民族工作领导小组。坚持以铸牢中华民族共同体意识作为分析和处理民族问题出发点和落脚点，着力解决各族群众关注的热点、难点问题。利用理论学习中心组学习、业务培训会、知识讲座等，将铸牢中华民族共同体意识教育纳入党史学习教育，着力提高各族干部群众“五个认同”。通过邦堆乡公众号开展党的民族政策及民族团结进步创建工作应知应会宣传，为民族团结进步工作营造良好宣传氛围。

【社会保障】 年内，发放在校大学生补助资金50万余元，惠及学生134人。对老弱病残等无劳动能力群体，及时落实兜底保障措施。全乡低保、五保、“一孩双女”、两项帮扶资金兑现率100%。对2022年57名应届高校毕业生信息进行核对，引导26名应届毕业生积极就业；完成117名农牧民群众的技能培训；农牧民转移就业1399人，劳务创收1440万元。全乡1840人参加城乡居民养老保险，做到应保尽保。以发放蔬

2022年4月28日，西藏自治区党委宣传部一级巡视员嘎玛旦巴（前排右二）一行到邦堆乡调研新时代文明实践工作

菜包、大米、食用油的方式，共计救助外来务工人员30人，涉及资金1894.09元。

【行政效能】 年内，便民中心提供政策法律咨询、组织管理、精神文化等方面的服务，设有综合服务窗口和应急服务窗口。截至年底，为群众开出证明380份（涉及户籍证明、通行证明、免税证明等），为群众提供代跑服务48次（各类费用代缴），处理政府投诉工单9起；“就业创业连锁超市”为各村大学生及剩余劳动力提供就业信息23条，组织化转移就业788人，摸底乡挖掘机培训意愿人员37人、厨师培训意愿27人、网约车意愿人员37人。此外，服务中心以推进乡村振兴为己任，在强化党群服务的基础上，开展各类文化、科技、教育等方面的活动，不断提升广大人民群众的文化素质和科技素养。

【基层治理】 年内，全乡共有综治中心5个，网格片区20个，87个联户单位，网格力量31人。有寺庙2座，日追1座。持续按照安全生产15条措施全覆盖开展安全生产排查工作，多部门联合到企业、菜地、建筑工地开展安全生产检查100余次，累计排查各类安全隐患23条，22条已全部整改完成。年内，邦堆乡安全生产事故“零”发生。社会治理不断强化。开展“反电诈”宣传活动3次，抓实抓细5名精神障碍患者救治救助和服务管理。依托新时代“枫桥经验”调解室，积极排查化解社会矛盾纠纷，共排查调处各类矛盾纠纷60余起，记录在册并调解42起，调解率100%；以邦堆村菜农为试点，着力打造党支部＋联户长＋菜农的共建共治共享的社会治理新格局。

结合“八五”普法，大力推进全民普法工作，在重点时段、节点组织开展法律“十进”活动4次。完善网格化划分，制作网格员花名册、流动人口花名册，并实时更新，抓实基础工作。顺利完成春季征兵工作，全力推进征兵任务。

（李 红）

2022年4月1日，拉萨市达孜区南北山绿化工程项目组织化转移就业输送仪式在邦堆乡举行

【机构领导】

党委书记

益西曲珍（女，藏族，8月免）

德 央（女，藏族，8月任）

党委副书记、乡长

吴明辉

党委副书记、人大主席

普 琼（藏族）

党委副书记

单真旺杰（藏族）

党委委员、纪委书记

胡 毅（彝族）

党委组织委员、统战委员

次仁拉穷（女，藏族）

党委委员、政法委员

胡 彪（12月免）

高尚尚（12月任）

党委委员、宣传委员、邦堆村第一书记

吴 再

党委委员、派出所所长

沈 静（女）

党委委员、副乡长

吉米旺久（藏族）

副乡长

詹玉胜

方文团（12月免）

李 为（女，12月任）

塔杰乡

【概况】 塔杰乡隶属于西藏自治区拉萨市达孜区，居念青唐古拉山南麓，雅鲁藏布江之东北，处于

北纬29° 68′ —29° 79′ 、东经90° 18′ —91° 38′，拉萨市以东36千米，距达孜区13千米，平均海拔3680米。其东部与达孜区章多乡相连，西部与达孜区德庆镇相连，南部与山南市扎囊县隔山相望，北部靠拉萨市林周县，全境南北地长58千米，东西宽41千米，川藏公路（318国道）贯通境内。

2022年，全乡下辖3个行政村、17个村民小组，户籍人口876户3399人，其中劳动力1868人（女性957人）；低保户7户20人，五保户24户27人，“十二五”“十三五”贫困户共275户1104人，防返贫监测户1户1人。全乡耕地面积10466.55亩，人均耕地面积3.07亩，其中实现流转665亩；林地51654亩，专职护林员23名；草地197966.61亩，专职草原监督员99名。

2022年，塔杰乡实有机关干部总数为45人（公务员30人，事业编制人员15人）。其他人员包括政府购买服务人员2人，公益性岗位人员7人，民政助理员1人，“三支一扶”人员1人，农业农村工作人员3人，社工1人，临时工2人。各村配备乡村振兴专干、级财务专干以及科技专干，共计9人。

2022年4月21日，达孜区委书记索朗次仁（左一）一行到塔杰乡检查指导工作

【生态环境】 塔杰乡为传统的农业区，水热条件优越，光能资源充足，具有较宽阔的草地资源，山地面积大，植被种类丰富，其中有乔本科、莎草科、豆科、毛茛科、蔷薇科、玄参科、石竹科等。土壤类型多，水资源丰富，生态条件良好，无污染源。辖区内有金色池塘、巴嘎雪村湿地、主西村徒步旅游大本营等风景区域。

【党建工作】 年内，塔杰乡共12个基层党支部、1个乡级党委、2个村级党委、1个村级党总支。全乡党员340名，其中农牧民党员299名。年内，严格党的组织生活，坚持“三会一课”“主题党日”“书记讲党课”等制度，积极发展党员，开展好党内激励帮扶和党员管理工作。以西藏百万农奴解放纪念日、“七一”建党节、国庆节等重大节日为契机，广泛组织开展系列主题活动，丰富党员精神文化生活，不断强化党员意识形态领域建设。

年内，完成书记讲专题党课4次、机关“两学一做”常态化学习21次，“党委理论学习中心组”达20次，“我为群众办实事”80件，观看廉政教育警示片2次，观看红色影片4次，机关和各村党组织主题党日活动48次，各类宣讲活动26次，直接参与群众2800余人次。全乡始终坚持党建引领村集体经济发展，巴嘎雪村集体经济收入达14.065万元，塔杰村集体经济收入达42.969万元，主西村集体经济收入达12.4万元，有力推动乡村振兴战略实施。

【作风建设】 年内，坚持用好“清源正本、忠诚正道”党员政治教育载体，始终坚持改进作风从“关键少数”抓起，用活理论学习中心组学习制度率先提升党员领导干部思想觉悟；高标准、常态化开展党史学习教育成果，将“五史”学思践悟成果转化为自我意识形态建设的重要源泉；严格执行周例会制度，畅通机关内部沟通渠道，确保工作衔接有力、推进有序、落实到位。不断深化党员政治教育五大类17项活动内容，结合“四联四包”机制，重点开展“领导干部下基层大接访”“我为群众办实事”“我为塔杰做贡献”等活动，

2022年12月9日，达孜区委副书记、区长刘代红（左二）一行到塔杰乡检查指导工作

保证规定动作不走样、丰富载体有新花样。全面对标对表，坚持“四查四问”，敢于深挖思想深处、敢于触碰问题实质，做到即知即改、立行立改。坚持作风建设永远在路上，勇于自我革命，加强纪法教育、廉洁教育、警示教育，深入开展内部监督谈话，做到管在日常、严在经常。

加强廉洁文化建设，广泛开展以廉政为主题读书会、文娱活动，全力涵养政治生态。高效办理乡十四届人民代表大会第二次会议意见建议31件（已解决23件，剩余8件已上报上级相关部门给予解决），答复率和满意率均为100%，办结率为74%。持续办结乡十四届人民代表大会第一次会议意见建议10件。

【新时代文明实践活动】 年内，塔杰乡依托新时代文明实践活动，以“清源正本、忠诚正道”党员政治教育、“饮水思源、感恩思进”群众教育实践活动为抓手，开展国家通用语言文字培训、“晚间塔杰”、“3·12”植树节、丰收节等系列主题活动62次，参与干部群众达1250余人，切实推动新时代文明实践活动贯穿到塔杰各项主题活动中。

【经济发展】 年内，全乡完成地方生产总值2.92亿元，同比增长9.8%；社会消费品零售额达2705.637万元；工业增加值达69.3万元；固定资产投资完成4254万元。农牧民人均可支配收入达到22097.99元，同比增长14.5%。

【人大工作】 年内，塔杰乡人大主席团始终自觉把人大工作置于乡党委的领导下，坚决维护党委在一切工作中的领导核心地位，依照宪法和法律给予的职责，围绕中心、服务大局。乡人大通过组织代表参加调研、视察等方式，不断拓宽人民参与渠道，将保障人民的知情权、参与权、表达权、监督权落实到人大工作各环节。在达孜区二届人大代表换届选举工作中，将人民民主贯穿于选民登记、提名、酝酿、投票等全过程。组织辖区各级人大代表在闭会期间参加“三个会议”等培训学习会27人次，到山南市部分县（区）、尼木县等视察学习9人次。

顺利召开塔杰乡第十四届人民代表大会第二次会议及达孜区第二届人民代表大会代表换届选举会议，并选举产生13名达孜区级人大代表。

年内，常态化开展“固定接待日接待选民”活动，受理群众接访3次3人。全力完善3个行政村“人大代表小组活动室”，在闭会期间组织开展活动10次，组织辖区各级人大代表开展项目监督视察活动10次。动员辖区各级人大代表在疫情防控工作中积极开展24小时卡点值守及各类防疫措施。

不断完善“人大代表之家”、人大代表小组活动室。抓好意见建议督办。在人大例会召开之前，代表通过走访、听取和收集群众意见，在乡第十四届人民代表大会第二次会议期间提出意见、建议31件。结合“四联四包”常态化工作机制，充分利用人大代表作为乡干部、村“两委”和基层宣讲员等身份优势，入户开展大宣讲大调研大排查大落实活动。

【便民服务】 年内，达孜区关于持续深化“放管服”改革加快推进“互联网+政务服务”优化营商环境推进会要求，不断优化便民服务功能。服务大厅共设立9个服务窗口，进驻8个部门（剩余1个为“三农”保险，属于企业下派），6名工作人员。实行一人多岗，一专多能。截至年底，共受理便民项目3150件，总按时办结率为100%，其中受理咨询服务460件。

【农业工作】 年内，完成上报春播种植8424.29亩，完成2022年冬播种植面积1732.35亩和2023年冬播种植面积4780亩，并兑现2022年一次性种粮补贴及耕地地力补贴共700535.3元。全年兑现农机购置补贴共涉及31户，补贴农机具40台。6月，完成高标准农田建设1万余亩，共投资3156.6万元，推动粮食增产和农牧民群众增收。

【牧业工作】 年内，完成草补牲畜存栏7732头，对未超载617户2429人兑现草畜平衡奖励271870元，顺利完成2022年春秋两季重大动物疫病防控工作。

【林业工作】 年内，不断推动落实林长制工作，实施拉萨市南北山绿化项目2000余亩，“四旁”种树27640株，开展植树造林、森林草原冬春防火宣传6次，做到责任到人、措施细化、管护有效、工作有力。

【水利工作】 年内，有效推动河长制落实，乡级巡河41次，完成率128%，村级巡河184次，开展水源地保护、河道清理10次，清理垃圾20吨，清理河道长度达240多千米。辖区内集中式饮用水水源地水质达标率100%。2022年投入9.7万元用于主西村2处、巴嘎雪村1处堤坝除险，完成巴嘎雪村1组蓄水池改扩建项目，塔杰村投入10万元用于河道防汛治理。

【乡村振兴】 年内，全乡有脱贫户275户共1104人均已脱贫出列。脱贫群众人均纯收入达17654.19元，同比增长13.56%。脱贫群众转移就业476人次，安排生态岗位198人，兑现岗位工资69.3万元。严格落实防返贫动态监测机制，做到应纳尽纳。共有防返贫监测户4户6人，精准落实帮扶措施。依托林卡经济带动3个行政村经济收入33万元。主西村林卡经济项目建设已基本完成，为发展壮大主西村集体经济增添新动力。

【新冠疫情防控】 年内，根据《新型冠状病毒肺炎防控方案（第九版）》及各级防疫要求，签订“四方责任”书889份，动员整合党员309人、“两代表一委员”83人、小组长16人、联户长74人、志愿者98人组成核酸采样队、消杀队等6个疫情防控队形成防疫合力。各级党代表、人大代表、曲杰拉日家具合作社、扎西塔杰农牧民合作社、高争商品混凝土有限公司达孜分公司纷纷为抗击疫情捐赠防疫物资和生活物资，助力疫情防控工作。严格落实自治区《关于稳经济若干临时性措施》、拉萨市相关配套措施以及达孜区纾困扶持配套措施，于10月对困难残疾人（5人）和分散五保户（7人）按照每人1200元的标准发放一次性生活补贴，对低保户（6户12人）按照每人600元的标准发放一次性生活补贴，保障全乡干部群众身体健康和生命安全。

线上公开乡村负责人联系方式，保持24小时通信畅通，重点关注独居老人、孕产妇、残疾人及患病就医等重点人群个性化需求，及时办理特殊紧迫事项，帮助送医92人次，代购药品75份，代

2022年2月15日，塔杰乡开展“我们的节日·元宵节”主题活动

2022年6月30日，塔杰乡党委2022年召开“七一”表彰大会

购母婴用品18份。采取村组统计上报、县乡沟通发放的方式，第一时间把生产生活必需品供应到每家每户，联系净土入村售卖米面油菜29次，代购生活必需品1057次。全覆盖式免费发放口罩累计3万余只、连花清瘟胶囊2780盒、藏药4448袋、汤药2780袋、藏药香囊2780只、藏香1900捆、“爱心包”4750份，代购卫生用品1039份，竭尽所能满足辖区群众合理诉求。

【增收工作】 年内，召开农牧民增收工作专题会议7次，转移就业1344人，转移就业收入1513.5709万元、政策性补贴兑现314.6513万元。

【民政工作】 年内，共有6户12人享受低保，兑现低保金21080元；残疾人“两项补贴”享受人数共20人，兑现补贴资金25600元；重点关爱享受人数共2人，兑现资金1万元。完成2022年度144名残疾人信息动态更新。

【市场监督】 年内，加强食品安全日常排查和疫情期间专项监督，累计50次。开展“3·15”国际消费者权益保护日宣传活动，增强消费者依法维权意识。开展重大节日、重要节点市场专项整治8次，依法维护市场经济正常秩序。集中力量开展商品房、门面房、自建房住房安全隐患排查、防火隐患排查10次。

【教育工作】 年内，应届高校毕业生45人，初次就业率100%，完成2021—2022年大学生教育资助申报132人，学前教育和义务教育入学率达100%。

【社保工作】 年内，完成城乡居民养老保险待遇资格认证共355人，开展农牧民挖掘机、驾校培训61人，村“两委”计算机培训11人。全面提升农牧民专业技能，推动农牧业高质量发展。

【医保工作】 年内，城乡居民基本医疗保险缴费人数3034人，参保率达99%，医疗救助申请共5人。

【生态环保】 年内，牢固树立和践行“绿水青山就是金山银山，冰天雪地也是金山银山”的环保理念，统筹做好“山水林田湖草沙冰”一体化统筹治理，顺利通过中央第二轮环保大督察，组织广大

2022年3月28日，达孜区委副书记巴桑顿珠（右二）到塔杰乡塔杰村开展“饮水思源、感恩思进”群众教育宣讲活动

干部群众开展环境卫生集中整治50次，向广大群众开展环保宣传8次，不断推动落实林长制工作，实施拉萨市南北山绿化项目2000余亩，“四旁”种树27640株，开展植树造林、森林草原冬春防火宣传6次，做到责任到人、措施细化、管护有效、工作有力，积极致力于创建国家生态文明高地。

【重点项目】 年内，完成1万余亩高标准农田建设，推动粮食增产和农牧民群众增收。加快实施塔杰村人居环境综合整治整村推进项目，已经完成项目总进度的45%，预计2023上半年竣工。高标准奶牛养殖基地一体化饲草加工厂建设项目已经完成项目总进度的50%，预计2023年上半年竣工投入使用。

（旦增朗杰）

【机构领导】

党委书记

旦增格桑（藏族）

党委副书记、人大主席

次旦央吉（女，藏族）

党委副书记、乡长

涂 光 太

党委副书记

益西列措（藏族）

党委委员、纪委书记

范 猛 猛

党委委员、组织委员、宣传委员

米玛卓玛（女，藏族）

党委委员、统战委员

扎西曲培（藏族）

党委委员、政法委员

陈 小 龙（12月免）

李 林 键（12月任）

党委委员、副乡长

伊达依杜啦（回族）

副乡长

王 晓 佳

拉巴旺堆（藏族）

唐嘎乡

【概况】 唐嘎乡位于拉萨市达孜区城区以东，距离拉萨市60千米，距离达孜区37千米，东邻墨竹工卡县唐加乡，西接达孜区雪乡，南与达孜区章多乡拉木村隔河相邻，北与林周县接壤，所辖地区处于藏南谷地拉萨河上游，平均海拔3780米，河谷最低海拔3530米。气候条件属于温凉半干旱高原气候，年平均气温7.5℃，最高气温27.6℃，最低气温-17℃，年平均降雨量为450毫米，太阳辐射强烈，气温低，昼夜温差大，日照时间长，年平均日照3065小时，年无霜期130天，受温度、地貌与水分条件影响，全乡耕地面积集中，水资源丰富，耕地分布有明显的区域性。全乡总面积241.58平方千米，耕地面积24028.96亩，人均耕地面积4.34亩，草场面积306011.1亩，林地面积92668.8亩。

全乡下辖3个行政村、25个村民小组，总户数1354户，总人口5562人，常住人口3732人。全乡共有党员369人（含预备党员），其中唐嘎村103名，洛普村127名，穷达村90名，驻村工作队临时党支部9名，机关支部40名。农牧民党员320人，占全乡党员总人数的86.72%，党员总数占全乡总人口的6.63%。全乡有3座寺庙、1座尼姑庵。辖区内有幼儿园5所，卫生机构7个，其中卫生院1家，诊所、卫生所3家，疾病预防控制中心（防疫站）3家，各类卫生技术人员16人。

【经济发展】 年内，全乡地区生产总值达到24689.48万元。其中，第一产业达到22099.01万元，

2022年3月11日，拉萨市妇联党组副书记、主席达珍（后排右二）一行到唐嘎乡开展家庭教育进学校、进机关、进社区、进企业“四进”活动

第二产业达到394.14万元，第三产业达到2196.33万元。社会消费品零售总额121.01万元，工业增加值达到78.45万元。人均可支配收入22854.99元，同比增长13%。由于疫情原因3个行政村村集体经济收入受到影响，其中唐嘎村84.7万元，琼达村17.6万元，罗普村37.1万元。

【农牧业】 年内，完成粮食播种面积21023.27亩，粮食产量达9544.88吨。青饲草种植面积3005.69亩，饲草产量16831.86吨，牲畜存栏量16949头(只、匹)，肉类总产量1675.65吨，牛奶产量3790.95吨。

【党建工作】 年内，坚持以上率下，层层传导压力，强化日常管理，召开党建工作部署会议1次，召开党建工作重点任务部署会议2次，年度述职评议会议1次，党建例会23次，将党建工作与日常工作同安排、同部署、同落实，切实做到“书记抓、抓书记”；推动2021年度基层党建工作述职评议考核点评和自查问题3个方面7项问题、拉萨市基层党建工作调研组反馈的4个方面10项问题及3条意见建议整改，乡党委始终以主动积极的态度，落实整改要求，不回避、不弄虚作假，对照问题清单，坚决整改、长期坚持，已完成整改17条，并长期坚持3条。

坚持把党的思想建设放在重要位置，按照建设学习型机关要求，以达孜区“清源正本、忠诚正道”党员教育进一步改进作风狠抓落实工作为契机，组织开展主题党日活动7次、书记讲党课活动4次，围绕传达学习中共二十大精神、中共十九届六中全会精神、习近平总书记重要讲话精神、理论学习要点、最新党建知识、区市第十次党代会精神等重要理论知识，召开理论学习中心组学习会12次，召开机关党支部学习会16次，组织开展国家通用语言文字测试1次，组织开展中共十九届六中全会、区市第十次党代会知识测试1次，组织开展庆“七一”系列活动1次，加强思想武装。坚持读原著、学原文、悟原理的原则，将达孜区“两思”党员教育学习清单内容，纳入必修课程，让党员干部带着问题学，联系实际学，将解决实际问题作为学习的出发点，勤于思考，分享读书经验，检验读书成果。截至年底，组织全乡党员干部每周开展“书香唐嘎”经典读书会活动36次。以乡党委班子为成员成立宣讲队伍，围绕中共二十大精神、党的惠民政策、十四世达赖集团分裂国家的本质、宗教领域普法宣传等内容进行宣讲，分批次到各村开展“饮水思源、感恩思进”群众教育宣讲活动15次，教育引导农牧民群众听党话、感党恩、跟党走。

2022年3月，达孜区委书记索朗次仁（前排左三）参加唐嘎乡唐嘎村春耕春播活动

【人大工作】 年内，唐嘎乡人大主席团坚持以习近平新时代中国特色社会主义思想为指导，深入学习贯彻中共十九大和十九届二中、三中、四中、五中全会精神，认真学习领会中共二十大报告，紧扣区委决策部署、紧扣重大民生关切、紧扣民主法治建设，在区人大常委会和乡党委的正确领导下，围绕全乡重点工作，积极建言献策，为推进美好唐嘎建设作出积极贡献。

年内，集中组织代表视察3次，专题讲座2次，走访座谈2次，进行专题调研2次，在区人大常委会的精心安排和指导下依法选举达孜区级人大代表20名。乡人大主席团扎实组织代表走访活动，并分工联系到村，把密切同代表、同选民的联系工作作为重要基础工作来抓，使人大工作有抓手、有基础、有实效。针对代表所提建议的办理情况进行跟踪走访，倾听代表的意见建议；对代表反馈的难点问题重点走访，该向代表作出政策解释工作的，做到说明理由充分，解释明白清楚，时常保持同代表的联系，通过各种活动向代表通报政府相关工作的阶段性进程及以后工作重点，进一步拓宽代表知情知政渠道，为代表参政议政奠定基础。

2022年8月23日，唐嘎乡干部职工走村入户宣传疫情防控政策

针对乡人大代表在唐嘎乡第十四届二次会议提出的35条议案和建议，乡人大主席团分类进行整理之后，及时交有关单位及各分管领导负责办理答复。针对意见和建议，唐嘎乡加速推进项目建设。积极谋划项目、争取项目、实施项目。加强车辆管理，治理乱停乱放现象，提升乡风文明。发展特色农业，突出唐嘎粮食大仓等，重点巩固好吉雄粮食银行、打造各种青稞粮食加工等特色产业基地；完成粮食生产任务，保障农业生产安全。环境整治成效显著，乡域面貌焕然一新。

【乡村振兴】 年内，发放产业分红168.75万元；全乡有脱贫户劳动力893人，外出务工699人；安排生态岗位320个左右（每季度调整），全年兑现生态岗位工资111万元；为41名建档立卡户大学生兑现教育补助19.14万余元；乡“粮食银行”收购青稞299.5万千克，收购价格达1168.5万元，带动辖区及周边群众增收150万元。6月、11月，在全乡范围开展2轮防返贫监测帮扶排产工作，新纳入监测户4户15人，并针对性制定落实帮扶措施。

【转移就业】 截至年底，农牧民转移就业人数指标1829人，全年完成转移就业人数1830人，完成率100%；开展农牧民培训人数指标336人，开展培训14次，受训群众444人次，完成率达132%，培训项目包含厨师、农业种植、职业技能等培训。

【环保工作】 年内，安排环卫工人30人，共开展环境生态保护行动40余次，清理生活垃圾100余吨；加强环卫工人监督考核；组织开展环境保护工作60次，动用人力3000余人；推进“厕所革命”工程，根据政府补贴、群众自愿的原则，改厕249户；推进“唐嘎湿地保护”工程；开放公共厕所1所。

【教育工作】 年内，兑现128名大学生资助金61.5万余元。全乡有农村低保户16户47人（清退7户30人、新增2户9人），发放低保金10万余元。向24名困难残疾人及重度残疾人发放补贴3.6万元。办理临时救助1户（2人），发放临时救助金2万元。

【合作社发展】 年内，农牧民合作社带动作用持续增效，乡党委、政府鼓励本地企业发展，支持群众创业，全乡农牧民专业合作社44家，20家合作社运营良好，带动本地300余人实现转移就业。以达孜唐嘎村吉雄农产品收购农民专业合作社、达孜县麦之穗农业种植农民专业合作社为代表的村办企业、民办企业发展迅速，年产值逐年增加，为本地群众营造了良好的就业创业平台。

【文明村镇创建】 年内，各村结合本村实际情况将社会主义核心价值观、铸牢中华民族共同体意识、生态保护等纳入村规民约，并设立在村醒目位置。

各村相继开展“优秀双联户”“民族团结家庭”等活动促进乡风文明建设，唐嘎乡致富带头人次仁曲珍荣获“自治区民族团结示范家庭”称号。

全乡建成文艺大舞台3个、新时代文明实践所（站）4个，组建文艺队演出队3支，开展文艺演出活动24次，观演群众达2.5万余人次。

（曹景一）

【机构领导】

区人大常委会副主任、乡党委书记
李 安（8月免乡党委书记）
党委书记
勾九龙（8月任）
党委副书记、乡长
江 村（藏族）
党委副书记、人大主席
占 堆（藏族）
党委副书记
扎西罗布（藏族）
党委委员、纪委书记
尊珠拉姆（女，藏族）
党委委员、组织委员、宣传委员
旦增卓嘎（女，藏族）
党委委员
常生鹏
党委委员、统战委员
亓 昊
党委委员、副乡长
曹 坤
副乡长
李功飞
索朗念扎（藏族）

雪乡

【概况】 雪乡位于达孜城区以东往北28千米，面积185.9平方千米，占全区区划面积的13.6%。东与唐嘎乡接壤，南与章多乡相靠，西与林周县边交林乡相邻，北界林周县阿朗乡。境内最高海拔4317米，最低海拔3720米，平均海拔3750米。雪乡属于高原温带半干旱季风气候，昼夜温差大，日照时间长，太阳辐射强烈。境内主要河流有拉萨河、雪普曲河，地下水资源丰富。雪乡下辖2个行政村（扎西岗村、雪普村），14个村民小组，709户2988人（其中农业人口2615人，牧业人口373人，脱贫户205户883人）。乡村劳动力资源数为2314人（其中劳动年龄内是1955人）。雪乡在编干部42名，其中行政编31名，事业编11名；汉族干部22名，藏族干部18名，其他民族干部2名；35岁（含）以下干部34名，35岁以上干部8人；本科学历38名，大专3名，初中1名；党员40名（包含3名预备党员）。

【党建工作】 年内，认真履行管党治党政治责任，全面从严治党向纵深推进。学懂弄通做实习近平新时代中国特色社会主义思想，中共二十大召开以后，雪乡及时开展学习动员部署会，通过理论学习中心组学习和集中学习及时传达落实中共二十大精神，乡党政班子紧跟上级部署，按照《中共达孜区雪乡委员会关于贯彻落实“清源正本、忠诚正道”党员教育和“饮水思源、感恩思进”群众教育进一步深化改进作风狠抓落实工作的具体措施》分工，积极落实“规定动作＋自选动作”，基层党建言之有物、落地有声。全乡党员干部充分盘活党建资源，理论学习蔚然成风，初步形成“集中学习＋碎片学习＋研讨交流”的全员全时学习格局。截至年底，累计组织理论中心组学习、机关党

2022年6月15日，达孜区委书记索朗次仁（中）到雪乡调研

支部集体学习和“夜校”等各类学习研讨活动40余次，参学干部职工达1600人次；组织“感悟领袖风范、锤炼过硬作风”和其他读书会18场，30名党员走上前谈感受谈心得谈体会谈打算，牢牢掌握意识形态工作领导权。

注重发挥党委总揽全局、协调各方作用，人大监督和意见办理有力有效，政府依法行政和阳光行政力度明显加强，党风廉政建设走深走实，严格执行《关于新形势下党内政治生活的若干准则》，把修复净化政治生态作为自觉践行“两个维护”的重要抓手，进一步增强党内政治生活的政治性、时代性、原则性、战斗性，不断提高党内政治生活质量。共青团、工会、妇联作用进一步发挥，统战民宗工作格局不断完善，共保稳定、共促发展的合力更加凝聚。

【人大工作】 年内，共召开主席团会议5次，意见建议交办督办会2次，代表培训会1次。换届选举、大额经费支出等重大事项向乡党委请示3次。按照区委、乡党委提名推荐，6名县（乡）级党政领导干部代表候选人推荐人选，依法顺利当选为达孜区二届人大代表。在雪乡十四届人大二次会上人大代表提出的19件意见建议中，已办结7件，占36.84%；正在办理和列入计划办理9件，占47.38%；因政策限制，无法办理的3件，占15.78%；办复率100%，满意率99.7%。为之后的县级领导干部换届选举工作奠定了良好基础。

2022年7月10日，雪乡组织开展关爱老人活动

【新时代文明实践】 年内，组建志愿服务队13支，乡村两级拥有固定志愿者180余人，通过穿红马甲开展活动125次，发放1300多份支农惠农政策传单。严格按照“群众点单、中心派单、志愿者接单”的工作机制，积极参与“村庄清洁活动”“建设美丽乡村”，开展普法宣传、巡逻维稳、关爱空巢老人、文明城市创建等志愿服务50余次，服务群众850余次。以“巾帼夜校”“妇女之家”为阵地，为广大妇女开展党史学习教育、藏语和汉语学习、妇女健康知识、防家暴等法律知识课堂150场次，参与妇女达到1569人次。

【经济指标】 年内，全乡实现经济总收入1.40193124亿元，完成固定资产投资8118.42万元，农牧业生产总值达到1.26847302亿元，实现人均可支配收入20354元。

【“三农”工作】 年内，全乡农作物播种面积13300.36亩，其中粮食播种面积7012.19亩，经济作物546.87亩，饲草面积5741.3亩。农作物有害生物灾害损失率控制在3%内，实现粮食作物产量2792.2吨（青稞1413.76吨、小麦1378.44吨）；经济作物产量297.04吨（土豆244.33吨、油菜52.71吨）；饲草产量11442.45吨。

截至年底，全乡牲畜总存栏8089头（只、匹），成畜死亡率控制在0.8%，仔畜成活率为97%，重大动物疫病防控率为100%；猪牛羊共出栏5050头（只、匹），出栏率为38.44%，肉类产量达到688.54吨，禽蛋产量6.351吨。

截至年底，雪乡农牧民总收入14019.31万元，人均可支配收入达21652.20元，较2021年增长14.5%。

【乡村振兴】 年内，按照“四个不摘”总体要求，持续巩固脱贫攻坚成果，责任落实不放松、政策落实不缺位、帮扶力量不减弱、后续监管不落空，有力推动巩固拓展脱贫攻坚成果同乡村振兴有效衔接，于2022年先后进行2轮防止返贫监测和帮扶大排查，重点监测脱贫不稳定、边缘易致贫和突发困难如因疫致贫现象。根据排查结果，雪乡居民收入结构明显改善，排查显示，人均纯收入低于6500元且具有返贫风险的有2户8人（已纳入防返贫监测户、加大帮扶力度），占全乡总人数的0.10%；人均纯收入在6500—7000元区间9户29人，占0.98%；人均纯收入7000—7300元区间7户51人，占1.71%；人均纯收入7300元以上691户2885人，占97.2%。脱贫户乘乡村振兴"东风"、增收态势喜人，排查显示，2022年脱贫户总收入1468.72万元，同比增长16.47%；人均纯收入为15991.28元，比2021年增长1894.97元，增长13.44%。

【重点产业项目】 年内，申报的雪乡扎西岗村集体经济饲草打包机采购项目已落地，该项目总投资351万元，细碎型圆捆打捆机2台、悬挂式圆捆缠膜机2台、LX904拖拉机2台、9QZ-2900B青饲料收获机2台等机械已全部购入完毕。因疫情和耕地翻耕未租赁等原因，村集体经济年收入824394.59元（其中吉丰机械合作社收入748394.59元，门面房租金76000元）。雪普村集体主要收入来源为深耕深松农机运作费、牦牛肉出售、村委会收取各项租金、菜籽油加工厂（菜籽油出售）。2022年雪普村村集体经济收入204006元。深耕深松农机运作费110000元，牦牛肉出售60824元，村委会收取各项租金30382元，菜籽油出售2800元。

【新冠疫情防控】 年内，全乡干部群众万众一心、众志成城，雪乡"零病例、零输入、零传播"，先后被达孜区、拉萨市授予"无疫乡镇"荣誉称号，扎西岗村、雪普村获评"无疫村居"，14个村民小组获评"无疫组"，708户家庭获评"无疫家庭"，成功实现无疫情单元创建全覆盖。

疫情发生以来，1200余名乡村干部、农牧民党员、大学生志愿者、退役军人和普通群众响应号召、投身一线；乡党委政府、疫情办和各村疫情期间民生服务"不打烊"、靠前服务"不断档"，先后完成9名产妇临产保障、24户患病群众3批29类近520份药物的配送到户，完成326名群众返乡接收、113名群众离乡返校返岗；向农牧民群众发放藏药汤药89.92千克，常觉2130粒，芒觉2130粒。

2022年9月15日，雪乡开展秋收工作

【生态环境】 年内，坚持绿色发展，积极满足人民群众对美好生活的期待，把改善农村人居环境作为提升乡村颜值气质的重要内容，大力推进垃圾分类、"厕所革命"和生态环境建设，农村人居环境显著改善。重点推进农村人居环境改造、"河长制"、爱国卫生运动、垃圾清理转运和农田地膜残留物清理等多项工作，累计动员干部群众近4000人次，出动垃圾转运车和保洁车160辆次，收集并转运各类垃圾、废弃物约30吨，干群携手救助黑颈鹤、斑头雁、白唇鹿等野生动物，良好的生态环境已经成为最惠群众的民生福祉、最彰显雪乡气质的靓丽底色。

【就业创业】 年内，雪乡以组织群众"走出去"参训或老师"请进来"授课形式，先后组织参加达孜区驾驶技能培训18人次，开展烹饪技能培训19人、种植养殖技能培训24人、缝纫技能培训15人、其他类技能培训25人。指导高校毕业生就业29人、升学1人。同时,按照高校毕业生就创业帮扶工作要求,继续采取“一对一”“一对多”就业帮扶模式,主动与应届毕业生联系对接,全面掌握雪乡2022年度高校毕业生人数、基本情况和联系方式,了解掌握最新考录状况、求职情况以及就业意愿,积极提供就业指导,及时推送各类用人信息,鼓励学生先就业再择业、返乡创业贡献青春力量。

年内,有16—59岁适龄劳动力1384人(其中在校生201人),实现转移就业1356人次,其中脱贫户转移就业220人次。全乡就业形势总体向好,基本实现每一户有劳动能力的家庭有一人稳定就业的目标。

【教育工作】 年内,定期联合安监、食监所对幼儿园的消防设施、食堂卫生等进行检查,积极推进校园安全工作,督促指导幼儿园做好安全工作。加强学前教育的管理,提高保教质量。辖区2所幼儿园教学质量稳步提升、教学活动丰富多彩。全乡学生受教育权得到充分保障,完成78名在校大学生教育资助、兑付资助金额444040元。

【卫生健康】 年内,开展健康教育活动8次,更换健康教育宣传栏3次,发放700份有关糖尿病、高血压、结核病、艾滋病、叶酸、生活健康指导等健康教育宣传资料,管理高血压患者150人次,管理糖尿病患者5人次,认真落实传染病监测与报告管理工作。

2022年8月13日,雪乡志愿者开展核酸采样

【社会保障】 年内,雪乡村居民社会养老保险16—59岁参保人数达1199人,征收养老保险23.98万元,参保率达到90%。60周岁及以上应保人数247人。发放各类宣传手册5000余份,其中包括全民参保宣传资料、高校毕业生就业宣传资料,以及《中华人民共和国劳动合同法》《中华人民共和国就业促进法》《中华人民共和国劳动争议调解仲裁法》等法律法规资料。持续做好农村贫困人口健康扶贫“一站式”结算,农村贫困人口县域内住院医疗费用通过综合保障后实际报账比例达到95%。重度贫困家庭人口经规范转诊至县域外住院医疗费用通过综合保障后实际报账比例达80%以上。

【民政工作】 年内,为15户21人低保户兑现低保金67057.6元;向五保户11人发放五保金55470元;发放24名残疾人困难生活补贴、46名残疾人重度护理补贴合计11.6万元。民生兜底,让百姓心里更有底。严格落实城乡医疗救助政策,深入开展重特大病医疗救助工作;完善各类医疗救助信息档案。走访慰问困难残疾人,及时兑现困难残疾补助和重度残疾人补助。应保尽保,阳光施保,低保政策全面落实。

【普法工作】 年内,雪乡司法所利用宣传月、宣传周等节点,联合乡综治办等部门,组织开展普法宣传活动,开展矛盾纠纷排查120次,调解矛盾纠纷15起,排查重点部位重点领域安全隐患23次,整治安全隐患8次,成功实现“三无”“三不出”“三稳定”目标。发放普法宣传资料300余份,发放宣传品200余件,同时利用通俗、顺口的语言向群众宣传各种法律。

【民族宗教】 年内，切实把加强和改进民族工作、铸牢中华民族共同体意识作为首要任务，举全乡之力高位推进民族团结进步创建工作。积极应对宗教领域重大政治斗争，制定出台《达孜区雪乡民族团结进步创建工作方案》《民族团结进步月活动方案》《深入开展民族团结宣传教育工作方案》等系列文件，“筑梦雪乡”乡级微信公众号定期发布民族团结故事、创建工作动态和民族政策法规讲解，督促指导宗教活动场所落实主体责任，开展“三个意识”宣传教育活动，全方位常态化开展社会宣传教育、民族团结政策“微宣讲”、入户宣讲200余场，民族团结进步教育精准“滴灌”，政策理论送上田间地头、“飞入寻常百姓家”。

（胡　尧）

【机构领导】

党委书记

庞景法

党委副书记、乡长

扎西朗杰（纳西族）

党委副书记、人大主席

李海祥（5月免）

尼　玛（藏族，12月任）

党委副书记

尼　玛（藏族，12月免）

才旺仁增（藏族，12月任）

党委委员、纪委书记、监察室主任

王兵华

党委组织委员、宣传委员

拉巴仓决（女，藏族，12月免）

次仁旺堆（藏族，12月任）

党委委员、政法委员

才旺仁增（藏族，12月免）

张　庆（12月任）

党委委员、统战委员

李联祥

党委委员、副乡长

旦增朗杰（藏族）

副乡长

拉巴普赤（女，藏族）

林　旋（女）

章多乡

【概况】 章多乡地处雅鲁藏布江河谷拉萨河支流中心区域，距离达孜区23千米，平均海拔3750米，辖区内有著名的甘丹寺，下辖4个行政村、24个村民小组。2022年，全乡户籍1255户4644人，其中劳动力2232人。全乡农作物总播种面积896.83公顷，主要种植冬小麦、青稞、油菜、土豆等传统农作物。其中，粮食作物播种面积达678.34公顷，占总播种面积的76%，油料作物播种面积44.36公顷、饲草面积118.07公顷、蔬菜面积55.588公顷、瓜果面积0.47公顷。林地面积7637.8公顷，草场面积12354.7公顷。全乡存栏牲畜禽类14527头（匹、只），以牦牛、黄牛、藏猪、藏鸡养殖为主。2022年全年农村经济总收入19099.66万元，其中第一产业收入11924.80万元，第二产业收入274万元，第三产业收入6900.86万元，农牧民年人均可支配收入21436.07元。

全乡共有1所卫生院、4所卫生室、3所幼儿园、1所派出所、1个兽医站、2座寺庙、1座日追。全乡党组织22个，其中党委3个，党总支2个，党支部17个（含机关党支部）。全乡共有农牧民党员392名，其中女性党员111名，党龄30年以上党员16人。

【党建工作】 年内，章多乡按照自治区党委改进作风狠抓落实工作要求，结合达孜区委“清源正本、忠诚正道”党员教育进一步改进作风狠抓落实工作和“饮水思

2022年3月18日，拉萨市人大常委会党组成员、副主任次仁顿珠（后排右一）到章多乡开展“弘扬老西藏精神、传承红色基因——扎根基层、锻造自我”宣讲活动

源、感恩思进”群众教育实践活动以及民族团结进步创建活动，坚决捍卫“两个确立”，坚决做到“两个维护”，始终同党中央保持高度一致。乡党委书记带头深入推进组织专题研究党建相关工作6次，赴村组一线、辖区寺庙督导检查组织建设、民族团结等工作17次，组织乡党委理论学习中心组成员学习研讨11次，开展书记讲党课4次、乡机关支部党员学习14次、主题党日活动10次，开展多样化的宣传教育主题活动11次，常态化开展“傍晚章多”之“读书日”“文体日”“观影日”“卫生日”等活动。

始终坚持将党建主体责任作为核心，严格落实“两个责任”，规范“三资”监管，全面实施“三务”公开工作。充分发挥基层党组织战斗堡垒作用，积极将村“两委”和驻村工作队建成“捆绑式”班子，开展壮大村集体经济工作，2022年村集体经济收入238.74万元，同时，12名党员致富带头人积极引导其他党员向致富带头人转变、致富带头人向党员转变，切实提升致富带富能力。通过集体座谈交流学习等方式不断提升下设支部书记、委员、党员群众的政治觉悟，不定期检查督促下设支部严格落实好“三会一课”制度。充分发挥党员先锋模范作用，实行农牧民党员“组团式”联系服务群众及党员干部“321”帮扶方式，并结合拉萨市委组织开展的“四联四包”活动，教育引导群众转变思想观念，鼓励民族交往交流，切实解决群众急难愁盼问题，全年

2022年8月24日，达孜区委书记索朗次仁（左三）到章多乡检查指导疫情防控工作

通婚家庭46对，转正预备党员4人，发展党员8人，入党积极分子7人，共开展党员志愿服务活动20次，服务群众3000人次，解决实际问题23件。

【党风廉政建设】 年内，章多乡坚持压紧压实主体责任，坚定不移推进党风廉政建设。严守政治纪律和政治规矩，深入推进党风廉政建设和反腐败工作，深入传达学习上级党委政府和纪委相关文件精神，严格落实“两个责任”“一岗双责”和中央八项规定精神，坚决反对“四风”，增强“四个意识”、坚定“四个自信”、做到“两个维护”，以上级巡察整改落实为切入点，深入贯彻执行中央八项规定，始终保持反腐败高压态势，全面转变干部队伍作风。召开关于党风廉政建设会议共计10次，组织传达各类典型案例共计14次；以理论学习中心组为依托，开展反腐败安排及学习4次。

【意识形态工作】 年内，章多乡坚持从政治深度、全局高度充分认识意识形态工作的重要性，强化舆情意识，配合上级部门加强舆情监管，不断提升舆情应对能力。有新时代文明实践所1个、新时代文明实践站4个、乡级文化活动中心1个、村级文化室4个，依托新时代文明实践站开展文化娱乐活动34场次，不断丰富和活跃群众文化生活，满足群众日益增长的精神文化需求。

【平安建设】 年内，章多乡结合“安全生产月”、“八五”普法、综治宣传月、综治宣传日、国家安全宣传日等宣传活动，教育引导广大干部群众做遵纪守法的倡导者、践行者，时刻做到有矛盾纠纷依靠法律解决，重视自身生命安全和财产安全。坚决打击黑恶势力及其“保护伞”，严格落实领导干部接访包案制度，实现全年重大节日节点“零登记、零非访”，开展普法宣传5次，排查化解矛盾纠

2022年2月23日，达孜区章多乡召开第十四届人民代表大会第二次会议预备会议

纷31起，其中涉及尊木采村城投祁连山水泥厂工地矛盾纠纷20起，民事纠纷6起。

【安全生产】 年内，章多乡全面落实安全生产责任制，持续强化交通、食品、医疗、消防等行业领域整治，开展重点领域、重点项目的专项整治工作，依法依规把各类风险隐患解决在萌芽状态。全年整治社会治安重点部位9处，安全生产大检查、大排查10次，基本实现全乡各类经营性场所全覆盖，排查出安全隐患21起，现场责令整改4起，限期整改17起，整改完成率达100%。保持扫黑除恶打非治乱高压态势，深入摸底排查40余次，设立举报箱7个，摸排对象1086人次，专项培训263人。

【增收工作】 年内，章多乡充分发挥文化资源、自然风光和交通条件等资源优势，大力实施乡村振兴战略，在达孜区文化和旅游局林卡产业项目资金支持下，章多乡组建以林卡经济为支柱的旅游产业项目，增收160.85万元，带动150余户农牧民增收致富。依托区位优势，在恰村3组实施“美丽乡村·幸福家园”生态宜居建设项目，该项目投资3600万元，项目建设期间，通过房屋租赁、机械租赁、短期务工等多种渠道累计带动当地群众增收12.6万元，该项目竣工后将以旅游业的快速发展带动乡域第三产业经济，实现广大农牧民群众增收的目标。

【经济发展】 年内，章多乡时刻绷紧粮食安全这根弦，落实最严格耕地保护制度，坚持藏粮于地、藏粮于技，全方位夯实粮食安全根基。全年造林面积7637.8亩，零星植树累计2.3万株。兑现2022年耕地地力保护补助资金59.22423万元。全面完成牲畜疫苗注射工作，共注射19401针，注射率达100%。开具检疫证牲畜数399头，涉及资金23.94万元，已全部兑现完毕。达到草畜平衡的共375户1351人，达到草畜平衡面积为56583.58亩，草畜平衡奖励资金为11.31671万元。

依托本地优势资源和特色，结合乡村振兴战略规划，鼓励广大群众积极建立健全农牧民专业合作社，全乡有17家专业农牧民合作社，13家合作社以糌粑加工、藏香草种植加工、饲草种植、奶牛养殖、大棚种植等为主要经营范围，并以恰村纯净生态农牧民种植专业合作社（纯净生态采摘园）为代表，着力休闲观光农业，将生态观光、蔬果采摘、农事体验和休闲度假等多种形式有机结合。拉萨城投祁连山水泥厂项目通过积极培养当地技术人员与农牧民合作社合作共赢，提供就业岗位，带动农牧民群众增收。章多乡尊木采村民委员会注册成立西藏曲瑟琅卓运输有限公司，公司主营物流运输、工程机械租赁等，提供管理、统计岗位119个，吸纳本地群众就业60余人，受疫情影响2022年度净收入35.89万元，年底分红100万元。部分群众通过专业技能培训学有所成，成立运营农牧民专业合作社4家，主营工艺品、农机具、裁缝等。

【转移就业】 年内，章多乡配合区人社局完善转移就业服务平台，录入系统指标1447人，完成率达100%。跨省就业人数6人，跨市就业人数指标82人，录入125人，完成率达152.44%。同时开展各类专技培训71人次，全年实现增收848.43万元。共有高校毕业生 54 人，已就业 52 人，就业率达 96.30%。

【公共服务】 年内，全乡农牧民群众均已被纳入社会保障体系，农牧民群众尤其是特殊群体的合法权益得到保障。2022 年共兑现各项补贴累计 39.668036 万元，其中残疾人困难生活补贴 43 人 5.15 万元，残疾人重度护理补贴 14 人 3.36 万元，农村低保 22 人 17.340036 万元，重点关爱对象补贴 10 人 6 万元，0—16 岁残疾儿童护理补贴 6 人 1.44 万元，老年人“两项补贴”4 人 0.24 万元。分散供养五保户 7 人 5.418 万元，无抚养儿童 1 人 0.72 万元。疫情期间，兑付低保户一次性生活补助 5.76 万元、分散五保户一次性生活补助 0.84 万元、困难残疾人一次性生活补助 6.84 万元。

2021—2022 学年教育资助款项全部兑现，涉及资金 80.9435 万元，其中自治区级资金 14.366 万元，县级资金 66.5775 万元，涉及 142 名大学生。在“六一”国际儿童节期间为 3 所幼儿园学生送去价值 9800 元的慰问品。

全面推动“农牧区医疗制度＋农牧民大病商业保险＋民政医疗救助＋政府兜底”的医疗保障套餐落地，建立完善医疗保险、大病保险、医疗救助“三重医疗保障”体系，不断提高乡级医疗服务能力。共发放宣传册和海报 1000 余份，城乡居民基本医疗保险参保达 3981 人，参保率达 100%，其中章多村 1167 人，恰村 1268 人，尊木采村 748 人，拉木村 798 人。严格落实两项扶助和高龄健康补贴政策。新增“一孩双女”10 人，“特别扶助”退出 1 人，发放“一孩双女”补贴 13.344 万元，惠及“一孩双女”家庭 139 人，发放特别扶助资金 6.312 万元，惠及独生子女死亡或伤残农户 11 人。享受高龄健康补贴老人 215 人，其中 70—79 周岁 163 人、80—89 周岁 48 人、90—99 周岁 4 人，涉及资金 16.5 万元，全部兑现完毕。

【危房改造】 年内，章多乡持续做好危房改造项目，通过群众申请、乡里实地踏勘、住建局鉴定危房等级、确定名单等一系列流程。截至年底，完成危房改造 2 户，兑现资金 4.18 万元。

【防返贫监测帮扶】 年内，章多乡组织乡村干部，协调各部门力量，认真开展防止返贫动态监测集中排查工作。防返贫监测帮扶排查工作排“九不入”负面清单人员 503 户 1674 人，实地入户核查 741 户 2841 人，审核确认 6500 元以下、符合新增防止返贫动态监测对象条件人员 2 户 8 人，均已纳入“三类人员”监测范围，兑现落实帮扶政策。截至年底，有建档立卡脱贫户 270 户 974 人，2022 年人均纯收入 20202.76 元，人均生产经营性支出 368.33 元，人均生产经营性收入 6902.78 元，占比 33.56%；人均工资性收入 8465.07 元，占比 41.15%；人均财产性收入 2852.09 元，占比 13.86%；人均转移性收入 2351.16 元，占比 11.43%。较 2021 年人均纯收入 17796.73 元增长 13.52%。

【新冠疫情防控】 年内，严格落实疫情防控措施，保持戒备态势不放松，采取线上线下方式不定期组织召开疫情防控工作调度会 30 余次，积极教育引导全乡辖区内各行政村、各企业、各施工单位以及广大干部群众严格落实疫情防控“四方责任”，与其签订疫情防控目标责任书 1000 余份，全面

2022年9月27日，章多乡“流动核酸采样小分队”开展入户核酸检测工作

推进场所码扫码登记和查验核酸报告等，做好环境消毒清洁、戴口罩、测体温等常态化疫情防控工作，不断筑牢章多乡防疫屏障。

帮助群众、服务群众，组织开展环境消毒清洁60余次，免费为群众发放口罩、消毒液、消毒片等物资10次，涉及群众1000户3500余人，疫情中免费为群众代购防疫物资多次；免费为群众代购药物200人次，涉及金额2.3万余元；免费为群众代购加装农机用柴油、煤气等1300余户次；免费协调米面粮油、新鲜蔬菜瓜果等生活物资10余车，涉及群众1000户、3500余人。

【环保工作】 年内，章多乡牢固树立"绿水青山就是金山银山"的理念，持续改善生态环境质量，加大大气、水、土壤污染防治力度。严格落实河长制，确保拉萨河出境断面水质保持在国家Ⅱ类标准以上，组织开展巡河、河岸环境整治保洁活动6次，保洁长度2万米左右，出动保洁力量1181人次、挖掘机4台、垃圾车5辆，清理河面水草、垃圾漂浮物、岸坡垃圾23.6吨，实现河清水畅、碧水润乡。

以创建文明城市为契机，落实好各项政策宣传，呼吁广大农牧民群众共同参与，规范辖区内公共卫生环境和餐饮行业整顿，引导自我治理、自我服务、自我监督，构建文明美丽乡风民俗。年内，开展人居环境综合整治，组织生态、人居环境综合整治活动40次，累计动员干部群众500余人次。中央环保督察期间，章多乡积极处理整改自查、举报或督导反馈出的有关问题，年底已全部整改完毕。农村厕所改造89户，涉及资金17.8万元。

（张　莉）

【机构领导】

党委书记

王　力

党委副书记、乡长

次丹朗杰（藏族）

党委副书记、人大主席

拉　巴（藏族，5月免）

扎西平措（藏族，12月任）

党委副书记

曲军委（12月免）

乔银娜（女，12月任）

副乡长

乔银娜（女，12月免）

党委委员、纪委书记

旦增卓玛（女，藏族）

组织委员、统战委员

次旦卓嘎（女，藏族）

宣传委员

扎西次仁（藏族）

党委委员

普布格桑（藏族，12月免）

张　可（12月任）

党委委员、副乡长

房文杰（12月免）

王晓琳（女，12月任）

副乡长

王晓琳（女，12月免）

涂俊龙（12月任）

德吉央宗（女，藏族，12月任）

国有企业

达孜区旅游发展投资有限公司

【概况】 2022年，达孜区旅游发展投资有限公司以促进经济增长为核心，紧密结合区工作实际，通过“全域旅游”统领达孜的旅游供给侧结构性改革，大力推动全域旅游规划。结合文化旅游景区、村容村貌整治、整体村民房屋外立面改造、打造林卡经济项目及特色民宿相关附属设施，建设综合旅游服务中心、文旅产业基地、藏文化展示体验中心等，同时带动当地就业、运输业、商业、餐饮业、林卡经济等行业的发展。加快旅游品牌形象推广，促进公司整体管理能力和水平提升，继续打造“藏鹤仙子”系列品牌产品。

【理论学习】 年内，为深入贯彻落实达孜区委“清源正本、忠诚正道”“饮水思源、感恩思进”两项主题教育精神，达孜区旅游发展投资有限公司动员全体职工要充分加强作风建设，提高政治站位，要结合工作实际，突出重点、狠抓落实、举一反三、全面自查、全面整改。抵制形式主义，公司全体职工要做到清清楚楚做事，明明白白做人，将达孜区委“清源正本、忠诚正道”“饮水思源、感恩思进”两项主题教育精神落实到位。

【重点产业项目】 年内，达孜区旅游发展投资有限公司挖掘特色资源，总体建设规划平稳实施，稳步推进6项文化旅游政府投资类项目，共计投资9910万元，主要通过建设文化旅游景区，村容村貌整治，整体村民房屋外立面改造，打造林卡经济项目及特色民宿相关附属设施，建设综合旅游服务中心、文旅产业基地、藏文化展示体验中心等，为达孜区旅游市场奠定扎实基础。

2022年主要建设项目包括达孜区林卡经济提升及推广项目，项目总投资800万元，资金来源为援藏资金。项目建设内容：共计建设10个林卡处提升相关附属设施，建设10处林卡点。

2022年11月10日，达孜区委副书记、区长刘代红（前排右一）一行到邦堆乡考察扎叶巴村容村貌（四）期项目

2022年4月8日，达孜区委常委、副区长许俊超（左四）到邦堆乡扎叶巴村指导项目工作

拉萨市达孜区夏拉沟旅游景区基础设施建设项目总投资 4000 万元，资金来源为国家资金；项目建设内容为新建及改造旅游道路 5 千米，新建停车场 1 万平方米、旅游厕所 4 座、路灯 150 盏、给排水 35 千米、垃圾桶 200 个、标识标牌 100 块及附属配套工程。工程建设稳步推进，年底已完成总工程量的 70%。

达孜区扎叶巴村藏民宿旅游提升项目年底总投资 2810 万元，资金来源为援藏资金，项目建设内容为对现有 1—8 号建筑地上部分进行改造提升，改造内容包括给排水、供配电、暖通等公用工程，改造总面积 4191 平方米，包括内部装修、外部亮化、室外配套工程等。新建 1 栋藏文化体验中心 881.10 平方米。

达孜区扎叶巴旅游创业名宿体验街项目总投资 2300 万元，资金来源为援藏资金，主要建设内容为新建 54 平方米集装箱 10 个、108 平方米集装箱 5 个、120 平方米集装箱 5 个，道路改造、给排水、环境整治等稳步推进中。

【旅游市场】 线下争取旅游资金引导，落实“全域旅游”政策；加快景区建设项目，提供全域旅游资源保障；完善“藏鹤仙子”品牌形象，大力提升品牌知名度；重塑“云上达孜”文旅品牌定位，吸引更多旅客，挖掘更多文旅市场资源。

线上持续推进微信平台开发与运营，丰富宣传内容；与各类大型旅游网合作大力推进“OTA”（在线旅行社）建设，通过电商消费扶贫模式，利用京东、天猫等官方旗舰店，宣传达孜区工业旅游、文化旅游、净土、本地农产品，同时开展线上销售，通过短视频抖音、微信公众号，宣传达孜文旅资源，以景观、故事、人文等为内容；拍摄各类达孜旅游宣传片及影视作品，并在网上宣传推广，提高“云上达孜”品牌知名度。

（平措加央）

【机构领导】

董事长

白玛玉珍（女，藏族）

总经理

平措加央（藏族）

达孜区虎峰城市建设投资有限公司

【概况】 2022 年，达孜区虎峰城市建设投资有限公司以习近平新时代中国特色社会主义思想为指导，抓好社会稳定、经济发展、民生保障等各项工作。

达孜区虎峰城市建设投资有限公司共有下属全资子公司 3 家、控股公司 4 家、持股公司 3 家、合营公司 3 家，经营业务拓展至房地产、建材、粮油经销、交通运输、物业环卫、建筑施工、矿产品销售等领域。

【企业廉政建设】 年内，建立完善廉洁风险防控体系建设流程图，通过自下而上的廉政风险点排查，制定防控措施，使重点防控岗位达到公司纪委明确、机关后台明确、项目管理明确；建立一个行之有效的抓手，促进各项制度的不断完善。通过廉政风险点防控工作，使纪检监察工作与公司日常生产经营工作有了紧密的联系渠道，找到一个廉政建设日常管理、监督和检查工作的有效抓手和切入点。达孜区虎峰城市建设投资有限公司所属各子公司、各部门结合实际，按期制定完善各项制度或实施办法，形成公司纪

2022年1月12日，达孜区委常委、副区长徐远（左二）查看商混站选址工作

检工作制度完善、基础扎实的良好局面，将预防不廉洁行为的措施贯穿在项目管理制度之中，达到预防不廉洁行为，堵塞效益流失的目的。

【新冠疫情防控】 年内，达孜区虎峰城市建设投资有限公司坚持贯彻落实中央和自治区党委、政府以及自治区维稳工作指挥部关于做好维护社会稳定工作的决策部署，一切从严从紧，严格落实领导 24 小时带班值班制度和“零报告”制度，一旦发现异常情况，及时上报并采取有效措施防止事故恶化，疫情期间严控人员动向，积极参与区市疫情防控各项工作。

【安全生产管理】 年内，为预防和减少施工安全事故的发生，及时应对施工突发事件，控制、减轻和消除项目施工安全事故灾难造成的人员伤亡、财产损失和社会影响，规范安全生产应急救援行动，维护人民群众生命安全和社会稳定，根据工作实际，达孜区虎峰城市建设投资有限公司制订详细的突发事件重大应急预案，把安全生产工作作为企业经济发展、社会稳定的一项大事来抓，切实做到领导指挥在一线，情况掌握在一线，措施落实在一线，问题解决在一线，成效取得在一线。积极了解社会矛盾纠纷，做好矛盾纠纷的排查调解工作。

【环境卫生整治】 年内，按照达孜区委、区政府工作安排，全面整顿下属砂场、商混站环保问题，清理区内私人砂石厂乱采乱放砂石料，并对堆料场地全面覆盖防尘网。制定相关工作制度，持续推进环境卫生整治工作常态化。

（何　婷）

【机构领导】

董事长

边旦德措（藏族）

常务副总

郭 小 波

达孜虎峰园林绿化有限公司

【概况】 2022 年，达孜虎峰园林绿化有限公司坚持以习近平新时代中国特色社会主义思想为指导，全面贯彻落实达孜区委、区政府决策部署，在区国有企业党工委、区国资委的坚强领导下，紧紧依靠和团结带领广大干部职工，紧扣全年目标任务，坚持党建引领，坚持新发展理念，统筹推进疫情防控和生产经营工作，推动国企改革向纵深发展。有员工 113 人，其中西藏籍大学生 10 人，“三岩”片区职工 96 人，大专以上学历 12 人，中级工程师 2 人，初级工程师 2 人，技术员 4 人。2022 年，达孜虎峰园林绿化有限公司面临前所未有的困难和挑战，公司继续通过“五抓五增”（抓党建，增能力；抓管理，增效益；抓安全，增稳定；抓质量，增效率；抓廉洁，增定力）推动各项工作取得显著成效。

【党建工作】 年内，达孜虎峰园林绿化有限公司坚持以党的政治建设为统领，全面学习贯彻中共二十大精神。在达孜区国有企业党工委的领导下、达孜区国有企业联合支部的带领下，公司学习贯彻党和政府的各类会议精神、重要谈话以及重要政策，组织开展“讲政治、懂规矩、守纪律”活动，坚决抵制“圈子文化”，坚决执行党对公司各项工作的全面领导，阵地意识和责任意识持续增强，持续开展党史学习教育，并开展“党旗插在项目点上”系列活动，推动党建与业务双融合双提升。截至年底，达孜虎峰园林绿化有限公司共有正式党员3人，10人提交入党申请书，3人被确定为入党积极分子。

【完善制度管理】 年内，根据国有企业深化改革精神，按照区国资委的部署，达孜虎峰园林绿化有限公司在完善现代企业制度管理流程上狠下功夫。健全公司制度，依托专业律师事务所、会计师事务所的帮助，完善公司支部会议、董事会、“三重一大”专题会、总经理办公会的决策流程、会议合同签订流程、项目验收流程以及拨款流程，确保每一个步骤都合法合规并契合公司实际。

科学管理项目，通过精细化管理提高受控程度；通过流程的优化提高工作效率；通过流程化管理提高资源合理配置，快速实现管理复制。

【项目推进】 2022年，达孜虎峰园林绿化有限公司开展拉萨市南北山绿化工程、昌都市洛隆县林草局卓玛朗措森林柏树真菌性病害研究与防治项目等重点项目。其中拉萨南北山（曲水县茶巴朗村4号片区）绿化工程、西藏自治区昌都市洛隆县林草局卓玛朗措森林柏树真菌性病害研究与防治项目是通过参与竞标并成功中标的自治区内项目，实现年初计划中的走出拉萨战略。2022年，共签订重大合同5份，纳税320.72万元。吸纳“三岩”片区工人96人长期稳定就业，共计为其发放工资335.01万元。带动农牧民就业1246人，农牧民增收1472.9万元；深度参与扶贫，帮扶建档立卡户229人，上缴扶贫分红45万元；提高生态效益，绿化达孜，为达孜区新增绿化面积达8126亩，新增植树涉及28类品种共31.43万余株。

【安全生产管理】 年内，多次组织人员、车辆积极参与区委、区政府部署的相关疫情防控工作。对项目点施工现场实行“全天候监管”、闭环式施工，各类人员不离场，确保生产安全。对施工班组，特别是“三岩”片区职工实行组长负责制管理，多次召开现场会。与幸福社区建立长效沟通机制，形成多级联动的施工现场及工人管理体系。为每名员工购买团体意外险，以避免出现人身意外伤害引起的赔偿纠纷。年内，达孜虎峰园林绿化有限公司无一例安全生产事故发生。

2022年4月2日，达孜区委书记索朗次仁（右二）参加义务植树活动

【质量建设】 年内，达孜虎峰园林绿化有限公司严把工程质量，对工程验收流程、验收标准都做了新的规定，对于苗木供应商、辅材供应商及专业分包商的资质、业绩提出更高的要求。充分利用监理、审计及财评公司对工程进度及质量进行监控，做到每笔拨款必有验收，不达标准不拨款，严禁超进度拨款。

年内，达孜虎峰园林绿化有限公司与自治区林草局、拉萨市林草局、自治区林科院及其他相关单位开展多项合作，不断取经。林业系统各级专家、领导多次到公司项目点指导工作，介绍经验，持续提升公司的专业素质。2022年所有项目中期验收、竣工验收均通过，无一起质量缺陷事故。

【党风廉政建设】 年内，共召开廉政工作专题会、学习会7次，强调公司全体人员不得与合作单位有任何经济往来。与各合作单位

2022年5月31日，拉萨市南北山绿化工程德庆西3号片区2022年度开工仪式

签订廉政承诺书，制定企业供应商廉政“黑名单”制度。严格做好采购项目启动审核和采购文件审定，扎实推进招标文件范本编写和应用，建立公司战略框架性合作协议审核机制。狠抓财务风险防控，积极推进会计政策及保障措施落地实施。积极配合区国资委对达孜虎峰园林绿化有限公司全面审计工作，对于审计中发现的问题，成立由董事长任组长的审计问题整改小组，本轮审计工作中共发现31个问题。

截至年底，达孜虎峰园林绿化有限公司完成全部相关问题整改，坚持以预防监督为重点，积极推进党风廉政建设责任制落实，不断增强党员干部的拒腐防变能力。在项目建设上会同有关部门积极开展预防职务犯罪、共建共廉活动，不断提高党风廉政建设水平。公司采取专题学习、组织观看廉政教育影视、反面典型现身说法等形式，对党员干部进行廉政教育。廉政建设公司领导自觉经常对照检查，主动接受组织和党员、群众的监督。

（次仁拉珍）

【机构领导】

董事长

李奇峻

党支部书记、总经理

刘庆华

达孜区净土产业投资开发有限公司

【概况】 达孜区净土产业投资开发有限公司位于达孜区邦堆乡现代农业园区内，成立于2014年1月14日，是达孜区人民政府投资的国有独资企业。公司注册资金1.5亿元。达孜区净土产业投资开发有限公司设有董事会、监事会，董事长、总经理、监事等人。2022年有职工15人（研究生1名，本科生3名，专科5名）。公司下属有2家控股子公司，其中西藏泉峰高标准奶牛养殖发展有限公司控股90%，西藏唐嘎藏鸡养殖发展有限公司控股64%。

达孜区净土产业投资开发有限公司以进一步做大做强特色产业为目标，坚持稳中求进的工作总基调，在各项种植养殖产业发展中，巩固拓展脱贫成果，带动全区农牧民增收。

【达孜特色原种藏鸡养殖场】 年内，藏鸡养殖逐步实现规模化、产业化、市场化。达孜特色原种藏鸡养殖场，2022年孵化鸡苗1.5万余只，藏鸡存栏3.4万只，平均日产藏鸡蛋3000枚，年产值达到200万元，并根据环保工作要求，新增改造设备项目，对粪污进行发酵处理，处理周边环境的污染问题。同时投资2400万元的屠宰深加工项目已运营，2022年屠宰家禽2万羽，初步形成集藏鸡孵化、藏鸡养殖、藏鸡屠宰、深加工及冷链销售于一体的净土健康产业链。

【章多乡高标准生猪养殖场项目】 总投资5982.43万元，是“十四五”重点产业项目，选址在原章多乡西藏民康生态科技有限责任公司生猪养殖场。项目引进能繁母猪500头，年出栏9000头。

【高标准奶牛养殖示范项目】 总投资1.6969亿元的达孜区高标准奶牛养殖中心项目，在运营管理上，走高效、生态的新型现代循环农牧业道路。2022年存栏奶牛600头，日均产奶量达到15千克，

2022年9月13日，达孜区净土产业投资开发有限公司工作人员疫情期间为老百姓配送物资

2022年产值500万元，2021年收益达到259.5万元，其中40%的收益转到扶贫分红账户。高标准奶牛养殖中心解决就业35人，其中当地大学生7人，带动全区种植饲草6000余亩。

【农业发展】 年内，农业园区科学规划、统筹布局，明确工作思路和重点，不断延伸主导产业链条，以产业融合集群为支撑、以科技研发应用为强化，引进新技术，形成以休闲旅游为拓展的现代特色农业。截至年底，园区入驻企业共计6家，主要生产以南京农业大学合作项目"四季菊花"为主的花卉产业、果蔬、菌类等产品。通过企业、高校、科研机构相结合的方式，把科研、教育、生产不同社会分工在功能与资源优势上协同与集成化，使技术创新上、中、下游相对接，"产学研"相耦合的一个具体实践。

【疫情防控保供工作】 年内，达孜区净土产业投资开发有限公司明确任务分工，在区委、区政府的统一指挥下，强化国企担当，骨干力量冲锋一线，千方百计保供民生。在疫情期间对达孜区所辖12140余户，包括五乡一镇、工地、商铺、木材交易市场等保供物资422万元，其中大米6008袋，面粉4738袋，菜籽油4448箱，总计金额167.9365万元。蔬菜保供367.3吨，副食品800箱等，将区委、区政府二十大爱心包价值517.1万元的物资及时发放到群众手中。

【带动增收】 年内，农业园区蔬菜、花卉、水果产值达到2000余万元，同时完成拉萨市"菜篮子工程"任务。园区承载能力和示范带动作用不断增强，年解决长期就业40余人(其中搬迁群众11人)，带动周边老百姓劳务输出共计7000余人次，被评为"拉萨市农牧民转移就业基地"。

(赤列卓嘎)

【机构领导】

董事长

扎西德吉(女，藏族)

总经理

旦增旺姆(女，藏族)

国网达孜区供电公司

【概况】 国网西藏电力有限公司拉萨市达孜区供电公司(以下简称国网达孜区供电公司)前身为达孜区供电有限公司，始建于2014年11月，主要负责达孜区五乡一镇的电能供应销售、输变电和配电设施的建设，担负着达孜区工农业生产、生活、市政建设供电的职责。根据农电体制改革工作的要求，2020年6月30日达孜区人民政府与国网西藏电力有限公司签署《关于达孜区供电有限公司国有产权无偿划转的协议书》，国网达孜区供电公司实现"上划直管"并在2021年10月完成公司"子改分"及组织机构改革工作，注册为国网西藏电力有限公司拉萨市达孜区供电公司，公司性质正式由县属国企转变为驻藏央企。

2022年，国网达孜区供电公司共有职工50人。其中，国网编制34人，劳务派遣人员和业务外包人员共计16人。

【变电站】 国网达孜区供电公司管辖范围内共有变电站3座，分别为110千伏桑珠林变电站(容量8万千伏安)、35千伏达孜变电站(容量2万千伏安)以及2018

年11月投运的35千伏章多变电站（容量4000千伏安）。

【输、配电线路】 截至年底，达孜区境内已铺设35千伏输电线路2条、10千伏输电线路12条，电网覆盖率达100%。

【党建工作】 年内，为深入推进“党建+安全”工程，发挥党建在国网达孜区供电公司安全生产工作中的引领保障作用，公司党支部以“三会一课”、主题党日为载体，组织部门全员认真学习习近平总书记关于安全生产重要论述、《总体国家安全观学习纲要》，学习《国网西藏电力有限公司所属县供电公司违章记分管理实施方案》等法律法规以及安全生产规章制、行业标准，以此强化员工安全教育。国网达孜区供电公司党支部严格按照上级党委工作规划部署，积极开展党内组织生活，在原本学习成果的基础上继续组织党员通过集中学习或自主学习等方式学习习近平总书记有关党建工作、国企管理、安全生产管理等方面的重要讲话精神和中共二十大会议精神。

2022年2月24日，国网拉萨供电公司党委委员、副经理次仁（左五）到国网达孜区供电公司慰问员工

【安全生产】 年内，国网达孜区供电公司共计接受国网西藏电力有限公司现场督查1次、国网拉萨供电公司现场督查6次，其间共发现违章4次。按照上级要求，国网达孜区供电公司已就违章类型共计处理10人次。

5月，国网达孜区供电公司接受国网拉萨供电公司安全巡视组巡视1次，共计发现问题57项，积极开展相关整改工作。6月，接受国网西藏电力有限公司安全训导大队训导工作，经过2天的专项训导，训导大队指出公司当前在安全生产方面存在各类问题，并对所有问题提出具有针对性的整改意见和方案。年内，国网达孜区供电公司小型实操基地顺利投运，其间共计开展配电专业培训公示6次，受训人次74人次，为新进员工磨炼实操技艺提供极好平台。通过上级公司现场督察、专项巡视和训导工作的开展，国网达孜区供电公司在安全生产方面各类短板和不足被一一发现。为解决相关问题，公司成立公司安监办，并按照县公司岗位分工要求明确安全工作管理责任；理清公司各岗位安全责任清单；强化安全工器具管理制度；加强人员准入管理。

2022年5月13日，国网达孜区供电公司工作人员开展防灾减灾宣传活动

【疫情保供】 年内,国网达孜区供电公司疫情期间在岗人员仅有21人。为做好疫情期间达孜区整体保供工作,公司集合所有在岗员工成立疫情保供电工作小组,根据公司内部人员的健康状况灵活安排人员开展达孜区境内2处医院等重点防疫场所的供电线路巡视工作。工作小组成立后首先是利用2天时间完成达孜区2处医院的供电线路铺设工作,为达孜区防疫一线提供最安全、最稳定的电能;其次,在确保公司在岗员工无一人感染的情况下累计安排巡视人员120人次、巡视车辆60辆次、应急发电车1辆次,累计发现隐患12处(均为低压隐患),且所有隐患均在当场解决。疫情期间得益于达孜区人民政府的大力帮助和国网拉萨供电公司的正确领导,公司在岗员工生活物资充足,分配合理科学,为做好疫情期间达孜区整体保供电工作提供坚实有力的后勤保障。

【服务品质】 年内,国网达孜区供电公司实现售电量7458.50万千瓦时,同比增长73.57%。年内,公司供电服务中心积极推动达孜区城区户表改造项目进度,已成功实现达孜区德庆镇城区内智能电表全覆盖目标,剩余4个乡镇的户表改造工作预计于2023年年底完成。通过智能电表的普及,达孜区广大人民群众可通过"网上国网"APP、微信等手机客户端实现足不出户缴纳电费。

(达娃塔杰)

【机构领导】

经　理

蒋　族

副经理

韩国强(4月任)

附 录

达孜区受县(区)级以上表彰的先进集体一览表

表 1

获奖单位	获奖名称	表彰时间	授予单位
达孜区	县域节水型社会标准	2022 年	水利部、西藏自治区水利厅
达孜区农业农村局	2022 年全国科技活动周及重大示范活动表现优异	2022 年	科技部科技人才与科学普及司
达孜区人民法院	全国维护妇女儿童权益先进集体	2022 年	全国妇女联合会
达孜区德庆镇德庆村	2022 年自治区民族团结模范村(社区)	2023 年	中共西藏自治区委员会、西藏自治区人民政府
达孜区德庆镇德庆村	2021 年自治区民族团结模范村(社区)	2022 年	中共西藏自治区委员会、西藏自治区人民政府
达孜区唐嘎乡人民政府	2022 年西藏自治区民族团结进步模范集体	2022 年	中共西藏自治区委员会、西藏自治区人民政府
达孜区塔杰乡巴嘎雪村	西藏自治区生态文明建设示范村(居)	2022 年	西藏自治区人民政府
达孜区塔杰乡人民政府	西藏自治区生态文明建设示范乡(镇)	2022 年	西藏自治区人民政府
达孜区塔杰乡塔杰村	西藏自治区生态文明建设示范村(居)	2022 年	西藏自治区人民政府
达孜区塔杰乡主西村	西藏自治区生态文明建设示范村(居)	2022 年	西藏自治区人民政府
达孜区公安局镇江中路便民警务站	全区公安机关抗击新冠肺炎疫情突出集体	2022 年	西藏自治区公安厅
达孜区水利局	西藏自治区水利系统先进集体	2022 年	西藏自治区人力资源和社会保障厅、水利厅
达孜区德庆镇德庆村	自治区文明村镇	2022 年	西藏自治区精神文明建设指导委员会
达孜区公安局工业园二区便民警务站	拉萨市民族团结进步模范单位	2022 年	中共拉萨市委员会、拉萨市人民政府
达孜区塔杰乡塔杰村	2022 年拉萨市民族团结进步先进组织	2022 年	中共拉萨市委员会、拉萨市人民政府

续表 1

获奖单位	获奖名称	表彰时间	授予单位
达孜区唐嘎乡人民政府	2022 年拉萨市民族团结进步模范集体	2022 年	中共拉萨市委员会、拉萨市人民政府
达孜区唐嘎乡人民政府	2022 年拉萨市民族团结进步模范单位	2022 年	中共拉萨市委员会、拉萨市人民政府
达孜区委组织部	拉萨市 2022 年度市直单位目标绩效考核达标奖	2022 年	中共拉萨市委员会、拉萨市人民政府
达孜区章多乡人民政府	2022 年拉萨市民族团结进步模范单位	2022 年	中共拉萨市委员会、拉萨市人民政府
达孜区中学	2022 年拉萨市民族团结进步模范单位	2022 年	中共拉萨市委员会、拉萨市人民政府
达孜区教育局(体育局)	2021 年度目标绩效考核一等奖	2022 年	中共达孜区委员会、达孜区人民政府
达孜区人力资源和社会保障局	2022 年拉萨市民族团结进步模范集体	2022 年	中共达孜区委员会、达孜区人民政府
达孜区水利局	2022 年度目标绩效“达标奖”	2022 年	中共达孜区委员会、达孜区人民政府
达孜区塔杰乡人民政府	2022 年度综合考核一等奖	2022 年	中共达孜区委员会、达孜区人民政府
达孜区塔杰乡人民政府	无疫乡镇	2022 年	中共达孜区委员会、达孜区人民政府
达孜区塔杰乡人民政府	2022 年拉萨市民族团结进步模范集体	2022 年	中共达孜区委员会、达孜区人民政府
达孜区医疗保障局	2021 年度目标绩效三等奖	2022 年	中共达孜区委员会、达孜区人民政府
农行达孜区支行	2022 年“春蕾计划”普惠金融业务专项营销活动	2022 年	农业银行拉萨分行
农行达孜区支行	达孜区 2022 年“春天行动”农户金融业务卓越贡献奖	2022 年	农业银行拉萨分行
达孜区教育局(体育局)	“两规”实施先进集体	2022 年	达孜区人民政府
达孜区塔杰乡人民政府	自治区农牧民国家通用语言文字演讲比赛达孜区初赛优秀组织奖	2022 年	达孜区人民政府

说明：由于各单位资料提供不全，可能有遗漏

达孜区受县(区)级以上表彰的先进个人一览表

表2

姓名	性别	民族	工作单位	获奖名称	表彰时间	授予单位
米玛坚才	男	藏族	达孜区虎峰艺术团	2022年度乡村文化和旅游带头人支持项目	2022年	文化和旅游部
格桑玉珍	女	藏族	达孜区农业农村局	2022年全国科技活动周及重大示范活动表现优异	2022年	科技部科技人才与科学普及司
土　旦	男	藏族	达孜区互联网评论中心	2022年度西藏自治区网上舆论引导工作表现突出网评员	2022年	西藏自治区网信办
朱鹏举	男	汉族	达孜区委宣传部	西藏自治区精神文明建设先进个人	2022年	西藏自治区文明办
扎西顿珠	男	藏族	达孜区农业农村局农业技术推广站	先进个人	2022年	西藏自治区作物学会
洛桑强旦	男	藏族	达孜区虎峰艺术团	大型综艺节目(格桑花开——青稞飘香)声乐类二等奖	2022年	西藏广播电视台
马叶林	男	藏族	达孜区公安局	拉萨市民族团结进步模范个人	2022年	中共拉萨市委员会、拉萨市人民政府
杨向东	男	汉族	达孜区委组织部	疫情防控志愿者	2022年	拉萨市应对疫情工作领导小组办公室
落桑曲培	男	藏族	达孜区委组织部	疫情防控志愿者	2022年	拉萨市应对疫情工作领导小组办公室
索朗卓玛	女	藏族	达孜区委组织部	疫情防控志愿者	2022年	拉萨市应对疫情工作领导小组办公室
孙传宝	男	汉族	达孜区委组织部	疫情防控志愿者	2022年	拉萨市应对疫情工作领导小组办公室
姚　翰	男	汉族	达孜区委组织部	疫情防控志愿者	2022年	拉萨市应对疫情工作领导小组办公室
董志强	男	汉族	达孜区委组织部	疫情防控志愿者	2022年	拉萨市应对疫情工作领导小组办公室
王　勇	男	汉族	达孜区财政局	疫情防控志愿者	2022年	拉萨市应对疫情工作领导小组办公室
张涛涛	男	汉族	达孜区财政局	疫情防控志愿者	2022年	拉萨市应对疫情工作领导小组办公室
尼玛穷达	男	藏族	达孜区财政局	疫情防控志愿者	2022年	拉萨市应对疫情工作领导小组办公室
占　堆	男	藏族	达孜区审计局	疫情防控志愿者(荣誉证书)	2022年	拉萨市应对疫情工作领导小组办公室
赖帮兰	女	藏族	达孜区审计局	疫情防控志愿者(荣誉证书)	2022年	拉萨市应对疫情工作领导小组办公室
央　宗	女	藏族	达孜区审计局	疫情防控志愿者(荣誉证书)	2022年	拉萨市应对疫情工作领导小组办公室
邓郁凡	女	汉族	达孜区审计局	疫情防控志愿者(荣誉证书)	2022年	拉萨市应对疫情工作领导小组办公室

续表 2

姓名	性别	民族	工作单位	获奖名称	表彰时间	授予单位
格桑措姆	女	藏族	达孜区藏语文工作委员会办公室(编译局)	疫情防控志愿服务	2022 年	拉萨市应对疫情工作领导小组办公室
伦珠古桑	男	藏族	达孜区公安局	个人三等功	2022 年	拉萨市公安局
边巴卓玛	女	藏族	达孜区公安局	个人三等功	2022 年	拉萨市公安局
次旦卓玛	女	藏族	达孜区公安局	个人三等功	2022 年	拉萨市公安局
边巴卓玛	女	藏族	达孜区公安局	优秀社区民警	2022 年	拉萨市公安局
巴　　桑	男	藏族	达孜区公安局	个人嘉奖	2023 年	拉萨市公安局
达瓦卓玛	女	藏族	达孜区融媒体中心	全市广播影视维护管理先进个人	2022 年	拉萨市广播电视局
朱鹏举	男	汉族	达孜区委宣传部	拉萨市新时代文明实践工作先进个人	2022 年	拉萨市文明办
格桑玉珍	女	藏族	达孜区农业农村局	五一劳动模范	2022 年	共青团拉萨市委员会
袁　　登	男	藏族	农行达孜区支行	2022 年度优秀共产党员	2022 年	农业银行拉萨分行
薛　　玉	女	汉族	达孜区委办公室	优秀公务员	2022 年	中共达孜区委员会、达孜区人民政府
杨向东	男	汉族	达孜区委组织部	优秀公务员	2022 年	中共达孜区委员会、达孜区人民政府
洛桑曲培	男	藏族	达孜区委组织部	优秀公务员	2022 年	中共达孜区委员会、达孜区人民政府
尚　　静	女	汉族	达孜区委组织部	优秀公务员	2022 年	中共达孜区委员会、达孜区人民政府
尚　　静	女	汉族	达孜区委组织部	最美家庭	2022 年	中共达孜区委员会、达孜区人民政府
索朗卓玛	女	藏族	达孜区委组织部	优秀公务员	2022 年	中共达孜区委员会、达孜区人民政府
覃升辉	女	汉族	达孜区委组织部	优秀公务员	2022 年	中共达孜区委员会、达孜区人民政府
丹增贡嘎	男	汉族	达孜区委组织部	优秀公务员	2022 年	中共达孜区委员会、达孜区人民政府
汤雪华	男	汉族	达孜区委组织部	优秀事业工作人员	2022 年	中共达孜区委员会、达孜区人民政府
孙传宝	男	汉族	达孜区委组织部	优秀事业工作人员	2022 年	中共达孜区委员会、达孜区人民政府
阿伊霞	女	回族	达孜区公安局	2022 年达孜区民族团结进步模范个人	2022 年	中共达孜区委员会、达孜区人民政府
艾中华	男	汉族	达孜区公安局	达孜区民族团结优秀个人	2022 年	中共达孜区委员会、达孜区人民政府

续表 2

姓名	性别	民族	工作单位	获奖名称	表彰时间	授予单位
小达娃	男	藏族	达孜区公安局	优秀公务员	2022 年	中共达孜区委员会、达孜区人民政府
周鹏飞	男	汉族	达孜区公安局	优秀公务员	2022 年	中共达孜区委员会、达孜区人民政府
旦增赤列	男	藏族	达孜区公安局	优秀公务员	2022 年	中共达孜区委员会、达孜区人民政府
邓增洛珠	男	藏族	达孜区公安局	优秀公务员	2022 年	中共达孜区委员会、达孜区人民政府
白玛顿旦	男	藏族	达孜区公安局	优秀公务员	2022 年	中共达孜区委员会、达孜区人民政府
尼玛顿珠	男	藏族	达孜区公安局	优秀公务员	2022 年	中共达孜区委员会、达孜区人民政府
江村赤列	男	藏族	达孜区公安局	优秀公务员	2022 年	中共达孜区委员会、达孜区人民政府
陈江	男	汉族	达孜区公安局	优秀公务员	2022 年	中共达孜区委员会、达孜区人民政府
孙克伟	男	汉族	达孜区公安局	优秀公务员	2022 年	中共达孜区委员会、达孜区人民政府
秦泗国	男	汉族	达孜区公安局	优秀公务员	2022 年	中共达孜区委员会、达孜区人民政府
泽仁卓玛	女	藏族	达孜区公安局	优秀公务员	2022 年	中共达孜区委员会、达孜区人民政府
英太加	男	藏族	达孜区公安局	优秀公务员	2022 年	中共达孜区委员会、达孜区人民政府
洛桑扎西	男	藏族	达孜区公安局	优秀公务员	2022 年	中共达孜区委员会、达孜区人民政府
王全威	男	汉族	达孜区公安局	优秀公务员	2022 年	中共达孜区委员会、达孜区人民政府
江东	男	汉族	达孜区公安局	优秀公务员	2022 年	中共达孜区委员会、达孜区人民政府
旦增达娃	男	藏族	达孜区公安局	优秀公务员	2022 年	中共达孜区委员会、达孜区人民政府
阿旺多吉	男	藏族	达孜区公安局	优秀公务员	2022 年	中共达孜区委员会、达孜区人民政府
旦增旺堆	男	藏族	达孜区公安局	优秀公务员	2022 年	中共达孜区委员会、达孜区人民政府
周鹏	男	汉族	达孜区公安局	优秀公务员	2022 年	中共达孜区委员会、达孜区人民政府
赵阳	男	汉族	达孜区公安局	优秀公务员	2022 年	中共达孜区委员会、达孜区人民政府
任毅	男	汉族	达孜区公安局	优秀公务员	2022 年	中共达孜区委员会、达孜区人民政府

续表 2

姓名	性别	民族	工作单位	获奖名称	表彰时间	授予单位
普布次仁	男	藏族	达孜区公安局	优秀公务员	2022 年	中共达孜区委员会、达孜区人民政府
旦增桑珠	男	藏族	达孜区公安局	优秀公务员	2022 年	中共达孜区委员会、达孜区人民政府
贺少伟	男	汉族	达孜区公安局	优秀公务员	2022 年	中共达孜区委员会、达孜区人民政府
阿旺益西	男	藏族	达孜区公安局	优秀公务员	2022 年	中共达孜区委员会、达孜区人民政府
旦增白桑	男	藏族	达孜区公安局	优秀公务员	2022 年	中共达孜区委员会、达孜区人民政府
王　栋	男	汉族	达孜区公安局	优秀公务员	2022 年	中共达孜区委员会、达孜区人民政府
确嘎次仁	男	藏族	达孜区公安局	优秀公务员	2022 年	中共达孜区委员会、达孜区人民政府
桑布江村	男	藏族	达孜区公安局	优秀公务员	2022 年	中共达孜区委员会、达孜区人民政府
尚　勇	男	汉族	达孜区公安局	优秀公务员	2022 年	中共达孜区委员会、达孜区人民政府
石加城	男	汉族	达孜区公安局	优秀公务员	2022 年	中共达孜区委员会、达孜区人民政府
平措罗布	男	藏族	达孜区公安局	优秀公务员	2022 年	中共达孜区委员会、达孜区人民政府
索朗巴珍	女	藏族	达孜区公安局	优秀公务员	2022 年	中共达孜区委员会、达孜区人民政府
曲　桑	男	藏族	达孜区公安局	优秀公务员	2022 年	中共达孜区委员会、达孜区人民政府
琼　达	女	藏族	达孜区公安局	优秀公务员	2022 年	中共达孜区委员会、达孜区人民政府
袁　杰	男	藏族	达孜区公安局	优秀公务员	2022 年	中共达孜区委员会、达孜区人民政府
唐　磊	男	汉族	达孜区公安局	优秀公务员	2022 年	中共达孜区委员会、达孜区人民政府
付明月	女	汉族	达孜区公安局	优秀公务员	2022 年	中共达孜区委员会、达孜区人民政府
杨　雪	女	回族	达孜区公安局	优秀公务员	2022 年	中共达孜区委员会、达孜区人民政府
次仁占堆	男	藏族	达孜区公安局	优秀公务员	2022 年	中共达孜区委员会、达孜区人民政府
李绯霞	女	汉族	达孜区公安局	优秀公务员	2022 年	中共达孜区委员会、达孜区人民政府

续表 2

姓名	性别	民族	工作单位	获奖名称	表彰时间	授予单位
拉姆次仁	女	藏族	达孜区公安局	优秀公务员	2022 年	中共达孜区委员会、达孜区人民政府
任裕芬	女	汉族	达孜区人民法院	优秀公务员	2022 年	中共达孜区委员会、达孜区人民法院
王钰莹	女	汉族	达孜区人民法院	优秀公务员	2022 年	中共达孜区委员会、达孜区人民法院
旦增达瓦	男	藏族	达孜区人民法院	优秀公务员	2022 年	中共达孜区委员会、达孜区人民法院
扎西雍措	女	藏族	达孜区人民法院	优秀公务员	2022 年	中共达孜区委员会、达孜区人民法院
尼玛次仁	男	藏族	达孜区人民法院	优秀公务员	2022 年	中共达孜区委员会、达孜区人民法院
左慧	女	汉族	达孜区人民法院	优秀公务员	2022 年	中共达孜区委员会、达孜区人民法院
丹增俊美	男	藏族	达孜区司法局邦堆乡司法所	优秀公务员	2022 年	中共达孜区委员会、达孜区人民政府
旦增	男	藏族	达孜区司法局	优秀公务员	2022 年	中共达孜区委员会、达孜区人民政府
王勇	男	汉族	达孜区财政局	优秀公务员	2022 年	中共达孜区委员会、达孜区人民政府
尼玛穷达	女	藏族	达孜区财政局	优秀公务员	2022 年	中共达孜区委员会、达孜区人民政府
邓郁凡	女	汉族	达孜区审计局	优秀公务员	2022 年	中共达孜区委员会、达孜区人民政府
徐世虎	男	汉族	达孜区医疗保障局	优秀事业人员	2022 年	中共达孜区委员会、达孜区人民政府
旦增卓嘎	女	藏族	达孜区医疗保障局	优秀公务员	2022 年	中共达孜区委员会、达孜区人民政府
牛拉毛措	女	汉族	达孜区农业农村局	优秀公务员	2022 年	中共达孜区委员会、达孜区人民政府
扎西顿珠	男	藏族	达孜区农业农村局农业技术推广站	优秀事业人员	2022 年	中共达孜区委员会、达孜区人民政府
仓决	女	藏族	达孜区农业农村局农业技术推广站	优秀事业人员	2022 年	中共达孜区委员会、达孜区人民政府
普布普赤	女	藏族	达孜区农业农村局兽医站	优秀事业人员	2022 年	中共达孜区委员会、达孜区人民政府
肖有琪	男	汉族	达孜区人力资源和社会保障局	2022 年民族团结进步模范家庭	2022 年	中共达孜区委员会、达孜区人民政府
央宗	女	藏族	达孜区人力资源和社会保障局	优秀公务员	2022 年	中共达孜区委员会、达孜区人民政府

续表 2

姓名	性别	民族	工作单位	获奖名称	表彰时间	授予单位
张婧婧	女	藏族	达孜区人力资源和社会保障局	优秀公务员	2022 年	中共达孜区委员会、达孜区人民政府
周洁	女	汉族	达孜区人力资源和社会保障局	优秀事业人员	2022 年	中共达孜区委员会、达孜区人民政府
尼玛曲珍	女	藏族	达孜区水利局	优秀公务员	2022 年	中共达孜区委员会、达孜区人民政府
其美多吉	男	藏族	达孜区水利局	优秀公务员	2022 年	中共达孜区委员会、达孜区人民政府
涂光太	男	汉族	达孜区塔杰乡人民政府	优秀公务员	2022 年	中共达孜区委员会、达孜区人民政府
次旦央吉	女	藏族	达孜区塔杰乡人民政府	优秀公务员	2022 年	中共达孜区委员会、达孜区人民政府
伊达依杜啦	男	回族	达孜区塔杰乡人民政府	优秀公务员	2022 年	中共达孜区委员会、达孜区人民政府
王浩	男	回族	达孜区塔杰乡人民政府	优秀公务员	2022 年	中共达孜区委员会、达孜区人民政府
洛桑曲培	男	藏族	达孜区塔杰乡人民政府	优秀公务员	2022 年	中共达孜区委员会、达孜区人民政府
杨航	男	汉族	达孜区塔杰乡人民政府	优秀公务员	2022 年	中共达孜区委员会、达孜区人民政府
李燕	女	汉族	达孜区塔杰乡人民政府	优秀事业人员	2022 年	中共达孜区委员会、达孜区人民政府
旦增朗杰	男	藏族	达孜区塔杰乡人民政府	优秀事业人员	2022 年	中共达孜区委员会、达孜区人民政府
洛桑曲培	男	藏族	达孜区塔杰乡人民政府	信访工作先进个人	2022 年	中共达孜区委员会、达孜区人民政府
多吉	男	藏族	达孜区唐嘎乡人民政府	优秀事业人员	2022 年	中共达孜区委员会、达孜区人民政府
白玛加布	男	藏族	达孜区唐嘎乡人民政府	优秀事业人员	2022 年	中共达孜区委员会、达孜区人民政府
旦增卓嘎	女	藏族	达孜区唐嘎乡人民政府	优秀公务员	2022 年	中共达孜区委员会、达孜区人民政府
白玛德吉	女	藏族	达孜区唐嘎乡人民政府	优秀公务员	2022 年	中共达孜区委员会、达孜区人民政府
曹景一	男	汉族	达孜区唐嘎乡人民政府	优秀公务员	2022 年	中共达孜区委员会、达孜区人民政府
祁文豪	男	汉族	达孜区唐嘎乡人民政府	优秀公务员	2022 年	中共达孜区委员会、达孜区人民政府
古程	男	汉族	达孜区唐嘎乡人民政府	优秀公务员	2022 年	中共达孜区委员会、达孜区人民政府

续表 2

姓名	性别	民族	工作单位	获奖名称	表彰时间	授予单位
强白益西	男	藏族	达孜区唐嘎乡人民政府	优秀公务员	2022 年	中共达孜区委员会、达孜区人民政府
李功飞	男	汉族	达孜区唐嘎乡人民政府	优秀公务员	2022 年	中共达孜区委员会、达孜区人民政府
何梦圆	女	汉族	达孜区唐嘎乡人民政府	2022 年达孜区民族团结进步模范个人	2022 年	中共达孜区委员会、达孜区人民政府
益西曲珍	女	藏族	达孜区藏语文工作委员会办公室(编译局)	优秀公务员	2022 年	中共达孜区委员会、达孜区人民政府
次仁朗杰	男	藏族	达孜区章多乡拉木村委会	2022 年达孜区民族团结进步模范个人	2022 年	中共达孜区委员会
徐世虎	男	汉族	达孜区医疗保障局	优秀共产党员	2022 年	中共达孜区委员会
德吉	女	藏族	达孜区教育局(体育局)	“饮水思源、感恩思进”群众教育实践活动“润心达孜”金牌宣讲员选拔大赛活动二等奖	2022 年	中共达孜区委员会
李成纲	男	汉族	达孜区教育局(体育局)	2022 年度征兵工作先进个人	2023 年	达孜区人民政府
曲珍	女	藏族	达孜区德庆镇人民政府	自治区农牧民国家通用语言文字演讲比赛达孜区初赛一等奖	2022 年	达孜区人民政府

说明：由于各单位资料提供不全，可能有遗漏

《拉萨达孜年鉴(2023)》编纂委员会成员情况一览表

表3

姓名	职务
刘代红	中共达孜区委员会副书记、区长
冯立柱	达孜区人民政府党组成员、副区长
郝月强	中共达孜区委员会常委、人民武装部政委
徐　远	中共达孜区委员会常委、副区长
冯　琳	中共达孜区委员会常委、纪律检查委员会书记、监察委员会主任
吴小兵	中共达孜区委员会常委、组织部部长
王　啸	中共达孜区委员会常委、副区长
冀　罡	中共达孜区委员会常委、宣传部部长
达　琼	中共达孜区委员会常委、副区长
小达娃	中共达孜区委员会常委、政法委书记、公安局局长
边巴次仁	中共达孜区委员会常委、统战部部长
格桑旦增	中共达孜区委员会常委、区委办主任、国安办主任
王　震	达孜区人民政府党组成员、副区长、德庆镇党委书记
强巴卓玛	达孜区人民检察院党组书记、检察长
刘一麟	达孜区人民法院党组书记、院长
加永热珠	达孜工业园区管委会主任
胡勇志	中共达孜区委员会办公室常务副主任、保密办主任
王　红	达孜区人民代表大会常务委员会办公室主任
王胜利	达孜区人民政府办公室主任
顿珠次仁	达孜区政治协商委员会办公室主任
扎西桑珠	中共达孜区委政法委员会常务副书记
杨永宾	达孜区纪委常委、巡察办主任
刘　军	达孜区总工会主席
田献振	共青团达孜区委员会书记
次旦卓玛	达孜区妇女联合会主席
普　琼	中共达孜区委员会党校常务副校长
多吉次仁	达孜区发展和改革委员会副主任
王　林	达孜区财政局局长
张玉峰	达孜区教育(体育)局局长
扎西顿珠	达孜区农业农村局局长

续表 3

姓名	职务
白丽达	达孜区民政局局长
达　珍	达孜区人力资源和社会保障局局长
次仁顿珠	达孜区信访局局长
仁增卓玛	达孜区经信（商务）局局长
索朗加措	达孜区乡村振兴局局长
旺　堆	达孜区统计局局长
刘佳佳	达孜区医疗保障局局长
达　珍	达孜区司法局局长
欧金次仁	达孜区卫生健康委员会主任
张　浩	达孜区自然资源（林草）局党组书记
索朗多吉	达孜区城市管理和综合执法局局长
骆　斌	达孜区住房和城乡建设局局长
晋美罗布	达孜区交通运输局局长
柏树辉	达孜区水利局局长
董予川	达孜区退役军人事务局局长
索朗次仁	达孜区应急管理局局长
占　堆	达孜区审计局局长
晋美朗吉	达孜区市场监督管理局局长
童晋美	达孜区文化和旅游（文物）局局长
尼玛珍嘎	达孜区藏语文工作委员会主任
解士远	达孜区工商业联合会主席
扎西次仁	拉萨市生态环境保护局达孜分局局长
桑旦多吉	达孜区税务局局长
旦增格桑	达孜区塔杰乡人民政府党委书记
德　央	达孜区邦堆乡人民政府党委书记
勾九龙	达孜区唐嘎乡人民政府党委书记
王　力	达孜区章多乡人民政府党委书记
庞景法	达孜区雪乡人民政府党委书记
达瓦江措	达孜区消防救援大队大队长
张　科	武警达孜中队中队长
杨江洲	达孜区人民医院院长

续表 3

姓名	职务
蒋　族	国网达孜区供电公司负责人
格桑尼玛	达孜区邮政公司负责人
索朗次仁	农行达孜区支行负责人
米玛次仁	达孜区自来水公司负责人
郭宏伟	达孜区政投代建公司负责人
赤列卓嘎	达孜区净土产业投资开发有限公司负责人
边旦德措	达孜区城投公司负责人
李奇峻	达孜区虎峰园林绿化有限公司负责人
白玛玉珍	达孜区旅游发展投资有限公司负责人
扎西次仁	达孜区园区投资公司负责人

2022年达孜区国民经济和社会发展统计公报

2022年，达孜区上下深入贯彻习近平新时代中国特色社会主义思想，全面落实市委、市政府各项决策部署，坚持稳中求进工作总基调，以新发展理念为引领，以提高发展质量和效益为中心，以推进供给侧结构性改革为主线，保态势、创优势，迎难而上，拼搏进取，达孜区经济保持稳中有进、稳中向好发展态势，为决胜全面小康迈出坚实步伐。

一、综合

2022年，达孜区完成地区生产总值22.74亿元，按可比价计算，比2021年增长-0.4%。其中，第一产业增加值3.63亿元，同比增长6.7%；第二产业增加值9.78亿元，同比增长-1.5%；第三产业增加值9.33亿元，同比增长-2.4%；三次产业结构比为1.5∶4.3∶4.1。

全社会固定资产投资同比增长35.7%。社会消费品零售总额4.43264亿元，同比增长-13.4%。农牧民人均可支配收入21529.00元，同比增长7.39%，规模以上工业增加值同比增长-44.4%。

达孜区2021—2022年主要经济指标数据情况表

表1

指标	2021年		2022年	
	总量	增速(%)	总量	增速(%)
地区生产总值(亿元)	22.75	8	22.74	-0.4
其中：第一产业	3.01	13.9	3.63	6.7
第二产业	10.35	2.1	9.78	-1.5
第三产业	9.39	10.5	9.33	-2.4
规模以上工业增加值	—	104.2	—	-44.4
全社会固定资产投资完成额	—	-25.6	—	35.7
社会消费品零售总额(亿元)	5.12	7.8	4.43	-13.4
农牧民人均可支配收入(元)	20058	16	21529	7.3

二、农业

2022年，达孜区农林牧总产值6.827316亿元，同比增长20%（现价）；其中，农业3.490737亿元，林业1.057339亿元，牧业2.27824亿元。

农业：2022年，达孜区农作物总播种面积5662.2公顷，其中粮食作物3819.1公顷，油料作物220.34公顷，蔬菜1622.78公顷，饲料847.6公顷，瓜果48.11公顷。全年粮食产量22228.09吨，油料作物产量658.16吨，蔬菜产量79378.36吨，饲料35737.31吨，瓜果类1302.07吨。

林业：2022年，达孜区当年造林面积4088.66公顷，零星植树139744株，水果产量1302.07吨。

牧业：2022年，达孜区牲畜总头数71404头(匹、只)，其中大牲畜存栏67407头(匹)，猪存栏1702头，羊存栏2295只，年末家禽数58105羽。当年肉产5502.73吨，其中猪肉93.76吨，牛肉4817.27吨，羊肉22吨，禽肉569.7吨。牛奶产量20046.46吨，羊毛产量0.94吨，鸡蛋产量404.01吨。

三、工业

2022年，达孜区在库规上工业企业10家、规下工业企业113家。2022年，工业总产值(现价）36603.8万元，规模以上工业增加值同比增长-44.4%。

四、固定资产投资

达孜区积极落实各项政策，狠抓项目落实、积极推进重大项目落地生根。截至年底，在库项目共计56个（其中包括3个房地产项目）。固定资产投资完成额同比增长35.7%。

五、人民生活

2022年，达孜区牧民人均可支配收入21529.00元，同比增长7.3%。从构成来看，民生事业持续改善、精准扶贫力度持续加大，转移性收入增加，受农牧民务工总量和工资水平双增长影响，工资性收入保持较快增长，贡献较大。

六、批发零售贸易

达孜区贸易整体运行增长较快，全年社会消费品零售总额达到4.43264亿元，同比增长-13.4%。2022年，达孜区消费环境逐渐改善，网络消费、假日消费等新兴消费热点和消费模式加速形成，民间消费拉动批发、零售、餐饮业增长迅速，贸易运行整体呈现上升趋势。

七、财政金融

2022年，达孜区一般公共预算收入24345万元，各项税收20836万元，地方财政一般预算支出125145万元，其中农业支出11702万元，科学技术支出298万元，医疗卫生支出11714万元，教育支出18929万元。

八、教育文化

2022年，达孜区普通中学1所，普通中学专任教师数122人，普通中学在校学生1186人；小学1所，专任教师179人，小学在校学生2815人。

2022年达孜区农业科技与服务单位1家，体育场馆1个，医院、卫生院共计6所，医院及卫生院床位共计90床，达孜区卫生技术人员总数139人，区、乡医生数109人；村医37人，其中聘用医生15人；县（区）级护理人员30人，卫生防疫人员13人。

九、社会保障

2022年达孜区各种社会福利收养性单位数1个，床位数共计120床。参加基本养老保险的职工2228人，参加基本医疗保险的职工2567人，参加失业保险人数3041人。城镇居民最低生活保障156户，农民居民最低生活保障239人。参加农村养老保险人数13785人。

十、旅游、运输运输、邮电通讯

2022年，达孜区接待国内外游客26.11万人次，旅游收入827.37万元，寺庙8个，旅游景区4个，度假村34个，农家乐25个，旅游项目建设4个，旅游项目投资6260万元。境内公路里程278.316千米；全年用电量74584988千瓦时，其中工业用电量为22444313千瓦时，农村用电量18269589千瓦时。

十一、气候环境

达孜区位于高原温带半干旱季风气候区，达孜区平均海拔4100米，河谷最低海拔3730米，年平均气温7.5摄氏度，年平均日照3065小时，平均降雨量450毫米。空气稀薄，气温低，日温差大，冬春干燥，多大风，年无霜期130天左右。年降水量444毫米，80%—90%集中在夏天，多夜雨。自然灾害主要有旱、涝、山洪、泥石流、冰雹、霜灾、虫灾等。

踔厉奋发新时代 勇毅前行向未来 为推动“七个排头兵”在达孜走深走实提供坚强保障

——在中国共产党拉萨市达孜区第二届纪律检查委员会第二次全体会议上的工作报告

拉萨市达孜区纪委书记、监委主任 冯 琳

（2023 年 2 月 9 日）

一、2022 年工作回顾

2022 年，是党的二十大召开之年，是推进“十四五”规划的关键之年，也是达孜区率先当好“七个排头兵”的突破之年。在拉萨市纪委监委和达孜区委坚强领导下，达孜区纪委监委充分发挥监督保障执行、促进完善发展作用，全面落实防疫情、稳经济、抓安全重大要求，以迎接、宣传、贯彻党的二十大为主线，按照“两项教育”改作风抓落实，统筹推进政治监督、专项治理、巡察整改等重点工作，党风廉政建设和反腐败斗争取得新成效。

（一）强化政治监督，紧扣中心、找准靶向，以强有力监督保障上级决策部署一贯到底。保持监督常在助推重大决策部署落实落地。紧跟习近平总书记重要讲话、重要指示批示和党中央决策部署开展政治监督，将贯彻落实习近平总书记有关深化全面从严治党、新时代党的治藏方略重要指示批示精神、达孜区委中心工作逐一拉条挂账、稳步推进，制定《关于贯彻落实上级重要指示批示精神及各类重大决策部署情况跟踪表》，督促各单位围绕上级党委重要会议精神、重大决策部署梳理自查 2 次，检查党的二十大精神、区市第十次党代会和达孜区第二次党代会精神传达学习贯彻情况 3 次，反馈立行立改问题 5 条，保障上级各项决策部署落地见效。从实从细监督压实具体政治责任。明确纪委监委协助党委推进全面从严治党职责定位，持续加强对“一把手”和领导班子的监督，协助区委制定《达孜区委 2022 年落实党风廉政建设主体责任清单》，召开 2022 年度述责述廉工作会议，进一步找准工作短板，压实工作责任。紧扣党员理想信念“总开关”，持续开展党员不得信仰宗教、参与宗教活动排查，发现立行立改问题 3 个，提出整改要求 3 条，“回头看”宗教活动场所违建问题 1 起。坚持工作防疫“两手抓、两不误”，选派 17 名纪检巡察干部直接参与一线防疫，聚焦疫情防控常态化、国务院优化防疫二十条、拉萨市优化调整十四条等执行情况，协同职能部门检查防疫点位 200 余家次，发现、反馈并督促整改问题 10 项，问责党员干部 1 人。注重研判分析把牢政治关口。持续严明政治纪律和政治规矩，以政治生态分析研判促治理，及时发现、着力解决“七个有之”问题，对领导班子政治功能、领导干部政治素质精准画像、科学评估，完善副科级以上党员干部廉政档案 289 份。持续加强换届纪律风气监督，举办换届纪律警示教育大会 2 批次，组织集体观看《镜鉴》《巡视利剑》《警钟长鸣》等换届题材警示教育片 5 场次，印发藏语和汉语严肃换届纪律提醒卡1300余份。进一步完善廉政意见回复“三合一”联审机制，严把党员干部政治关、品行关、作风关和廉洁关，坚决防止“带病提拔”“带病上岗”，累计回复党风廉政意见127批次2008人次。

（二）坚持严的基调，锲而不舍落实中央八项规定精神，持续巩固拓展纠风成效。深化作风建设专项整治成果。坚持把监督执行中央八项规定精神作为一项经常性工作抓牢抓实，自查清理纠治违反中央八项规定精神问题，处置问题线索3件，立案3人，追缴违纪资金19余万元。开展“私车公养”专项整治“回头看”，督促区政府办公室建立完善达孜区公务车辆运行维护制度，区财政局同步下发《关于进一步规范达孜区行政事业单位公务车辆加油卡管理的通知》，从制度层面杜绝“私车公养”问题发生。全覆盖完成目标绩效考核奖金自查工作，核查资金838.9万元，发现问题4项涉及资金51.5万元。重点纠治形式主义官僚主义。紧盯影响党中央决策部署落实、影响安全发展、加重基层负担的形式主义、官僚主义，建立被监督单位党的建设、机关管理、主责主业“三大板块”监督指导台账，探索实施“廉情抄告制”，首次向分管县级领导抄告廉情风险。围绕区委“两项教育”，聚焦纪检监察主责主业，在系统梳理、全面认领“四查四问”负面问题清单基础上，创新实施“廉洁达孜七个一工程”，推动监督执纪问责和经济社会建设同安排、同部署、同落实。大抓作风不实、落实不力典型，全年共督查会风会纪7批次、上下班和驻县制度执行情况6批次，发现违纪问题18个，通报6起。持续纠治享乐主义奢靡之风。坚持暗访、查处、追责、曝光“四管齐下”、节点正风，持续开展节前“清风行动”，通过转发上级通知要求、下发本级纪律重申提醒、加大典型案例通报曝光力度等方式持续严明纪律要求，开展各类监督检查40组次，检查单位400余家次，提醒纠正各类问题隐患120余项，查处党员干部酒驾醉驾和赌博问题4起8人。

（三）“三不”一体推进，发扬彻底的自我革命精神，打好反腐败斗争攻坚战持久战。坚持高压惩治态势不动摇。以零容忍态度反腐惩恶，全年共处置问题线索19件，立案10件，给予党纪处分5人，政务处分1人，谈话提醒、约谈和诫勉谈话18人，第一、二、三、四种形态分别占比78%、9%、9%、4%。在开展过渡期专项监督工作中，有力查处达孜区农业农村局原局长次仁尼玛严重违纪违法问题，实现除酒驾外“第四种形态”运用“零的突破”，在党员干部中形成强大震慑，持续释放了执纪必严、违纪必究的强烈信号。扎牢约束权力的制度笼子。先后2次总结“小微权力”中存在的廉政风险，科学编制村（居）一级议事规则及议事程序模板，及时向区委、区政府提出建立完善村一级“三重一大”议事规则和试行“组财村管、村财乡管”意见建议，加快补齐制度短板。坚持系统施治，认真分析腐败滋生的深层次原因，督促推动案发地区、部门或单位查找制度漏洞，针对性推动建立和完善制度3项。涵养廉政文化土壤促进标本兼治。打造机关廉政文化走廊，建好用活“互联网＋党风廉政建设”新模式，审核发布“清风达孜”时政资讯、纪法常识、典型案例通报52期；组织全区副科级以上干部参观“身边事教育身边人”典型案例警示教育展；联合国资委、妇联举办国有企业警示教育培训和家风建设专题讲座，推动廉洁文化进企业、进家庭，制作发放《廉政倡议家书》1200余份，不断稳固干事创业的思想“大后方”。

（四）以人民为中心，持续整治群众身边腐败和不正之风，做群众利益的贴心守护人。围绕过渡期专项监督。精准运用“二十个盯”、监督检查“六看”工作法，促进巩固脱贫攻坚成果同乡村振兴有效衔接。结合实际制定印发过渡期专项监督任务分解表，对扶贫产业项目专项调研反馈问题开展“回头看”，下发监察建议书2份，处置扶贫与乡村振兴领域问题线索1件，给予党纪政务处分1人，约谈处理4人。紧盯县级领导包保重点项目清单，核查相关职能部门是否存在不作为、慢作为、乱作为等问题，发现问题6项，收集意见建议12条。围绕民生热点重点监督。坚决纠治教育医疗、生态环保、安全生产、食品药品安全等领域群众反映强烈的突出问题，依托“下基层大接访办实事”活动契机，深入基层一线开展调研，针对性宣讲12次。结合

"12345"《群众反映问题清单》收集社情民意37条，梳理问题具体表现10类，针对性提出意见建议12条。督促财政部门统筹摸排2018—2020年"一卡通"发放补贴项目32项1.2亿元，调研群众1200余人次，走访享受补贴资金农户4525户，检查发现问题5项，反馈并督促有关部门解决问题7个。组织对2010年以来城乡居民养老保险征缴情况开展全覆盖清查，先后发现多征少缴、征而不缴等多项问题。围绕问题整改全面监督。深挖欠薪问题背后的失职失责、截留挪用等乱象，督促化解市纪委反馈的9起欠薪问题，整改完成市纪委反馈的学生餐"微腐败"问题6项。重拳整治"两违"乱象，督促拆除违法建筑9宗、制止违法建设行为10宗、整改乱占耕地建房问题9件。坚定推进各级环保督察反馈问题整改，科学编制《生态环境保护督察工作领导小组追责问责组工作方案》，督促整改环保问题17个。

（五）明晰巡察定位，发挥综合协调作用，在彰显利剑锋芒上打开新局面。坚持武装头脑与指导实践相统一。坚持用党的创新理论武装头脑、指导达孜区委巡察工作，及时提交学习各级党委有关巡视巡察工作会议精神和讲话精神，积极协调区委巡察领导小组成员单位及巡察办骨干15人参加十届自治区党委巡视巡察干部培训班和第一轮巡视动员部署会。以市委巡察调研指导意见为蓝本，以点带面制定《拉萨市委巡察调研指导组对达孜区委巡察工作反馈指导意见整改方案》，构建上下联动工作格局，着力提升巡察工作质效。坚持提前谋划与全面落实相统一。对接区、市党委巡察机构，参照上级党委巡视巡察工作总体部署，科学编制2022—2026年达孜区巡察工作规划。成立2个巡察组顺利启动二届区委第一轮巡察，对达孜区自然资源局、住建局、乡村振兴局、水利局4家单位开展常规巡察，反馈问题85项，移交问题线索1条。注重发挥巡察联系群众桥梁纽带作用，9次深入章多乡恰村宣讲惠民政策和法律法规，惠及群众48户，推动解决共性困难诉求4项。坚持有形覆盖与有效整改相统一。紧盯市委涉粮问题专项巡察反馈意见、一届区委第十一轮巡察反馈意见整改，开展涉粮问题线索"回头看"2次，推动整改巡察反馈问题31项，移交涉粮领域腐败问题线索2件，督促业务主管部门、粮食购销企业完善制度8项，下发工作提示函2份，整改工作取得实效。拓宽群众共同参与巡察联动渠道，及时跟进德庆镇新仓村、雪乡雪普村反馈问题整改进度，截至目前，反馈的3大类37项问题已完成整改33项，切实做到反馈问题整改工作群众看得见、摸得着、有着落。

（六）推进自我革命，牢记"三个务必"，以更高标准更严纪律淬炼高质量纪检监察队伍。做善于学习、围绕大局的表率。把学懂弄通做实习近平总书记重要讲话和重要指示批示精神作为常委会会议"第一议题"、干部教育"第一课题"、政治谈话"第一主题"，深入落实十九届中央纪委六次全会、区市纪委十届二次全会部署要求，贯通学习领会党的二十大报告、党章修正案和中央纪委工作报告精神，引领全系统聚焦思想同心、目标同向、行动同步，开展纪委常委会集中学习20余次，读书日专题学习34次，开办廉政党课6场次。做特点突出、规范用权的表率。牵头召开2022年度反腐败协调领导小组工作会议，健全纪检监察机关与司法机关沟通协作机制；出台《达孜区纪委常委会工作规则》《达孜区纪委监委机关工作规则》，完善业务流程和内控机制。认真学习贯彻纪委工作条例、监察法、监察法实施条例等法规制度，严格依照党的原则、纪律、规矩和法定权限、规则、程序行使纪检监察权，常态化开展办案安全工作培训、办案安全专题知识测试，集中纠治影响办案安全突出问题，确保每一起案件都经得起时间和实践的检验。做廉洁从政、本领高强的表率。以纪委监委换届为契机，将2名系统外优秀干部吸纳到纪委监委班子中，提拔晋升和进一步使用纪检监察（巡察）干部18人，系统内外交流9人，干部队伍内生活力不断增强；探索实施片区协作机制，"敞开大门"深化业务培训，依托"以案代训""跟岗学习"等渠道先后选派15人次参加中央和区市纪委业务培训，完成乡（镇）纪检监察干部跟岗学习14人次、系统外干部跟案学习3人次，"传帮带"作用有效发挥，业务能力显著提高。

在充分肯定成绩的同时，必须清醒看到，我区全面从严治党和党风廉政建设工作还存在一些问题和不足。主要有：少数党员干部仍心存侥幸，不收敛不收手，顶风违纪仍有发生；个别单位和部门党内政治生活不严肃，“三重一大”议事程序不规范；一些党组织管党治党主体责任扛得不牢，自查自纠“拈轻怕重”，问题整改不坚决不彻底；一些干部干事创业精气神不足，担当作为不够，作风不严不实。从纪检监察机关自身看，我们的工作与新时代高质量发展要求还有差距，政治监督的手段还比较单一，推进政治监督常态化具体化精准化不够有力；一些重点工作推进较慢，年初制定的目标任务如开展留置室体验、更新党内法规汇编等未能完成；审查调查规范化不够、时效性不高，工作质效仍需进一步提升。

二、2023 年工作任务

2023 年是全面贯彻落实党的二十大精神的开局之年，在新形势新任务新要求下，做好纪检监察工作意义重大。总体要求：坚持以习近平新时代中国特色社会主义思想为指导，深入贯彻党的二十大精神，深入贯彻习近平总书记关于西藏工作的重要指示和新时代党的治藏方略，深入贯彻落实二十届中央纪委二次全会、自治区纪委十届三次全会、拉萨市纪委十届三次全会精神，贯彻落实自治区、拉萨市第十次党代会和达孜区第二次党代会精神，深刻领悟“两个确立”的决定性意义，增强“四个意识”、坚定“四个自信”、做到“两个维护”，认真履行在推进党的自我革命中的职责任务，坚定贯彻全面从严治党战略方针，深入正风肃纪反腐，加强规范化、法治化、正规化建设，为在全面加强党的建设上率先当好排头兵、推动达孜全面从严治党走深走实提供坚强纪律保障。

推动纪检监察工作高质量发展，是纪检监察机关在党的自我革命中担当职责使命的关键之举、决胜之要，做好新时代纪检监察工作必须坚定拥护“两个确立”、坚决做到“两个维护”。“两个确立”是党在新时代取得的重大政治成果，是党应对一切不确定性的最大确定性、最大底气、最大保证。我们要深刻把握“两个确立”的决定性意义，深化对“两个确立”的政治认同、思想认同、理论认同、情感认同，忠诚履行党章和宪法赋予的职责，坚定不移扛起“两个维护”政治责任，不断提高政治判断力、政治领悟力、政治执行力，把党的二十大作出的决策部署付诸行动、见于成效。必须准确把握思想精髓、全面抓好贯彻落实。党的二十大报告把加强党的全面领导贯穿全篇，我们要自觉把思想和行动统一到党中央对新形势的科学判断上来，深刻领会“全面从严治党永远在路上，党的自我革命永远在路上”的重大判断，深刻认识党风廉政建设和反腐败斗争的长期性、复杂性、艰巨性，深刻把握新征程赋予纪检监察机关的神圣使命，更加自觉投身新征程党的自我革命、全面从严治党伟大实践，推动区委二届二次全会精神落地落实。必须将自我革命进行到底、推进全面从严治党。勇于自我革命，关键在于保持正视问题的自觉，说到底是要解决党内存在的违背初心和使命的各种问题。我们要以“君子检身，常若有过”的态度来检视发现自身不足，做到知耻而后勇。次某某玛等人严重违纪违法问题，充分说明我区管党治党工作任重道远，必须刀刃向内、真刀真枪解决好党内存在的各类问题，清除损害肌体健康的病毒，涵养良好政治生态。

（一）坚持首善标准，做实政治监督，切实把捍卫“两个确立”的思想自觉转化为贯彻落实党的二十大精神的行动自觉。要聚焦“忠诚”这个根本，坚持把党的政治建设摆在首位，持续深学细悟习近平新时代中国特色社会主义思想，弘扬伟大建党精神，以服务“强中心”战略和“七大行动”为根本，在坚定捍卫“两个确立”、坚决做到“两个维护”上当好排头兵。要一以贯之坚守政治监督第一职责，紧跟习近平总书记重要讲话重要指示批示和党中央决策部署开展政治监督，围绕党的二十大精神贯彻落实、“十四五”规划推进实施、巩固拓展疫情防控和经济社会发展成果等重大决策部署跟进监督，聚焦对区委主要领导指示批示落实情况靠前监督，完善日常监督结果分析研判机制，确保决策执行不偏向、不变通、不走样。要紧盯“关键少数”，探索改进对“一把手”和领导班子监督方式，科学运用廉情抄告制，以发现和纠正政治问题为着力点，在线索处置中优先处置反映政治问题的线索，在党风廉政意见回复中优先审查政治方面的问题，在推进标本兼治中优先解决和整改政治问题。要持续严明政治纪律和政治规矩，加强对《关于新形势下党内政治生活的若干准则》落实情况的监督，提高党内政治生活质量，协助区委健全监督指导台账，对“七个有之”、违反民主集中制、政治信仰不坚定、巡视巡察反馈问题假整改等问题保持高度警觉，有力清除对党不忠诚不老实、阳奉阴违的“两面人”“骑墙派”。

（二）强化正风肃纪，从严落实中央八项规定，坚决纠治隐形变异“四风”问题。要大力实施“作风建设年”活动，弘扬党的光荣传统和优良作风，持续推动改进作风、狠抓落实工作在达孜落地见效。党员干部特别是领导干部要自觉与习近平总书记关于作风建设的要求对标对表，在严格遵纪执纪上带好头，在深入整改问题上带好头，在做到亲清交往上带好头，在推动建章立制上带好头，治本抓源、堵塞漏洞，从根子上铲除“四风”问题滋生土壤。要准确把握新时代落实中央八项规定精神的规律特点和工作要求，坚决整治形式主义、官僚主义，严肃查处空泛表态、应景造势、敷衍塞责、出工不出力等突出问题，大力整治“新官不理旧账”、责任层层“甩锅”、党员干部不担当不作为问题。要严防享乐主义和奢靡之风反弹，聚焦违规收受礼品礼金、违规发放津贴补贴或福利、违规公款吃喝、违规使用“三公”经费、违规操办婚丧喜庆事宜、违规管理使用目标绩效考核奖金等问题，聚焦领导干部违规占用周转房、拒不缴纳周转房租金等行为，聚焦私车公养、快递送礼、借培训考察名义公款旅游等隐形变异现象，深挖病因，对症下药。要对反腐一体问题深挖细查，从群众普遍关注、反映强烈和反复出现的问题出发，持续纠治教育医疗、养老社保、生态环保、安全生产、食药安全等领域腐败和作风问题，推动行业整治不断取得更大成果。

（三）坚持协同发力，完善全程治理，以零容忍态度将反腐败斗争进行到底。要深刻认识一体推进“三不腐”的核心要义，把反腐败斗争同党的政治建设、思想建设、组织建设、作风建设、纪律建设、制度建设贯通协同，发挥政治监督、思想教育、组织管理、作风整治、纪律执行、制度完善在防治腐败中的重要作用，注重一体推进，向协同要动力，以协同聚合力。要强化不敢腐的强大震慑效能，坚持“严”的主基调不动摇，紧盯政策扶持力度大、资源富集、资金密集的重点领域和关键环节，紧盯国有企业、政法系统、教育医疗等行业中重要岗位和重点人员，提高政治生态分析研判精准度，针对性开展整治修复，建立腐败预警惩治联动机制，坚决查处政治问题和经济问题交织的腐败，零容忍、无禁区，去存量、遏增量。要扎紧不能腐的刚性制度约束，抓住政策制定、决策程序、审批监管、执法司法等关键权力，开展制度建设现状大调研，全面摸清制度建设盲区和制度执行难点，实现对权力监督的有效覆盖。发挥反腐败协调领导小组职能作用，以党内监督为主导，推进各类监督有机贯通、相互协调，推动问题线索和案件办理实现信息共享。深化运用纪律检查建议书和监察建议书，建立“两书”督办回访工作机制，推动涉事部门或单位深化改革、完善制度、优化治理，做好执纪审查“后半篇文章”。要发挥不想腐的思想教育优势，加强新时代廉洁文化建设，持续更新《常用党内法规制度汇编读本》，帮助干部准确把握“惩治防”的辩证统一关系。坚持以案为鉴、以案促改，用好“清风达孜”网宣平台，组织开展留置室体验活动，强化反面警示教育针对性、时效性，督促党员领导干部带头抓好家教家风建设、管好家属子女。高度关注、着力防范腐败低龄化，压紧压实各级党委教育管理监督责任，帮助年轻干部扣好廉洁从政“第一粒扣子”，推动作风建设持续向好。

（四）站稳人民立场，回应群众关切，让群众获得感成色更足、幸福感更可持续、安全感更有保障。要拓展为群众办实事成果，完善群众点题、及时纠治、推动整改工作机制，强化对小微权力的监督制约，推进村（社区）“三资”管理、“组财村管”集体决策科学化制度化，健全群众参与监督机制。要加强对乡村振兴重点项目推进、各项惠民富民政策落实情况的监督检查，扎实开展惠民惠农财政补贴资金管理使用问题专项治理，严肃查处暗箱操作、权钱交易、截留挪用、吃拿卡要等问题。要常态化惩治涉黑涉恶腐败和“保护伞”，巩固深化扫黑除恶、政法队伍教育整顿成果，促进社会公平正义，保障群众合法权益。要着力优化营商环境，把政商交往情况纳入政治生态分析评估重要内容，加大力度整治领导干部违规参与民间借贷和经商办企业，对“雅贿”“影子公司”“影子股东”等隐性腐败和新型腐败问题“零容忍”，揪出招投标乱象、土地侵占流转背后搞非法利益勾结、侵吞国家利益的“内鬼”，构建“亲而有度”“清而有为”政商关系。

（五）总结经验不足，磨亮巡察利剑，推动构建市县一体联动巡察监督网。要加快补齐工作短板，认真对照市委巡察调研指导组反馈意见，详细总结区委一届以来巡察工作开展情况，从深、从细找准、找全巡察工作不足，针对性制定整改措施，确保问题整改到位、能力提升到位，努力打开巡察工作新局面。要科学谋划年内巡察任务，充分发挥巡察工作领导小组统筹协调职能，按照《达孜区委巡察工作规划（2022—2026年）》既定安排，着眼于一届任期内实现巡察全覆盖，科学制定2023年巡察工作任务，试行单位部门“一把手”担任临时巡察组组长制度，适当增加单轮巡察组次，年内至少开展2轮巡察工作。要建立权责清晰、衔接顺畅、协同高效的联动机制，加强与审计、两办督查等部门的交流互通，针对性确定巡察对象，拓宽巡察问题来源渠道，促进纪律监督、监察监督、审计监督、巡察监督“四位一体”有效衔接。要推动反馈问题真改实改，紧盯巡察对象民主（组织）生活会质量、巡察反馈问题整改等开展“回头看”，坚决整治整改不及时、整改不力、拒不整改等问题，推动政治巡察有形有效覆盖。

（六）坚持刀刃向内，敢于善于斗争，以永远在路上的政治定力锻造“四个绝对”纪检监察队伍。要把思想建设摆在首位，坚持组织系统“读书日”活动，引导和督促广大纪检监察干部深入学习贯彻落实党的二十大精神特别是习近平总书记的重要讲话和重要指示批示精神，巩固拓展党史学习教育成果，用党的创新理论武装头脑，淬炼自我革命锐利思想武器。要坚持以政治建设为统领，加强纪委常委会自身建设，严格落实民主集中制，组织开展对《关于加强新时代纪检监察干部监督工作意见》《中共拉萨市达孜区纪律检查委员会常委会工作规则》《拉萨市达孜区纪委监委机关工作规则》贯彻落实情况的监督检查，及时纠正有规不依、执法不严等问题。要紧跟内设机构改革步伐，完善乡（镇）片区协作机制，统筹优化机构配置和人员力量，加大选拔调配、轮岗交流、跟岗培训力度，常态化开展跟案学习、业务培训和实战历练，推动工作力量向监督执纪执法一线倾斜。要做到严管和厚爱相结合，开展纪检监察干部队伍教育整顿，切实加强全方位管理和经常性监督，深研系统运行各层级、各岗位、各环节风险点，经常性开展“自我检视”，严防“灯下黑”。

同志们，新征程已经开启，新蓝图正待实现。让我们更加紧密地团结在以习近平同志为核心的党中央周围，忠诚履职、勇毅前行、敢于斗争、敢于胜利，坚定不移全面从严治党，深入推进党风廉政建设和反腐败斗争，为达孜率先当好“七个排头兵”，顺利开启全面建设社会主义现代化新征程而团结奋斗。

拉萨市达孜区人民法院工作报告

——在拉萨市达孜区第二届人民代表大会第二次会议上

拉萨市达孜区人民法院院长　刘一麟

（2023 年 1 月 4 日）

2022 年主要工作

今年，极不平凡、记忆深刻。达孜区人民法院在区委坚强领导下，区人大及其常委会有力监督下，上级法院的积极指导和区政府、政协及社会各界的大力支持下，以习近平新时代中国特色社会主义思想为指导，持续学习深入贯彻党的十九大及历次全会精神、党的二十大精神、区市第十次党代会精神，区党委十届三次全会精神、拉萨市委十届四次全会精神，达孜区第二次党代会精神，捍卫“两个确立”，做到“两个维护”，紧紧围绕“四个创建”“四个走在前列”，争做“六个表率”“七个排头兵”，统筹主责主业、疫情防控、维护稳定等工作，为各族人民群众提供了公正高效权威的司法服务。全年审执结各类案件 576 件，结案 455 件，案涉标的额 10.73 亿余元。法官人均办案 64 件。

一、加强党的建设，从严管党治院

一是深入贯彻落实《中国共产党政法工作条例》及区党委实施细则，贯彻落实党组主体责任和党风廉政建设主体责任，落实重大事项请示报告制度，落实党的绝对领导。请示报告内设机构改革、重大案件等事项 13 项、案件 3 件。领导带头开展讲党课、“四联四包”等活动 21 次，院庭长办案 102 件。

二是践行新时代人才战略，不断提升理论武装水平、政治思想觉悟。通过读书班、知识分享等方式，学习领悟党的理论创新成果，过去五年和新时代十年伟大变革。班子成员积极领学宣讲，党员干部认真自学研讨。理论中心组学习 8 次，线下集体学习 36 次，交流发言 42 人次，撰写心得 68 篇，培训轮训 11 人次。党的二十大精神线上集中学习 39 次。加强人财物统管改革、干警职级晋升 10 人。

三是加强组织建设，强化政治功能，发挥战斗堡垒作用。完善党组、党支部的组织建设、政治建设，开展好主题党日、“三会一课”，落实“一把手”责任、一岗双责。召开党组会 19 次、党支部大会 8 次。开展“七一”唱红歌等主题党日 7 次。

四是始终以自我革命精神推进从严管党治院。常态化开展党史学习教育、队伍教育整顿、扫黑除恶斗争。开展改进作风狠抓落实活动，最高人民法院“两个确立”主题教育，“两正”“两思”教育。开展肃清孙立军、春新等流毒研讨，身边事教育身边人等各类警示教育 9 次，撰写剖析材料 26 份，个人承诺 78 份，约谈 3 名干警。

二、站稳人民立场，抓好主责主业

一是严惩刑事犯罪分子。办理刑事案件 22 件，其中涉未成年人案件 3 件 4 人。突出未成年人身心及权益保护，呵护关爱，但不矫枉过正。获全国维护妇女儿童权益先进集体称号。审理受贿罪、贪污罪案件各 1 件，落实全面反腐倡廉要求。

二是妥善处理民商事纠纷。办理民商事案件 281 件。召开专业法官会议 3 次，研究复杂疑难案件。优化流程提质增效，适用简易程序办案 128 件，小额诉讼程序办案 12 件，平均用时 59 天。编写民法典贯彻报告 1 篇，保护市场主体、优化营商环境、

弘扬社会主义核心价值观。

三是强化线上协作协同，加大线下查人找物，维护守信践诺当事人的合法权益。办理执行案件291件。到位金额1044万余元，发放司法救助金30余万元，与公安局联动布控被执行人50人次，限制高消费94人，纳入失信被执行人名单82人，拘留2人，罚款1人。向本辖区相关部门发出400余份协助执行通知。全年接收其他法院委托82件，本院委托97件，帮助城关、堆龙两家法院执行25件。

四是实质化解行政争议，融入地方诉源治理，加强府院联动和统筹协调。审理建院以来首例行政案件，行政机关负责人出庭应诉，人大代表和区直机关工作人员等旁听。办理拉萨市首例解除行政协议纠纷案，标的8.55亿元。

五是完善执法司法监督制约机制。加强人大、政协、纪委监委、上级法院、检察机关和社会监督，强化司法公开。向人大常委会汇报工作3次，检察长列席审委会1次。人大代表、政协委员、廉政监督员旁听2次。人民陪审员参审128件。网络直播庭审80件。中国裁判文书网公开裁判文书254件。

三、把握"两个大局"，服务"国之大者"

一是做实维稳工作。坚持总体国家安全观，确保政治安全，捍卫政权安全。落实案件排查、基层大接访、"7+1"举措等，确保党的二十大维稳安保等重大节点及日常的全面稳定，累计出动干警，车辆210余台次。制定维稳方案预案，岗位大练兵2次。排查涉黑涉恶及涉诉信访案件264件。审理"2·25"专案，推动基层社会治理法治化、规范化、制度化。

二是全力抗击疫情。全面按照区市党委、达孜区委安排部署抗疫。全院38人参加抗疫2760余人次，累计服务医护人员等各类人员4230余人，上门服务735户，送药、送物资超过2.8万余斤。党员、预备党员为群众办实事630余件。干警签订责任书38份，发布正面宣传材料92份，巡逻并宣讲政策14场次。能动履职，联系当事人82次，线上庭审11件，网上立案45件，在线调解8次，结案110件。

三是参与社会治理。认真开展桑珠林村"两违"专项整治工作、领导干部下基层大接访办实事等。认真开展南北山造林、大学生就业等结对包保工作，累计时长4100余小时，行程7500余千米，形成诉源治理报告1份、调研报告2份。1名结对大学生实现就业。走访调研排查群众361户，归纳问题10余项，大宣讲3次，解决实事3项。开展打击整治养老诈骗专项行动，反电信诈骗、反有组织犯罪等法治宣传12场。积极参与中铁十四局、南北山造林、桑珠林家具厂和木材市场群体纠纷化解，涉1290余名群众600余万元。

过去一年，法院人战疫情、保稳定、促发展，解纠纷、守公正、助和谐，用行动诠释初心使命，用汗水谱写忠诚担当。工作成绩的取得，根本在于习近平新时代中国特色社会主义思想的指导，在于区委的坚强领导、区人大及其常委会以及人大代表、政协委员的有力监督、区政府的大力关心支持；在于上级法院的精心指导、对口援助法院的无私援助以及社会各界的关注支持。在此，我代表达孜区人民法院表示衷心感谢并致以崇高敬意！

同时，我们在主责主业方面，存在长期未结案件，执行难度大的问题。工作统筹方面，存在业务与各类主题教育活动结合不紧密的问题。从严管党治党方面，严管与厚爱的方式方法需要进一步挖掘。服务法治国家建设方面，主动发挥作用还不够。这些问题，我们将认真加以解决。

2023年工作计划

把学习宣传贯彻党的二十大精神作为当前和今后一个时期的首要政治任务，聚焦使命任务、凝聚奋进力量，贯彻落实区党委十届三次全会、市委十届四次全会精神，坚决做到"两个维护"，切实推动改革发展稳定，防范化解风险挑战，坚定不移全面从严治党，实事求是、守正创新的落实好党中央、区党委、最高人民法院和市委、达孜区委各项决策部署，落实好"1+7"贯彻体系，推进人民法院各项工作取得实效。

一是抓好党的建设。以深入学习贯彻党的二十大精神为主线，切实抓好党的建设各项工作。认真落实市委"强中心"战略，牢记初心使命，表率担当作为，建好党支部，夯实桥头堡。抓好党建、党风廉政建设、意识形态建设、智慧法院及项目建设等。

二是抓好审执主业。始终站稳人民立场，不断推动国家治理体系和治理能力现代化，推动基层社会治理现代化。全面提升立审执、一站式建设、电诈及养老诈骗整治、人财物统管等工作质效。做好涉疫情、涉民生案件立审执工作。

三是抓好队伍建设。继续深入学习贯彻习近平新时代中国特色社会主义思想、《中国共产党政法工作条例》等，践行伟大建党精神，提高政治“三力”，落实新时代党的治藏方略，以高度政治自觉，积极履职尽责，抓实疫情有效防控，抓好党员干部、干警队伍素质提升工作。

新征程上，达孜法院将更加紧密地团结在以习近平同志为核心的党中央周围，高举习近平新时代中国特色社会主义思想伟大旗帜，坚决执行本次大会决议，踔厉奋发，为建设社会主义现代化达孜提供更加坚强有力的司法保障。

拉萨市达孜区人民检察院工作报告

——在拉萨市达孜区第二届人民代表大会第二次会议上

拉萨市达孜区人民检察院检察长 强巴卓玛

（2023 年 1 月 4 日）

2022 年工作回顾

2022 年，在区委和上级检察院的坚强领导下，在区人大及其常委会的有力监督下，在区政府的大力支持、区政协民主监督和社会各界的关心支持下，达孜区人民检察院坚持以习近平新时代中国特色社会主义思想为指导，深入贯彻党的十九大和十九届历次全会及中央第七次西藏工作座谈会精神，深入贯彻落实习近平法治思想和习近平总书记关于政法工作、西藏工作的重要论述，严格按照区市第十次党代会部署，聚焦“四件大事”“四个确保”，锚定“四个创建”“四个走在前列”，率先当好“七个排头兵”，以党的二十大为主线，依法能动履职，各项工作取得新成效。

全年共办理各类案件 353 件，其中办理刑事案件 52 件，民事检察案件 17 件，行政检察案件 13 件，公益诉讼检察案件 271 件，“四大检察”业务结构比为 15∶5∶4∶76，“案－件比”为 1∶1.14。

一、服务大局，以检察履职助推高质量发展

——坚决维护社会稳定。积极做好防风险、控重点、排隐患工作，切实做好维护稳定工作，全体干警签订带班值班责任书，严格执行 24 小时带班值班制度，参与维稳备勤、巡逻、执勤工作，开展应急处突演练活动，检察长深入联系点开展各项工作。

——筑牢抗疫第一防线。疫情防控期间，全体干警积极响应号召，向组织递交 20 份抗疫请战书，在近 4 个月的时间内，先后出动干警 24 人次投身达孜区、城关区及堆龙德庆区疫情防控工作。同时为助力我区复工复产，联合相关部门对超市、药店等开展公益诉讼监督检查。

——助力市域社会治理。深化“少捕慎诉慎押”理念，不批准逮捕 5 件 5 人，不起诉 3 件 3 人。结合“两正”“两思”教育改进作风狠抓落实，开展领导干部下基层大接访办实事活动，宣讲各级会议精神和党的惠民政策等 20 余次，入户 80 户 240 人次，化解矛盾纠纷 30 余次。开展领导干部常态化“四联四包”，入户 79 户，填写“一户一档”88 册，对易致贫返贫监测户进行帮扶慰问，收集群众意见 19 条。深入村（居）、学校、军营、寺庙开展各类法治宣传 20 余场次，发放宣传资料 8000 余份。

二、深化监督，以检察履职维护公平正义

——“高质高效”开展刑事检察。受理刑事案件 31 件 42 人，其中受理审查逮捕案件 8 件 10 人，不批准逮捕 5 件 5 人；受理审查起诉案件 23 件 32 人，提起公诉 20 件 27 人，不起诉 3 件 3 人，附条件不起诉 1 件 1 人。制发《侦查活动监督通知书》3 份、《纠正违法通知书》3 份；检察长列席审委会 1 次。

——“精准发力”做好民事检察。办理民事检察案件 17 件。依职权办理民事监督案件 13 件，对案件存在的问题向同级人民法院发出检察建议 1 份；积极办理民事支持起诉案件 4 件，帮助群众追索劳务费共 811 万余元，其中我院通过民事支持起诉方式帮助章多乡 878 名群众追索劳务费 536 万元，被《法治日报》《西藏检察》等媒体宣传报道，并

被最高人民检察院选为典型案例。

——“着力攻坚”抓实行政检察。调阅行政机关处罚案件材料30卷，立案13件，针对案件中存在的行政处罚程序违法、文书制作不规范等问题发出检察建议2份。

——“稳中求新”优化公益诉讼检察。坚持“双赢多赢共赢”理念，摸排公益诉讼案件线索129件，其中，生态环境和资源保护领域53件，食品安全领域66件，国有土地使用权出让1件，安全生产领域3件，未成年人保护领域6件。立案调查59件，制发诉前检察建议4份。由我院提起刑事附带民事公益诉讼非法捕捞水产品一案，被告人缴纳生态补偿金并在媒体上公开赔礼道歉，被《西藏商报》《西藏日报》《网信西藏》《西藏检察》等媒体宣传报道，并被选入全国检察机关公益诉讼“好案件”；开展“守护美好生活”公益诉讼专项监督20余次，督促清理建筑垃圾和生活垃圾200余吨，清理回收废弃农膜45吨，涉及面积9646亩。积极落实“四号检察建议”，办理窨井盖案件3件，制发诉前检察建议1份；办理涉河湖领域行政公益诉讼案件2件。

三、关注民生，以检察履职体现司法温度

——关爱守护未成年人健康成长。落实未成年人刑事案件集中统一办理的规定，共受理未成年人犯罪刑事案件10件11人，起诉5件6人；坚持教育感化挽救方针，不批捕3件3人，不起诉1件1人，附条件不起诉1件1人，侦查活动监督2件，对未成年被害人开展专业心理疏导4次。办理未成年人保护公益诉讼案件6件，制发诉前检察建议1份；以检察长及检察官担任法治副校长开展法治讲座2次，受教育学生300余人，发放宣传资料300余份；组织开展检察开放日活动1次。

——以检察公开促公正赢公信。利用“12309”检察服务中心，检察长接待7次，依法接待群众来信来访10件，七日内程序回复率和三个月实体答复率均达100%。聘请24人担任我院听证员和特邀检察官助理，组织公开听证会2件。办理一起司法救助案件，发放司法救助金4万元。向社会公开案件程序性信息35件、法律文书17份，发布重要案件信息14条。编发“两微一端”信息1700余条。

四、从严治检，以检察履职锻造检察铁军

——筑牢政治忠诚。政治理论学习130余次，撰写心得体会和研讨稿100余份，检察长、班子成员上党课、理论宣讲10余次，参加上级院培训和业务讲座100余场次。开展主题党日活动12次，召开班子民主生活会和支部组织生活会2次，签订各类承诺书160余份。

——优化政治生态。持续巩固政法队伍教育整顿成果，专题研究部署党风廉政建设和意识形态工作3次。严格执行“三个规定”，填报重大事项11次220人次，报告过问干预案件记录15次。对上级检察机关内部监督检查制定整改措施10条，均已整改完毕。

——强化政治规矩。积极向区委和上级检察院请示报告工作7次，向人大及其常委会报告3次。召开党组会27次，研究决定重大事项73项。召开检委会8次。

各位代表，2022年，我院用实际行动践行着检察人的初心使命，踔厉奋发、勇毅前行，在各项工作中取得了一定成绩，获得了2021年度达孜区“目标绩效考核”一等奖，达孜区“巾帼文明岗”先进集体，达孜区“两规”实施先进个人，拉萨市2021—2022年度“青少年维权岗”，在全市第三届优秀公诉人业务竞赛和首届公益诉讼竞赛中荣获7项荣誉。我们深知，成绩的取得，离不开区委和上级院的正确领导，离不开区人大的依法监督，离不开区政府的大力支持和区政协的民主监督，离不开各位代表、社会各界和人民群众的关心支持。在此，我代表达孜区人民检察院表示衷心的感谢！

回顾一年来的工作，还存在一些短板和弱项：一是党建工作和业务工作的融合还不够密切；二是学思践悟习近平法治思想，助力全面建设社会主义现代化新达孜的精准度、契合度、贡献度还不够突出；三是队伍业务能力、基础建设和信息化建设等还不能完全适应新形势下检察工作的需要。对此，我们将狠下功夫，解难题、开新局。

2023年工作安排

2023年，我院将全面深入学习贯彻党的二十大

精神，坚持以人民为中心的发展思想，以“清单式管理、项目化推进、标准化考核”和“一围绕、两聚焦、四提升”的检察工作思路为抓手，以“求极致”精神，扎实履行法律监督职能，全力服务保障达孜高质量发展。

一是高举伟大旗帜，扎实履行职责。始终高举习近平新时代中国特色社会主义思想旗帜，全面贯彻习近平法治思想，不折不扣坚持捍卫“两个确立”、坚决做到“两个维护”，把党对检察工作的绝对领导，贯穿于检察履职全过程，积极探索强化法律监督职能新途径，推动“四大检察”全面充分均衡发展。

二是增强责任意识，助力社会治理。始终把捍卫国家政治安全放在首位，强化维护稳定措施，不断提高防范化解重大风险能力，积极推进常态化扫黑除恶斗争，更加规范落实好少捕慎诉慎押刑事司法政策和认罪认罚从宽制度，最大限度减少社会对立面，更加注重以制发检察建议推动诉源治理。

三是提升担当意识，践行为民宗旨。民事检察监督出实招，行政检察监督更深入，让群众在检察监督中感受到公平正义。持续办好检察为民实事，常态化抓实群众信访“件件有回复”、未成年人检察司法保护，开展好公开听证、支持起诉、司法救助等工作，强化普法责任，不断提升联系沟通群众，解决疑难问题的水平，让人民群众的获得感、幸福感、安全感明显提升。

四是做实公益诉讼检察，守护群众美好生活。大力助推生态文明建设，完善生态环境执法和检察公益诉讼衔接机制，协同办理生态环境和资源保护领域公益诉讼案件，坚持将恢复性司法理念贯穿生态检察全过程，打通生态保护“最后一公里”。加强食品药品安全领域监督工作，守护人民群众“舌尖上的安全”。

五是从严管党治检，打造检察铁军。贯彻落实新时代党的建设总要求，加强党的建设与检察工作深度融合，把“党建红”引领“检察蓝”贯彻到检察工作各方面，不断提高干警的职业素养和专业化水平，打造堪当民族复兴重任的检察铁军。

各位代表！勇担使命葆初心，砥砺奋进开新局。在新的历史起点上，我们将更加紧密团结在以习近平同志为核心的党中央周围，学习宣传贯彻党的二十大、区党委十届三次全会、市委十届四次全会精神、达孜区委二届二次全会和本次会议精神，加强法律监督工作，为全面建设社会主义现代化新达孜贡献检察力量。

达孜区人民检察院工作报告有关用语说明

1.《中共中央关于加强新时代检察机关法律监督工作的意见》：党中央就检察机关法律监督工作专门印发《意见》，充分彰显了以习近平同志为核心的党中央深入落实全面依法治国的坚定决心，体现了党中央对党和国家监督体系建设特别是检察机关法律监督工作的高度重视，是习近平法治思想在检察机关法律监督工作中的具体体现，是当前和今后一个时期加强党对检察工作领导纲领性文件。

2.“四大检察”：最高人民检察院党组书记、检察长张军在2019年1月3日新闻发布会答记者问中，将检察职能系统地划分为刑事、民事、行政和公益诉讼四大检察。

3.“十大业务”：是指普通刑事犯罪检察业务、重大刑事犯罪检察业务、职务犯罪检察业务、经济金融犯罪检察业务、刑事执行和司法渎职侵权检察业务、民事检察业务、行政检察业务、公益诉讼检察业务、未成年人检察业务、控告申诉检察业务。

4. 少捕慎诉慎押：2021年4月，最高检《“十四五”时期检察工作发展规划》强调落实“少捕慎诉慎押”，所谓少捕，是指在刑事诉讼中应当尽量少逮捕人，并且严格将逮捕措施限定为确保刑事诉讼顺利进行的一种预防性措施，使非羁押诉讼成为刑事诉讼的常态。所谓慎诉，是指从严掌握刑事案件进入审判程序的实体条件和证据标准；对于符合起诉条件的案件，如果检察机关根据案件事实、情节以及犯罪嫌疑人的具体情况和认罪认罚态度，认为不起诉更加有利于维护公共利益和犯罪嫌疑人、被害人的合法权益，有利于促进经济社会发展和修复社会关系的，尽量适用不起诉手段终止诉讼。所谓慎押，是指在少捕的基础上，通过落实捕后羁押必要性审查制度等，保障被逮捕人及其法定代理人、近亲属和辩护人申请变更或者解除强制措施的诉讼权利，尽量缩短审前羁押期限，减少审前羁押人数。

5. 案－件比：2019 年 4 月 9 日，最高人民检察院张军检察长在检察领导干部业务讲座上首次提出“案件比”这一全新办案质量评价指标概念。所谓“案”，是指发生在人民群众身边的具体案件；所谓“件”，是这些具体的案件进入司法程序后所经历的有关诉讼环节统计出来的件。“案件比”即指“案”与“件”数的比率，作为一项办案质量评价指标，最佳的“案件比”是 1∶1，“案”与“件”之比中“件”的数量越高，意味着司法资源付出越多，办案政治效果、法律效果、社会效果越差。

6. 认罪认罚从宽制度：是指犯罪嫌疑人、被告人自愿如实供述自己的犯罪，对于指控犯罪事实没有异议，同意检察机关的量刑意见并签署具结书的案件，可以依法从宽处理。

7. 侦查监督：人民检察院对公安机关的侦查活动是否合法依法实行监督。

8. 立案监督：人民检察院对公安机关的立案活动是否合法进行的监督。

9. 民事检察：民事检察是检察机关为保障民事法律统一正确实施而进行的法律监督，主要包括对民事生效判决、裁定、调解书的监督、对执行活动的监督、对审判程序中审判人员违法行为的监督以及支持起诉四项工作。

10. 行政检察：行政检察是通过对人民法院行政审判、执行和行政行为的法律监督，维护法律统一正确实施，维护宪法、法律的权威，维护社会公平正义。包括：行政诉讼监督、行政非诉执行监督、行政争议实质性化解、行政违法行为监督。

11. 检察公益诉讼：是通过依法独立行使检察权，督促行政机关依法履行监督管理职责，支持适格主体依法行使公益诉权，维护国家利益和社会公共利益，维护社会公平正义，维护宪法和法律权威，促进国家治理体系和治理能力现代化。其法定领域包括生态环境和资源保护领域、食品药品安全领域、国有财产保护领域、国有土地使用权出让领域、英雄烈士保护领域、未成年人保护领域、军人地位和权益保障领域、安全生产领域、个人信息保护领域、反垄断领域、反电信网络诈骗领域、农产品质量安全领域、妇女权益保障领域。

12. 民事支持起诉：是指人民检察院对民事权益受到侵害的当事人，经有关行政机关、社会组织等依法履职后合法权益仍未能得到维护，具有起诉维权意愿，但因诉讼能力较弱提起诉讼确有困难或惧于各种原因不敢起诉的，人民检察院可以支持其向人民法院起诉并参与诉讼的活动。

13. 公益诉讼诉前检察建议：是指人民检察院在履行职责中发现生态环境和资源保护、食品药品安全、国有财产保护、国有土地使用权出让等领域负有监督管理职责的行政机关违法行驶职权或者不作为，致使国家利益或者社会公共利益受到侵害的，应当向行政机关提出检察建议，督促其依法履行职责。行政机关应当在收到检察建议书之日起 2 个月内，依法履行职责，并书面回复人民检察院。出现国家利益或者社会公共利益损害继续扩大等紧急情形的，行政机关应当在 15 日内书面回复。

14. 未成年人刑事案件集中办理：拉萨市人民检察院下发的《关于调整拉萨市检察机关未成年人检察部门（办案组）案件受理范围的通知》（拉检八部〔2021〕5 号），拉萨市检察机关涉未成年人刑事、民事、行政、公益诉讼、刑事执行监督案件统一归口由未成年人检察部门（办案组）办理。达孜区人民检察院集中办理堆龙德庆区、达孜区、林周县、曲水县、墨竹工卡县、尼木县、当雄县所辖的涉未成年人刑事、刑事执行监督案件。

15. “四号检察建议”：2020 年 4 月 28 日，最高人民检察院向住房和城乡建设部提出关于城市窨井盖（以下简称“井盖”）因缺失、损坏变形、松动、错位等原因造成人员伤亡的检察建议，主要包括重视井盖管理工作、进一步压实安全责任、推动管理创新以及提升社会参与度等方面的建议。

16. 纠正违法通知书：是指人民检察院在审查批捕、审查起诉或出席法庭活动中，发现公安机关的侦查活动或人民法院的审判活动有违法情况时，为纠正违法行为，向公安机关或人民法院提出纠正意见而制作的司法文书。

17. 检察听证：是人民检察院对于符合条件的

案件，组织召开听证会，就事实认定、法律适用和案件处理等问题听取听证员和其他参加人员的案件审查活动。听证会上的评议意见是检察机关依法作出最终审查结论的重要参考。

18. “12309”检察服务中心：主要运用实体、热线、网络三大检察为民服务平台，公开重要案件信息、法律文书，受理人民群众控告、申诉事项，受理案件程序性信息查询、辩护与代理预约、国家赔偿、国家司法救助等事项，收集、反馈人民群众意见建议，提供法律咨询服务。群众可以通过“12309”网站、“12309”检察服务热线（电话）、“12309”移动客户端（手机APP）和“12309”微信公众号了解案件办理情况或反映问题。

19. “三个规定”：2015年，中共中央办公厅、国务院办公厅、中央政法委、两高、三部，为贯彻落实十八届四中全会决定，先后印发《领导干部干预司法活动、插手具体案件处理的记录、通报和责任追究规定》《司法机关内部人员过问案件的记录和责任追究规定》《关于进一步规范司法人员与当事人、律师、特殊关系人、中介组织接触交往行为的若干规定》，严禁领导干部插手干预司法，司法机关内部人员过问案件，司法人员与当事人、律师等不当接触交往，如有违反规定的，司法人员都要主动记录报告，并进行通报和责任追究，统称“三个规定”。

20. “两微一端”：微博、微信和新闻客户端。

拉萨市达孜区2022年国民经济和社会发展计划执行情况与2023年国民经济和社会发展计划的报告

——在拉萨市达孜区第二届人民代表大会第二次会议上

拉萨市达孜区发展和改革委员会主任 杨俊杰

（2023年1月3日）

一、2022年国民经济和社会发展计划执行情况

今年以来，面对严峻复杂的内外部环境，艰巨繁重的改革发展任务，特别是新冠肺炎疫情的严重冲击，在区委、区政府的正确领导下，全区上下坚持以习近平新时代中国特色社会主义思想为指导，全面贯彻党的十九大和十九届历次全会精神以及党的二十大精神，紧紧围绕高质量发展各项目标，深入贯彻落实新发展理念，全力“当好七个排头兵”，统筹疫情防控和经济社会发展，全区经济呈现稳中求进态势。

全年实现地区生产总值22.74亿元，一般公共预算收入完成2.38亿元，农牧民人均可支配收入完成21529元，完成社会消费品零售总额4.43亿元。

（一）疫情防控有力有序，稳经济政策措施落实到位。坚决落实“外防输入、内防反弹”总策略和“动态清零”总方针，及时有效处置局部聚集性疫情，有效落实保供稳价，调拨储备大米、面粉、清油290.89吨，保障群众正常生活秩序。切实贯彻落实稳经济政策措施，兑现困难群众一次性生活补贴49.74万元，减免房租、地租共计272.09万元，落实留底退税98户9586.25万元，减免各类税费19326.21万元，减免水电费、网费144.24万元，发放外来务工人员临时性补贴121.06万元，兑现高校毕业生一次性创业启动资金27人次162万元，一次性求职创业补贴114人63.27万元。

（二）产业质效不断提升，高质量发展后劲有效增强。完成播种面积8.375万亩，牲畜存栏71404头（只、匹），肉奶蛋产量达到2.59万吨。新型经营主体培育成效突出，全区合作社达到347家，注册资金超过1.5亿元，吸纳社员2400余人。起草促进产业发展政策，全面启动“十四五”工业园区循环化改造，云上达孜工业旅游景区顺利创建为国家工业旅游示范基地。完成工业总产值3.66亿元，完成税收7.86亿元。叶巴村成功申报全国第二批三星级地质文化村。全年旅游接待人数26.11万人次，实现旅游收入827.37万元，其中林卡经济收入393.12万元，带动农牧民增收849人次。

（三）城乡发展协同推进，东翼新城建设取得突破。编制完成《达孜城区控制性详细规划调整方案》，为打造东翼新城指明方向。佳禾·阳光绿洲、虎峰城市广场、盛世未来城房等地产项目陆续开工，燃气管网铺设19.4千米，市政基础设施不断完善，城镇功能得到有效提升。组织开展乡镇国土空间规划编制，有序推进“美丽乡村·幸福家园”建设，完成德庆镇棚户区改造、章多乡国道318至章多村5、6组公路工程等项目。

（四）乡村振兴有效衔接，脱贫攻坚成果不断提升。推进乡村振兴项目19个，总投资1.7亿元。加

强人才队伍保障，现有农牧业生产经营、乡村振兴专干人才等 1314 人。加强困难人员帮扶，核实“三类”人员困难群众 73 人，发放生活补贴 8.6 万元。强化建档脱贫人员收支动态监测，建档立卡户脱贫户人均纯收入 18881.35 元，同比增长 14.36%，无返贫户，脱贫成果进一步得到巩固。

（五）坚定实施扩大内需，经济发展后劲加快积蓄。切实落实重点项目包保机制，2022 年全区固投项目开复工 52 个，盛世未来城、朗热酒庄等重大项目开工建设。积极推进消费复苏，加强“助企惠民·悦享消费”活动的宣传，促进零售百货、餐饮、家居家电等行业复商复市。继续执行 A 级景区西藏常驻居民免收旅游门票优惠政策。全年完成招商引资项目 13 个，项目协议投资 75.41 亿元，累计到位资金 10.17 亿元。

（六）民生保障持续发力，民生福祉得到有效改善。落实“三包”助学金 1088.74 万元，落实营养经费 202.07 万元。投资 806.5 万元的新仓村、巴嘎雪村幼儿园建设项目有序推进。推进医共体建设，逐步推进“14 个统一任务”，基本完成“人、财、物”的统一。实现城镇新增就业 1089 人，登记失业率控制在 5% 以内。实现农牧民转移就业 10612 人，开展职业技能培训 47 期 1956 人。2022 年应届高校毕业生就业 346 人，兑现高校毕业生业创业补贴资金 698.02 万元。兑现城乡低保金、特困人员供养金 397.45 万元。

（七）生态环境巩固优化，绿色低碳发展速度提升。推进乡村四旁植树造林、南北山造林绿化等项目，种植林木 121.58 万余株。“河长”累计巡河 547 次，清理河道垃圾 390.36 吨。德庆镇德庆村 5、6 组生活污水收集处理设施项目投入使用。全区集中式饮用水水质达到Ⅱ类标准，主要江河湖泊水质均达到或优于Ⅲ类标准，无城市黑臭水体，主要城镇环境空气质量整体保持优良。

（八）深化改革扎实有序，发展内生动力有效激发。规范管理政务服务中心，开展窗口服务评价 30.44 万件，满意率达 100%。持续优化审批程序，新登记市场主体 689 户，健全完善“不见面网上办”机制，全程电子化审批达 75% 以上。推进农村土地经营权流转，全区耕地流转近 14998 亩。试点推进农牧业种植、除草植保、收割社会化服务，有效提高老百姓收入和出村打工率。

各位代表，在肯定成绩的同时，我们也要清醒地认识到，我区经济社会发展还存在一些短板弱项，主要表现在：经济总量降幅收窄，部分经济指标出现下降；产业结构优化不够，农牧产品还处于粗加工阶段，高精尖企业缺乏，现代化服务业发展缓慢；公共服务体系还不健全，公共卫生应急保障方面还存在较大短板。对这些问题，我们需要高度重视，采取有效措施切实加以解决。

二、2023 年国民经济和社会发展指导思想、主要目标和重点任务

2023 年是全面贯彻落实党的二十大精神的开局之年，是“十四五”规划承上启下的关键之年，我们要始终团结在以习近平总书记为核心的党中央周围，坚持以习近平新时代中国特色社会主义思想为指导，全面贯彻落实党的二十大精神，坚持稳中求进总基调，增强忧患意识，坚持底线思维，聚焦“四个创建”、聚力“四个走在前列”，全力当好“七个排头兵”，贯彻新发展理念，加快构建新发展格局，贯彻落实拉萨市关于“强中心”战略和“七大行动”决定，着力推动高质量发展，不断推动达孜经济社会健康稳定发展。

2023 年主要经济目标是：地区生产总值增长 8.5%；农村居民人均可支配收入增长 13%；社会消费品零售总额增长 8%；规上工业增加值增长 8.5%；一般公共预算收入保持平稳增长；新增城镇就业 1.37 万人次，城镇调查失业率控制在 5.5% 以内。

围绕以上目标任务，我们要全力做好以下几方面工作：

（一）统筹疫情常态化下的经济发展。切实落实各项疫情防控优化措施，做好适宜人群疫苗接种查漏补缺和加强免疫接种工作，加快构建全民免疫屏障。坚决贯彻落实中央、区市出台的稳经济增长政策和配套措施，切实聚焦减税降费、刺激消费、保通保畅、复工复产、民生保障等问题，及时将各类帮扶措施及补助资金落实到位，全力释放政策效应，切实兜牢民生底线，帮助企业复工复产，有效推动

经济社会稳定发展。

（二）加快构建现代产业体系。尽快出台产业投资发展优惠政策措施，大力招引科技型创新型企业和成长型中小企业，加快高新技术产业在工业园区集聚。结合新城区建设和房地产开发，加快虎峰城市广场等商贸综合体建设，持续推进电子商务进农村综合示范区建设，积极搭建电商平台，完善城乡电商网点布局。大力推进文旅融合发展，依托文化产业资源，积极打造乡村旅游示范村。加强与其他省市开展文旅线上线下合作推介，积极打造线上线下融合的新型发展模式。

（三）推进内外需求协同发力。持续推进重点项目包保机制，做好朗热酒村、区市粮食和应急物资储备库等 2023 年重点项目的保障工作，尽早谋划“十四五”规划中期调整工作，争取更多项目落实落地。落实好餐饮、零售、旅游、交通运输等行业帮扶措施，促进消费持续恢复。着力培育壮大智慧零售、智慧旅游等消费新模式。继续将高原特色生物产业、藏医药产业、现代服务业、高新技术产业等作为重点招引对象，不断完善企业服务水平，让企业能进的来、留得住、留的久。

（四）加强城乡统筹协调发展。大力推进跨河燃气管网、滨河路、达孜西桥等基础设施项目进度，完善城镇污水收集处理设施建设，增加污水处理设施建设和覆盖范围，补齐基础设施短板。守住防止返贫底线，确保不发生规模性返贫和新致贫问题。大力实施乡村建设行动，持续深入实施“美丽乡村·幸福家园”建设，完善道路交通、农田水利、防洪灌溉等基础设施。加快农牧业基础设施项目进程，加强农业供给侧结构性改革，调整优化农业结构，提高农作物产量，夯实粮食安全根基。

（五）加大推进深化改革创新。持续深化财政预算管理制度改革，实施全面预算绩效管理，继续推进农村经济体制改革，林权改革，切实增强“三农”工作的动力和活力，继续试点并扩大农业社会化服务试点范围，不断提升农牧民群众收入水平。持续深化“放管服”改革，扎实推进“一网通办”，开辟绿色通道，加强指导、全程帮办、容缺受理、特事特办。进一步优化登记审批服务，加强智能审批机的运用。持续开展反不正当竞争执法、公平竞争审查等工作，不断优化市场运行环境。

（六）持续推进绿色健康发展。抓好重点行业节能改造，推动企业生产高耗能设备能效提升改造。加快推进绿色节能机关宣传和创建工作，倡导绿色低碳文明出行。加快推进垃圾转运站、再生资源分拣中心等环保项目的申报工作，积极推进“无废城市”建设。持续推进山水林田湖草沙冰一体化保护和修复，加快推进白纳沟生态清洁小流域建设，完成南北山绿化 2.7 万亩造林。全力推进中央生态环保督察反馈问题整改销号，对整改完成问题跟踪督查，严防反弹现象发生。

（七）更好保障改进民生福祉。建立更加有序的公共就业服务体系，确保实现高质量就业。抓好应届高校毕业生就业创业政策补贴工作，促进毕业生市场化社会化就业。继续做好“双减”工作。全力推进第二小学和邦堆乡幼儿园整体搬迁等项目前期工作，加快实施乡村幼儿园维修改造。持续推进医共体建设，实现优质资源下沉，提升资源使用效率。严格落实安全生产十五条硬措施，继续做好消防、森林防火等工作。加快粮食和应急物资增储，保障应急物资供应。

各位代表，2023 年经济社会发展工作任务艰巨，意义重大，我们要进一步团结在以习近平同志为核心的党中央周围，坚持以习近平新时代中国特色社会主义思想为指导，深入贯彻落实党的二十大精神，发扬知难而进、迎难而上的奋斗精神，清单化闭环式抓好各项任务落实，齐心协力、砥砺奋进，为全面建设社会主义现代化新达孜而不懈奋斗。

拉萨市达孜区2022年财政预算执行情况和2023年财政收支预算的报告

——在拉萨市达孜区第二届人民代表大会第二次会上

拉萨市达孜区财政局

（2023年1月3日）

一、2022年财政预算执行情况及主要工作

2022年，坚持以习近平新时代中国特色社会主义思想为指导，深入贯彻党的二十大精神，在区委、区政府的坚强领导下，在区人大及其人大常委会的监督指导下，在面临国内外经济下行、减税降费政策及新冠肺炎疫情等因素的叠加影响下，锚定“四件大事”“四个确保”，聚焦“四个创建、四个走在前列”，对标对表当好“七个排头兵”，充分发挥财政工作职能，有效实施稳住经济大盘一揽子措施，统筹疫情防控和经济社会发展，为达孜长治久安和高质量发展提供了坚实保障。

（一）2022年财政预算执行情况

经达孜区一届人大第六次会议批准，2022年度全区财政总财力272323.77万元，其中，一般公共预算财力268234.93万元，政府性基金预算财力3888.94万元，国有资本经营预算财力199.9万元。

在年度预算执行过程中，根据财力变化，经达孜区第二届人大常委会第一次会议审查批准，2022年上半年区财政总财力289837.33万元，其中一般预算公共财力283141.22万元、政府性基金预算财力6496.21万元、国有资本经营预算财力199.9万元。到年底全区财政总财力达到305933.03万元，比上年决算增加14149.03万元，增长4.85%。一般公共预算财力达到301506.25万元，增长4.24%，其中，一般公共预算收入完成23761.92万元；一般公共预算支出完成124100万元、上解支出204.11万元、调入预算稳定调解金166502.14万元、直达资金结转下年10700万元，年内实现收支平衡，略有结余。政府性基金预算财力达到4083.93万元，增长75.8%，其中，政府性基金收入完成2243.05万元，增长119.69%；政府性基金预算支出完成723.62万元；结转支出3360万元。国有资本经营预算财力达到342.85万元，其中，国有资本经营预算收入完成143.24万元；调入一般公共预算43万元；国有资本经营预算未支出；结转支出342.85万元。

以上财政收支决算执行数待拉萨市财政局审核批复后，将专题向区人大常委会报告。

（二）2022年财政重点工作情况

1.聚焦扎实稳经济的一揽子政策，多措并举助力经济复苏发展。全区累计退税减税降费9586.25万元（其中本级财力影响留底退税金额4768.88万元），约占全区增值税留抵退税额的50%左右。减免承租国有房屋从事生产经营的小微企业和个体工商户74户，全区累计减免房屋资金226.53万元。分三批实施外来务工人员临时性补助121.055万元（每人每天50元）。完成兑现达孜区73户“三类人员”每人一次性生活补助1200元共计8.6万元（71户1200元,2户400元）；已完成承租个人非集体土地544户土地租赁金财政补贴45.56万元。投入资金150万元用于“助企惠民·尽享消费”活动。

2. 聚焦服务供给，点面共进深化民生福祉。一是全年教育经费投入 8906 万元，占上一年财政收入的 20%，主要用于完善教育经费保障机制，逐步提高教师生活待遇和教育基础设施建设；二是坚持人民至上、生命至上，全年卫生健康事业经费投入 8280.12 万元，及时建立疫情防控资金保障机制，畅通防疫物资采购渠道，全面落实疫情隔离防控费用、一线医务人员临时性工作补助、防疫物资采购经费、方舱医院改造完善、新冠病毒疫苗接种等，全力支持打赢疫情防控阻击战；三是投入 943.74 万元，用于职业年金实账资金利息及财政全额供款机关事业单位退休人员虚账做实资金；四是投入资金 27.21 万元，用于发放城乡居民基本养老保险金；五是投入资金 516.74 万元，用于发放城乡最低生活保障金、城乡特困人员救助；六是投入资金约 8500 万元，主要用于支持达孜区林卡经济、扎叶巴村藏民宿旅游、旅游厕所、夏拉沟旅游景区基础设施、白纳村旅游振兴等项目建设；七是投入建设资金 11750 万元（含基金），主要用于支持达孜区林阿村人居环境整治项目、达孜区幸福社区（三岩搬迁点）附属设施搬迁提升工程、保障性住房专项维修等重点项目，不断优化城乡居住环境，提升人民群众的获得感和幸福感；八是坚持农业农村优先发展，支持巩固拓展脱贫攻坚成果同乡村振兴的有效衔接，投入资金 1.7 亿元，用于“美丽乡村 · 幸福家园”项目建设、政策性农业保险保费补贴等，促进“三农”事业高质量发展；九是统筹整合财政涉农资金 1.7 亿元，支持产业发展，生态环境保护等 19 个项目建设，稳步推进脱贫攻坚与乡村振兴有效衔接；十是落实就业保障金 1073.4 万元用于高校毕业生就业补贴；十一是政府购买人员投入资金 4460.97 万元，用于公益性岗位补贴、“三岩片区”易地搬迁人员补贴、“三支一扶”人员补贴等；十二是落实党建经费 410 万元，大力支持党员培训和教育管理、村干部补贴、“三老”人员生活补贴、村干部基本报酬等方面，努力提升党建工作建设。

3. 聚焦改革创新，不断提升财政管理水平。一是根据拉萨市财经秩序专项整治行方案要求，结合财经秩序专项整治事项存在的问题先后召开 13 次会议进行逐项分析、逐项安排、逐项落实，完成在以财政支出方式实施与企业缴纳税收挂钩的返还政策方面、结转结余资金未及时收回方面、虚列支出方面的整改。二是将公务接待经费开支和使用情况专项检查作为一项重要工作狠抓落实，成立专项检查工作小组，召开 5 次专题会议，分析研究自查中发现的问题。对涉及接待无公函、超标准接待、未按规定缴纳伙食费方面已全部整改完成。三是全面推进预算绩效管理改革，促进财政资源配置优化、财政资金使用合理有效。建立健全事前评估、事中监控、事后评价“全链条”机制，完善绩效指标评价体系。四是完成全区 68 家预算单位在人大会议批准后 20 日内，在达孜区政府门户网站上预算公开工作。五是召开 9 次政府采购领导小组工作会议，对 60 个申请采购项目进行研究。六是财政投资评审已完结送审金额 30761.73 万元，审定金额 27914.5 万元，核减金额 2847.23 万元，核减率 9.26%。七是盘活存量资金 7.4 亿元，优先用于“三保”、以前年度项目尾款、民生领域等刚性支出，有效缓解财政收支矛盾。八是全区“三公”经费支出 366.61 万元，与上年同期相比减少 5.39 万元，下降 1.45%。九是完成对达孜区行政事业单位公务车辆编制工作和制定出台进一步加强达孜区行政事业单位公务车辆加油卡管理办法，规范了行政事业单位公务用车制度、节约了车辆运行成本、提高了工作效能；严格落实公务车辆报废处置制度，根据车辆管理规定报废处置 13 辆公务用车，报废收回款 2.93 万元上缴国库。十是完成国有企业改革工作，提高国有企业在为达孜建设主力军作用，更好服务我区的经济社会发展大局。

虽然一年来的财政工作取得了一定成绩，但我区财政经济运行仍然存在着一些困难和问题，面对疫情性减收、经济性减收、政策性减收“三叠加”等因素影响，财政收入持续下降，财政刚性支出只增不减，财政收支矛盾依然突出；受新冠肺炎疫情和减税降费等多种因素影响，全区预算执行总体很不理想，预算资金闲置在部门的情况较为突出。对此，我们将高度重视，认真研究，切实采取针对性的有效措施，努力加以解决。

二、2023 年预算安排总体情况

根据《中华人民共和国预算法》《预算法实施条例》的规定，结合我区实际，编制了 2023 年达孜区财政预算草案。

（一）预算编制指导思想

以习近平新时代中国特色社会主义思想为指导，全面贯彻落实党的二十大精神、习近平总书记关于西藏工作的重要指示和新时代党的治藏方略，坚持“稳字当头、稳中求进、进中求好”工作总基调，聚焦区委、区政府决策部署，加强财力保障，强化零基预算运用，优化财政支出结构，做好“六稳”“六保”，牢固树立政府“过紧日子”思想，严肃财经纪律，强化预算约束和绩效管理，不断提高预算编制的科学性和精准性。

（二）预算编制基本原则

为切实做好 2023 年部门预算编制工作，严格落实预算编制的各项要求，细化预算编制、提高预算刚性，强化预算编制的科学性、实效性、规范性，严格落实五项基本原则。

1. 量入为出，量力而行。强化零基预算运用，坚持能增能减、有保有压的预算分配机制，合理确定支出预算规模。加大结转结余资金、部门自有资金的统筹力度，建立完善能增能减、有保有压的预算分配机制，统筹安排支出预算。

2. 依法合规，完整科学。严格遵循预算法，强化全口径预算管理，各部门应将所有收入和支出全部纳入预算，全面、准确反映部门各项收支情况，执行统一的预算管理制度，完整编制一般公共预算、政府性基金预算、社保基金预算、国有资本经营预算“四本预算”，不得在预算以外列收列支。

3. 精打细算，厉行节约。坚决落实政府过紧日子要求，建立节约型财政保障机制，严把预算支出关口，厉行节约办一切事业，严控一般性支出。支出安排必须坚持需要服从可能，所有支出严格执行各项支出标准，不必要的项目支出必须取消，新增项目支出必须从严控制，所有支出都要精打细算。

4. 公开透明，提升绩效。按照预算公开要求，完整、及时、全面公开政府预算、部门预算，主动接受人大、审计、社会监督。提升部门绩效自评力量，将开展部门整体支出绩效自评作为预算安排的前置条件，完善事前绩效评估结果运用机制，全面开展绩效评价，做到“花钱必问效、无效必问责”。

5. 严肃纪律，强化责任。压实部门单位预算编制主体责任，坚持先有预算、后有支出，严禁无预算、超预算安排支出。严肃财经纪律，落实巡视巡查、审计、财政监督查出问题与预算安排有效衔接，切实维护财经纪律。

（三）2023 年预算安排总体情况

全区总财力预计 304362.3 万元，同比增长 4.31%。其中，一般公共预算收入 295474.07 万元，同比增长 2.16%；政府性基金收入 8544.75 万元、同比增长 119.72%；国有资本经营预算收入 343.48 万元，同比增长 71.83%。

1. 一般公共预算收入 295474.07 万元，同比增长 2.16%。其中，本级一般公共预算收入 35000 万元、同比减少 14.63%；上级转移支付收入 83271.93 万元，与上年持平；直达资金结转 10700 万元；动用预算稳定调节金 166502.14 万元。安排一般公共预算支出 295474.07 万元，实现收支平衡。

2. 政府性基金预算 8544.75 万元，同比增长 119.72%，其中上年结转 3359 万元、土地出让收入 2000 万元、上级转移支付 3185.75 万元。安排政府性基金预算支出 8544.75 万元，实现收支平衡。

3. 国有资本经营预算 343.48 万元，同比增长 71.83%。其中上年结转 343.09 万元、上级转移支付 0.39 万元。安排区本级国有资本经营预算支出 343.48 万元。收支平衡。

以上预算数均为预计数，截至 2022 年 12 月 20 日，拉萨市尚未全部下达 2023 年提前告知数，区本级财政将以最终数做预算调整，并按法定程序提请区人大常委会审议。

（四）区本级预算安排的重点

1. 持续巩固拓展脱贫攻坚成果，全面推进乡村振兴，不断提高人民生活品质。预计安排财政衔接推进乡村振兴补助资金 2.3 亿元，其中，县级配套 0.3 亿元、中央区市财政衔接推进乡村振兴补助资金 2 亿元；高标准农田建设配套资金 220 万元；政策性农业保险资金 62.67 万元；村级防疫员基本报酬配套资金 118.56 万元；净土健康产业发展资金 3651.65 万元；村集体经济产业发展 4342.8 万元；牛羊出栏及牦牛育肥补贴资金 115.5 万元；重大动物疫病防控经费 110 万元；创建高质量奶牛养殖到户配套资金 800 万元。

为提高国有企业的社会责任，不断增强国有企业关于助力乡村振兴的能力，确保国有企业保值增值和注册资本金与实际企业资本金相符，安排 3500 万元作为国有企业注册资本金。

2. 助力推进教育优先工程，促进教育高质量发展。预计安排资金 5508.88 万元，其中，上级教育事业费资金 1108.88 万元，本级配套 4400 万元。

3. 支持公共文化服务提升，丰富人民群众精神文化生活。安排村级文艺演出队补助经费 44 万元、文化艺术节 150 万元、新时代文明实践中心 468 万元、文物保护资金 30 万元、专项教育实践活动经费 90 万元等，有力支持本区公共文化、文物保护工作。

4. 扎实推进健康行动，促进卫生健康服务水平有效提升。安排疫情防控资金 600 万元、城乡居民暨在编僧尼健康体检补助经费 128 万元、乡镇卫生院（村卫生室）能力提升建设及基础设施设备经费 120 万元、城乡居民基本医疗配套 294.9 万元、城乡医疗救助配套资金 60 万元等。

5. 扎实推进住房保障工程，持续改善居民住房条件。安排公租房配套资金 5895.27 万元；农村危房改造资金 2000 万元；保障性住房维修资金 3000 万元。

6. 支持生态环境保护，创建国家生态文明高地。重点安排白纳沟生态旅游乡村振兴项目 5409 万元、环境质量监测经费 99 万元、林业绿化“乡村四旁”植树经费 1627.49 万元。

7. 构建高效能社会治理体系，着力营造团结和谐稳定新氛围。安排突发公共事件应急处置经费 200 万元、国安指挥部改造经费 146 万元、维稳经费 760 万元、公共安全视频监控建设联网应用项目经费 200 万元、民族团结创建工作经费 365 万元、爱国守法先进僧尼市、县级表彰经费 25 万元、涉宗领域工作经费 280 万元等。

8. 支持党建工作，夯实基层组织战斗堡垒。安排党建工作经费 430 万元（其中村级党建组织经费 220 万元）、强基惠民工作经费 228.95 万元、基层村“两委”补贴资金 667 万元、正常离任村干部生活补贴 54 万元、乡村振兴专干待遇 157.41 万元等。

9. 其他方面。安排地方政府债务还本付息资金 426.38 万元。预计安排区本级预备费 8864 万元，占本级财力的比重为 3%。合理安排机动经费，用于解决新增、临时、紧急、应急等相关支出。

（五）完成 2023 年预算任务的主要措施

1. 完成财政收支预算任务。一是依法强化税收征管。加强对重点行业、重点企业税源的监控，做到应收尽收。二是保障重点支出。突出重点、调整结构，在确保“三保”工作的前提下，全力保障朗热酒村、“美丽乡村 · 幸福家园”建设项目。压缩一般性支出，严格控制“三公”经费支出，努力实现财政收支总体平衡。

2. 优化支出结构，牢固树立过紧日子的思想。积极的财政政策要更加积极有为，严把支出关口，严格落实关于政府过紧日子的要求，牢固树立艰苦奋斗、勤俭节约的思想，坚持厉行节约反对浪费，不该支出的钱一分也不能花。除特殊事项外，预算执行中原则上不再追加预算，大力压减一切不必要的行政开支，促进行政成本明显降低，把腾出的资金用于支持重大建设和民生改善。

3. 坚持人民至上，不断增强民生福祉。实施就业优先战略，支出就业技能培训，增加成乡居民收入。保障教育投入，支持办好人民满意的教育。支持公共卫生应急体系建设，更好的守护人民健康。支持构建可持续的社会保障体系，不断满足人民满意群众多层次多样化需求。支持公共文化服务提升，进一步丰富群众文化生活。巩固脱贫攻坚成果，全面推进乡村振兴。保障新冠肺炎疫情防控支出。聚焦群众“急难愁盼”问题，支持民生项目建设。

4. 持续深化财政管理体制，不断提高财政效能。对中长期支出事项、跨年度项目等纳入中期财政规划管理，与年度预算加强衔接。强化增量与存量资源统筹，完善结余资金收回使用机制，存量资金与下年预算安排紧密挂钩。推进部门和单位整体支出绩效自评工作。坚持“三保”支出优先顺序，切实兜牢兜实“三保”底线。强化预决算信息公开工作，主动接受社会监督。

各位代表！做好2023年财政工作意义重大、任务艰巨、使命光荣。我们将更加紧密团结在以习近平同志为核心的党中央周围，以党的二十大精神为指引，深入践行新发展理念，全面贯彻区委、区政府决策部署，坚决做好东翼城市担当，踔厉奋发、勇毅前行，奋力谱写财政改革发展新篇章，用新的伟大奋斗走好新的赶考之路，在推动达孜经济高质量发展上展现更大作为。

索 引

说 明

一、本索引采用主题分析法编制。索引范围包括篇目、类目、部(门)目、条目等。
二、本索引按主题词首字汉语拼音音序(同音按音调)排列,若首字拼音相同则按第二字音序排列,以此类推。
三、索引款目后的数字表示内容所在的页码,数字后的拉丁字母(a、b、c)表示栏别(从左至右)。
四、篇目、类目、部(门)目用黑体字。

A

B

C

D

K

L

M

N

P

Q

R

S

T

W

X

Y

Z